Bilanzbuchhalter-Prüfung Band III
für Dummies

Alexander Betov, Udo Cremer,
Hans J. Nicolini, Sigrid Matthes,
Knud Rosenboom, Ulrich E. Schwiete

Bilanzbuchhalter-Prüfung Band III

für dummies®

WILEY
WILEY-VCH GmbH

Bilanzbuchhalter-Prüfung Band III für Dummies

Bibliografische Information der Deutschen Nationalbibliothek

Die Deutsche Nationalbibliothek verzeichnet diese Publikation in der Deutschen Nationalbibliografie; detaillierte bibliografische Daten sind im Internet über http://dnb.d-nb.de abrufbar.

Print ISBN: 978-3-527-72202-0
ePub ISBN: 978-3-527-84783-9

Coverillustration: © stockpics – stock.adobe.com
Korrektur: Johanna Rupp, Nußloch
Satz: Straive, Chennai, India
Druck und Bindung: CPI books GmbH Leck, Germany

Über die Autoren

Alexander Betov (MBA, M. Sc.) studierte internationale Betriebswirtschaft und Psychologie in den Niederlanden, England und Monaco. Seit vielen Jahren ist er im internationalen Marketing tätig und lehrt als Dozent Führung, Management und Marketing an Hochschulen und Universitäten in den Niederlanden, England und Deutschland. In der beruflichen Weiterbildung unterrichtet er zudem Kommunikation, Führung und Zusammenarbeit, insbesondere als Vorbereitung auf die Bilanzbuchhalterprüfung.

Udo Cremer, Bilanzbuchhalter, Diplom-Kaufmann (FH), ist seit Jahren als freiberuflicher Dozent im Rahmen der Weiterbildung zum Bilanzbuchhalter tätig. In der beruflichen Weiterbildung unterrichtet er vor allem die Fächer Jahresabschluss, Umsatzsteuer, Körperschaftsteuer, Einkommensteuer und Gewerbesteuer. Außerdem ist er Prüfer in mehreren IHK-Prüfungsausschüssen für Bilanzbuchhalter und Wirtschaftsfachwirte. Als Autor hat er bereits mehrere Bücher zu den Themen Jahresabschluss und Steuerrecht geschrieben und verfasst regelmäßig fachspezifische Beiträge in zahlreichen Zeitschriften.

Sigrid Matthes (Industriekauffrau, Diplom-Ökonomin) ist seit vielen Jahren als freiberufliche Dozentin im Raum Köln/Bonn tätig. In Unternehmen führt sie betriebliche Schulungen von Mitarbeitenden im Rechnungswesen durch und bereitet kaufmännische Auszubildende auf ihre Abschlussprüfungen vor. In der beruflichen Weiterbildung unterrichtet sie seit vielen Jahren schwerpunktmäßig Kosten- und Leistungsrechnung für Fachwirte und Bilanzbuchhalter und engagiert sich als Prüferin in einem Prüfungsausschuss der IHK. Als Autorin hat sie bereits einige Bücher zur Vorbereitung auf Weiterbildungsprüfungen geschrieben. Dabei ist es ihr ein besonderes Anliegen, die Prüfungsinhalte so darzustellen, dass nicht nur die Prüfung bestanden wird, sondern auch der Transfer in die Praxis gelingt.

Hans J. Nicolini, Diplom-Kaufmann, studierte Betriebswirtschaftslehre an der Universität Köln und promovierte zum Thema »Marktmacht«. Ergänzend erfolgte ein Studium an der Fernuniversität Hagen zum Arbeitsrecht und zur Erwachsenenpädagogik. An öffentlichen und privaten Bildungseinrichtungen hat er in leitender Funktion Lehrgänge konzipiert und organisiert. Als Professor, Lehrbeauftragter und Dozent hat er die Situation von Lernenden in unterschiedlichen Studiengängen kennengelernt. Sein Interesse gilt besonders der angemessenen, fairen und gerechten Durchführung von Prüfungen. Er ist Verfasser von zahlreichen Büchern und Fachbeiträgen.

Knud Rosenboom (Diplom-Kaufmann, Studiendirektor) hat nach seinem Studium an der Universität des Saarlandes mit den Schwerpunkten Wirtschaftsprüfung, Steuerlehre sowie Steuerrecht viele Jahre im Konzernrechnungswesen einer börsennotierten Aktiengesellschaft sowie als Prüfer bei einer großen Wirtschaftsprüfungsgesellschaft gearbeitet. Heute leitet er ein kaufmännisches Berufskolleg. Er ist Mitglied in mehreren Bilanzbuchhalter-Prüfungsausschüssen sowie Berufsbildungsausschüssen und ist als freiberuflicher Dozent in den Bereichen nationale und internationale Rechnungslegung sowie Kosten- und Leistungsrechnung tätig.

Ulrich E. Schwiete, Diplom-Volkswirt, ist tätig als fachbezogener Lehrbeauftragter bei mehreren Hochschulen. Er engagiert sich seit über 35 Jahren in verschiedenen Funktionen bezogen auf die kaufmännische Fortbildung unter privaten oder öffentlich-rechtlichen Trägerschaften. In Lehrgängen zur Vorbereitung auf die Bilanzbuchhalterprüfung hat er als Dozent und später in pädagogischer Leitungsfunktion einschlägige Erfahrungen gesammelt. Eine zielgerichtete Vermittlung von Inhalten stand dabei im Mittelpunkt. Als Mitglied von IHK-Ausschüssen zur Bilanzbuchhalterprüfung ging es ihm stets um faire Prüfungskonzeptionen. Er hat bereits diverse fachbezogene Literatur und Lernmaterialien verfasst.

Auf einen Blick

Inhaltsverzeichnis

Einleitung

Aha, Sie möchten also Bilanzbuchhalter werden? Respekt! Oder spielen Sie zumindest mit dem Gedanken? Eine gute Idee. Ihre persönliche Zufriedenheit und der Arbeitsmarkt werden es Ihnen danken. Diese Prüfung gehört zu den ältesten und renommiertesten – aber auch zu den anspruchsvollsten – kaufmännischen Fortbildungsprüfungen überhaupt. Lassen Sie sich bei der Prüfungsvorbereitung von erfahrenen Experten helfen! Wir freuen uns, dass Sie sich für dieses Buch entschieden haben.

Über dieses Buch

Sechs erfahrene Trainer und IHK-Prüfer präsentieren Ihnen ihr Fachwissen, erklären Ihnen den Prüfungsstoff verständlich und bereiten ihn mithilfe von anschaulichen Beispielen für Sie auf. Sie geben Ihnen Tipps, was Sie in der Prüfung erwartet, und weisen Sie auf wesentliche Fallen bei den Aufgaben hin. Geballtes Fachwissen wird *dummies*gemäß verständlich präsentiert!

Den gesamten Stoff des Rahmenplans für die Bilanzbuchhalterprüfung haben wir Ihnen ausführlich in drei Bänden zusammengestellt. Vielleicht fragen Sie sich, was Sie in welchem Band finden? Die folgende Abbildung zeigt Ihnen die Verteilung der Handlungsbereiche (So heißen die »Fächer« in der Prüfungsordnung) auf die drei Bände.

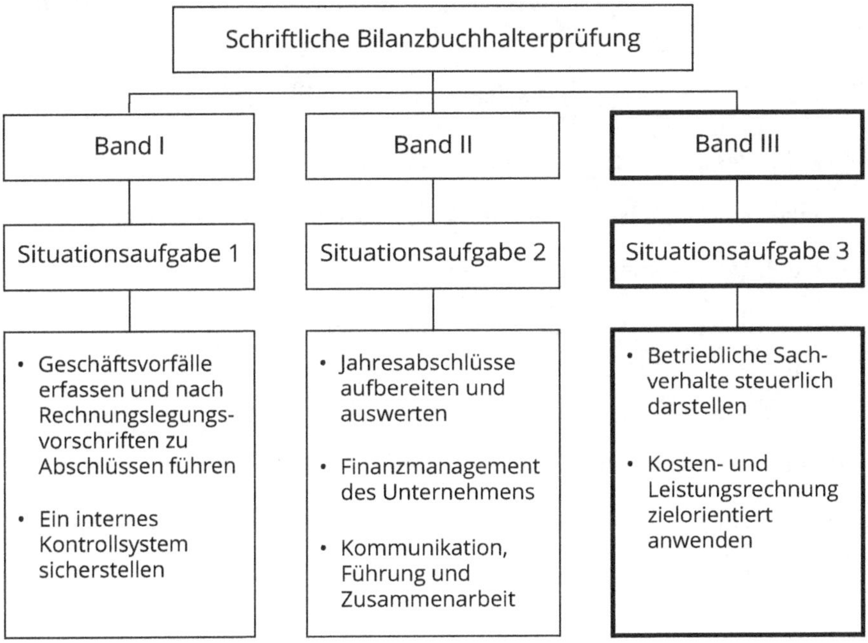

Die Aufteilung orientiert sich an den drei Situationsaufgaben, die Sie in Ihrer schriftlichen Prüfung bearbeiten müssen. Sie können jeden Band einzeln nutzen.

In diesem Band III geht es um die zwei Handlungsbereiche

1. Betriebliche Sachverhalte steuerlich darstellen sowie

2. Kosten- und Leistungsrechnung zielorientiert anwenden,

denen Sie in der Prüfung bei der Bearbeitung der dritten Situationsaufgabe begegnen werden.

Konventionen in diesem Buch

Keine Sorge! In diesem Buch werden Sie nicht mit Fachwissen behelligt, das Sie in der Prüfung nicht benötigen. Die drei Bände decken die Anforderungen des IHK-Rahmenplans für die Bilanzbuchhalterprüfung vollständig ab – nicht mehr, aber auch nicht weniger.

Sie sollten allerdings bereits über Buchführungskenntnisse verfügen. Die sind zwar kein eigenständiges Prüfungsthema, werden aber grundsätzlich vorausgesetzt und können auch in Form von Buchungssätzen in Prüfungsaufgaben mit abgefragt werden.

Eine Besonderheit ergibt sich bei den Formeln: In der schriftlichen Prüfung steht Ihnen eine IHK-Formelsammlung zur Verfügung, Sie müssen die Formeln erfreulicherweise nicht auswendig können. In den *Dummies*-Bänden werden deshalb ausschließlich diese Formeln genutzt – auch dann, wenn es andere Möglichkeiten der Darstellung gibt.

Törichte Annahmen über die Leser

Wir vermuten, dass Sie dieses Buch in die Hand nehmen, weil Sie

- ✔ mit dem Gedanken spielen, Bilanzbuchhalter/Bilanzbuchhalterin zu werden
- ✔ sich dazu auf die Prüfung vorbereiten möchten
- ✔ bereits Vorwissen aus dem Rechnungswesen, insbesondere aus der Buchhaltung, mitbringen
- ✔ Ihre nächsten Karriereschritte fest im Blick haben
- ✔ Ihren Wissensdurst auf angenehme Weise stillen wollen
- ✔ Ihren Lerneifer befriedigen möchten, der es Ihnen erlaubt, sich intensiv mit dem Prüfungsstoff zu beschäftigen

Wie dieses Buch aufgebaut ist

Wie alle *Für Dummies*-Bücher ist auch dieses in Teile aufgeteilt, und zwar in die folgenden:

Teil I: Betriebliche Sachverhalte steuerlich darstellen

In Teil I lernen Sie nicht nur, auf was es bei den gesetzlichen Steuervorschriften in der Prüfung ankommt, sondern auch, wie Sie die gesetzlichen Strukturen auf konkrete Sachverhalte anwenden können. Darüber hinaus wird das Gesamtverständnis für die Zusammenhänge zwischen den einzelnen Gesetzen geschärft.

Teil II: Kosten- und Leistungsrechnung zielorientiert anwenden

Hier lernen Sie den Unterschied zwischen Unternehmen und Betrieb kennen. Ihnen werden Instrumente zur Erfassung und Verrechnung der Kosten auf Ihre Produkte, Waren oder Dienstleistungen vorgestellt. Zusätzlich lernen Sie Methoden kennen, mit denen Sie Ihren Erfolg nicht nur ermitteln, sondern auch steuern können. Ein Ausblick auf neue Kostenrechnungsverfahren rundet Ihr Wissen ab.

Teil III: Der Top-Ten-Teil

Im Top-Ten-Teil erhalten Sie Tipps und Tricks zur Prüfungsvorbereitung.

Symbole, die in diesem Buch verwendet werden

Wie in allen *Für Dummies*-Büchern begegnen Ihnen auch in diesem eine Reihe von Symbolen:

Hier finden Sie Dinge, die Sie sich merken sollten oder die bemerkenswert sind.

Tipps, insbesondere für die Bilanzbuchhalterprüfung, erhalten Sie bei diesem Symbol.

Hier finden Sie Definitionen für wichtige Begriffe.

Beispiele, die das Erklärte veranschaulichen, gibt es hier.

Aufgepasst heißt es, wenn Sie dieses Symbol sehen.

Wie es weitergeht

Jetzt sind Sie dran. Nehmen Sie sich genügend Zeit, innerhalb der einzelnen Teile die Kapitel in der vorgesehenen Reihenfolge durchzuarbeiten. Wenn Sie aber schon über Vorkenntnisse verfügen, hilft Ihnen das Stichwortverzeichnis, schnell die Themen zu finden, die Sie gerade interessieren.

Vergessen Sie nicht, sich die Beispielaufgaben anzusehen. Sie merken dann, ob Sie den Stoff wirklich beherrschen und erhalten für den Ernstfall ein Gespür für die Art der Fragenstellungen.

Und dann geht es ja noch mal los: Wenn Sie alle drei Situationsaufgaben erfolgreich gemeistert haben, wartet noch die mündliche Prüfung auf Sie. Aber das ist eine weitere Herausforderung, erst mal werden Sie mit der Vorbereitung auf die schriftliche Prüfung ausreichend beschäftigt sein.

Lassen Sie sich in Ihren Vorbereitungen zwischendurch nicht entmutigen – aller Anfang ist schwer. Es ist völlig normal, wenn Sie zu Beginn Ihrer Studien beim Lösen von Aufgaben erst einmal komplett neben der Musterlösung liegen. Beim regelmäßigen Training anhand von Prüfungsaufgaben werden Sie mit der Zeit erkennen, dass die Inhalte wiederkehren und sich Wiederholungseffekte zu Ihrer Zufriedenheit und Beruhigung einstellen.

Verlag und Autoren wünschen Ihnen viel Spaß bei der Lektüre und viel Erfolg bei Ihrer Prüfung.

Teil I
Betriebliche Sachverhalte steuerlich darstellen

IN DIESEM TEIL ...

Im Teil »betriebliche Sachverhalte steuerlich darstellen« lernen Sie die Prüfungsstruktur für die wesentlichen steuerlichen Themengebiete kennen, anhand der Sie die Prüfungsaufgaben bearbeiten können. Außerdem lernen Sie vereinzelt auch den Zusammenhang zwischen den einzelnen Steuern kennen.

IN DIESEM KAPITEL

Unterschied zwischen handelsrechtlichem Jahresüberschuss und einkommensteuerlichem Gewinn

Zusammenhang zwischen Handels- und Einkommensteuerrecht

Kapitel 1
Steuerrechtliches Ergebnis aus dem handelsrechtlichen Ergebnis ableiten

Obwohl zum Beispiel bei Einzelunternehmern der Gewinn die Ausgangsgröße für die Besteuerung darstellt, kann er aus den handelsrechtlichen Aufzeichnungen hergeleitet werden.

Maßgeblichkeitsprinzip

Grundlegend für Kaufleute ist das *Maßgeblichkeitsprinzip*, das Folgendes besagt:

- Grundsätzlich ist jeder Kaufmann verpflichtet, Bücher zu führen und in diesen seine Handelsgeschäfte und die Lage seines Vermögens nach den Grundsätzen ordnungsmäßiger Buchführung ersichtlich zu machen.
- Die Buchführung muss einem sachverständigen Dritten innerhalb angemessener Zeit einen Überblick über die Geschäftsvorfälle und über die Lage des Unternehmens vermitteln können.
- Die Geschäftsvorfälle müssen sich von ihrer Entstehung bis zur Abwicklung verfolgen lassen.

Kaufmann ist, wer ein Handelsgewerbe betreibt. Ein Handelsgewerbe ist jeder Gewerbebetrieb, es sei denn, dass das Unternehmen nach Art oder Umfang einen in kaufmännischer Weise eingerichteten Geschäftsbetrieb nicht erfordert.

BEISPIEL

Sie betreiben seit mehreren Monaten eine kleine Boutique in Bochum, die nur an zwei Tagen in der Woche geöffnet ist. Im abgelaufenen Jahr haben Sie Kleidungsstücke für insgesamt 4.000 € an verschiedene Kunden verkauft.

Da Ihr Umsatzerlös sehr gering ist, sieht der Gesetzgeber für Sie eine Erleichterung vor. Als Einzelkaufmann oder Einzelkauffrau haben Sie im abgelaufenen Geschäftsjahr nicht mehr als 800.000 € Umsatzerlöse und nicht mehr als 80.000 € Jahresüberschuss erzielt, sodass Sie von den Buchführungsvorschriften i.S.d. §§ 238 – 241 HGB befreit sind.

Sind Sie zur kaufmännischen Buchführung verpflichtet, müssen Sie die Grundsätze ordnungsmäßiger Buchführung (GoB) beachten. Zu den Grundsätzen ordnungsmäßiger Buchführung zählen unter anderem:

- ✔ vollständige und korrekte Eintragungen in die Geschäftsbücher
- ✔ zeitgerechte Eintragungen
- ✔ keine Buchung ohne Beleg
- ✔ Eintragungen sind in einer lebenden Sprache vorzunehmen
- ✔ Sicherstellung, dass die ursprünglichen Aufzeichnungen zu einem späteren Zeitpunkt nicht verändert werden können

Da der Jahresabschluss quasi die »komprimierte Version« der Buchführung darstellt, erstrecken sich die GoB auch auf den Jahresabschluss.

Besteuerungsgrundlage für die Einkommensteuer ist nicht der handelsrechtliche Jahresüberschuss, sondern der einkommensteuerliche Gewinn. Dafür ist es erforderlich, dass das Zahlenwerk des Jahresabschlusses vom Handels- in das Einkommensteuerrecht »überführt« wird.

Das Maßgeblichkeitsprinzip verpflichtet Gewerbetreibende auch, zum Abschluss des Wirtschaftsjahres ihr Betriebsvermögen anzusetzen (§ 4 Abs. 1 S. 1 EStG) und dies nach den handelsrechtlichen Grundsätzen ordnungsmäßiger Buchführung auszuweisen.

Davon gibt es zwei Ausnahmen:

- ✔ Aufgrund eines steuerlichen Wahlrechtes wird ein anderer Ansatz gewählt.
- ✔ Die Vorschriften im Handels- und Steuerrecht unterscheiden sich voneinander.

BEISPIEL

Sie betreiben in Dortmund ein Einzelhandelsgeschäft mit gebrauchten Autoteilen aller Art. Für Ihr Unternehmen haben Sie ein Regal zum Lagern der Autoteile angeschafft, das Sie handelsrechtlich linear auf die betriebsgewöhnliche Nutzungsdauer abschreiben. Für das Finanzamt möchten Sie natürlich Ihren Gewinn so niedrig wie möglich halten und nehmen deshalb das steuerliche Wahlrecht der Sonderabschreibung nach § 7g Abs. 5 EStG in Anspruch. In diesem Fall unterscheidet sich der Wert für das Regal in der Handels- von dem in der Steuerbilanz, da Sie das steuerliche Wahlrecht der Sonderabschreibung in Anspruch genommen haben.

BEISPIEL

Für Ihr Einzelhandelsgeschäft schließen Sie Ende 2023 einen Kaufvertrag über die Lieferung von Winterreifen ab, die Mitte Januar 2024 geliefert werden sollen. Aufgrund einer Preisreduzierung seitens der Lieferfirma droht daraus zum 31.12.2023 (= Bilanzstichtag) ein Verlust von 2.000 €, für die Sie eine Drohverlustrückstellung gem. § 249 Abs. 1 HGB bilden müssen. Sie buchen:

Sonstige betriebliche Aufwendungen	2.000 €	
an Rückstellung für drohende Verluste aus schwebenden Geschäften		2.000 €

Die Bildung einer solchen Drohverlustrückstellung ist im Steuerrecht gem. § 5 Abs. 4a Satz 1 EStG unzulässig, mit der Folge, dass der handelsrechtliche Jahresüberschuss vom einkommensteuerlichen Gewinn abweicht.

Ein Schritt nach dem anderen: Zweistufige Gewinnermittlung

Zur Vermeidung unnötiger Kosten ist kein Steuerpflichtiger gezwungen, eine separate Handels- und Steuerbilanz aufzustellen. Es besteht auch die Möglichkeit, von der handelsrechtlichen Bilanz zur Steuerbilanz »überzuleiten«. Wenn die Handelsbilanz Ansätze oder Beträge enthält, die den steuerlichen Vorschriften nicht entsprechen, sieht § 60 Abs. 2 EStDV vor, dass diese Ansätze oder Beträge durch Zusätze oder Anmerkungen den steuerlichen Vorschriften angepasst werden müssen.

Schritt 1: Überleitungsrechnung

Für das Beispiel mit der Drohverlustrückstellung sieht die Handels- beziehungsweise Steuerbilanz auszugsweise wie in Abbildung 1.1 gezeigt aus.

Abbildung 1.1: Die Handels- beziehungsweise Steuerbilanz für die Drohverlustrückstellung

Der handelsrechtliche Jahresüberschuss wurde also durch die Bildung einer Rückstellung um 2.000 € vermindert. Das ist ein Vorgehen, das im Steuerrecht nicht geschehen darf, es wird also im Handels- und Steuerrecht unterschiedlich gehandhabt. Aus diesem Grund wird der handelsrechtliche Jahresüberschuss außerhalb der Buchführung und Bilanz um 2.000 € erhöht, damit die Höhe des Gewinns durch die Rückstellungsbildung nicht beeinflusst ist.

	Handelsrechtlicher Jahresüberschuss/-fehlbetrag	… €
+	Korrektur nach § 60 Abs. 2 EStDV	+ 2.000 €
=	**Einkommensteuerlicher Gewinn**	**… €**

In diesem Fall ist der einkommensteuerliche Gewinn um 2.000 € höher als der handelsrechtliche Jahresüberschuss.

Schritt 2: Außerbilanzielle Korrekturen

Bei der Überleitungsrechnung ging es vorrangig darum, dass die Unterschiede in Handels- und Steuerbilanz ausgeglichen werden. In einem zweiten Schritt werden nun alle Aufwendungen und Erträge in der handelsrechtlichen Gewinn- und Verlustrechnung daraufhin überprüft, ob sie den einkommensteuerlichen Gewinn beeinflussen dürfen.

Unabhängig davon, was handelsrechtlich den Jahresüberschuss gemindert hat, werden im Steuerrecht strengere Maßstäbe angelegt. Zwar sind gem. § 4 Abs. 4 EStG Betriebsausgaben alle Aufwendungen, die durch den Betrieb veranlasst sind; das heißt aber noch lange nicht, dass sich auch alle Betriebsausgaben gewinnmindernd auswirken.

Folgende Betriebsausgaben dürfen beispielsweise den steuerlichen Gewinn nicht mindern:

- ✔ Aufwendungen für Geschenke an Personen, die nicht Arbeitnehmer des Steuerpflichtigen sind, wenn sie den Betrag von 50 € übersteigen,
- ✔ 30 % der angemessenen und nachgewiesenen Aufwendungen für die Bewirtung von Personen aus geschäftlichem Anlass,
- ✔ Geldbußen, Ordnungsgelder und Verwarnungsgelder, sofern die Ursache betrieblicher Natur ist,
- ✔ die Gewerbesteuer und die darauf entfallenden Nebenleistungen.

BEISPIEL

Das vor einem Jahr von Ihnen eröffnete Einzelhandelsgeschäft hat sich prächtig entwickelt. Ihnen ist klar, dass das nur an Ihrer ausgesprochen guten Kundschaft liegt. Aus diesem Grund möchten Sie sich bei den Kunden für deren Treue mit einem kleinen Geschenk bedanken.

Sie schenken allen Geschäftskunden zu Weihnachten eine Flasche Champagner im Wert von je 150 € zzgl. 19 % USt und buchen Folgendes:

Geschenke > 50 €	7.500 €	
Vorsteueraufwand	1.425 €	
an Kasse		8.925 €

Handelsrechtlich stellen die 8.925 € Aufwendungen dar, die allerdings den steuerrechtlichen Gewinn nicht mindern dürfen. Aus diesem Grund werden nicht nur die 7.500 € dem Jahresüberschuss außerhalb der Buchführung wieder hinzugerechnet, weil es sich um Geschenke > 50 € handelt, sondern auch der als Aufwand erfasste Vorsteuerbetrag in Höhe von 1.425 €, weil es sich um einen Vorsteuerbetrag handelt, der sich auf nicht abzugsfähige Betriebsausgaben bezieht.

Um den Bekanntheitsgrad Ihres Einzelhandelsgeschäftes zu steigern, laden Sie alle Ihre 30 Geschäftskunden in ein Nobelrestaurant zum Essen ein.

Die Ihnen vorliegende Rechnung ist ordnungsgemäß ausgestellt und wird von Ihnen bar bezahlt. Sie buchen:

Bewirtungsaufwendungen	2.000 €	
Vorsteuer	380 €	
an Kasse		2.380 €

Als Gastgeber waren Sie natürlich bei der Bewirtung dabei und haben tüchtig mitgegessen und getrunken und das alles auf »Firmenkosten«. Aus der Überlegung heraus, dass Sie damit zumindest ein privates Abendessen gespart haben, ist mindestens ein kleiner Teil der 2.000 € auch privat veranlasst. Um lästige Rechnereien zu vermeiden, sieht der Gesetzgeber vor, dass Sie unabhängig davon, ob Sie 30 Geschäftskunden oder nur einen Geschäftskunden bewirteten, 30 % von 2.000 € den Gewinn nicht mindern dürfen.

Handelsrechtlich stellen die 2.000 € in voller Höhe Aufwendungen dar, die allerdings steuerrechtlich den Gewinn in Höhe von 30 % * 2.000 € = 600 € nicht mindern dürfen. Um die korrekte Gewinnhöhe zu ermitteln, rechnen Sie die 600 € außerhalb der Buchführung dem Jahresüberschuss wieder hinzu.

Sie sind ja ein Steuerfuchs und denken sich, es muss doch eine Möglichkeit geben, die gesamten Bewirtungskosten gewinnmindernd zu berücksichtigen. Kurz vor Weihnachten laden Sie wieder alle Geschäftskunden in ein Nobelrestaurant zum Essen ein.

Sie lassen sich ja nicht lumpen und lassen das Teuerste vom Teuersten auftischen, um Ihre Geschäftskunden mächtig zu beeindrucken. Die Rechnung über 10.000 € ist ordnungsgemäß ausgestellt worden und wurde von Ihnen sofort bezahl.

Weil Sie ein wenig »dick aufgetragen« haben und unter vergleichbaren Umständen Bewirtungskosten von 7.000 € angemessen wären, möchten Sie natürlich nicht, dass das »rauskommt« und beschließen, den Rechnungsbetrag als sonstige betriebliche Aufwendungen zu verbuchen, weil Sie davon ausgehen, dass das unter den anderen 548 dort verbuchten Beträgen von einem Betriebsprüfer nicht so schnell gefunden wird.

Es sollte Ihnen klar sein, dass Sie mit dem Feuer spielen, denn kommt das bei einer Betriebsprüfung raus, steht Ihnen mächtig Ärger ins Haus. Der Betriebsprüfer erhöht den Jahresüberschuss zunächst einmal um den »unangemessenen« Anteil von 3.000 € (10.000 € tatsächlicher Betrag – 7.000 € angemessene Höhe). Dann rechnet er weitere 30 % der angemessenen Bewirtungsaufwendungen von 7.000 € = 2.100 € hinzu und zu guter Letzt auch noch die eigentlich abziehbaren 70 % von 7.000 € = 4.900 €, weil Sie es »versäumt« haben, die nicht abziehbaren Betriebsausgaben auf einem separaten Konto (getrennt von den übrigen Konten) zu erfassen.

BEISPIEL

Weil Sie mal wieder »auf die letzte Minute« unterwegs sind, werden Sie auf der Fahrt zum Kunden wegen zu hoher Geschwindigkeit »geblitzt«. Der Bußgeldbescheid kommt eine Woche später mit der Aufforderung, 80 € zu zahlen. Diese werden von Ihnen auch sofort überwiesen. Sie buchen:

Bußgeldaufwendungen	80 €	
an Bank		80 €

Selbst auf einer betrieblichen Fahrt und selbst dann, wenn es sich um betrieblich veranlasste Aufwendungen handelt, schließt der Gesetzgeber die »finanzielle Förderung der Raserei« aus. Aus diesem Grund werden die 80 € dem handelsrechtlichen Jahresüberschuss außerbilanziell wieder hinzugerechnet.

BEISPIEL

Mit Ihrem Einzelhandelsgeschäft erzielen Sie Einkünfte aus Gewerbebetrieb und unterliegen auch der Gewerbesteuer. Die durch Vorauszahlungsbescheid festgesetzten Gewerbesteuervorauszahlungen von 1.000 € pro Quartal haben Sie jeweils vom betrieblichen Bankkonto überwiesen und wie folgt gebucht:

Gewerbesteueraufwand	1.000 €	
an Bank		1.000 €

Handelsrechtlich stellen die 4.000 € Aufwendungen dar, die allerdings den steuerrechtlichen Gewinn nicht mindern dürfen. Aus diesem Grund wird der Gesamtbetrag von 4.000 € gem. § 4 Abs. 5b EStG außerhalb der Buchführung dem Jahresüberschuss wieder hinzugerechnet.

Wenn's nicht so recht läuft: Verluste, Rückträge, Verlustvorträge

Nicht immer werden durch die Betriebseinnahmen alle Betriebsausgaben gedeckt. Der sich dadurch ergebende Unterschiedsbetrag wird als *Verlust* bezeichnet.

Damit der Steuerpflichtige die Möglichkeit erhält, diesen Verlust steuerlich zu berücksichtigen, sieht der Gesetzgeber zunächst den Verlustrücktrag (das heißt die Berücksichtigung in Veranlagungszeiträumen, die in der Vergangenheit liegen) und erst danach den Verlustvortrag (das heißt die Berücksichtigung in zukünftigen Veranlagungszeiträumen) vor.

Beim *Verlustabzug* werden negative (nicht ausgeglichene) Einkünfte bis zu einem Betrag von 1.000.000 €, bei zusammen veranlagten Ehegatten bis zu einem Betrag von 2.000.000 € zunächst vom Gesamtbetrag der Einkünfte des unmittelbar vorangegangenen Veranlagungszeitraums abgezogen.

Erst danach werden die negativen Einkünfte vom Gesamtbetrag der Einkünfte des zweiten dem Veranlagungszeitraum vorangegangenen Veranlagungszeitraums abgezogen – immer vorrangig vor Sonderausgaben, außergewöhnlichen Belastungen und sonstigen Abzugsbeträgen. Selbstverständlich ist das kein Muss, sodass Sie als Steuerpflichtiger auf den Verlustrücktrag auch verzichten können.

Mit dem Verzicht auf den Verlustrücktrag werden negative Einkünfte automatisch in den »Verlustvortrag gestellt«, was bedeutet, dass der Verlustvortrag den Gesamtbetrag der Einkünfte in zukünftigen Veranlagungszeiträumen mindert.

Verluste, die weder im Rahmen des Verlustausgleichs mit anderen Einkunftsarten im selben Veranlagungszeitraum noch durch Verlustrücktrag in bereits zurückliegende Veranlagungszeiträume verrechnet werden konnten und deshalb für einen Verlustabzug in späteren Veranlagungszeiträumen zur Verfügung stehen, werden als *verbleibender Verlustvortrag* bezeichnet, der aus Sicherheitsgründen vom Finanzamt gesondert festgestellt wird (§10d Abs. 4 Satz 1 EStG).

Der Bescheid über die gesonderte Feststellung ist ein Grundlagenbescheid für die Steuerfestsetzung des folgenden Veranlagungszeitraums und für den auf den nachfolgenden Feststellungszeitpunkt zu erlassenden Feststellungsbescheid (§182 Abs. 1 Satz 1 AO).

Der verbleibende Verlustvortrag muss 0 € betragen,

- ✔ wenn die in dem Verlustentstehungsjahr nicht ausgeglichenen negativen Einkünfte in vollem Umfang zurückgetragen werden oder
- ✔ wenn ein zum Schluss des vorangegangenen Veranlagungszeitraums festgestellter verbleibender Verlustvortrag in einem folgenden Veranlagungszeitraum »aufgebraucht« worden ist (vgl. R 10d Abs. 7 Satz 6 und 7 EStR).

Sie müssen nur insofern nach *Einkunftsarten* und *Einkunftsquellen* unterscheiden, als negative Einkünfte/Verluste besonderen Regelungen zur Beschränkung der Verlustverrechnung unterliegen, zum Beispiel Verluste aus privaten Veräußerungsgeschäften.

BEISPIEL

Die von Ihnen im Jahr 2023 gegründete Spaß GmbH erzielt im Jahr 2023 ein negatives Einkommen von 800.000 € und im Jahr 2024 ein positives Einkommen vor Verlustabzug in Höhe von 2.000.000 €. Der Verlust zum 31.12.2023 in Höhe von 800.000 € ist vom Finanzamt gesondert festgestellt worden.

Für das Jahr 2024 ermitteln Sie das zu versteuernden Einkommens für die Spaß GmbH wie folgt:

	Vorläufiges Einkommen 2024	2.000.000 €
–	Verlustvortrag aus 2023	800.000 €
=	**zu versteuerndes Einkommen der Spaß GmbH**	**1.200.000 €**

Übersteigt der Verlustvortrag die 1 Mio. € Grenze, können Sie nicht den gesamten Verlustvortrag auf einmal berücksichtigen.

BEISPIEL

Die von Ihnen im Jahr 2023 gegründete Spaß GmbH erzielt im Jahr 2023 ein negatives Einkommen von 1.800.000 € und im Jahr 2024 ein positives Einkommen vor Verlustabzug in Höhe von 2.000.000 €. Der Verlust zum 31.12.2023 in Höhe von 1.800.000 € ist vom Finanzamt gesondert festgestellt worden.

Für das Jahr 2024 ermitteln Sie das zu versteuernde Einkommen für die Spaß GmbH wie folgt:

	Vorläufiges Einkommen 2024	2.000.000 €
–	Verlustvortrag aus 2023 (zunächst begrenzt auf)	1.000.000 €
=	**übersteigender Gesamtbetrag der Einkünfte**	**1.000.000 €**
–	70 % des übersteigenden Betrags	700.000 €
=	**zu versteuerndes Einkommen der Spaß GmbH**	**300.000 €**

Der zum 31.12.2024 noch verbleibende, gesondert festzustellende Verlustvortrag beläuft sich auf 100.000 € (1.800.000 € Verlustvortrag aus 2023 abzüglich berücksichtigte Beträge in 2024 von 1.700.000 €).

IN DIESEM KAPITEL

Einkunftsarten

Gewinn- und Überschusseinkünfte

Gewinnermittlungsmethoden

Zeiträume bei der Gewinnermittlung

Kapitel 2
Cash in de Täsch: Gewinnermittlungsarten

In diesem Kapitel erfahren Sie, wer in welcher Höhe zur Einkommensteuer herangezogen wird. Außerdem werden Sie nach dem Durcharbeiten dieses Kapitels den Unterschied zwischen Gewinneinkunftsarten und Überschusseinkunftsarten erkennen sowie die Höhe der jeweiligen Einkunftsart selber für den jeweiligen Veranlagungszeitraum ermitteln können.

Welche? Einkunftsarten

Alle natürlichen Personen mit Wohnsitz oder gewöhnlichem Aufenthalt sind unbeschränkt einkommensteuerpflichtig, allerdings nur mit steuerrelevanten Einkünften.

Was als Wohnsitz oder gewöhnlicher Aufenthalt gilt, ist gesetzlich definiert:

»Einen *Wohnsitz* hat jemand dort, wo er eine Wohnung unter Umständen innehat, die darauf schließen lassen, dass er die Wohnung beibehalten und benutzen wird.« (§ 8 AO)

»Den *gewöhnlichen Aufenthalt* hat jemand dort, wo er sich unter Umständen aufhält, die erkennen lassen, dass er an diesem Ort oder in diesem Gebiet nicht nur vorübergehend verweilt. Als gewöhnlicher Aufenthalt ist stets und von Beginn an ein zeitlich zusammenhängender Aufenthalt von mehr als sechs Monaten Dauer anzusehen, wobei kurzfristige Unterbrechungen unberücksichtigt bleiben.« (§ 9 A0)

Einkommensteuerlich relevant wird Ihr Wohnsitz für Sie allerdings erst, wenn Sie als natürliche Person während Ihrer unbeschränkten Einkommensteuerpflicht Einkünfte erzielen. Bei Ihnen unterliegen grundsätzlich die folgenden sieben Einkunftsarten der Einkommensteuer:

- ✔ Einkünfte aus Land- und Forstwirtschaft (§§ 13 ff. EStG),
- ✔ Einkünfte aus Gewerbebetrieb (§§ 15 ff. EStG),
- ✔ Einkünfte aus selbständiger Arbeit (§ 18 EStG),
- ✔ Einkünfte aus nichtselbständiger Arbeit (§§ 19 f. EStG),
- ✔ Einkünfte aus Kapitalvermögen (§ 20 EStG),
- ✔ Einkünfte aus Vermietung und Verpachtung (§ 21 EStG),
- ✔ sonstige Einkünfte im Sinne des § 22 EStG.

Die klausurrelevanten Einkunftsarten schauen wir uns nun genauer an.

Einkünfte aus Gewerbebetrieb

Einkünfte aus Gewerbebetrieb sind zum Beispiel:

- ✔ Einkünfte aus gewerblichen Unternehmen, wenn Sie beispielsweise ein Einzelhandelsgeschäft betreiben.
- ✔ die Gewinnanteile der Gesellschafter einer Offenen Handelsgesellschaft, einer Kommanditgesellschaft und einer anderen Gesellschaft, bei der der Gesellschafter Unternehmer (Mitunternehmer) des Betriebs ist.
- ✔ die Vergütungen, die der Gesellschafter von der Gesellschaft für seine Tätigkeit im Dienst der Gesellschaft oder für die Hingabe von Darlehen oder für die Überlassung von Wirtschaftsgütern bezogen hat.

»Eine selbständige nachhaltige Betätigung, die mit der Absicht, Gewinn zu erzielen, unternommen wird und sich als Beteiligung am allgemeinen wirtschaftlichen Verkehr darstellt, ist ein *Gewerbebetrieb*, wenn die Betätigung weder als Ausübung von Land- und Forstwirtschaft noch als Ausübung eines freien Berufs noch als eine andere selbständige Arbeit anzusehen ist.« (§ 15 Abs. 2 EStG)

1. **Wenn Sie sich diese Definition genauer ansehen, sehen Sie, dass eine Betätigung, um ein Gewerbebetrieb zu sein, eine ganze Reihe an Voraussetzungen erfüllen muss: Sie muss selbstständig sein.**

Voraussetzung für einen Gewerbebetriebe ist die *Selbstständigkeit* der Tätigkeit, das heißt dass die Tätigkeit von Ihnen auf eigene Rechnung (*Unternehmerrisiko*) und auf eigene Verantwortung (*Unternehmerinitiative*) ausgeübt wird.

Eine Selbstständigkeit liegt zum Beispiel in diesen Fällen vor.

- ✔ Übt der Beratungsstellenleiter eines Lohnsteuerhilfevereins seine Tätigkeit als freier Mitarbeiter aus, ist er selbstständig tätig.
- ✔ Ein früherer Berufssportler, der wiederholt entgeltlich bei industriellen Werbeveranstaltungen mitwirkt, ist selbstständig tätig.
- ✔ Ein Bezirksstellenleiter bei Lotto- und Totogesellschaften ist regelmäßig selbstständig tätig.
- ✔ Ein (Berufs-)Fotomodell, das nur von Fall zu Fall und vorübergehend zu Werbeaufnahmen herangezogen wird, ist selbstständig tätig.
- ✔ Ein Fußballnationalspieler, dem der DFB Anteile an den durch die zentrale Vermarktung der Fußballnationalmannschaft erwirtschafteten Werbeeinnahmen überlässt, kann selbstständig tätig sein.
- ✔ Ein Rechtsanwalt, der nebenbei eine Tätigkeit als Lehrbeauftragter an einer Hochschule ausübt, übt diese selbstständig aus.
- ✔ Eine nebenberufliche Lehrkraft erzielt in der Regel Einkünfte aus selbstständiger Arbeit.

2. Sie muss nachhaltig sein.

Eine Tätigkeit ist *nachhaltig*, wenn sie auf Wiederholung angelegt ist. Doch wann ist eine Tätigkeit »auf Wiederholung ausgelegt«? Kommt drauf an oder, wie das Gesetz es formuliert: Die tatsächlichen Umstände sind entscheidend.

3. Sie muss die Absicht haben, einen Gewinn zu erzielen.

Eine *Gewinnerzielungsabsicht* ist das Streben nach Betriebsvermögensmehrung in Gestalt eines Totalgewinns.

- ✔ Der »Totalgewinn« eines neu eröffneten Betriebs ist das positive Gesamtergebnis des Betriebs von der Gründung bis zur Veräußerung, Aufgabe oder Liquidation, von der Wiege bis zur Bahre des Betriebs sozusagen.
- ✔ Bei bereits bestehenden Betrieben sind für die Gewinnprognose die in der Vergangenheit erzielten Gewinne ohne Bedeutung. Am Ende einer Berufstätigkeit bezieht sich der Totalgewinn also nur auf die verbleibenden Jahre. Es kommt auf Ihre Absicht der Gewinnerzielung an, nicht darauf, ob Sie auch tatsächlich einen Gewinn erzielen.

4. Sie muss sich am wirtschaftlichen Verkehr beteiligen.

Eine Beteiligung am wirtschaftlichen Verkehr liegt vor,

- ✔ wenn Sie als Steuerpflichtiger mit Gewinnerzielungsabsicht nachhaltig am Leistungs- oder Güteraustausch teilnehmen.

- wenn Ihre Tätigkeit nach außen hin in Erscheinung tritt und Sie sich mit Ihrer Tätigkeit an eine (wenn auch begrenzte) Allgemeinheit wenden und damit Ihren Willen zu erkennen geben, ein Gewerbe zu betreiben.

5. **Sie darf keine Ausübung der Land- und Forstwirtschaft und eines freien Berufs und auch keine andere selbstständige Arbeit sein.**

Land- und Forstwirtschaft ist die planmäßige Nutzung der natürlichen Kräfte des Bodens zur Erzeugung von Pflanzen und Tieren sowie die Verwertung der dadurch selbst gewonnenen Erzeugnisse. Auch hier hat der Gesetzgeber eine »Kommt-darauf-an-Klausel« formuliert: »Ob eine land- und forstwirtschaftliche Tätigkeit vorliegt, ist jeweils nach dem Gesamtbild der Verhältnisse zu entscheiden.«

Die Unterscheidung zwischen Gewerbebetrieb und selbstständiger Arbeit ist in der Praxis oft schwierig.

Beispiele für selbstständige Arbeit sind:

- Altenpfleger, die keine hauswirtschaftliche Versorgung der Patienten leisten
- Diätassistent
- EDV-Berater, der im Bereich der Systemsoftware eine ingenieurähnliche Tätigkeit ausübt. Entwickelt er auch Anwendersoftware, gilt diese Tätigkeit nur dann als selbstständig, wenn er die Entwicklung der Anwendersoftware durch eine klassische ingenieursmäßige Vorgehensweise (Planung, Konstruktion, Überwachung) betreibt und er über eine Ausbildung, die der eines Ingenieurs vergleichbar ist, verfügt(Sie sehen, das ist in Einzelfällen ganz schön kompliziert).
- Hebamme/Entbindungspfleger
- Insolvenzverwalter
- IT-Projektleiter, wenn dieser über Kenntnisse und Fähigkeiten verfügt, die in Breite und Tiefe denen eines Diplom-Informatikers entsprechen
- Kfz-Sachverständiger, dessen Gutachtertätigkeit mathematisch-technische Kenntnisse voraussetzt, wie sie üblicherweise nur durch eine Berufsausbildung als Ingenieur erlangt werden
- Krankenpfleger/Krankenschwester, soweit keine hauswirtschaftliche Versorgung der Patienten erfolgt
- Logopäde
- Medizinischer Bademeister, der auch Krankheitsbefunde stellt oder Heilbehandlungen an Patienten vornimmt
- Prüfingenieur, der Hauptuntersuchungen und Sicherheitsprüfungen durchführt
- Psychologischer Psychotherapeut

- Rettungsassistent
- Zahnpraktiker

Beispiele für Gewerbebetrieb sind:

- Altenpfleger, der seine Patienten auch hauswirtschaftlich versorgt
- Anlageberater/Finanzanalyst
- Artist
- Baubetreuer (Bauberater), die sich lediglich mit der wirtschaftlichen (finanziellen) Betreuung von Bauvorhaben befassen
- Bauleiter, es sei denn, er hat ein Studium als Architekt oder (Wirtschafts)-Ingenieur absolviert
- Beratungsstellenleiter eines Lohnsteuerhilfevereins
- Berufssportler
- Bezirksschornsteinfegermeister
- Buchhalter
- Buchmacher
- Detektiv
- Fahrschule, wenn der Inhaber nicht die Fahrlehrererlaubnis besitzt
- Finanz- und Kreditberater
- Fotomodell
- Inventurbüro
- Krankenpfleger/Krankenschwester, soweit auch eine hauswirtschaftliche Versorgung der Patienten erfolgt
- Makler
- Marktforschungsberater
- Rentenberater
- Versicherungsberater
- Versteigerer

Sie sehen, die Liste ist lang und die Abgrenzung nicht immer leicht.

Die bloße *Verwaltung eigenen Vermögens* ist normalerweise keine gewerbliche Tätigkeit. Ein Gewerbebetrieb liegt vor,

- ✔ wenn eine selbstständige nachhaltige Betätigung mit Gewinnabsicht unternommen wird,
- ✔ wenn die Betätigung eine Beteiligung am allgemeinen wirtschaftlichen Verkehr ist und
- ✔ wenn sie über den Rahmen einer Vermögensverwaltung hinausgeht.

Zu den Einkünften aus Gewerbebetrieb zählen aber auch

- ✔ **die Gewinnanteile der Gesellschafter** einer Offenen Handelsgesellschaft, einer Kommanditgesellschaft und einer anderen Gesellschaft, bei der Sie Unternehmer (Mitunternehmer) des Betriebs sind, und
- ✔ **die Gesellschaftervergütungen,** die ein Gesellschafter von der Gesellschaft für seine Tätigkeit im Dienst der Gesellschaft oder für die Hingabe von Darlehen oder für die Überlassung von Wirtschaftsgütern bezieht.

Mitunternehmer ist, wer zivilrechtlich Gesellschafter einer Personengesellschaft ist, und

- ✔ *unternehmerische Initiative* entfalten kann sowie
- ✔ *unternehmerisches Risiko* trägt.

BEISPIEL

Sie beteiligen sich mit einer Einlage von 10.000 € an dem Einzelunternehmen Gierig und haben mit dem Inhaber des Einzelhandelsgeschäftes vereinbart, dass Sie für die Überlassung des Geldes jährlich 6 % Zinsen erhalten, unabhängig davon, ob das Einzelunternehmen Gierig Gewinn oder Verlust erzielt.

Als »typisch« stiller Gesellschafter erzielen Sie keine Einkünfte aus Gewerbebetrieb, sondern Einkünfte aus Kapitalvermögen, weil Sie weder eine Mitunternehmerinitiative tragen, noch ein Mitunternehmerrisiko.

Mitunternehmerinitiative bedeutet vor allem Teilhabe an den unternehmerischen Entscheidungen, wie sie Gesellschafter oder vergleichbare Personen als Geschäftsführer, Prokuristen oder andere leitende Angestellten treffen. Es reicht schon aus, dass die Möglichkeit zur Ausübung von Gesellschafterrechten besteht, also zum Beispiel, dass ein Gesellschafter Stimm-, Kontroll- und Widerspruchsrechte hat, die einem Kommanditisten nach dem HGB zustehen oder die den gesellschaftsrechtlichen Kontrollrechten nach § 716 Abs. 1 BGB entsprechen.

Mitunternehmerrisiko trägt im Regelfall, wer am Gewinn und Verlust des Unternehmens und an den stillen Reserven einschließlich eines etwaigen Geschäftswerts beteiligt ist.

BEISPIEL

Sie beteiligen sich mit einer Einlage von 10.000 € als Kommanditist zu 20 % an der Gierig KG. Sie erzielen Einkünfte aus Gewerbebetrieb, weil Sie Mitunternehmerinitiative entfalten können und ein Mitunternehmerrisiko tragen.

Einkünfte aus selbstständiger Arbeit

Einkünfte aus selbstständiger Arbeit sind zum Beispiel

- ✔ **Einkünfte aus freiberuflicher Tätigkeit**, zum Beispiel als Arzt, Rechtsanwalt, Ingenieur, Architekt, Wirtschaftsprüfer oder Steuerberater
- ✔ **Einkünfte einer Lotterie**, wenn sie nicht Einkünfte aus Gewerbebetrieb sind
- ✔ **Einkünfte aus sonstiger selbstständiger Arbeit** zum Beispiel Vergütungen für die Vollstreckung von Testamenten, für Vermögensverwaltung und für die Tätigkeit als Aufsichtsratsmitglied

Einkünfte aus nichtselbstständiger Arbeit

Zu den Einkünften aus nichtselbstständiger Arbeit gehören zum Beispiel:

- ✔ Gehälter, Löhne, Gratifikationen, Tantiemen und andere Bezüge im öffentlichen oder privaten Dienst oder
- ✔ Zuwendungen des Arbeitgebers an seinen Arbeitnehmer und dessen Begleitpersonen anlässlich einer Betriebsveranstaltung ab einer bestimmten Höhe, also zum Beispiel Betriebsausflüge oder betriebliche Weihnachtsfeiern

Einkünfte aus Kapitalvermögen

Zu den Einkünften aus Kapitalvermögen gehören zum Beispiel

- ✔ Gewinnanteile (Dividenden) aus dem Halten von Aktien oder GmbH-Anteilen
- ✔ Einnahmen aus der Beteiligung an einem Handelsgewerbe als stiller Gesellschafter
- ✔ Zinserträge aus einer Festgeldanlage
- ✔ Gewinne aus der Veräußerung von Aktien oder GmbH-Anteilen.

Einkünfte aus Vermietung und Verpachtung

Rechnen Sie damit, dass in der Prüfung die Einkünfte aus Vermietung und Verpachtung von unbeweglichem Vermögen, insbesondere von

- ✔ Grundstücken
- ✔ Gebäuden oder
- ✔ Gebäudeteilen,

Thema sind.

Wichtig für die Prüfung ist, dass Sie das Subsidiaritätsprinzip im Hinterkopf behalten. Demnach kommt es sowohl bei Einkünften aus Kapitalvermögen als auch bei Einkünften aus Vermietung und Verpachtung zu einer »Umqualifizierung« von Überschusseinkünften in Gewinneinkünfte, wenn sich das investierte Kapital beziehungsweise das vermietete (bebaute) Grundstück in einem Betriebsvermögen befindet.

BEISPIEL

Sie machen mit Ihrem Einzelhandelsgeschäft eine Menge »Kohle« und legen das überschüssige Geld auf einem Festgeldkonto zu 4 % Zinsen p.a. an. Die Zinseinnahmen werden Ihrem betrieblichen Bankkonto gutgeschrieben. Damit erzielen Sie keine Einkünfte aus Kapitalvermögen, sondern Einkünfte aus Gewerbebetrieb (§ 20 Abs. 8 EStG), mit der Folge, dass Sie für diesen Fall keinen Sparer-Pauschbetrag in Anspruch nehmen können.

BEISPIEL

Sie vermieten ein bisher betrieblich genutztes unbebautes Grundstück an einen anderen Unternehmer, der Ihnen die Miete auf Ihr betriebliches Bankkonto überweist. Die Mieteinnahmen stellen keine Einkünfte aus Vermietung und Verpachtung dar, sondern Einkünfte aus Gewerbebetrieb (§ 21 Abs. 3 EStG).

Wie viel? Gewinn-/Überschusseinkünfte

Um die Höhe der Einkünfte korrekt ermitteln zu können, müssen Sie folgende Vermögensarten unterscheiden:

- ✔ **Notwendiges Betriebsvermögen**

  Wirtschaftsgüter, die ausschließlich und unmittelbar für eigenbetriebliche Zwecke des Steuerpflichtigen genutzt werden oder dazu bestimmt sind, sind *notwendiges Betriebsvermögen*. Das gilt unabhängig davon, ob sie in der Buchführung und in den Bilanzen ausgewiesen sind. Auch wenn Wirtschaftsgüter nicht vollumfänglich (das heißt zu 100 %) eigenbetrieblich genutzt werden, sind sie in vollem Umfang notwendiges Betriebsvermögen, wenn ihre betriebliche Nutzung mehr als 50 % beträgt. Achtung: Bei Grundstücken und Grundstücksteilen gibt es Ausnahmen.

  BEISPIEL

  Sie kaufen für Ihr Gemüsegeschäft »Immerfrisch« ein neues Gemüseregal, um zusätzlich frische Kräuter verkaufen zu können. Sie nutzen das Gemüseregal zu 100 % für betriebliche Zwecke Ihres Gemüsegeschäftes. Deshalb gehört das neue Gemüseregal auch zum notwendigen Betriebsvermögen Ihres Gemüsegeschäftes.

- ✔ **Gewillkürtes Betriebsvermögen**

  Stehen Wirtschaftsgüter in einem gewissen objektiven Zusammenhang mit dem Betrieb, können sie in vollständig als *gewillkürtes Betriebsvermögen* behandelt werden (zum Beispiel festverzinsliche Wertpapiere). Gleiches ist möglich, wenn Wirtschaftsgüter (mit Ausnahme von Grundstücken und Grundstücksteilen) zu mindestens 10 % bis höchstens 50 % betrieblich genutzt werden.

BEISPIEL

Sie nutzen Ihren »Firmenwagen« sowohl für betriebliche als auch für private Fahrten. Bereits beim Erwerb des Firmenwagens sind Sie sich sicher, dass Sie circa 60 % der Fahrten privat unternehmen werden und nur 40 % Betriebsfahrten tätigen. Die betriebliche Nutzung liegt damit zwischen 10 % und 50 %, sodass eine Zuordnung zum Betriebsvermögen von Beginn an möglich, aber nicht zwingend ist.

- **Notwendiges Privatvermögen**

Werden Wirtschaftsgüter (keine Grundstücke oder Grundstücksteile) zu mehr als 90 % privat genutzt, gehören sie in vollem Umfang zum *notwendigen Privatvermögen.*

BEISPIEL

Sie gönnen sich einmal etwas Gutes und kaufen sich einen Audi A8 für 80.000 €. Voraussichtlich werden Sie damit auch betriebliche Fahrten zu Geschäftskunden unternehmen, aber hauptsächlich werden Sie den Pkw nur privat nutzen. Der voraussichtlich private Nutzungsanteil wird über 95 % liegen. Damit ist der Pkw von Anfang an notwendiges Privatvermögen und darf nicht als Betriebsvermögen behandelt werden.

Der Gesetzgeber unterscheidet bei den Einkünften zwei »Blöcke«:

- Gewinneinkünfte
- Überschusseinkünfte

Gewinneinkunftsarten

Bei den Gewinneinkünften ermitteln Sie in den Einkunftsarten (Land- und Forstwirtschaft, Gewerbebetrieb, selbstständige Arbeit) den Gewinn, der besteuert wird.

Gewinn ist nach § 4 Abs. 1 Satz 1 EStG ein Unterschiedsbetrag, der folgendermaßen ermittelt werden kann:

	Betriebsvermögen am Schluss des Wirtschaftsjahres (zum Beispiel 31.12.2025)
–	Betriebsvermögen am Schluss des vorangegangenen Wirtschaftsjahres (zum Beispiel 31.12.2024)
=	**Differenzbetrag**
+	Wert der Entnahmen
–	Wert der Einlagen
=	**Gewinn**

»*Entnahmen* sind alle Wirtschaftsgüter (Barentnahmen, Waren, Erzeugnisse, Nutzungen und Leistungen), die der Steuerpflichtige dem Betrieb für sich, für seinen Haushalt oder für andere betriebsfremde Zwecke im Laufe des Wirtschaftsjahres entnommen hat.« (§ 4 Abs. 1 Satz 2 EStG)

BEISPIEL

Sie nutzen Ihren bisherigen Firmenwagen zukünftig nur noch privat. Der Pkw muss aus dem Betriebsvermögen (buchungstechnisch) entnommen und dem Privatvermögen zugeführt werden. Sie buchen:

Privatentnahme	x €	
an Pkw		x €

»*Einlagen* sind alle Wirtschaftsgüter (Bareinzahlungen und sonstige Wirtschaftsgüter), die der Steuerpflichtige dem Betrieb im Laufe des Wirtschaftsjahres zugeführt hat.« (§ 4 Abs. 1 Satz 8 EStG)

BEISPIEL

Sie nutzen Ihren bisherigen Privatwagen zukünftig nur noch betrieblich. Der Pkw muss aus dem Privatvermögen in das Betriebsvermögen (buchungstechnisch) eingelegt werden. Sie buchen:

Pkw	x €	
an Privateinlage		x €

Einfluss auf das Betriebsvermögen (= bilanzielles Eigenkapital) in der Steuerbilanz haben

- ✔ sowohl betriebliche Aufwendungen und betriebliche Erträge
- ✔ als auch privat veranlasste Vorgänge zwischen dem privaten und betrieblichen Bereich.

Da nur der Gewinn (ursächlich als Unterschiedsbetrag zwischen Betriebseinnahmen und Betriebsausgaben) besteuert wird, müssen Sie alle Vorgänge, die mit dem privaten Bereich zusammenhängen, »herausgerechnet«.

BEISPIEL

Das Betriebsvermögen Ihres Gemüsegeschäftes »Immerfrisch« beträgt zum 31.12.2025 100.000 € und zum 31.12.2024 80.000 €. Weil Sie auch von irgendetwas leben müssen, haben Sie monatliche Privatentnahmen von 2.000 € vorgenommen.

Sie ermitteln den Gewinn für Ihr Gemüsegeschäft für das Jahr 2025 wie folgt:

	Betriebsvermögen am 31.12.2025	100.000 €
–	Betriebsvermögen am 31.12.2024	80.000 €
=	**Differenzbetrag**	**20.000 €**
+	Wert der Entnahmen (12 × 2.000 €)	24.000 €
=	**Gewinn in 2025**	**44.000 €**

Entnahmen bewerten Sie über den *Teilwert* (vergleichbar mit dem Verkehrswert) und auch Einlagen setzen Sie mit dem Teilwert für den Zeitpunkt der Zuführung an, jedoch höchstens mit den (fortgeführten) Anschaffungs- oder Herstellungskosten,

- wenn das zugeführte Wirtschaftsgut innerhalb der letzten drei Jahre vor dem Zeitpunkt der Zuführung aus dem Privatvermögen angeschafft oder hergestellt worden ist oder
- wenn es sich um Anteile an Kapitalgesellschaften handelt.

Doch was sind *Fortgeführte Anschaffungs- oder Herstellungskosten?* Wenn es sich bei dem Einlagegegenstand um ein abnutzbares Wirtschaftsgut handelt, müssen Sie die Anschaffungs- oder Herstellungskosten um Absetzungen für Abnutzung kürzen, die im Zeitraum zwischen der Anschaffung oder Herstellung des Wirtschaftsguts und der Einlage anfallen.

BEISPIEL

Den von Ihnen vor einem Jahr privat angeschaffte Pkw legen Sie (buchungstechnisch) in das Betriebsvermögen Ihres Gemüsegeschäftes »Immerfrisch« ein. Die Anschaffungskostenkosten betrugen im Zeitpunkt des Kaufs inklusive USt 30.000 €. Der Pkw hat eine betriebsgewöhnliche Nutzungsdauer von sechs Jahren. Der Teilwert (Verkehrswert) des Pkws beträgt zum Zeitpunkt der Einlage im Fall A 28.000 €, im Fall B 24.000 €.

Da die private Anschaffung zum Einlagezeitpunkt noch keine drei Jahre her ist, müssen Sie in einer »fiktiven« Berechnung die fortgeführten Anschaffungskosten ermitteln:

	Ursprüngliche Anschaffungskosten	30.000 €
–	anteilige »fiktive« Abschreibung (1/6 von 30.000 €)	5.000 €
=	**fortgeführte Anschaffungskosten am Einlagetag**	**25.000 €**

Im Fall A legen Sie den Pkw mit 25.000 € ein, da der Teilwert mit 28.000 € höher ist.

Sie buchen:

Pkw	25.000 €	
an Privateinlage		25.000 €

Im Fall B rechnen Sie mit dem Wert von 24.000 €, da der Teilwert mit 24.000 € niedriger als der von Ihnen errechnete Wert ist. Sie buchen:

Pkw	24.000 €	
an Privateinlage		24.000 €

Durch die Privateinlage hat sich zwar Ihr Betriebsvermögen erhöht, nicht aber der Gewinn. Dazu machen Sie folgende Vergleichsrechnung:

	Betriebsvermögen nach der Einlage	24.000 €
–	Betriebsvermögen vor der Einlage	0 €
=	**Differenzbetrag**	**24.000 €**
–	Wert der Einlage	24.000 €
=	**Gewinn**	**0 €**

Aufgrund der doppelten Buchführung können Sie den Gewinn eines Jahres außer über einen Betriebsvermögensvergleich auch durch die Gegenüberstellung von Betriebseinnahmen und Betriebsausgaben ermitteln, die aus der Gewinn- und Verlustrechnung ersichtlich sind.

Betriebseinnahmen sind in Anlehnung an § 8 Abs. 1 und § 4 Abs. 4 EStG alle Zugänge in Geld oder Geldeswert, die durch den Betrieb veranlasst sind.

»*Betriebsausgaben* sind alle Aufwendungen, die durch den Betrieb veranlasst sind.« (§ 4 Abs. 4 EStG)

Im Jahr 2024 haben Sie in Ihrem Gemüsegeschäft »Immerfrisch« Gemüse für netto 100.000 € verkauft. An Betriebsausgaben für Wareneinkauf, Gehälter für die Mitarbeiter, Miete für das Geschäftslokal und sonstige Aufwendungen sind im gleichen Zeitraum 65.000 € angefallen. Sie berechnen den Gewinn wie folgt:

	Betriebseinnahmen	100.000 €
–	Betriebsausgaben	65.000 €
=	**Gewinn**	**35.000 €**

Sie können allerdings nicht unbedingt davon ausgehen, dass sich auch alle Betriebsausgaben (= betrieblich veranlasste Aufwendungen) gewinnmindernd auswirken. Aus den unterschiedlichsten Gründen sieht der Gesetzgeber bei einigen Betriebsausgaben vor, dass sie sich nicht gewinnmindernd auswirken dürfen, obwohl sie ausschließlich betrieblich veranlasst sind. Das ist zum Beispiel bei den folgenden Betriebsausgaben der Fall:

- ✔ Schuldzinsen unter bestimmten Bedingungen in einer bestimmten Höhe
- ✔ Geschenke an Geschäftsfreunde von mehr als 50 €
- ✔ 30 % der angemessenen und nachgewiesenen Bewirtungsaufwendungen
- ✔ Aufwendungen für »Gästehäuser«, die sich in einem anderen Ort als dem Betriebsstandort befinden
- ✔ Verpflegungsmehraufwendungen, die den zulässigen Pauschbetrag überschreiten
- ✔ Mehraufwendungen für die betrieblich veranlasste doppelte Haushaltsführung
- ✔ Aufwendungen für ein häusliches Arbeitszimmer sowie die Kosten der Ausstattung, wenn das Arbeitszimmer nicht den Mittelpunkt der gesamten betrieblichen Betätigung bildet
- ✔ Aufwendungen, die die Lebensführung des Steuerpflichtigen oder anderer Personen berühren
- ✔ Geldbußen, Ordnungsgelder und Verwarnungsgelder sowie die damit zusammenhängenden Aufwendungen oder
- ✔ Zinsen auf hinterzogene Steuern nach § 235 AO

BEISPIEL

Immer auf der Suche nach steuerlichen Schlupflöchern kommen Sie auf die Idee, sich einen Luxuswagen (Ferrari) für 300.000 € zuzulegen, um den Bekanntheitsgrad Ihres Unternehmens zu steigern und bei den Kunden mächtig Eindruck zu hinterlassen. Damit das Finanzamt nichts zu »meckern« hat, führen Sie von Anfang an ein Fahrtenbuch und stellen damit sicher, dass Sie mit dem Pkw ausschließlich betrieblich unterwegs sind.

Die laufenden Betriebskosten in Höhe von 20.000 € für Kfz-Steuer, Kfz-Versicherung, Kraftstoff, Instandsetzungs-, Wartungs- und Pflegekosten und so weiter haben Sie während des Jahres als Betriebsausgaben verbucht. Am Ende des Jahres buchen Sie dann noch die Abschreibung in Höhe von 50.000 € (300.000 € / 6 Jahre Nutzungsdauer) als gewinnmindernden Aufwand.

Die laufenden Betriebskosten werden in der Regel nicht als »unangemessen« angesehen, da sie auch für ein »angemessenes« Fahrzeug angefallen wären. Ganz anders bei der AfA: Diese ist bei einem Ferrari wegen der hohen Anschaffungskosten höher als bei »normalen« Pkws. Aus diesem Grund darf nur der AfA-Betrag für »normale« Pkws den Gewinn mindern (zum Beispiel in Höhe von 10.000 € bei Anschaffungskosten von 60.000 €), alles darüber Hinausgehende ist vom Abzugsverbot des § 4 Abs. 5 Satz 1 Nr. 7 EStG betroffen.

Aus diesem Grund wird der handelsrechtliche Jahresüberschuss außerhalb der Buchführung und Bilanz um 40.000 € erhöht, damit die Höhe des Gewinns durch die unangemessenen, die private Lebensführung berührenden Betriebsausgaben nicht beeinflusst wird.

	Handelsrechtlicher Jahresüberschuss/-fehlbetrag	... €
+	Nicht abziehbare Betriebsausgabe	+ 40.000 €
=	**Einkommensteuerlicher Gewinn**	**... €**

Der einkommensteuerliche Gewinn ist also um 40.000 € höher als der handelsrechtliche Jahresüberschuss.

Überschusseinkunftsarten

Bei den Überschusseinkünften ermitteln Sie den Überschuss durch die Gegenüberstellung von Einnahmen und Werbungskosten. Er unterliegt der Besteuerung.

Rein in die Kasse: Einnahmen

Einnahmen im Sinne von § 8 EStG sind alle Güter, die in Geld oder Geldeswert bestehen und dem Steuerpflichtigen im Rahmen einer der Überschusseinkunftsarten zufließen. Einnahmen, die nicht in Geld bestehen, sind zum Beispiel verbilligte oder kostenlose Überlassung einer Wohnung oder die Möglichkeit, in der Werkskantine verbilligte Mahlzeiten einzunehmen.

Zu den Einnahmen gehören zum Beispiel

- ✔ Löhne und Gehälter bei Einkünften aus nichtselbstständiger Arbeit
- ✔ Dividenden und Zinsen bei Einkünften aus Kapitalvermögen
- ✔ Mieteinnahmen bei Einkünften aus Vermietung und Verpachtung

Werbungskosten sind laut §§ 9, 9a EStG Aufwendungen zur Erwerbung, Sicherung und Erhaltung der Einnahmen und sind bei der Einkunftsart abzuziehen, bei der sie entstanden sind.

Werbungskosten

Zu den Werbungskosten gehören im Rahmen der Einkünfte aus nichtselbstständiger Arbeit zum Beispiel

- ✔ Beiträge zu Berufsverbänden (Gewerkschaftsbeiträge)
- ✔ Mehraufwendungen aus Anlass einer beruflich begründeten doppelten Haushaltsführung
- ✔ Aufwendungen für Arbeitsmittel, zum Beispiel für Werkzeuge und typische Berufskleidung
- ✔ Absetzung für Abnutzung
- ✔ Inanspruchnahme der GWG-Regelung nach § 6 Abs. 2 Satz 1 bis 3 EStG
- ✔ Aufwendungen anlässlich einer Dienstreise
- ✔ Kontoführungsgebühren
- ✔ Bewerbungskosten
- ✔ Fortbildungskosten
- ✔ Verpflegungsmehraufwendungen unter den einschränkenden Voraussetzungen des § 9 Abs. 4 a EStG
- ✔ beruflich bedingte Umzugskosten

BEISPIEL

Kurz nach Antritt Ihrer neuen Stelle als Bilanzbuchhalter in einem größeren Industriebetrieb kaufen Sie sich einen Pilotenkoffer für 250 €, den Sie zukünftig nur für Ihre Arbeit nutzen. Die Aufwendungen von 250 € können Sie als Werbungskosten einkunftsmindernd berücksichtigen und damit Einkommensteuer sparen.

BEISPIEL

Nach Ihrer Probezeit als Bilanzbuchhalter erlaubt Ihr Arbeitgeber Ihnen, zwei der fünf Wochenarbeitstage im Homeoffice zu arbeiten. Aus diesem Grund kaufen Sie sich zu Beginn des Jahres einen edlen Holzschreibtisch für 2.000 € mit einer Nutzugsdauer von 10 Jahren, den Sie nur für die Büroarbeit im Homeoffice verwenden.

Da die Anschaffungskosten von 2.000 € sehr hoch sind, können Sie die Aufwendungen nur in Höhe der jährlichen Abschreibungsbeträge als Werbungskosten absetzen. Als Werbungskosten können Sie zehn Jahre lang jeweils 200 € (2.000 € / 10 Jahre) berücksichtigen.

Zwei Begriffe sollten Sie für die Prüfung kennen:

1. **Arbeitnehmer-Pauschbetrag:** Möchten Sie sich die lästige Nachweispflicht für die einzelnen Werbungskosten ersparen, können Sie alternativ ohne jeden Nachweis jährlich den *Arbeitnehmer-Pauschbetrag* von 1.230 € im Rahmen der Einkünfte aus nichtselbstständiger Arbeit geltend machen.

2. **Sparer-Pauschbetrag:** Bei der Ermittlung der Einkünfte aus Kapitalvermögen ist als Werbungskosten ein Betrag von 1.000 € als *Sparer-Pauschbetrag* berücksichtigungsfähig, der sich bei Ehegatten, die zusammen veranlagt werden, sogar auf 2.000 € verdoppelt. Dafür ist auf der anderen Seite der Abzug der tatsächlichen Werbungskosten ausgeschlossen.

Zu den Werbungskosten gehören im Rahmen der Einkünfte aus Vermietung und Verpachtung zum Beispiel

- ✔ **Schuldzinsen,** zum Beispiel Zinsen zur Finanzierung der Anschaffungskosten eines Vermietungs-/Verpachtungsobjektes
- ✔ **Geldbeschaffungskosten,** zum Beispiel Vermittlungsgebühr, Provisionen
- ✔ **Steuern** vom Grundbesitz, sonstige öffentliche Abgaben und Versicherungen, zum Beispiel Grundsteuer, Müllabfuhrgebühren, Kanalgebühren, Brandversicherungs-, Haftpflichtversicherungsbeiträge
- ✔ **Kosten für die Erhaltung des Vermietungsobjekts,** soweit es sich um echten Erhaltungsaufwand und nicht um Herstellungskosten handelt
- ✔ **Anschaffungsnahe Herstellungskosten:** Betragen innerhalb der ersten drei Jahre nach der Anschaffung des Gebäudes die Aufwendungen für Instandsetzungs- und Modernisierungsmaßnahmen (ohne Umsatzsteuer) mehr als 15 % der Anschaffungskosten des Gebäudes, handelt es sich um anschaffungsnahe Herstellungskosten, die Sie nur über die AfA als Werbungskosten geltend machen können. Zu diesen Aufwendungen gehören nicht die Aufwendungen für Erweiterungen im Sinne des § 255 Absatz 2 Satz 1 HGB und auch nicht Aufwendungen für Erhaltungsarbeiten, die üblicherweise jährlich anfallen
- ✔ **Absetzung für Abnutzung (AfA)**

BEISPIEL Sie haben im Jahr 2024 ein bebautes Grundstück zum Preis von 380.000 € inklusive aller Nebenkosten erworben, das Sie zu Wohnzwecken vermieten. Der Gesamtkaufpreis verteilt sich auf Grund und Boden mit 20 % und auf das Gebäude mit 80 %. An monatlichen Mieteinnahmen erhalten Sie 2.000 €. Zur Finanzierung des Kaufpreises haben Sie bei der Bank einen Kredit aufnehmen müssen, für den Sie im Jahr 2024 Zinsen in Höhe von 12.000 € gezahlt haben. Die weiteren mit dem vermieteten Grundstück im Zusammenhang stehenden Aufwendungen für Grundsteuer, Versicherungsbeiträge usw. belaufen sich auf 5.000 €.

Sie ermitteln für das Jahr 2024 die Höhe der Einkünfte durch die Gegenüberstellung der Einnahmen und der Werbungskosten wie folgt:

	Einnahmen (12 * 2.000 €)		24.000 €
–	Werbungskosten:		
	Kreditzinsen	12.000 €	
	Weitere Aufwendungen	5.000 €	
	AfA auf das Gebäude		
	2 % von 80 % von 380.000 €	6.080 €	23.080 €
=	**Einkünfte aus Vermietung und Verpachtung 2024**		**920 €**

Vorsicht ist immer dann geboten, wenn Sie nach dem Kauf des Grundstücks umfangreiche Renovierungsarbeiten vornehmen lassen, um das Objekt vielleicht zu einem höheren Preis vermieten zu können. Hier lauert die »Steuerfalle« der *anschaffungsnahen Herstellungskosten*.

BEISPIEL Sie haben im Jahr 2024 ein bebautes Grundstück zum Preis von 380.000 € inklusive aller Nebenkosten erworben, das Sie zu Wohnzwecken vermieten. Der Gesamtkaufpreis verteilt sich auf Grund und Boden mit 20 % und auf das Gebäude mit 80 %.

In den ersten zwei Monaten nach dem Kauf (Januar und Februar 2024) lassen Sie durch Fachfirmen umfangreiche Renovierungsarbeiten für 100.000 € durchführen (Austausch der Fenster und Innentüren sowie Austausch der gesamten Heizungsanlage). An monatlichen Mieteinnahmen erhalten Sie 2.000 € ab Fertigstellung der Renovierungsarbeiten Anfang März 2024. Zur Finanzierung des Kaufpreises haben Sie bei der Bank einen Kredit aufnehmen müssen, für den Sie im Jahr 2024 Zinsen in Höhe von 12.000 € gezahlt haben. Die weiteren mit dem vermieteten Grundstück im Zusammenhang stehenden Aufwendungen für Grundsteuer, Versicherungsbeiträge und so weiter belaufen sich auf 5.000 €.

Sie ermitteln für das Jahr 2024 die Höhe der Einkünfte durch die Gegenüberstellung der Einnahmen und der Werbungskosten wie folgt:

	Einnahmen (10 * 2.000 €)		20.000 €
–	Werbungskosten:		
	Kreditzinsen	12.000 €	
	Weitere Aufwendungen	5.000 €	
	AfA auf das Gebäude		
	2 % von 100.000 € für 9 Monate	1.500 €	

	2 % von 80 % von 380.000 € für 9 Monate	4.560 €	23.060 €
=	**Einkünfte aus Vermietung und Verpachtung 2024**		**– 3.060 €**

Fallen innerhalb von drei Jahren nach dem Kauf Aufwendungen für Instandsetzungs- und Modernisierungsmaßnahmen an, die insgesamt 15 % der Gebäudeanschaffungskosten übersteigen, können Sie diese Aufwendungen nicht im Jahr des Anfalls in voller Höhe als Werbungskosten geltend machen, sondern sie müssen über den AfA-Zeitraum des Gebäudes verteilt werden.

Kein steuerliches Problem ergibt sich, wenn Sie die Renovierungsarbeiten an einem vermieteten Objekt vornehmen lassen, das Sie schon seit mehr als drei Jahren vermieten.

BEISPIEL

Sie haben im Jahr 2020 ein bebautes Grundstück zum Preis von 380.000 € inklusive aller Nebenkosten erworben, das Sie zu Wohnzwecken vermieten. Der Gesamtkaufpreis verteilt sich auf Grund und Boden mit 20 % und auf das Gebäude mit 80 %.

In den ersten zwei Monaten des Jahres 2024 lassen Sie durch Fachfirmen umfangreiche Renovierungsarbeiten für 100.000 € durchführen (Austausch der Fenster und Innentüren sowie Austausch der gesamten Heizungsanlage). An monatlichen Mieteinnahmen erhalten Sie 2.000 €. Zur Finanzierung des damaligen Kaufpreises haben Sie bei der Bank einen Kredit aufnehmen müssen, für den Sie im Jahr 2024 Zinsen in Höhe von 12.000 € gezahlt haben. Die weiteren mit dem vermieteten Grundstück im Zusammenhang stehenden Aufwendungen für Grundsteuer, Versicherungsbeiträge und so weiter belaufen sich auf 5.000 €.

Sie ermitteln für das Jahr 2024 die Höhe der Einkünfte durch die Gegenüberstellung der Einnahmen und der Werbungskosten wie folgt:

	Einnahmen (12 * 2.000 €)		24.000 €
–	Werbungskosten:		
	Kreditzinsen	12.000 €	
	Weitere Aufwendungen	5.000 €	
	Instandhaltungsaufwendungen	100.000 €	
	AfA auf das Gebäude		
	2 % von 80 % von 380.000 €	6.080 €	123.080 €
=	**Einkünfte aus Vermietung und Verpachtung 2024**		**– 99.080 €**

Wie? Gewinnermittlungsmethoden

Im Einkommensteuergesetz sind folgende Methoden zur Einkunftsermittlung im Rahmen der Gewinneinkünfte prüfungsrelevant:

- ✔ durch Betriebsvermögensvergleich nach § 4 Abs. 1 Satz 1 EStG
- ✔ durch Betriebsvermögensvergleich nach § 5 Abs. 1 EStG
- ✔ durch Einnahmenüberschussrechnung nach § 4 Abs. 3 EStG

Betriebsvermögensvergleich nach § 4 Abs. 1 EStG

Unter »Wie viel? Gewinn-/Überschusseinkünfte« haben Sie bereits den Betriebsvermögensvergleich nach § 4 Abs. 1 Satz 1 EStG kennengelernt. Aus diesem Grund soll an dieser Stelle nur noch ein erweitertes Beispiel vorgestellt werden.

BEISPIEL

Sie haben vor 25 Jahren ein bebautes Grundstück (Anschaffungskosten 800.000 €, davon 700.000 € auf das Gebäude) erworben, das Sie bisher im Privatvermögen vermietet haben.

Im Rahmen der Einkünfte aus Vermietung und Verpachtung haben Sie für das Gebäude unter anderem die Gebäude-AfA jedes Jahr als Werbungskosten bei der Steuererklärung geltend gemacht. Weil der Mieter zum Ende des Jahres 2024 den Mietvertrag gekündigt hat, legen Sie das Grundstück mit dem darauf stehenden Gebäude zu Beginn des Jahres 2025 in das Betriebsvermögen Ihres Gemüsegeschäftes »Immerfrisch« ein. Ihr Abomodell »Frisches Gemüse vor die Haustür« floriert und Sie möchten das Gebäude zukünftig für das Zusammenstellen und Fakturieren der Gemüsekisten nutzen. Der Teilwert des Gebäudes beträgt zu diesem Zeitpunkt 1 Mio. €. Bis zur Einlage des Gebäudes haben Sie in den letzten 25 Jahren insgesamt 350.000 € als AfA (= Werbungskosten) in Anspruch genommen.

In der Regel stellt der Einlagewert von 1 Mio. € auch die Bemessungsgrundlage für die AfA im betrieblichen Bereich dar. In diesem Fall ist das anders: Weil der Einlagewert von 1 Mio. € höher als die historischen Anschaffungskosten 700.000 € ist, beträgt die Bemessungsgrundlage für die AfA des Gebäudes im Betriebsvermögen 650.000 € und wird nach dem Einlagewert von 1 Mio. € abzüglich der bis zum Einlagezeitpunkt in Anspruch genommenen AfA-Beträge in Höhe von 350.000 € ermittelt, Damit bleibt ab dem Einlagezeitpunkt ein restliches Abschreibungspotential von 650.000 €, das sich wie folgt zusammensetzt:

	Anschaffungskosten	700.000 €
–	bisherige AfA als Werbungskosten 350.000 €	350.000 €
+	Differenz zwischen dem Teilwert 1.000.000 €	
–	Abschaffungskosten 700.000 €	300.000 €
=		**650.000 €**

Nach § 7 Abs. 4 Satz 1 Nr. 1 EStG können Sie von der nach § 7 Abs. 1 Satz 5 EStG ermittelten Bemessungsgrundlage des Gebäudes nach der Einlage jährlich einen Betrag von 19.500 € (= 3 % von 650.000 €) absetzen. Den nach Ablauf von 33 Jahren verbleibenden Restwert von 6.500 € setzen Sie dann im Folgejahr ab. Von dem danach verbleibenden Restbuchwert in Höhe von 350.000 € dürfen Sie keine weitere AfA vornehmen, er wirkt sich jedoch im Falle einer Veräußerung gewinnmindernd auf die Höhe Ihres Veräußerungsgewinns aus.

Sie buchen:

Grundstück	100.000 €	
Gebäude	1.000.000 €	
an Privateinlage		1.100.000 €

sowie

Abschreibungen	19.500 €	
an Gebäude		19.500 €

Durch die Einlage hat sich das Betriebsvermögen Ihres Gemüsegeschäftes um 1.100.000 € erhöht und durch die Abschreibung um 19.500 € vermindert. Dennoch haben Sie für das Jahr 2025 einen Verlust in Höhe von 19.500 € erzielt, wie die folgende Gegenüberstellung zeigt:

	Betriebsvermögen nach der Einlage	1.080.500 €
–	Betriebsvermögen vor der Einlage	0 €
=	**Differenzbetrag**	**1.080.500 €**
–	Wert der Einlage	1.100.000 €
=	**Verlust**	**19.500 €**

Betriebsvermögensvergleich nach § 5 Abs. 1 EStG

Gewerbetreibende, die aufgrund gesetzlicher Vorschriften verpflichtet sind, Bücher zu führen und regelmäßig Abschlüsse zu machen, müssen zum Ende des Wirtschaftsjahres das Betriebsvermögen ansetzen und es nach den handelsrechtlichen Grundsätzen ordnungsmäßiger Buchführung ausweisen (§ 5 Abs. 1 Satz 1 EStG), es sei denn, sie haben im Rahmen der Ausübung eines steuerlichen Wahlrechts einen anderer Ansatz gewählt.

Dieser *Grundsatz der Maßgeblichkeit* der Handelsbilanz für die Steuerbilanz ist jedoch durch den steuerlichen Bewertungsvorbehalt des § 5 Abs. 6 EStG eingeschränkt.

Die Bewertungsvorschriften der §§ 6, 6a und 7 EStG haben quasi »Vorfahrt« und gehen den handelsrechtlichen Bewertungsvorschriften vor. Die handelsrechtlichen Bewertungsvorschriften gelten also in der Steuerbilanz nur dann, wenn die steuerrechtlichen Vorschriften keine abweichenden Regelungen enthalten.

Unterschiede in Handels- und Steuerbilanz können sich zum Beispiel wie folgt ergeben:

- ✔ Ein handelsrechtliches Wahlrecht führt in der Steuerbilanz zur Aktivierungspflicht.
- ✔ Ein steuerliches Wahlrecht wird in der Steuerbilanz anders ausgeübt als im Handelsrecht.
- ✔ Die gesetzlichen Vorschriften im Handels- und im Steuerrecht weichen voneinander ab.

Handelsrechtliches Wahlrecht – Aktivierungspflicht in der Steuerbilanz

Handelsrechtliche Aktivierungswahlrechte führen in der Regel zu steuerlichen Aktivierungsgeboten.

Sie als Einzelunternehmer beantragen für Ihr Gemüsegeschäft »Immerfrisch« bei der Bank ein Darlehen von 100.000 €, das Ihnen zu Beginn des Jahres 2025 in Höhe von 95.000,00 € auf Ihrem betrieblichen Bankkonto zur Verfügung gestellt wird. Das Darlehen hat eine Laufzeit von 5 Jahren und muss von Ihnen in einer Summe am 31.12.2029 zurückgezahlt werden. Die laufende Verzinsung beträgt 1,5 % p.a..

Sie müssen die Darlehenssumme in Höhe von 100.000 € als Darlehensverbindlichkeit passivieren. Der Bankzugang beträgt jedoch nur 95.000 €. Den Differenzbetrag in Höhe von 5.000 € können Sie

- ✔ als aktiven Rechnungsabgrenzungsposten aktivieren und auf die Darlehenslaufzeit gewinnmindernd auflösen oder
- ✔ sofort in den Aufwand buchen.

Sie haben die Wahl – das handelsrechtliche Wahlrecht.

Sie entschließen sich für den sofortigen Aufwand, also zu folgender handelsrechtlicher Buchung:

Bank	95.000 €	
Zinsähnlicher Aufwand	5.000 €	
an Darlehensverbindlichkeit		100.000 €

Für ein handelsrechtliches Wahlrecht besteht steuerrechtlich ein Aktivierungsgebot, sodass die entsprechenden steuerlichen Buchungen wie folgt lauten müssen:

Bank	95.000 €	
ARAP (Disagio)	5.000 €	
an Darlehensverbindlichkeit		100.000 €

sowie am Jahresende:

Zinsähnlicher Aufwand	1.000 €	
an ARAP (Disagio)		1.000 €

Das hat zur Folge, dass in der Handelsbilanz kein ARAP auftaucht, in der Steuerbilanz einer in Höhe von 4.000 € (5.000 € – 1.000 €).

Stellen Sie keine separate Steuerbilanz auf, müssen Sie außerhalb der Buchführung und Bilanz beim Jahresüberschuss nach § 60 Abs. 2 EStDV eine Korrektur vornehmen:

	Handelsrechtlicher Jahresüberschuss/-fehlbetrag	... €
		+ 4.000 €
=	**einkommensteuerlicher Gewinn**	**... €**

In diesem Fall ist der einkommensteuerliche Gewinn um 4.000 € höher als der handelsrechtliche Jahresüberschuss. Da Sie im Handels- und Steuerrecht für die laufende Verzinsung zusätzlich einen Zinsaufwand von 1.500 € (1,50 % von 100.000 €) berücksichtigen müssen, sind keine weiteren Überleitungen erforderlich.

Steuerliches Wahlrecht: in der Steuerbilanz anders ausgeübt als im Handelsrecht

Häufig kommt es vor, dass es sowohl im Handels- als auch im Steuerrecht Wahlrechte gibt, die unterschiedlich ausgeübt werden können.

BEISPIEL

Um mit der Zeit zu gehen, haben Sie das äußere Erscheinungsbild Ihres Gemüsegeschäftes »Immerfrisch« etwas »aufgepeppt« und neue, optisch ansprechende Regale gekauft, um die Waren der Kundschaft noch besser präsentieren zu können.

Die Anschaffungskosten der Anfang April 2024 erworbenen 20 gleichen Regale betrugen 22.000 € zzgl. 19 % USt. Sie buchen im Handelsrecht:

Betriebs- und Geschäftsausstattung	22.000 €	
Vorsteuer	4.180 €	
an Bank		26.180 €

Da Sie bei der Bank noch laufende Kredite haben und jedes Jahr den handelsrechtlichen Jahresabschluss bei der kreditgebenden Bank vorlegen müssen, sollte der Jahresüberschuss am Jahresende möglichst hoch sein. Deshalb schreiben Sie die Regale auf die betriebsgewöhnliche Nutzungsdauer von 10 Jahren linear ab und buchen zum 31.12.2024:

Abschreibungen auf Sachanlagen	1.650 €	
an Betriebs- und Geschäftsausstattung		1.650 €

Andererseits möchten Sie natürlich einen möglichst niedrigen Gewinn versteuern, damit Sie möglichst wenig Einkommensteuer an das Finanzamt zahlen müssen. Deshalb nehmen Sie das steuerliche Wahlrecht der degressiven AfA nach § 7 Abs. 2 EStG in Anspruch. Dadurch vermindert sich der Gewinn nochmals um den Betrag von 1.650 €, weil sich der degressive AfA-Betrag auf 3.300 € (22.000 € * 20 % für 9 Monate) beläuft und damit um weitere 1.650 € unter dem handelsrechtlichen Jahresüberschuss liegt.

Stellen Sie keine separate Steuerbilanz auf, müssen Sie außerhalb der Buchführung und Bilanz den Jahresüberschuss nach § 60 Abs. 2 EStDV wie folgt korrigieren:

	Handelsrechtlicher Jahresüberschuss/-fehlbetrag	... €
		– 1.650 €
=	**einkommensteuerlicher Gewinn**	**... €**

In diesem Fall ist der einkommensteuerliche Gewinn um 1.650 € niedriger als der handelsrechtliche Jahresüberschuss.

Abweichende Vorschriften zwischen Steuer- und Handelsrecht

Ein weiterer Grund dafür, dass die Handels- und Steuerbilanz nicht übereinstimmen, kann sein, dass das Steuerrecht vom Handelsrecht abweichende Vorschriften enthält.

BEISPIEL

Ihre Gemüsehandel-GmbH »Immergrün« hat zum 1.1.2025 einen Verkaufsraum angemietet. Sie darf mit Zustimmung des Vermieters dort Einbauten auf eigene Kosten vornehmen, muss diese jedoch zum Ende des Mietvertragsverhältnisses (31.12.2033) wieder zurückbauen lassen.

Für die Rückbauverpflichtung muss die Gemüsehandel-GmbH »Immergrün« zum 31.12.2025 eine Rückstellung für ungewisse Verbindlichkeiten bilden. Sie ermitteln zum 31.12.2025 unter Berücksichtigung aller handelsrechtlichen Vorschriften einen abgezinsten Rückstellungsbarwert von 700 €. Nach steuerrechtlichen Vorschriften ergibt sich jedoch ein abgezinster Rückstellungsbarwert von nur 500 €. Und nun?

Stellen Sie keine separate Steuerbilanz auf, müssen Sie außerhalb der Buchführung und Bilanz den Jahresüberschuss nach § 60 Abs. 2 EStDV korrigieren:

	Handelsrechtlicher Jahresüberschuss/-fehlbetrag	... €
		+ 200 €
=	**einkommensteuerlicher Gewinn**	**... €**

In diesem Fall ist der einkommensteuerliche Gewinn um 200 € höher als der handelsrechtliche Jahresüberschuss.

In der Handelsbilanz angesetzt, im Steuerrecht nicht vorgesehen

Die Ursache für Abweichungen in Handels- und Steuerbilanz kann sich auch dadurch ergeben, dass etwas in der Handelsbilanz angesetzt wird, was es so im Steuerrecht nicht gibt.

BEISPIEL

Bei Ihrer Gemüsehandel-GmbH »Immergrün« ergibt sich beim Rückstellungsposten in Handels- und Steuerbilanz eine Differenz. Da diese sich voraussichtlich in der Zukunft ausgleichen wird, können Sie dafür bereits im Jahr 2024 eine aktive latente Steuer in der Handelsbilanz in Höhe von 30 % von 200 € = 60 € berücksichtigen.

Sie buchen für die Gemüsehandel-GmbH »Immergrün« zum 31.12.2024:

Aktive latente Steuern	60 €	
an Steuerertrag		60 €

Da im Steuerrecht »latente« Steuern nicht existieren, müssen Sie, wenn Sie keine separate Steuerbilanz aufstellen, den Jahresüberschuss außerhalb der Buchführung und Bilanz nach § 60 Abs. 2 EStDV korrigieren:

	Handelsrechtlicher Jahresüberschuss/-fehlbetrag	... €
		– 60 €
=	**einkommensteuerlicher Gewinn**	**... €**

In diesem Fall ist der einkommensteuerliche Gewinn um 60 € niedriger als der handelsrechtliche Jahresüberschuss.

Einnahmenüberschussrechnung nach § 4 Abs. 3 EStG

Steuerpflichtige, die nicht aufgrund gesetzlicher Vorschriften verpflichtet sind, Bücher zu führen und regelmäßig Abschlüsse zu machen, und die auch keine Bücher führen und keine Abschlüsse machen, können als Gewinn den Überschuss der Betriebseinnahmen über die Betriebsausgaben ansetzen (§ 4 Abs. 3 Satz 1 EStG). Hierbei scheiden *durchlaufende Posten* aus, das heißt Betriebseinnahmen und Betriebsausgaben, die im Namen und für Rechnung eines anderen vereinnahmt und verausgabt werden.

Ihre Entscheidung, Ihren Gewinn durch Einnahmenüberschussrechnung zu ermitteln, müssen Sie nicht extra kommunizieren, sie dokumentieren sie einfach, indem Sie Einnahmebelege sammeln. und die Gewinnermittlung an das Finanzamt senden.

Der wesentliche Vorteil der Gewinnermittlung nach § 4 Abs. 3 EStG liegt darin, dass Sie die Betriebseinnahmen und die Betriebsausgaben nach den Grundsätzen des § 11 EStG nach dem *Zu- und Abflussprinzip* erfassen können. Ermitteln Sie den Gewinn durch Betriebsvermögensvergleich nach § 4 Abs. 1 EStG oder nach § 5 Abs. 1 EStG, ist die wirtschaftliche Verursachung entscheidend.

BEISPIEL

Sie kaufen Ende Dezember 2024 Büromaterial für 200 € netto auf Ziel ein. Die Bezahlung der Rechnung erfolgt am 15.1.2025.

Sie können den Gewinn auf zwei Wegen ermitteln:

1. **durch Betriebsvermögensvergleich**

   Der Betrag von 200 € mindert den Gewinn bereits im Jahr 2024, weil es nicht auf den Geldabfluss ankommt.

2. **durch Einnahmenüberschussrechnung**

   Der Gewinn wird erst im Jahr der Geldausgabe in 2025 gemindert, weil das Abflussprinzip gilt, das heißt erst im Jahr der Bezahlung eine gewinnmindernde Betriebsausgabe vorliegt.

Was für die Betriebsausgaben hinsichtlich der Gewinnminderung gilt, gilt auch für Betriebseinnahmen für die Gewinnerhöhung.

Sie verkaufen Ende Dezember 2024 Waren für 200 € netto auf Ziel ein. Die Bezahlung der Rechnung durch den Kunden erfolgt am 15.1.2025.

Sie können den Gewinn auf zwei Wegen ermitteln:

1. **durch Betriebsvermögensvergleich**

   Der Betrag von 200 € erhöht den Gewinn bereits im Jahr 2024, weil es nicht auf den Geldzufluss ankommt.

2. **durch Einnahmenüberschussrechnung**

   Der Gewinn wird erst im Jahr der Bezahlung durch den Kunden in 2025 erhöht, weil das Zuflussprinzip gilt, das heißt erst im Jahr des Geldeingangs liegt eine gewinnerhöhende Betriebseinnahme vor.

Vom Zu- und Abflussprinzip gibt es jedoch zahlreiche Ausnahmen:

- ✔ 10-Tages-Regelung
- ✔ Vorsteuer und Umsatzsteuer
- ✔ Bewertungsfreiheit für geringwertige Wirtschaftsgüter nach § 6 Abs. 2 EStG
- ✔ Bildung eines Sammelpostens nach § 6 Abs. 2a EStG
- ✔ Grundsätze der AfA nach § 7 EStG
- ✔ Nicht abnutzbares Anlagevermögen sowie Grund und Boden beziehungsweise Gebäude des Umlaufvermögens

Am Jahresende: 10-Tages-Regelung

Sie zahlen die Miete für das angemietete Ladenlokal für den Januar 2025 bereits Ende Dezember 2024 in Höhe von 1.000 €.

Obwohl der Geldabfluss in 2024 liegt, tritt die Gewinnminderung erst in 2025 ein, weil es sich um eine regelmäßig wiederkehrende Ausgabe handelt, die kurze Zeit vor Beginn des Kalenderjahres, zu der sie wirtschaftlich gehört (2025), abgeflossen ist. In diesem Fall werden Sie steuerrechtlich so gestellt, als hätten Sie die Miete erst Anfang 2025 gezahlt.

Was für die Gewinnminderung gilt, gilt auch für die Gewinnerhöhung.

Sie erhalten die Miete für ein vermietetes Ladenlokal für den Januar 2025 bereits Ende Dezember 2024 in Höhe von 1.000 €.

Obwohl der Geldzufluss in 2024 liegt, tritt die Gewinnerhöhung erst in 2025 ein, weil es sich um eine regelmäßig wiederkehrende Einnahme handelt, die kurze Zeit vor Beginn des Kalenderjahres, zu der sie wirtschaftlich gehört (2025), zugeflossen ist. In diesem Fall werden Sie steuerrechtlich so gestellt, als hätten Sie die Miete erst Anfang 2025 erhalten.

Vorsteuer und Umsatzsteuer

Wichtig für Sie zu wissen:

- ✔ **Die vereinnahmten Umsatzsteuerbeträge** (für den Umsatz geschuldete Umsatzsteuer und vom Finanzamt erstattete Vorsteuer) gehören zum Zeitpunkt ihrer Vereinnahmung zu den Betriebseinnahmen.
- ✔ **Die verausgabten Umsatzsteuerbeträge** (gezahlte Vorsteuer und an das Finanzamt abgeführte Umsatzsteuerbeträge) gehören zum Zeitpunkt ihrer Verausgabung zu den Betriebsausgaben.

Das gilt allerdings nicht, wenn es sich bei den Vorsteuerbeträgen um Anschaffungskosten beziehungsweise Herstellungskosten handelt, die sich nur über die AfA gewinnmindernd auswirken.

BEISPIEL

Sie verkaufen Anfang November 2024 Waren für 200 € + 19 % USt gegen Barzahlung.

Im November 2024 haben Sie am Tag der Geldeinnahme eine Betriebseinnahme in Höhe von 238 € (200 € zzgl. 19 % USt) und im Dezember 2024 eine Betriebsausgabe von 38 €, wenn die Umsatzsteuer von Ihnen an das Finanzamt abgeführt wird.

Im Ergebnis ergibt sich damit eine Gewinnerhöhung für das Jahr 2024 in Höhe von netto 200 €.

BEISPIEL

Sie kaufen im November 2024 Büromaterial für 200 € + 19 % USt gegen Barzahlung.

Im November 2024 haben Sie mit der Geldausgabe eine Betriebsausgabe in Höhe von 238 € (200 € zzgl. 19 % USt) und im Dezember 2024 eine Betriebseinnahme von 38 €, wenn Ihnen die Vorsteuer von Ihrem Finanzamt erstattet wird.

Im Ergebnis ergibt sich damit eine Gewinnminderung für das Jahr 2024 in Höhe von netto 200 €.

Bewertungsfreiheit für geringwertige Wirtschaftsgüter nach § 6 Abs. 2 EstG

»Die Anschaffungs- oder Herstellungskosten … von abnutzbaren beweglichen Wirtschaftsgütern des Anlagevermögens, die einer selbständigen Nutzung fähig sind, können Sie im Wirtschaftsjahr der Anschaffung beziehungsweise Herstellung in voller Höhe als Betriebsausgaben abziehen, wenn die Anschaffungs- oder Herstellungskosten, vermindert um einen darin enthaltenen Vorsteuerbetrag für das einzelne Wirtschaftsgut 800 € nicht übersteigen.« (§ 6 Abs. 2 EStG)

Die Vorsteuer stellt allerdings erst zum Zeitpunkt der tatsächlichen Zahlung eine Betriebsausgabe dar.

BEISPIEL

Sie kaufen Ende Dezember 2024 einen Laptop für Ihr Unternehmen für 800 € + 19 % USt, bezahlen den kompletten Kaufpreis aber erst Mitte Januar 2025.

Bei dem Laptop handelt es sich um ein abnutzbares bewegliches Wirtschaftsgut des Anlagevermögens, das einer selbstständigen Nutzung fähig ist und dessen Anschaffungskosten (ohne Vorsteuer) den Betrag von 800 € nicht übersteigen.

Das führt im Jahr 2024 zu einer Betriebsausgabe von 800 €, obwohl der Geldabfluss erst im Jahr 2025 stattfindet. Die Vorsteuer stellt allerdings erst im Jahr des tatsächlichen Geldabflusses 2025 eine Betriebsausgabe, und wenn die Vorsteuer von Ihrem Finanzamt zu einem späteren Zeitpunkt erstattet wird, auch eine Betriebseinnahme dar.

Bildung eines Sammelpostens nach § 6 Abs. 2a EstG

Zu den GWGs gibt es auch eine Alternative: Sie können einen Sammelposten bilden.

Die Voraussetzungen dafür sind:

✔ Es handelt sich um abnutzbare bewegliche Wirtschaftsgüter des Anlagevermögens.

✔ Sie unterliegen einer selbstständigen Nutzung.

✔ Ihre Anschaffungs- oder Herstellungskosten sind abzüglich Vorsteuer mindestens 250 € und maximal 1.000 €.

Wenn Sie einen Sammelposten bilden, müssen Sie ihn in dem Wirtschaftsjahr, in dem Sie ihn gebildet haben und den folgenden vier Wirtschaftsjahren mit jeweils einem Fünftel gewinnmindernd auflösen.

BEISPIEL

Sie kaufen sich Ende Dezember 2024 einen Büroschrank für Ihr Büro zu einem Preis von 900 € + 19 % USt und bezahlen den kompletten Kaufpreis erst Mitte Januar 2025.

Sie prüfen, ob die Voraussetzungen für einen Sammelposten erfüllt sind:

✔ Bei dem Büroschrank handelt es sich um ein abnutzbares bewegliches Wirtschaftsgut des Anlagevermögens.

✔ Er ist einer selbstständigen Nutzung fähig.

- Die Anschaffungskosten (ohne Vorsteuer) sind nicht höher als 1.000 €.

Alles passt und Sie nehmen die Sammelpostenregelung für 2024 in Anspruch.

Das führt bereits im Jahr 2024 zu einer Betriebsausgabe von 180 € (900 € / 5), obwohl der Geldabfluss erst im Jahr 2025 stattfindet. Die Vorsteuer stellt allerdings erst im Jahr des tatsächlichen Geldabflusses, also 2025, eine Betriebsausgabe und die Vorsteuer, die Ihnen das Finanzamt zu einem späteren Zeitpunkt erstattet, auch erst 2025 eine Betriebseinnahme dar.

Grundsätze der AfA nach § 7 EStG

Um die Gleichmäßigkeit der Besteuerung zu Bilanzierenden sicherzustellen, können Sie abnutzbares Anlagevermögen nicht im Jahr des Geldabflusses gewinnmindernd berücksichtigen, sondern erst durch die AfA verteilt auf die Nutzungsdauer. Das ist unabhängig davon, ob Sie Ihren Gewinn durch Betriebsvermögensvergleich oder durch Einnahmenüberschussrechnung ermitteln.

Sie kaufen sich Ende Dezember 2024 einen Büroschrank (Nutzungsdauer 10 Jahre) für Ihr Büro zu einem Preis von 1.500 € + 19 % USt gegen Barzahlung und sind zum vollen Vorsteuerabzug berechtigt.

Sie möchten natürlich einen möglichst niedrigen Gewinn versteuern, damit Sie möglichst wenig Einkommensteuer an das Finanzamt zahlen müssen. Deshalb nehmen Sie das steuerliche Wahlrecht der degressiven AfA nach § 7 Abs. 2 EStG in Anspruch.

Als Betriebsausgabe können Sie für das Jahr 2024 folgende Beträge geltend machen:

	Degressive AfA (1.500 € * 20 % * 1/12)	25 €
+	Vorsteuerbetrag 19 % von 1.500 €	285 €
	Summe	**310 €**

Sind Sie jedoch nicht zum Vorsteuerabzug berechtigt (zum Beispiel weil Sie Arzt sind), gehört die gezahlte Vorsteuer zu den Anschaffungskosten und wirkt sich erst über die AfA in den Folgejahren gewinnmindernd aus.

Sie kaufen sich Ende Dezember 2024 einen Büroschrank (Nutzungsdauer 10 Jahre) für Ihr Büro zu einem Preis von 1.500 € + 19 % USt gegen Barzahlung und sind nicht zum Vorsteuerabzug berechtigt.

Sie möchten natürlich einen möglichst niedrigen Gewinn versteuern, damit Sie möglichst wenig Einkommensteuer an das Finanzamt zahlen müssen. Deshalb nehmen Sie das steuerliche Wahlrecht der degressiven AfA nach § 7 Abs. 2 EStG in Anspruch.

Als Betriebsausgabe können Sie für das Jahr 2024 folgenden Betrag geltend machen:

Degressive AfA (1.785 € * 20 % * 1/12)	29,75 €

Nicht abnutzbares Anlagevermögen sowie Grund und Boden beziehungsweise Gebäude des Umlaufvermögens

Die Anschaffungs- oder Herstellungskosten für

- nicht abnutzbare Wirtschaftsgüter des Anlagevermögens (zum Beispiel Grundstücke),

- ✔ Anteile an Kapitalgesellschaften,
- ✔ Grund und Boden und Gebäude des Umlaufvermögens

werden erst zum Zeitpunkt des Zuflusses des Veräußerungserlöses oder bei Entnahme zum Zeitpunkt der Entnahme als Betriebsausgaben berücksichtigt.

BEISPIEL Sie haben für Ihr Gemüseeinzelhandelsgeschäft »Immergrün« vor vier Jahren ein unbebautes Grundstück für 100.000 € erworben, das Sie im Jahr 2024 für 140.000 € wieder veräußern, weil Sie das Grundstück zukünftig nicht mehr für Ihren Betrieb benötigen.

Der Zufluss des Veräußerungspreis führt im Jahr 2024 zu einer Betriebseinnahme.

Der Buchwert in Höhe der Anschaffungskosten von 100.000 € führt im Jahr 2024 zu einer Betriebsausgabe.

Sie erzielen im Jahr 2024 einen Gewinn in Höhe von 40.000 €, den Sie folgendermaßen ermitteln:

	Betriebseinnahme (= Veräußerungspreis)	140.000 €
–	Betriebsausgabe (= Anschaffungskosten des Grund und Bodens)	100.000 €
=	**Gewinn**	**40.000 €**

BEISPIEL Sie haben vorletztes Jahr Aktien der börsennotierten X-AG für 10.000 € zur langfristigen Anlage erworben und von Beginn an dem Betriebsvermögen Ihres Gemüseeinzelhandelsgeschäfts »Immergrün« zugeordnet. Im Jahr 2024 brauchen Sie dringend Geld und entschließen sich dazu, die Aktien für 14.000 € wieder zu veräußern.

Der Zufluss des Veräußerungspreises führt im Jahr 2024 zu einer Betriebseinnahme.

Der Buchwert in Höhe der Anschaffungskosten von 10.000 € führt im Jahr 2024 zu einer Betriebsausgabe.

Sie erzielen im Jahr 2024 einen Gewinn in Höhe von 4.000 €, der sich wie folgt ermittelt:

	Betriebseinnahme (= Veräußerungspreis)	14.000 €
–	Betriebsausgabe (= Anschaffungskosten Aktien)	10.000 €
=	**Gewinn**	**4.000 €**

BEISPIEL Sie haben für Ihr Gemüseeinzelhandelsgeschäft »Immergrün« im ersten Halbjahr 2024 ein unbebautes Grundstück für 100.000 € in einem neuen Gewerbegebiet erworben, weil Sie darauf spekulieren, dass insgesamt zu wenig Baufläche vorhanden ist, um alle Interessenten zufrieden zu stellen. Einen Monat nach dem Kauf geht Ihre Rechnung auf. Ein anderer Gewerbetreibender kommt auf Sie zu und bietet Ihnen für das erworbene Grundstück einen Preis von 140.000 €. Sie entschließen sich zum sofortigen Verkauf.

Der Zufluss des Veräußerungspreises führt im Jahr 2024 zu einer Betriebseinnahme und der Buchwert in Höhe der Anschaffungskosten von 100.000 € im Jahr 2024 zu einer Betriebsausgabe.

Sie erzielen im Jahr 2024 einen Gewinn in Höhe von 40.000 €, der sich wie folgt ermittelt:

	Betriebseinnahme (= Veräußerungspreis)	140.000 €
–	Betriebsausgabe (= Anschaffungskosten unbebautes Grundstück)	100.000 €
=	**Gewinn**	**40.000 €**

Übergang von der Einnahmenüberschussrechnung zum Betriebsvermögensvergleich

Sie haben bisher Ihren Gewinn durch Einnahmenüberschussrechnung ermittelt und möchten Ihren Betrieb verkaufen. Vor dem Verkauf müssen Sie aus Gründen der gleichen Besteuerung (gegenüber einem Steuerpflichtigen, der von Beginn an bilanziert hätte) zunächst zur Gewinnermittlung durch Betriebsvermögensvergleich nach § 4 Abs. 1 EStG übergehen. Weil die Gewinnermittlung durch Einnahmenüberschussrechnung auf dem Zu- und Abflussprinzip und der Betriebsvermögensvergleich auf der wirtschaftlichen Betrachtung beruht, weicht die Höhe des Gewinns in den einzelnen Jahren in der Regel voneinander ab.

Obwohl der Gesetzgeber verschiedene Gewinnermittlungsarten vorsieht, muss jedoch sichergestellt sein, dass sich beim Wechsel von einer Gewinnermittlungsart zur anderen der gleiche Totalgewinn (= Gesamtgewinn während der gesamten betrieblichen Tätigkeit) ergibt. Das wird beim Übergang von der Einnahmenüberschussrechnung zur Bilanzierung dadurch erreicht, dass durch die Bildung von *Korrekturposten* sowohl eine Doppelerfassung von Vorgängen als auch eine Nichtberücksichtigung ausgeschlossen sind. Dabei setzen Sie die einzelnen Wirtschaftsgüter beim Übergang zum Betriebsvermögensvergleich mit den Werten an, mit denen sie zu Buche stehen würden, wenn von Anfang an der Gewinn durch Betriebsvermögensvergleich ermittelt worden wäre. Da bei der Einnahmenüberschussrechnung das Zu- beziehungsweise Abflussprinzip des § 11 EStG gilt, erfassen Sie im Rahmen der Einnahmenüberschussrechnung sowohl die Einnahmen als auch die Ausgaben zu dem Zeitpunkt, zu dem Sie sie vereinnahmen beziehungsweise verausgaben.

Im Gegensatz dazu ist bei der Bilanzierung der Zeitpunkt maßgebend, zu dem die Forderungen beziehungsweise Verbindlichkeiten entstehen. Das hat zur Folge, dass die Gewinne zu unterschiedlichen Zeitpunkten realisiert werden. Da der Totalgewinn gleich sein muss, müssen Sie im Rahmen des Übergangs von einer Gewinnermittlungsart zur anderen Korrekturen vornehmen, indem Sie Posten dazurechnen oder abziehen.

Das wiederum hat zur Folge, dass Sie im Rahmen des Übergangs von der Einnahmenüberschussrechnung zur Gewinnermittlung durch Betriebsvermögensvergleich alle betrieblichen Vorgänge, die bei der Überschussrechnung von Ihnen bisher nicht erfasst worden sind, beim ersten Betriebsvermögensvergleich nach dem Übergang berücksichtigen müssen. Dafür stellen Sie einen Vergleich an, ob sich die einzelnen Geschäftsvorfälle im Rahmen der bisherigen Gewinnermittlung auf den Gewinn ausgewirkt haben und wie sie sich nach dem Wechsel zukünftig auf den Gewinn auswirken werden. Um den richtigen Totalgewinn zu ermitteln, müssen Sie erfolgswirksame Vorgänge, die bedingt durch den Wechsel weder beim Betriebsvermögensvergleich noch bei der Einnahmenüberschussrechnung erfasst wurden, beim Übergang durch entsprechende Hinzurechnungen beziehungsweise Abrechnungen korrigieren.

Beim Übergang gibt es zwei Arten von Bilanzposten:

1. **Bilanzposten, die keinen Einfluss auf den Übergangsgewinn haben**
   - nicht abnutzbares Anlagevermögen
   - abnutzbares Anlagevermögen
   - Darlehensforderungen beziehungsweise Darlehensverbindlichkeiten
   - Geldbestände
   - Rücklagen
2. **Bilanzposten, die Einfluss auf den Übergangsgewinn haben**
   - Damnum/Disagio
   - Forderungen aus Lieferungen und Leistungen
   - Kundenanzahlungen
   - aktive Rechnungsabgrenzungsposten
   - passive Rechnungsabgrenzungsposten
   - Vorsteuer beziehungsweise Umsatzsteuer
   - Verbindlichkeiten aus Lieferungen und Leistungen
   - geleistete Anzahlungen auf Umlaufvermögen

Bei der Ermittlung des *Übergangsgewinns* beziehungsweise *Übergangsverlustes* rechnen Sie dazu:

- ✔ Geschäftsvorfälle, die sich im Rahmen der Einnahmenüberschussrechnung bisher noch nicht gewinnerhöhend ausgewirkt haben und sich nach der Aufstellung der Eröffnungsbilanz auch nicht mehr gewinnerhöhend auswirken werden,
- ✔ Geschäftsvorfälle, die sich im Rahmen der Einnahmenüberschussrechnung bisher gewinnmindernd ausgewirkt haben und nach dem Übergang zur Bilanzierung den Gewinn ein weiteres Mal mindern.

Und ziehen ab:

- ✔ Geschäftsvorfälle, die sich im Rahmen der Einnahmenüberschussrechnung bisher bereits gewinnerhöhend ausgewirkt haben und sich nach der Aufstellung der Eröffnungsbilanz ein weiteres Mal gewinnerhöhend auswirken,

- Geschäftsvorfälle, die sich im Rahmen der Einnahmenüberschussrechnung bisher nicht gewinnmindernd ausgewirkt haben und nach dem Übergang zur Bilanzierung den Gewinn ebenfalls nicht mehr mindern

BEISPIEL

Sie haben bis Ende 2024 Ihren Gewinn durch Einnahmenüberschussrechnung ermittelt und wechseln zum 01.01.2025 zur Gewinnermittlung durch Betriebsvermögensvergleich. Zum Zeitpunkt des Übergangs haben Sie gegenüber verschiedenen Kunden noch ausstehende Forderungen aus Umsatzerlösen in Höhe von 5.000 €. Um sicherzustellen, dass diese Erlöse auch erfasst werden, rechnen Sie sie außerhalb der Buchführung als Übergangsgewinn in Höhe von 5.000 € dazu.

Denn im Rahmen der bisherigen Einnahmenüberschussrechnung waren diese Forderungen mangels Zufluss ja noch nicht gewinnerhöhend erfasst. Werden diese Forderungen im Jahr 2025 vereinnahmt, werden diese durch die Buchung »Bank an Forderungen« erfolgsneutral verbucht. Wenn Sie sie im Rahmen des Übergangs nicht dazurechnen würden, würden diese Betriebseinnahmen insgesamt unberücksichtigt bleiben.

BEISPIEL

Sie haben bis Ende 2024 Ihren Gewinn bei »Immergrün« durch Einnahmenüberschussrechnung ermittelt und wechseln zum 01.01.2025 zur Gewinnermittlung durch Betriebsvermögensvergleich.

Sie haben Ende Dezember 2024 Orangen für Ihr Gemüseeinzelhandelsgeschäft für insgesamt 2.000 € gegen Barzahlung eingekauft, die zum 31.12.2024 noch vollständig vorhanden sind.

Im Rahmen der bisherigen Einnahmenüberschussrechnung konnten Sie wegen des Geldabflusses in 2024 eine Betriebsausgabe von 2.000 € gewinnmindernd geltend machen. Ihre Kunden, von den sich viele vorgenommen haben, sich im neuen Jahr gesünder zu ernähren, kaufen im Januar 2025 Ihre Orangen gleich säckeweise. Ihre Buchung «Wareneinsatz an Vorräte« wird nun ein weiteres Mal zu einer Gewinnminderung führen. Wenn Sie im Rahmen des Übergangs nichts hinzurechnen würden, würden diese Betriebsausgaben insgesamt zweimal Ihren Gewinn mindern.

BEISPIEL

Sie haben bis Ende 2024 Ihren Gewinn durch Einnahmenüberschussrechnung ermittelt und wechseln zum 01.01.2025 zur Gewinnermittlung durch Betriebsvermögensvergleich.

Die von Ihrem Mieter bezahlte Januarmiete 2025 haben Sie bereits im Dezember 2024 am Tag des Geldeingangs auf Ihrem Bankkonto als Betriebseinnahme erfasst. Im Rahmen der Gewinnermittlung durch Betriebsvermögensvergleich liegt zum 01.01.2025 ein passiver Rechnungsabgrenzungsposten vor, den Sie im Jahr 2025 durch die Buchung »Passive Rechnungsabgrenzung an Mieterträge« erfolgswirksam ausbuchen. Dadurch kommt es sowohl im Jahr 2024 als auch im Jahr 2025 zu einer gewinnerhöhenden Betriebseinnahme. Ohne eine Kürzung im Rahmen des Übergangs würde diese Betriebseinnahme insgesamt zweimal berücksichtigt.

BEISPIEL

Sie haben bis Ende 2024 Ihren Gewinn durch Einnahmenüberschussrechnung ermittelt und wechseln zum 01.01.2025 zur Gewinnermittlung durch Betriebsvermögensvergleich.

Zum Zeitpunkt des Übergangs haben Sie eine Rechnung aus der Lieferung von Büromaterial in Höhe von 400 € für das Jahr 2024 noch nicht bezahlt. Keine Bezahlung – kein Abflusses und so blieb dieser Betrag in Höhe von 400 € im Jahr 2024 bei der Einnahmenüberschussrechnung unberücksichtigt. Im Rahmen der Gewinnermittlung durch Betriebsvermögensvergleich liegt zum 01.01.2025 eine Verbindlichkeit vor, die Sie bei Bezahlung im Jahr 2025 durch die Buchung »Verbindlichkeiten an Bank« erfolgsneutral ausbuchen werden, sodass es weder im Jahr 2024 noch im Jahr 2025 zu einer gewinnmindernden Betriebsausgabe kommt. Ohne eine Kürzung im Rahmen des Übergangs würden diese Betriebsausgaben insgesamt unberücksichtigt bleiben.

Gehen Sie von der Einnahmenüberschussrechnung zur Bilanzierung über, und holen durch Hinzurechnen beziehungsweise Kürzen den bisher nicht berücksichtigten Teils des Totalgewinns zurückliegender Wirtschaftsjahre nach, kann das ganz schön viel Geld auf einmal sein. Um Härten zu vermeiden, können Sie als Steuerpflichtiger auf Antrag den Übergangsgewinn (Saldo aus Zu- und Abrechnungen) gleichmäßig verteilen:

- ✔ entweder auf das Jahr des Übergangs und das folgende Jahr
- ✔ oder auf das Jahr des Übergangs und die beiden folgenden Jahre (R 4.6 Abs. 1 Satz 2 EStR).

Wie lange? Gewinnermittlungszeiträume

Bei Gewerbetreibenden muss der Gewinn nach dem Wirtschaftsjahr ermittelt werden.

Das Wirtschaftsjahr ist

- ✔ **bei Gewerbetreibenden, deren Firma im Handelsregister eingetragen ist, der Zeitraum, für den sie regelmäßig Abschlüsse machen.** Weicht bei Gewerbetreibenden das Wirtschaftsjahr vom Kalenderjahr ab, gilt der Gewinn des Wirtschaftsjahres als in dem Kalenderjahr bezogen, in dem das Wirtschaftsjahr endet.
- ✔ **bei anderen Gewerbetreibenden das Kalenderjahr.**

BEISPIEL

Als Kaufmann betreiben Sie das Gemüseeinzelhandelsgeschäft »Immergrün« und sind im Handelsregister eingetragen. Ihr Wirtschaftsjahr läuft vom 1.4. des Jahres bis zum 31.3. des Folgejahres.

- ✔ Im Zeitraum vom 1.4.2023 bis 31.12.2023 erzielen Sie Umsätze von 200.000 € und haben Betriebsausgaben von 150.000 €.
- ✔ In der Zeit vom 1.1.2024 bis 31.3.2024 erzielen Sie Umsätze von 40.000 € und haben Betriebsausgaben von 30.000 €.

Der gesamte Gewinn in Höhe von 60.000 €

		2023	2024	Summe
	Betriebseinnahmen	200.000 €	40.000 €	240.000 €
–	Betriebsausgaben	150.000 €	30.000 €	180.000 €
=	**Gewinn**	**50.000 €**	**10.000 €**	**60.000 €**

muss von Ihnen im Kalenderjahr 2024 versteuert werden, weil das abweichende Wirtschaftsjahr 1.4.2023 – 31.3.2024 im Kalenderjahr 2024 endet. Es kommt also nicht zu einer anteiligen Berücksichtigung der Gewinne in den Jahren 2023 und 2024.

BEISPIEL

Sie haben das kleine Gemüseeinzelhandelsgeschäft »Immergrün« am 1.4.2023 eröffnet und sich aufgrund der geringen Umsätze nicht im Handelsregister eintragen lassen.

Aufgrund der fehlenden Kundschaft schließen Sie dieses Geschäft zum 31.3.2024 wieder.

- ✔ Im Zeitraum 1.4. – 31.12.2023 erzielen Sie Umsätze von 10.000 € und haben Betriebsausgaben von 8.000 €.
- ✔ Im Zeitraum 1.1.2024 bis 31.3.2024 erzielen Sie Umsätze von 3.000 € und haben Betriebsausgaben von 800 €.

Nicht im Handelsregister eingetragene Kaufleute ermitteln ihren Gewinn immer nach dem Kalenderjahr, sodass Sie in den beiden Jahren 2023 und 2024 folgende Gewinne erzielen:

		2023	2024
	Betriebseinnahmen	10.000 €	3.000 €
–	Betriebsausgaben	8.000 €	800 €
=	**Gewinn**	**2.000 €**	**2.200 €**

Für das Jahr 2023 müssen Sie einen Gewinn in Höhe von 2.000 € versteuern.

Für das Jahr 2024 beträgt der Gewinn 2.200 €.

Das Wirtschaftsjahr umfasst einen Zeitraum von zwölf Monaten. Es darf einen Zeitraum von weniger als zwölf Monaten umfassen, wenn ein Betrieb

- ✔ eröffnet,
- ✔ erworben,
- ✔ aufgegeben oder
- ✔ veräußert wird.

BEISPIEL

Als Kaufmann betreiben Sie das Gemüseeinzelhandelsgeschäft »Immergrün« und sind im Handelsregister eingetragen.

Ihr Wirtschaftsjahr läuft vom 1.4. des Jahres bis zum 31.3. des Folgejahres.

- ✔ Im Zeitraum vom 1.4.2024 bis 31.12.2024 erzielen Sie Umsätze von 200.000 € und haben Betriebsausgaben von 150.000 €.
- ✔ In der Zeit vom 1.1.2025 bis 31.3.2025 erzielen Sie Umsätze von 40.000 € und haben Betriebsausgaben von 30.000 €. Sie haben sich im Jahr 2024 für ein mit dem Kalenderjahr identisches Wirtschaftsjahr entschieden.

Der für das Jahr 2024 zu berücksichtigende Gewinn beträgt 50.000 €

		2024
	Betriebseinnahmen	200.000 €
–	Betriebsausgaben	150.000 €
=	**Gewinn**	**50.000 €**

BEISPIEL

Sie verkaufen Ihr Gemüseeinzelhandelsgeschäft »Immergrün« zum 1.4.2024 mit einem Veräußerungsgewinn von 100.000 €. Im Zeitraum 1.1.2024 bis 31.3.2024 erzielen Sie noch Umsätze von 30.000 € und hatten Betriebsausgaben von 8.000 €.

Der für das Jahr 2024 zu berücksichtigende Gewinn beträgt 122.000 €

		2024
	Betriebseinnahmen	30.000 €
–	Betriebsausgaben	8.000 €
=	**Gewinn (laufende Geschäftstätigkeit)**	**22.000 €**
+	Veräußerungsgewinn	100.000 €
=	**Summe**	**122.000 €**

Den Gewinn von 122.000 € müssen Sie für das Jahr 2024 versteuern.

IN DIESEM KAPITEL

Anwendungsbereiche der Körperschaftsteuer

Inner- und außerbilanzielle und andere Korrekturen

Tarifbelastung und Einlagekonto

Kapitel 3
Körperschaftsteuer

In diesem Kapitel lernen Sie die Grundlagen der Besteuerung von Kapitalgesellschaften. Sie erfahren, was Sie bei der Ermittlung des zu versteuernden Einkommens alles beachten müssen, und bekommen die Zusammenhänge zwischen HGB, EStG und KStG erklärt.

Wann die Körperschaftsteuer greift: Anwendungsbereiche

Im Gegensatz zu natürlichen Personen, die der ESt unterliegen, unterliegen Körperschaften der Körperschaftsteuer (KSt), wenn sie ihre Geschäftsleitung oder ihren Sitz im Inland haben.

»*Geschäftsleitung* ist der Mittelpunkt der geschäftlichen Oberleitung« (§ 10 AO), also dort, wo die eigentlichen Entscheidungen getroffen werden.

»Den *Sitz* hat eine Körperschaft an dem Ort, der durch Gesetz, Gesellschaftsvertrag, Satzung … oder dergleichen bestimmt ist.« (§ 11 AO)

Körperschaftsteuerpflichtig sind unter anderem Kapitalgesellschaften:

- ✔ Aktiengesellschaft (AG)
- ✔ Gesellschaften mit beschränkter Haftung (GmbH)

Die unbeschränkte Körperschaftsteuerpflicht erstreckt sich auf sämtliche Einkünfte der Körperschaft (§ 1 Abs. 2 KStG), das heißt auf das gesamte Welteinkommen. Damit unterliegt sie mit sämtlichen inländischen und ausländischen Einkünften der deutschen Körperschaftsteuerpflicht.

Fallen zum Beispiel auch im Ausland Steuern an, stellen Doppelbesteuerungsabkommen sicher, dass eine doppelte Besteuerung entweder vermieden oder beseitigt wird, durch

- ✔ eine Steuerfreistellung oder
- ✔ eine Anrechnung der ausländischen Steuer auf die deutsche Körperschaftsteuer.

Die Steuerpflicht beginnt bei Kapitalgesellschaften (§ 1 Abs. 1 Nr. 1 KStG) nicht erst mit der Erlangung der Rechtsfähigkeit durch die Eintragung in das Handelsregister, sondern erstreckt sich auch auf die mit Abschluss des notariellen Gesellschaftsvertrags oder durch notarielle Feststellung der Satzung errichtete Vorgesellschaft, das heißt die Kapitalgesellschaft im Gründungsstadium.

Wird eine GmbH gegründet, vollzieht sich dies in drei Phasen, die Sie auch in Abbildung 3.1 sehen.

1. **Vorgründungsgesellschaft:** Mehrere Personen schließen sich zusammen, um eine GmbH zu errichten. Dadurch entsteht eine *Gründungs-GbR*, die *Vorgründungsgesellschaft*.
2. **Vorgesellschaft:** Sie entsteht mit Abschluss des Gesellschaftsvertrages. Diese wird steuerlich als Kapitalgesellschaft behandelt, sofern sie später als GmbH in das Handelsregister eingetragen wird.
3. **Eingetragene Kapitalgesellschaft:** Mit Eintragung in das Handelsregister beginnt für die GmbH die Rechtsfähigkeit.

1. Schritt	2. Schritt	3. Schritt
Vorgründungsgesellschaft	Vorgesellschaft	GmbH mit Eintragung in das Handelsregister
Steuerliche Behandlung als		
Personengesellschaft (zum Beispiel)	Gesellschaft eigener Art ➔ Beginn für zum Beispiel Körperschaftsteuer oder Gewerbesteuer	Beginn der Rechtsfähigkeit

Abbildung 3.1: Phasen der Gründung einer GmbH

Für den Fiskus entscheidend: Zu versteuerndes Einkommen

Die Körperschaftsteuer bemisst sich grundsätzlich nach dem zu versteuernden Einkommen (z.v.E.). Da das z.v.E. bei einer GmbH ähnlich ermittelt wird wie bei natürlichen Personen auch, müssen Sie neben körperschaftsteuerlichen Vorschriften zunächst die einkommensteuerlichen Vorschriften beachten. Dafür stellt die Finanzverwaltung in R 7.1 KStR ein Ermittlungsschema bereit, das Sie in Abbildung 3.2 in Auszügen sehen.

	Der nach § 60 Abs. 2 EStDV korrigierte Jahresüberschuss/-fehlbetrag laut Handelsbilanz
+	Verdeckte Gewinnausschüttungen (= vGA)
–	Verdeckte Einlagen
+	Nichtabziehbare Aufwendungen
+	Spenden nach § 4 Abs. 6 EStG und § 9 Abs. 1 Nr. 2 KStG
–/+	Kürzungen/Hinzurechnungen nach § 8b KStG
=	Steuerlicher Gewinn (Summe der Einkünfte)
–	Abziehbare Spenden nach § 9 Abs. 1 Nr. 2 KStG
=	Gesamtbetrag der Einkünfte i.S.d. § 10d EStG
–	Verlustabzug nach § 10d EStG
=	Zu versteuerndes Einkommen

Abbildung 3.2: Schema zur Ermittlung des zu versteuernden Einkommens

Genau wie die Einkommensteuer ist auch die Körperschaftsteuer grundsätzlich eine Jahressteuer, sie wird also nach Ablauf des Kalenderjahres für das abgelaufene Kalenderjahr veranlagt.

Die Spaß-GmbH hat ein vom Kalenderjahr abweichendes Wirtschaftsjahr vom 01.06.2023 bis 31.05.2024. In diesem Zeitraum erzielte sie einen Gewinn von 30.000 €. Das abweichende Wirtschaftsjahr 2023/2024 endet im Kalenderjahr 2024, sodass der gesamte Gewinn in Höhe von 30.000 € im Kalenderjahr 2024 der KSt unterliegt.

Korrekturen = Rückrechnung?

Hier greifen drei verschiedene Gesetze ineinander, sodass auf verschiedenen Ebenen an bestimmten »Stellschrauben« gedreht werden muss.

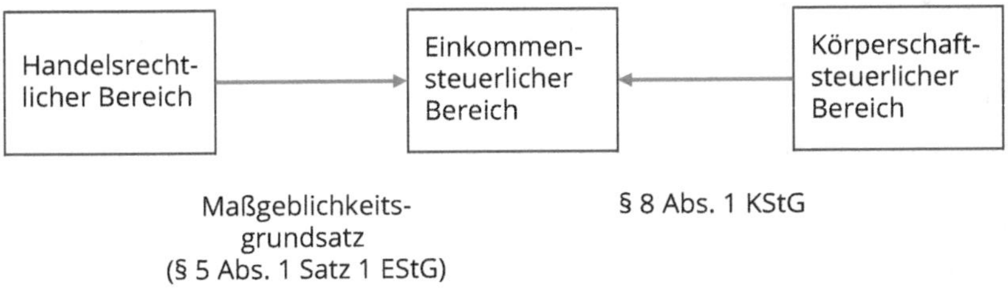

Abbildung 3.3: Zusammenhang zwischen mehreren Gesetzen

Aus Abbildung 3.3 können Sie für die Ermittlung des zu versteuernden Einkommens folgende Schritte ableiten:

1. Muss in der handelsrechtlichen Buchführung etwas korrigiert oder nachgebucht werden?
2. Wie wirkt sich dieser Schritt auf den handelsrechtlichen Jahresüberschuss/Jahresfehlbetrag aus?
3. Kommen weitere innerbilanzielle Korrekturen nach EStG in Betracht?
4. Welche zusätzlichen außerbilanziellen Korrekturen sind nötig?

Für Kapitalgesellschaften gelten

- ✔ zunächst wie für natürliche Personen die Vorschriften des EStG, soweit sie auf eine Kapitalgesellschaft zutreffen können (zum Beispiel §§ 4–7 i, 10 d EStG).
- ✔ ergänzende Vorschriften des Körperschaftsteuergesetzes (zum Beispiel § 10 KStG).
- ✔ im KStG niedergelegte spezielle Vorschriften (zum Beispiel § 8b KStG), da spezielles Recht (KStG) immer Vorrang vor allgemeinem Recht (EStG) hat.

Innerbilanzielle Korrekturen: Wenn Handels- und Steuerrecht zusammenspielen

Im Rahmen der Ermittlung des zu versteuernden Einkommens gehen Sie in zwei Stufen vor (siehe Tabelle 3.1):

1. innerbilanzielle Korrekturen nach Handels- und/oder Steuerrecht
2. außerbilanzielle Korrekturen (betreffen Aufwendungen beziehungsweise Erträge in der GuV)

	Stufe 1:
	Handelsrechtlicher Jahresüberschuss/-fehlbetrag
+/ –	Korrekturen nach § 60 Abs. 2 EStDV
=	**Einkommensteuerlicher Gewinn**
	Stufe 2:
+	Verdeckte Gewinnausschüttungen (= vGA)
–	Verdeckte Einlagen
+	Nichtabziehbare Aufwendungen
+	Spenden nach § 4 Abs. 6 EStG und § 9 Abs. 1 Nr. 2 KStG
–/+	Kürzungen/Hinzurechnungen nach § 8b KStG
=	**Steuerlicher Gewinn (Summe der Einkünfte)**
–	Abziehbare Spenden nach § 9 Abs. 1 Nr. 2 KStG

=	**Gesamtbetrag der Einkünfte i.S.d. § 10d EStG**
–	Verlustabzug nach § 10d EStG
=	**Zu versteuerndes Einkommen**

Tabelle 3.1: Zweistufige Einkommensermittlung

Innerbilanzielle Korrekturen können sich sowohl auf den handels- als auch auf den steuerrechtlichen Bereich beziehen, das heißt es muss noch etwas umgebucht werden.

BEISPIEL

Die Spaß GmbH macht jedem ihrer 60 Geschäftskunden vor Weihnachten 2024 ein Geschenk im Wert von 100 € zzgl. 19 % USt.

Sie haben gerade in der handelsrechtlichen Buchführung den Geschäftsvorfall wie folgt erfasst:

Geschenke >50 €	6.000 €	
Vorsteuer	1.140 €	
an Bank		7.140 €

Da fällt Ihnen ein, dass der Vorsteuerabzug für Geschenke über 50 € nicht zulässig ist, Ihre Buchung also falsch ist. Schnell korrigieren Sie:

Vorsteueraufwand	1.140 €	
an Vorsteuer		1.140 €

Dadurch wird der handelsrechtliche Jahresüberschuss um weitere 1.140 € gemindert.

BEISPIEL

Ihr Kollege bei der Spaß GmbH hat Ende 2023 einen Kaufvertrag über die Lieferung von Sommerhemden abgeschlossen, die Mitte Januar 2024 geliefert werden sollen. Aufgrund einer Preisreduzierung seitens der Lieferfirma droht daraus zum 31.12.2023 ein Verlust von 4.000 €, für die Sie eine Drohverlustrückstellung gem. § 249 Abs. 1 HGB bilden müssen. Sie buchen:

Sonstige betriebliche Aufwendungen	4.000 €	
an Rückstellung für drohende Verluste aus schwebenden Geschäften		4.000 €

Doch die Bildung einer derartigen Drohverlustrückstellung ist nach einkommensteuerlichen Vorschriften unzulässig. Stellen Sie neben einer Handelsbilanz eine separate Steuerbilanz auf, müssen Sie die Buchung wieder stornieren:

Sonstige betriebliche Aufwendungen	– 4.000 €	
an Rückstellung für drohende Verluste aus schwebenden Geschäften		– 4.000 €

Dadurch bleibt zwar der handelsrechtliche Jahresüberschuss gleich hoch, der einkommensteuerliche Gewinn erhöht sich aber um 4.000 €.

Außerbilanzielle Korrekturen

Bei außerbilanziellen Korrekturen überprüfen Sie sämtliche Beträge, die den handelsrechtlichen Jahresüberschuss beeinflusst haben, daraufhin, ob sie auch steuerlichen Vorschriften standhalten.

Kapitalgesellschaften sind dazu verspflichtet, eine handelsrechtliche Gewinn- und Verlustrechnung sowie eine Handelsbilanz aufzustellen. Die Aufstellung einer von der Handelsbilanz abweichenden Steuerbilanz ist jedoch freiwillig.

BEISPIEL

Ihr Kollege bei der Spaß GmbH hat Ende 2023 einen Kaufvertrag über die Lieferung von Sommerhemden abgeschlossen, die Mitte Januar 2024 geliefert werden sollen. Aufgrund einer Preisreduzierung seitens der Lieferfirma droht daraus zum 31.12.2023 ein Verlust von 4.000 €, für die Sie eine Drohverlustrückstellung gem. § 249 Abs. 1 HGB bilden müssen. Sie buchen:

Sonstige betriebliche Aufwendungen	4.000 €	
an Rückstellung für drohende Verluste aus schwebenden Geschäften		4.000 €

Doch die Bildung einer derartigen Drohverlustrückstellung ist nach einkommensteuerlichen Vorschriften unzulässig. Stellen Sie neben einer Handelsbilanz keine separate Steuerbilanz auf, müssen Sie den handelsrechtliche Jahresüberschuss gem. 60 Abs. 2 EStDV außerbilanziell korrigieren.

	Handelsrechtlicher Jahresüberschuss/-fehlbetrag	... €
+	Korrektur nach § 60 Abs. 2 EStDV	+ 4.000 €
=	**Einkommensteuerlicher Gewinn**	**... €**

Auch in diesem Fall ist der einkommensteuerliche Gewinn um 4.000 € höher als der handelsrechtliche Jahresüberschuss.

Nicht nur bei unüblichen Bedingungen: Die verdeckte Gewinnausschüttung

Meistens beteiligen Kapitalgesellschaften ihre Gesellschafter am eigenen Gewinn, indem sie Gewinne an ihre Anteilseigener ausschütten. Gewinne können aber erst dann ausgeschüttet werden, wenn sie zuvor von der Kapitalgesellschaft versteuert wurden.

In der Praxis kommt es aber immer wieder vor, dass unversteuertes Geld von der Ebene der GmbH auf die Ebene des Gesellschafters abfließt. Aus diesem Grund sieht der Gesetzgeber vor, dass weder offene noch verdeckte Gewinnausschüttung das Einkommen der GmbH mindern dürfen.

Eine *verdeckte Gewinnausschüttung* (vGA) liegt vor, wenn es aufseiten der GmbH zu einer Vermögensminderung oder verhinderten Vermögensmehrung gekommen ist, die

- durch das Gesellschaftsverhältnis veranlasst ist,
- sich auf die Höhe des bilanziellen Eigenkapitals der GmbH ausgewirkt hat und
- keine offene Gewinnausschüttung darstellt, das heißt es an einem den gesellschaftsrechtlichen Vorschriften entsprechenden Gewinnverteilungsbeschluss mangelt.

Eine *Vermögensminderung*, die ihre Ursache im Gesellschaftsverhältnis hat, ist gleichbedeutend mit einem zu hohen Aufwand bei der GmbH.

Eine *verhinderte Vermögensmehrung*, die ihre Ursache im Gesellschaftsverhältnis hat, ist gleichbedeutend mit einem zu geringen Ertrag bei der GmbH.

Eine *Veranlassung durch das Gesellschaftsverhältnis* ist nur dann gegeben, wenn etwas gelaufen ist, was unter fremden Dritten anders gelaufen wäre (also einem Fremdvergleich nicht standhält).

BEISPIEL

Als Gesellschafter-Geschäftsführer der Spaß GmbH gönnen Sie sich etwas Gutes und vereinbaren mit der GmbH ein Jahresgehalt von 250.000 €. Einem Angestellten hätten Sie höchstens 100.000 € Jahresgehalt gezahlt.

Die Spaß GmbH hat einen Gehaltsaufwand von 250.000 €, die den Jahresüberschuss mindern. Da der Angestellte aber nur 100.000 € bekommen hätte, ist der Betrag von 150.000 € einzig und allein darauf zurückzuführen, dass das Gehalt an Sie als Gesellschafter-Geschäftsführer gezahlt wird und damit aus der Sicht der GmbH einen zu hohen Aufwand darstellt, der nicht fremdüblich ist.

BEISPIEL

Weil die Bank mit der Kreditvergabe etwas knausrig ist, leihen Sie sich das Geld einfach bei Ihrer Spaß GmbH. Die Spaß GmbH (an der Sie zu 100 % beteiligt sind und die Ihnen indirekt sowieso gehört) gewährt Ihnen einen Kredit von 100.000 € zu läppischen 1 % Zinsen. Das »Sonderangebot« nehmen Sie dankend an, zumal die Bank 5 % Zinsen verlangt hätte.

Die Spaß GmbH erzielt durch die Kreditvergabe an Sie 1.000 € (1 % von 100.000 €) Zinsertrag. Sie hätte jedoch 5.000 € Zinsertrag erzielen können, hätte sie sich bei der Kreditvergabe an banküblichen Konditionen orientiert. Sie verzichtet damit freiwillig zu Ihren Gunsten (= und damit zugleich zuungunsten der Spaß GmbH) auf 4.000 €.

Diese 4.000 € stellen aus der Sicht der Spaß GmbH eine verhinderte Vermögensmehrung dar.

Sie denken jetzt bestimmt, dass Sie das Prinzip verstanden haben: Immer dann, wenn etwas zu unüblichen Bedingungen vereinbart wurde, muss ja zwangsläufig eine verdeckte Gewinnausschüttung vorliegen. Weit gefehlt!

BEISPIEL

Weil die Bank Ihnen keinen Kredit mehr gibt, leihen Sie sich das Geld einfach bei Ihrer Spaß GmbH. Die Spaß GmbH (an der Sie zu 100 % beteiligt sind und die Ihnen indirekt sowieso gehört) gewährt Ihnen allerdings nur deshalb einen Kredit von 100.000 €, weil Sie zähneknirschend einen Zinssatz von 6 % p.a. akzeptieren mussten, obwohl Sie bei einem regulären Bankdarlehen nur 5 % Zinsen hätten zahlen müssen.

Die Spaß GmbH erzielt durch die Kreditvergabe an Sie 6.000 € (6 % von 100.000 €) Zinsertrag und damit mehr als fremdüblich. Hier liegt keine verdeckte Gewinnausschüttung vor, weil es sich in diesem Fall um eine realisierte Vermögensmehrung und nicht um eine verhinderte Vermögensmehrung handelt.

Grundsätzlich ist es für die Beurteilung, ob eine verdeckte Gewinnausschüttung vorliegt, egal, zu wie viel Prozent Sie an der GmbH beteiligt sind.

Eine weitere Besonderheit kann sich ergeben, wenn Sie das Sagen in der GmbH haben. Dafür müssen Sie aber die Mehrheit der Stimmrechte haben, also in der Regel zu mehr als 50 % beteiligt sein.

Sind Sie beherrschender Gesellschafter, gelten andere Spielregeln, da die Finanzverwaltung eine Veranlassung durch das Gesellschaftsverhältnis auch dann »wittert«, wenn

- ✔ es an einer zivilrechtlich wirksamen, klaren, eindeutigen und im Voraus abgeschlossenen Vereinbarung darüber fehlt, ob und in welcher Höhe ein Entgelt für eine Leistung des Gesellschafters zu zahlen ist, oder
- ✔ nicht einer klaren Vereinbarung entsprechend verfahren wird und
- ✔ die beherrschende Stellung im Zeitpunkt der Vereinbarung oder des Vollzugs der Vermögensminderung oder verhinderten Vermögensmehrung vorgelegen hat.

BEISPIEL

Die von Ihnen allein gegründete Spaß GmbH ist in 2024 außerordentlich erfolgreich und weist einen vorläufigen Jahresüberschuss von 500.000 € aus. Mitte Dezember kommen Sie ins Grübeln, weil Sie mit einer hohen Steuerzahlung an das Finanzamt rechnen. Am Morgen des 19.12.2024 kommt Ihnen die Erleuchtung: Sie weisen die Mitarbeiterin in der Personalabteilung der Spaß GmbH an, Ihnen rückwirkend ab Januar eine Gehaltsnachzahlung von monatlich 10.000 € zukommen zu lassen.

Bei Überweisung des Betrages buchen Sie:

Gehaltsaufwand	120.000 €	
an Bank		120.000 €

Hier fehlt es an einer klaren im Voraus getroffenen Vereinbarung über die Gehaltserhöhung, die Sie ja bei der GmbH nur deshalb so einfach durchsetzen konnten, weil Sie das Sagen haben. Aus diesem Grund stellen für das Finanzamt diese 120.000 € eine verdeckte Gewinnausschüttung dar, unabhängig davon, ob sich die Höhe des Jahresgehalts noch im fremdüblichen Rahmen bewegt. Durch die Einstufung als verdeckte Gewinnausschüttungen wird bei der Ermittlung des z.v.E. das »Rad für die Spaß GmbH wieder zurückgedreht«.

Mensch, denken Sie jetzt bestimmt, das ist ja interessant, und überlegen sich, dass Sie die nächste GmbH nicht allein gründen, sondern nur noch mit Ihrer »besseren Hälfte«. Dann sind Sie und Ihre bessere Hälfte zu jeweils 50 % beteiligt und es kann somit nie der Fall eintreten, dass einer von Ihnen beiden »beherrschender Gesellschafter« ist. So schlau waren andere vor Ihnen auch schon.

Sie gründen mit Ihrer »besseren Hälfte« zusammen die Spaß GmbH, an der sowohl Sie als auch Ihre bessere Hälfte jeweils zu 50 % beteiligt sind. Um so richtig durchzustarten, werden Sie beide von Beginn an auch zu Geschäftsführern bestellt.

Da das Jahr 2024 außerordentlich erfolgreich gelaufen ist und ein vorläufiger Jahresüberschuss von 500.000 € »droht«, kommen Sie Mitte Dezember wieder ins Grübeln (wegen der hohen Steuerzahlung an das Finanzamt). Am Morgen des 19.12.2024 kommt Ihnen wieder die Erleuchtung: Sie halten beide noch am selben Tag eine Gesellschafterversammlung ab, in der beschlossen wird, sowohl Ihr als auch das Gehalt Ihrer besseren Hälfte rückwirkend ab Januar um monatlich jeweils 5.000 € zu erhöhen. Sie unterrichten Ihre Mitarbeiterin im Personalbüro, die die jeweiligen Beträge sofort überweist und Folgendes bucht:

Gehaltsaufwand	120.000 €	
an Bank		120.000 €

Hier fehlt es zwar auch an einer klaren im Voraus getroffenen Vereinbarung über die Gehaltserhöhung, aber Ihnen kann keiner etwas anhaben, weil kein beherrschender Gesellschafter vorhanden ist und Sie sich deshalb auf der sicheren Seite fühlen.

Weit gefehlt: Dem hat die Rechtsprechung einen Strich durch die Rechnung gemacht.

> *»Wirken mehrere Gesellschafter einer Kapitalgesellschaft mit gleichgerichteten Interessen zusammen, um eine ihren Interessen entsprechende einheitliche Willensbildung herbeizuführen (= Gehaltserhöhung), ist auch ohne Hinzutreten besonderer Umstände eine beherrschende Stellung anzunehmen«(H 8.5 III. Beherrschender Gesellschafter – gleichgerichtete Interessen KStH).*

Beide Stimmrechte werden also zusammengerechnet und damit sind Sie als Personengruppe beherrschend.

Das ist ein gefundenes Fressen fürs Finanzamt, das diese 120.000 € als verdeckte Gewinnausschüttung ansieht, unabhängig davon, ob sich die Höhe des Jahresgehalts noch im fremdüblichen Rahmen bewegt. Durch die Einstufung als verdeckte Gewinnausschüttungen wird bei der Ermittlung des z.v.E. auch hier das »Rad für die Spaß GmbH wieder zurückgedreht«.

Ihnen ist bestimmt schon ganz schwindelig vor lauter »Stolperfallen«. Sie als steuerehrliche Haut möchten natürlich kein Risiko eingehen und überlegen, wie Sie das vielleicht anders machen könnten. Beim wöchentlichen Skatabend kommen Sie zufällig auf das Thema und Ihre Skatbrüder kommen auf die glorreiche Idee, die erwachsene Tochter als Geschäftsführerin Ihrer Spaß GmbH einzustellen. Sie erkennen den Sinn dahinter noch nicht sofort und werden von Ihren Skatbrüdern darüber aufgeklärt, dass eine Gewinnausschüttung nur an Gesellschafter möglich ist und nicht an unbeteiligte »Nichtgesellschafter«. Ihnen geht ein Licht auf und Sie sehen darin sofort eine Möglichkeit, das Geld aus der GmbH rauszuziehen, ohne Gefahr zu laufen, dass das Finanzamt bei der GmbH eine verdeckte Gewinnausschüttung wittert.

BEISPIEL

Sie gründen alleine die Spaß GmbH und möchten im Hintergrund bleiben. Aus diesem Grund wird offiziell Ihre volljährige Tochter Geschäftsführerin, obwohl Sie weiterhin im Hintergrund die Fäden ziehen.

Um Ihre Tochter bei Laune zu halten, zeigen Sie sich zu Weihnachten einmal von Ihrer besten Seite und weisen die Personalabteilung an, das Gehalt Ihrer Tochter rückwirkend ab Januar um monatlich 10.000 € zu erhöhen. Sie buchen:

Gehaltsaufwand	120.000 €	
an Bank		120.000 €

Das war zwar ein cleverer Schachzug von Ihnen, funktioniert aber leider nicht, weil eine Veranlassung durch das Gesellschaftsverhältnis auch dann gegeben ist, wenn die Vermögensminderung bei der Spaß GmbH zugunsten einer nahestehenden Person erfolgt. Ob Ihre Tochter Ihnen nun nahesteht oder nicht, ist egal, da zum »steuerrechtlichen« Kreis der dem Gesellschafter nahestehenden Personen auch Kinder gehören. Aus diesem Grund stellen diese 120.000 € für das Finanzamt eine vGA dar, unabhängig davon, ob sich die Höhe des Jahresgehalts noch im fremdüblichen Rahmen bewegt. Durch die Einstufung als verdeckte Gewinnausschüttung wird bei der Ermittlung des zu versteuernden Einkommens auch hier das »Rad für die Spaß GmbH wieder zurückgedreht«.

Verdeckt, nicht versteckt: Die verdeckte Einlage

Neben der verdeckten Gewinnausschüttung gibt es auch noch die verdeckte Einlage.

Einlagen sind alle Wirtschaftsgüter (Bareinzahlungen und sonstige Wirtschaftsgüter), die der Steuerpflichtige dem Betrieb im Laufe des Wirtschaftsjahres zugeführt hat (§ 4 Abs. 1 Satz 8 EStG i.V.m. § 8 Abs. 1 KStG).

Sie kommen wieder ins Grübeln: Sind denn Einlagen in das Vermögen eines anderen überhaupt möglich?

Ja, da gemäß R 8.9 Abs. 2 KStG »sowohl der Begriff als auch die Bewertung einer Einlage auch auf Kapitalgesellschaften Anwendung finden, obwohl Einlegender (das sind Sie) und Empfänger der Einlage (das ist die GmbH) verschiedene Rechtsträger sind. Einlagen stellen für die GmbH keine Gewinne dar, die sie selber erwirtschaftet hat, sodass es bezüglich der Einlagen auch nicht zu einer Besteuerung bei der GmbH kommen darf.«

Was heiß das? Eine verdeckte Einlage liegt vor, wenn

- ✔ ein Gesellschafter oder eine ihm nahestehende Person
- ✔ der Kapitalgesellschaft außerhalb der gesellschaftsrechtlichen Einlagen
- ✔ einen einlagefähigen Vermögensvorteil zuwendet und
- ✔ diese Zuwendung durch das Gesellschaftsverhältnis veranlasst ist.

Eine *Person* ist »nahestehend«, wenn zwischen ihr und einem Gesellschafter der Kapitalgesellschaft eine Beziehung besteht, die darauf schließen lässt, sie habe die Vorteilszuwendung der Kapitalgesellschaft an die andere Person beeinflusst. Beziehungen, die ein Nahestehen begründen, können zum Beispiel familienrechtlicher (zum Beispiel Kinder oder Ehegatte) oder rein tatsächlicher Art sein (zum Beispiel langjährige Geliebte des Gesellschafters).

Ein *einlagefähiger Vermögensvorteil* kann nur ein aus Sicht der Kapitalgesellschaft bilanzierungsfähiger Vermögensvorteil sein. Er muss in der steuerrechtlichen Gewinnermittlung der Gesellschaft entweder

- ✔ zum Ansatz beziehungsweise zur Erhöhung eines Aktivpostens oder
- ✔ zum Wegfall beziehungsweise zur Minderung eines Passivpostens geführt haben.

Die Überlassung eines Wirtschaftsguts zum Gebrauch oder zur Nutzung kann mangels Bilanzierbarkeit des Nutzungsvorteils nicht Gegenstand einer Einlage sein. Keine einlagefähigen Nutzungsvorteile sind insbesondere

- ✔ eine ganz oder teilweise unentgeltliche Dienstleistung,
- ✔ unentgeltliche oder verbilligte Gebrauchs- oder Nutzungsüberlassung eines Wirtschaftsguts oder
- ✔ der Zinsvorteil bei unverzinslicher oder geringverzinslicher Darlehensgewährung.

Eine *Veranlassung durch das Gesellschaftsverhältnis* ist nur dann gegeben, wenn etwas gelaufen ist, was unter fremden Dritten anders gelaufen wäre (also einem Fremdvergleich nicht standhält).

Verdeckte Einlagen dürfen sich nicht auf die Höhe des Einkommens der Empfängerkörperschaft auswirken und werden im Ergebnis genauso behandelt wie »offene« Einlagen, nämlich erfolgsneutral.

Wenn verdeckte Einlagen den Steuerbilanzgewinn der GmbH erhöht haben, müssen Sie sie außerbilanziell (in Stufe 2) bei der Ermittlung des zu versteuernden Einkommens in Abzug bringen.

Sie als Gesellschafter verkaufen an Ihre Spaß GmbH einen Pkw für 30.000 €, obwohl der Verkehrswert 35.000 € beträgt.

Gebucht wird:

Pkw	30.000 €	
an Bank		30.000 €

Der Pkw muss in der Bilanz der Spaß GmbH grundsätzlich mit dem Verkehrswert ausgewiesen werden, sodass noch folgende weitere Buchung notwendig ist:

Pkw	5.000 €	
an sonstige betriebliche Erträge		5.000 €

Damit erhöht sich der handelsrechtliche Jahresüberschuss um weitere 5.000 €, die nichts mit der eigentlichen Geschäftstätigkeit der Spaß GmbH zu tun hat. Der Betrag von 5.000 € muss also außerbilanziell in der 2. Stufe als verdeckte Einlage bei der Ermittlung des z.v.E. in Abzug gebracht werden.

Sie gewähren Ihrer Spaß GmbH ab dem 01.01.2024 ein Darlehen von 100.000 € zu 4,5 % Zinsen p.a. Um die Liquidität der Spaß GmbH nicht weiter zu belasten, verzichten Sie am 01.09.2024 rechtswirksam auf die Auszahlung der Zinsen für das gesamte Jahr 2024.

In den Monaten Januar bis August hat die GmbH jeweils monatlich gebucht:

Zinsaufwand	375 €	
an Verbindlichkeiten gegenüber Gesellschaftern		375 €

Die bis Ende August 2024 aufgelaufene Zinsverbindlichkeit fällt zum 31.08.2024 weg und muss ausgebucht werden:

Verbindlichkeiten gegenüber Gesellschaftern	3.000 €	
an sonstige betriebliche Erträge		3.000 €

Damit erhöht sich der handelsrechtliche Jahresüberschuss um 3.000 €, die nichts mit der eigentlichen Geschäftstätigkeit der Spaß GmbH zu tun haben. Der Betrag von 3.000 € muss also außerbilanziell in der 2. Stufe als verdeckte Einlage bei der Ermittlung des zu versteuernden Einkommens in Abzug gebracht werden.

Sie gewähren Ihrer Spaß GmbH ab dem 01.01.2024 ein zinsloses Darlehen von 100.000 €. Wo keine Zinsen vereinbart wurden, entsteht keine Zinsverbindlichkeit, die später auch nicht wegfallen kann. Weil der Jahresüberschuss davon unberührt geblieben ist, müssen Sie auch nichts außerbilanziell in der 2. Stufe korrigieren.

Haben Sie etwas innerhalb der letzten drei Jahre vor der Einlage privat angeschafft, müssen Sie die Einlage zum Zeitpunkt der Einlage mit dem Teilwert bewerten, höchstens jedoch mit den fortgeführten Anschaffungskosten, das heißt ursprüngliche Anschaffungskosten abzüglich Abschreibung für den Zeitraum zwischen der Anschaffung und Einlage.

Als Gesellschafter verkaufen Sie Ihrer Spaß GmbH am 01.01.2024 einen Pkw (betriebsgewöhnliche Nutzungsdauer 6 Jahre) für 5.000 €, den Sie vor zwei Jahren privat für 36.000 € inklusive USt gekauft haben. Der Teilwert (Verkehrswert) zum 01.01.2024 beträgt 26.000 €.

Gebucht wird:

Pkw	5.000 €	
an Bank		5.000 €

Zwischen Anschaffung und der Einlage sind noch keine drei Jahre vergangen. Weil der Pkw sich während der privaten Nutzungszeit auch abgenutzt hat, müssen Sie »fiktive« Abschreibungen für zwei Jahre berücksichtigen, um die »fortgeführten Anschaffungskosten« zu ermitteln, um dann wiederum den Wert mit dem Verkehrswert zum 01.01.2024 zu vergleichen.

Zum 01.01.2024 betragen die fortgeführten Anschaffungskosten 24.000 € (Kaufpreis des Pkw vor zwei Jahren von 36.000 € abzgl. lineare Abschreibung für 2 Jahre = 2/6 von 36.000 € = 12.000 €).

Weil der Verkehrswert mit 26.000 € höher ist, bewerten Sie die Einlage mit 24.000 €, was den Aktivposten Pkw gegenüber der vorgenommenen Buchung um (weitere) 19.000 € erhöht. Eine weitere Buchung ist nötig:

Pkw	19.000 €	
an sonstige betriebliche Erträge		19.000 €

Der handelsrechtliche Jahresüberschuss erhöht sich also um 19.000 €, die nichts mit der eigentlichen Geschäftstätigkeit der Spaß GmbH zu tun haben. Sie müssen deshalb diese 19.000 € außerbilanziell in der 2. Stufe als verdeckte Einlage bei der Ermittlung des zu versteuernden Einkommens abziehen.

Nicht abziehbare Aufwendungen

Im Steuerrecht gilt meistens der Grundsatz: Gleiche Rechte für alle. Wenn zum Beispiel ein Gemüsehändler einen Aufwand gewinnmindernd für sein Unternehmen berücksichtigen darf, darf das unter sonst gleichen Umständen die Gemüse GmbH auch. Aber nicht alles das, was in der Buchhaltung gewinnmindernd gebucht wird, mindert letztendlich auch tatsächlich den Gewinn beziehungsweise das zu versteuernden Einkommen.

Unabhängig davon, was handelsrechtlich den Jahresüberschuss gemindert hat, werden im Steuerrecht strengere Maßstäbe angelegt. Zwar sind gem. § 4 Abs. 4 EStG Betriebsausgaben alle Aufwendungen, die durch den Betrieb veranlasst sind; das heißt aber noch lange nicht, dass sich auch alle Betriebsausgaben gewinnmindernd auswirken.

Die folgenden Betriebsausgaben dürfen beispielsweise den steuerlichen Gewinn und damit das zu versteuernde Einkommen nicht mindern:

- ✔ Aufwendungen für Geschenke an Personen, die nicht Arbeitnehmer des Steuerpflichtigen sind, wenn sie den Betrag von 50 € übersteigen,
- ✔ 30 % der angemessenen und nachgewiesenen Aufwendungen für die Bewirtung von Personen aus geschäftlichem Anlass,
- ✔ Geldbußen, Ordnungsgelder und Verwarnungsgelder, sofern die Ursache betrieblicher Natur ist,
- ✔ Zinsen auf hinterzogene Steuern,
- ✔ Spenden an politische Parteien,
- ✔ die Gewerbesteuer und die darauf entfallenden Nebenleistungen.

BEISPIEL

Die von Ihnen gegründete Spaß GmbH, die nicht zum Vorsteuerabzug berechtigt ist, schenkt sämtlichen Geschäftskunden zu Weihnachten eine Flasche Champagner im Wert von je 100 € und bucht folgendes:

Geschenke > 50 €	5.000 €	
an Kasse		5.000 €

Handelsrechtlich stellen die 5.000 € Aufwendungen dar, steuerrechtlich dürfen sie aber den Gewinn nicht mindern. Sie rechnen deshalb die 5.000 € außerhalb der Buchführung dem Jahresüberschuss wieder hinzu, um die korrekte Gewinnhöhe zu ermitteln.

BEISPIEL

Um den Bekanntheitsgrad Ihrer neu gegründeten Spaß GmbH zu steigern, laden Sie alle Ihre 50 Geschäftskunden in ein Nobelrestaurant zum Essen ein. Die Rechnung für die Bewirtung ist auf die Spaß GmbH ausgestellt und wird auch von dieser bezahlt. Gebucht wird:

Bewirtungsaufwendungen	3.500 €	
an Kasse		3.500 €

Als Gastgeber und Geschäftsführer der GmbH waren Sie natürlich bei der Bewirtung dabei und haben tüchtig mitgegessen und getrunken und das alles auf »Firmenkosten«. Aus der Überlegung heraus, dass Sie damit zumindest ein privates Abendessen gespart haben, ist zumindest ein kleiner Teil der 3.500 € auch privat veranlasst. Um lästige Rechnereien zu vermeiden, sieht der Gesetzgeber vor, dass unabhängig davon, ob 50 Geschäftskunden oder nur ein Geschäftskunde bewirtet wird, 30 % von 3.500 € den Gewinn nicht mindern dürfen.

Handelsrechtlich stellen die 3.500 € in voller Höhe Aufwendungen dar, die allerdings steuerrechtlich den Gewinn in Höhe von 30 % * 3.500 € = 1.050 € nicht mindern dürfen. Um die korrekte Gewinnhöhe zu ermitteln, rechnen Sie die 1.050 € außerhalb der Buchführung dem Jahresüberschuss wieder hinzu.

Sie sind ja ein Steuerfuchs und denken sich, es muss doch eine Möglichkeit geben, die gesamten Bewirtungskosten gewinnmindernd zu berücksichtigen. Kurz vor Weihnachten laden Sie wieder alle Geschäftskunden in ein Nobelrestaurant zum Essen ein. Sie lassen sich ja nicht lumpen und lassen das Teuerste vom Teuersten auftischen, um Ihre Geschäftskunden mächtig zu beeindrucken. Die Rechnung über 13.000 € wird auf die Spaß GmbH ausgestellt und auch von dieser bezahlt.

Weil Sie ein wenig »dick aufgetragen« haben und unter vergleichbaren Umständen Bewirtungskosten von 8.000 € angemessen wären, möchten Sie natürlich nicht, dass das »rauskommt« und beschließen, den Rechnungsbetrag als Reparaturaufwendungen zu verbuchen, weil Sie davon ausgehen, dass das unter den anderen 2.819 tatsächlichen Reparaturaufwendungen sowieso keiner finden wird.

Es sollte Ihnen klar sein, dass Sie mit dem Feuer spielen, denn kommt das bei einer Betriebsprüfung raus, steht Ihnen mächtig Ärger ins Haus. Der Betriebsprüfer erhöht den Jahresüberschuss zunächst einmal um den »unangemessenen« Anteil von 5.000 € (13.000 € tatsächlicher Betrag – 8.000 € angemessene Höhe). Dann rechnet er weitere 30 % der angemessenen Bewirtungsaufwendungen von 8.000 € = 2.400 € hinzu und zu guter Letzt auch noch die eigentlich abziehbaren 70 % von 8.000 € = 5.600 €, weil Sie es »versäumt« haben, die nicht abziehbaren Betriebsausgaben auf einem separaten Konto (getrennt von den übrigen Konten) zu erfassen. Außerdem müssen Sie mit weiteren Ermittlungen wegen leichtfertiger Steuerverkürzung oder sogar Steuerhinterziehung rechnen.

Als Geschäftsführer der Spaß GmbH haben Sie viel zu tun und jagen von einem Kundentermin zum nächsten. Da Sie mal wieder auf die letzte Minute unterwegs sind, werden Sie auf der Fahrt zum letzten Kunden wegen zu hoher Geschwindigkeit »geblitzt«.

Der Bußgeldbescheid kommt postwendend eine Woche später mit der Aufforderung, 100 € zu zahlen und diese werden auch sofort von der Spaß GmbH überwiesen. Sie buchen:

Bußgeldaufwendungen	100 €	
an Bank		100 €

Überlegen Sie einmal: Können Sie privat einen Bußgeldbescheid wegen »Raserei« in Ihrer privaten Steuererklärung geltend machen? Natürlich nicht. Und weil das bei Ihnen nicht geht, geht das auch nicht, wenn es betrieblich passiert. Deshalb werden die 100 € dem handelsrechtlichen Jahresüberschuss außerbilanziell wieder hinzugerechnet.

Die finanzielle Lage der Spaß GmbH ist um die Vorweihnachtszeit wegen der vielen Kundengeschenke und den Geschäftsessen etwas klamm. Aus diesem Grund »hübschen« Sie die Umsatzsteuervoranmeldung für Dezember 2024 etwas auf, indem Sie statt regulären Umsätzen von 100.000 € nur Umsätze von 1.000 € eintragen und dadurch 18.810 € weniger Umsatzsteuer im Folgemonat an das Finanzamt überweisen müssen.

Womit Sie nicht rechnen: Im Mai des Folgejahres wird bei der Spaß GmbH eine Umsatzsteuersonderprüfung für die zurückliegenden drei Jahre durchgeführt. Im Rahmen dieser Prüfung fliegt natürlich der ganze Schwindel auf und die Spaß GmbH zahlt den »einbehaltenen« Betrag von 18.810 € nebst Hinterziehungszinsen von 500 € sofort nach.

Die Hinterziehungszinsen führen bei der Spaß GmbH zu einer Vermögensminderung, die den Jahresüberschuss mindert. Damit daraus kein Nachahmungseffekt für Trittbrettfahrer entsteht, schreibt der Gesetzgeber vor, dass Zinsen auf hinterzogene Steuern den einkommensteuerlichen Gewinn nicht mindern dürfen. Deshalb werden die 500 € dem handelsrechtlichen Jahresüberschuss außerbilanziell wieder hinzugerechnet.

Als umtriebiger Geschäftsmann gründen Sie eine zweite GmbH (Baupfusch GmbH), die sich auf die Sanierung von Altbauten spezialisiert. Um die Entscheidungsfindung im Bauamt der Stadt »etwas zu beschleunigen«, unterstützt die Baupfusch GmbH durch eine Parteispende von 10.000 € den Wahlkampf des Kommunalpolitikers Konrad Korrupt, der für das Amt des zukünftigen Bürgermeisters kandidiert und zurzeit Leiter des Bauamtes ist.

Gebucht wird:

Sonstige betriebliche Aufwendungen	10.000 €	
an Kasse		10.000 €

Die 10.000 € führen als Vermögensminderung zu einer Minderung des handelsrechtlichen Jahresüberschusses. Steuerrechtlich dürfen Spenden an politische Parteien aber den Gewinn und damit auch das zu versteuernde Einkommen der GmbH nicht mindern, sodass es auch in diesem Fall zu einer außerbilanziellen Hinzurechnung in Höhe von 10.000 € kommt.

Aus dem Grundgedanken heraus, dass die gleichen steuerlichen Vorschriften, die unter anderem für Einzelkaufleute gelten, auch für Kapitalgesellschaften Anwendung finden, müssen weitere nur im KStG zu beachtende Vorschriften berücksichtigt werden, unter anderem die §§ 9 und 10 KStG, in denen Sie neben den im EStG erwähnten Betriebsausgaben die folgenden Betriebsausgaben finden, die den steuerlichen Gewinn und damit das zu versteuernde Einkommen nicht mindern:

- ✔ die Steuern vom Einkommen und sonstige Personensteuern,
- ✔ Umsatzsteuer für Umsätze, die verdeckte Gewinnausschüttungen sind,
- ✔ Vorsteuerbeträge auf Aufwendungen, für die das Abzugsverbot des § 4 Abs. 5 Satz 1 Nr. 1 bis 4 und 7 oder Abs. 7 EStG gilt,
- ✔ auf die zuvor genannten Steuern entfallende Nebenleistungen,
- ✔ die Hälfte der Vergütungen jeder Art, die an Mitglieder des Aufsichtsrats, Verwaltungsrats oder andere mit der Überwachung der Geschäftsführung beauftragte Personen gewährt werden.

BEISPIEL

Die Spaß GmbH musste für 2024 insgesamt 20.000 € an Körperschaftsteuervorauszahlungen an das Finanzamt leisten und hat gebucht:

Körperschaftsteueraufwand	20.000 €	
an Bank		20.000 €

Der Betrag von 20.000 € hat den handelsrechtlichen Jahresüberschuss vermindert. Damit eine Vergleichbarkeit mit Einzelunternehmern hergestellt wird, die ihre Einkommensteuervorauszahlung nicht bei ihrem eigenen zu versteuernden Einkommen in Abzug bringen können, muss auch eine Kapitalgesellschaft den als Körperschaftsteueraufwand gebuchten Betrag bei der Ermittlung des zu versteuernden Einkommens außerhalb der Buchführung wieder hinzurechnen.

BEISPIEL

Die von Ihnen gegründete Spaß GmbH, die zum vollen Vorsteuerabzug berechtigt ist, schenkt sämtlichen Geschäftskunden zu Weihnachten eine Flasche Champagner im Wert von je 100 € zzgl. 19 % USt und bucht Folgendes:

Geschenke > 50 €	5.000 €	
Vorsteueraufwand		950 €
an Kasse		5.950 €

Handelsrechtlich stellen die 5.950 € Aufwendungen dar, die allerdings steuerrechtlich den Gewinn nicht mindern dürfen. Aus diesem Grund werden die 5.000 € außerhalb der Buchführung dem Jahresüberschuss wieder hinzugerechnet, weil es sich um Geschenke > 50 € handelt und der als Aufwand erfasst Vorsteuerbetrag in Höhe von 950 €, weil es sich um einen Vorsteuerbetrag handelt, der sich auf nicht abzugsfähige Betriebsausgaben bezieht.

BEISPIEL

Der Buchhalter der Spaß GmbH hat die KSt-VZ für das II. Quartal 2024 drei Monate zu spät an das Finanzamt überwiesen. Das bleibt nicht ohne Folgen: Das Finanzamt verlangt einen Säumniszuschlag. Der dafür vom Finanzamt erhobene Säumniszuschlag in Höhe von 50 € wird von der Spaß GmbH sofort überwiesen und gebucht:

Aufwand Säumniszuschlag zur KSt	50 €	
an Bank		50 €

Der Betrag von 50 € mindert den handelsrechtlichen Jahresüberschuss. Damit eine Vergleichbarkeit mit Einzelunternehmern hergestellt wird, die einen solchen Aufwand nicht bei ihrem eigenen zu versteuernden Einkommen in Abzug bringen können, muss auch eine Kapitalgesellschaft den als Aufwand gebuchten Betrag bei der Ermittlung des zu versteuernden Einkommens außerhalb der Buchführung wieder hinzurechnen, weil es sich um eine Nebenleistung zu einer nicht abzugsfähigen Steuer handelt.

BEISPIEL

Um sicherzustellen, dass in »Ihrer« GmbH alles mit rechten Dingen zugeht, haben Sie einen Verwaltungsrat berufen, der den beiden Geschäftsführern der GmbH auf »die Finger schauen soll«. Sie buchen die Vergütung für den Verwaltungsrat:

Aufwand	10.000 €	
an Bank		10.000 €

Der Gesetzgeber schreibt vor, dass die Hälfte des Aufwandes (= 5.000 €) bei der Ermittlung des zu versteuernden Einkommens der GmbH außerbilanziell wieder hinzugerechnet werden muss.

Spenden: Nicht nur gut für das Allgemeinwohl, sondern auch für die Steuerlast

Spenden sind immer erwünscht und wichtig für das Allgemeinwohl. Spendet eine Kapitalgesellschaft zur Förderung steuerbegünstigter Zwecke i.S.d. §§ 52 - 54 AO, kann sie den Spendenbetrag meistens steuermindernd berücksichtigen.

Gewinnmindernd können:

- ✔ Zuwendungen (Spenden) zur Förderung steuerbegünstigter Zwecke (siehe §§ 52 – 54 AO) berücksichtigt werden bis zur Höhe von insgesamt 20 % des (vorläufig zu versteuernden) Einkommens (vor Spendenabzug) oder
- ✔ 4 Promille der Summe der gesamten Umsätze und der im Kalenderjahr aufgewendeten Löhne und Gehälter Berücksichtigung finden,

wenn die weiteren Voraussetzungen des § 9 Abs. 1 Nr. 2 Satz 2 KStG erfüllt sind.

BEISPIEL

Die Spaß GmbH spendet für mildtätige Zwecke einen Betrag von 2.000 € und bucht:

Spendenaufwand	2.000 €	
an Bank		2.000 €

Sie hat ein vorläufiges zu versteuerndes Einkommen vor Spendenabzug von 20.000 € ermittelt, die Umsätze und Löhne und Gehälter belaufen sich auf 100.000 €.

1. Führen Sie zunächst die folgenden beiden Berechnungen durch:

   20 % * 20.000 € = 4.000 €

   beziehungsweise

   4 %0 * 100.000 € = 400 €

   1. Vergleichen Sie nun den höheren Betrag von beiden (= 4.000 €) mit der Höhe der tatsächlichen Spende; abzugsfähig ist der niedrigere Betrag von beiden. Sie können also

die gesamte Spende von 2.000 € bei der Ermittlung des zu versteuernden Einkommens der Spaß GmbH berücksichtigen.

BEISPIEL

Die Spaß GmbH spendet für mildtätige Zwecke einen Betrag von 5.000 € und bucht:

Spendenaufwand	5.000 €	
an Bank		5.000 €

Sie hat ein vorläufiges zu versteuerndes Einkommen vor Spendenabzug von 20.000 € ermittelt, die Umsätze und Löhne und Gehälter belaufen sich auf 100.000 €.

1. Führen Sie zunächst die folgenden beiden Berechnungen durch:

   20 % * 20.000 € = 4.000 € beziehungsweise

   4 %0 * 100.000 € = 400 €

   1. Vergleichen Sie den höheren Betrag von beiden (= 4.000 €) mit der Höhe der tatsächlichen Spende; abzugsfähig ist der niedrigere Betrag von beiden.

Sie können also nicht die gesamte Spende, sondern nur 4.000 € bei der Ermittlung des zu versteuernden Einkommens der Spaß GmbH berücksichtigen. Den noch nicht berücksichtigten Betrag von 1.000 € können Sie erst im Folgejahr berücksichtigen.

Dividenden und Aktienverkäufe

Die Aktienlandschaft in Deutschland ist vielfältig. Nicht nur Privatpersonen sind stolze Besitzer von Aktien weltbekannter Firmen. Auch Kapitalgesellschaften sind häufig an anderen Kapitalgesellschaften beteiligt. Ein Grund dafür ist, dass bestimmte Kapitalgesellschaften schon seit Jahren ihre Gewinne an die Aktionäre ausschütten.

Bevor es bei einer Kapitalgesellschaft zu einer Gewinnausschüttung kommt, muss diese zunächst selber von der ausschüttenden Gesellschaft mit Körperschaftsteuer versteuert werden. Erhält nun eine andere Kapitalgesellschaft eine Dividende, ist zu klären, ob diese Dividende beim Anteilseigner ein weiteres Mal versteuert werden muss.

Nicht versteuert werden muss bei der empfangenden Kapitalgesellschaft ein Dividendenbezug (§ 20 Abs. 1 Nr. 1 EstG),

- ✔ wenn es zu keiner Minderung des Einkommens der leistenden Kapitalgesellschaft gekommen ist und
- ✔ wenn die Beteiligung zu Beginn des Kalenderjahres unmittelbar 10 % oder mehr betragen hat.

Die Spaß GmbH hält ein 15%iges Aktienpaket an der Gutelaune AG. Die Gutelaune AG schüttet am 24.04.2024 eine Bruttodividende von 20.000 € an die Spaß GmbH aus. Sie buchen:

Bank	14.725 €	
Aufwand Kapitalertragsteuer	5.000 €	
Aufwand SolZ	275 €	
an Dividendenertrag		20.000 €

Durch die Dividendeneinnahme hat sich der Jahresüberschuss der Spaß GmbH um 14.725 € erhöht. Wegen der korrekten Ermittlung des zu versteuernden Einkommens nehmen Sie folgende außerbilanzielle Korrekturen vor:

	Handelsrechtlicher Jahresüberschuss	... €
+	Aufwand Kapitalertragsteuer (§ 10 Nr. 2 KStG)	5.000 €
+	Aufwand SolZ (§ 10 Nr. 2 KStG)	275 €
–	Dividendenertrag (§ 8b Abs. 1 KStG)	20.000 €

Unabhängig davon, ob die Spaß GmbH im Zusammenhang mit der »steuerfreien« Dividendeneinnahme Ausgaben hatte oder nicht, bestimmt der Gesetzgeber, dass 5 % der Bruttodividende nicht als Betriebsausgaben abgezogen werden dürfen. Sie rechnen also:

+	5 % von 20.000 € (§ 8b Abs. 5 KStG)	1.000 €

Die Spaß GmbH hält ein 8%iges Aktienpaket an der Gutelaune AG. Die Gutelaune AG schüttet am 24.04.2024 eine Bruttodividende von 20.000 € an die Spaß GmbH aus. Sie buchen:

Bank	14.725 €	
Aufwand Kapitalertragsteuer	5.000 €	
Aufwand SolZ	275 €	
an Dividendenertrag		20.000 €

Durch die Dividendeneinnahme hat sich der Jahresüberschuss der Spaß GmbH um 14.725 € erhöht. Wegen der korrekten Ermittlung des zu versteuernden Einkommens nehmen Sie folgende außerbilanzielle Korrekturen vor:

	Handelsrechtlicher Jahresüberschuss	... €
+	Aufwand Kapitalertragsteuer (§ 10 Nr. 2 KStG)	5.000 €
+	Aufwand SolZ (§ 10 Nr. 2 KStG)	275 €

Wird kein Dividendenertrag »steuerfrei« gestellt (§ 8b Abs. 4 Satz 1 KStG), bleibt auch die »fiktive« Hinzurechnung von 5 % der Bruttodividende unberücksichtigt.

Sie müssen aber nicht unbedingt »leer ausgehen«, wenn Sie mit Ihrer Spaß GmbH nicht bereits zum Jahresbeginn mit mindestens 10 % beteiligt waren. Erwerben Sie im laufenden Jahr eine Beteiligung von mindestens 10 %, werden Sie steuerrechtlich so gestellt, als wenn Sie diese Beteiligung bereits zum 1.1. gehabt hätten.

Die Spaß GmbH hält zum 1.1.2024 ein 8%iges Aktienpaket an der Gutelaune AG und erwirbt im Februar weitere 20 % dazu. Die Gutelaune AG schüttet am 24.04.2024 eine Bruttodividende von 28.000 € an die Spaß GmbH aus, die zum Zeitpunkt der Dividendenausschüttung weiterhin mit 28 % beteiligt ist. Sie buchen:

Bank	20.615 €	
Aufwand Kapitalertragsteuer	7.000 €	
Aufwand SolZ	385 €	
an Dividendenertrag		28.000 €

Durch die Dividendeneinnahme hat sich der Jahresüberschuss der Spaß GmbH um 20.615 € erhöht. Nur der Dividendenertrag, der sich auf den »Hinzuerwerb« bezieht, bleibt steuerfrei.

Wegen der korrekten Ermittlung des zu versteuernden Einkommens nehmen Sie folgende außerbilanzielle Korrekturen vor:

	Handelsrechtlicher Jahresüberschuss	... €
+	Aufwand Kapitalertragsteuer (§ 10 Nr. 2 KStG)	5.000 €
+	Aufwand SolZ (§ 10 Nr. 2 KStG)	275 €
–	Dividendenertrag (8/28 von 28.000 €; § 8b Abs. 1 KStG)	20.000 €

Unabhängig davon, ob die Spaß GmbH im Zusammenhang mit der »steuerfreien« Dividendeneinnahme Ausgaben hatte oder nicht, bestimmt der Gesetzgeber, dass 5 % der steuerfreien Bruttodividende nicht als Betriebsausgaben abgezogen werden dürfen. Es ist also noch ein weiterer Schritt nötig:

+	5 % von 20.000 € (§ 8b Abs. 5 KStG)	1.000 €

Die Gründe, warum Sie sich an einer Kapitalgesellschaft beteiligen wollen, sind vielfältig. Von Zeit zu Zeit sollten Sie überprüfen, ob sich die Gründe, die Sie damals bewogen haben, Aktien von einer bestimmten Kapitalgesellschaft zu kaufen, zwischenzeitlich geändert haben. Genau wie bei allen anderen kann auch die Spaß GmbH Aktien mit Gewinn oder Verlust veräußern. Für beide Fallvarianten sieht der Gesetzgeber eine (teilweise) Steuerbefreiung vor.

Die Spaß GmbH verkauft die vor zwei Jahren für 20.000 € erworbenen Aktien der Gutelaune AG im März 2024 für 25.000 €. Sie buchen:

Aufwand aus Anlagenabgang Finanzanlagen	20.000 €	
an Beteiligung		20.000 €

und

Bank	25.000 €	
an Erlösen aus Verkäufen Finanzanlagen		25.000 €

Im Saldo hat sich der Jahresüberschuss der Spaß GmbH um 5.000 € erhöht. Wegen der korrekten Ermittlung des z.v.E. nehmen Sie noch folgende außerbilanzielle Korrekturen vor:

	Handelsrechtlicher Jahresüberschuss	… €
–	Veräußerungsgewinn (§ 8b Abs. 2 KStG)	5.000 €

Unabhängig davon, ob die Spaß GmbH im Zusammenhang mit der »steuerfreien« Veräußerung Ausgaben hatte oder nicht, bestimmt der Gesetzgeber, dass 5 % des steuerfreien Veräußerungsgewinns nicht als Betriebsausgaben abgezogen werden dürfen. Sie rechnen also in einem weiteren Schritt:

+	5 % von 5.000 € (§ 8b Abs. 3 KStG)	250 €

BEISPIEL Die Spaß GmbH verkauft die vor zwei Jahren für 20.000 € erworbenen Aktien der Gutelaune AG im März 2024 für 18.000 €. Sie buchen:

Aufwand aus Anlagenabgang Finanzanlagen	20.000 €	
an Beteiligung		20.000 €

und

Bank	18.000 €	
an Erlösen aus Verkäufen Finanzanlagen		18.000 €

Im Saldo hat sich der Jahresüberschuss der Spaß GmbH um 2.000 € vermindert. Wegen der korrekten Ermittlung des zu versteuernden Einkommens nehmen Sie folgende außerbilanzielle Korrekturen vor:

	Handelsrechtlicher Jahresüberschuss	… €
+	Veräußerungsverlust (§ 8b Abs. 3 KStG)	2.000 €

Geld verloren: Verlustabzug und Verlustrücktrag

Manchmal läuft es schlechter und die Kapitalgesellschaft schließt das Geschäftsjahr mit einem Verlust ab. Dann kommt der *Verlustrücktrag* ins Spiel:

- ✔ Negative Einkünfte, die bei der Ermittlung des Gesamtbetrags der Einkünfte nicht ausgeglichen werden, können Sie bis zu einem Betrag von 1 Mio. € vom Gesamtbetrag der Einkünfte des unmittelbar vorangegangenen Veranlagungszeitraums abziehen (Verlustrücktrag),

- Ist ein Ausgleich dieser negativen Einkünfte nicht möglich, können Sie sie vom Gesamtbetrag der Einkünfte des zweiten dem Veranlagungszeitraum vorangegangenen Veranlagungszeitraums abziehen,
- Statt des Verlustrücktrages ist auch ein Verlustvortrag in die folgenden Veranlagungszeiträume möglich und zwar:
  - bis zu einem Gesamtbetrag der Einkünfte von 1 Mio. € unbeschränkt,
  - darüber hinaus bis zu 70 % des 1 Mio. € übersteigenden Gesamtbetrags der Einkünfte.

BEISPIEL

Die Spaß GmbH erzielt in 2024 ein negatives Einkommen von 5 Mio. €. Ein Verlustrücktrag ist ausgeschlossen. Im Jahr 2025 erzielt sie ein Einkommen vor Verlustabzug von 3 Mio. €. Sie stellen folgende Berechnungen an:

	Einkommen in 2025	3.000.000 €
–	Verlust max.	1.000.000 €
=	**übersteigender Gesamtbetrag der Einkünfte**	**2.000.000 €**
–	70 % davon	1.400.000 €
=	**z.v.E. der Spaß GmbH in 2025**	**600.000 €**

Den zum 31.12.2025 verbleibenden (gesondert festzustellenden) Verlustabzug, der in den folgenden Veranlagungszeiträumen 2026 ff. berücksichtigt werden kann, berechnen Sie so:

	Verlustvortrag 1.1.2025	5.000.000 €
–	davon berücksichtigt in 2025	2.400.000 €
=	**verbleibender Verlustabzug für Folgejahre**	**2.600.000 €**

Belastend: Die Tarifbelastung

Unabhängig von der Höhe des zu versteuernden Einkommens gilt:

- Die Körperschaftsteuer beträgt 15 % des zu versteuernden Einkommens.
- Sie stellt genau wie die Einkommensteuer eine Jahressteuer dar.

So wie Sie als natürliche Person im Falle einer Selbstständigkeit zu einer Einkommensteuervorauszahlung »verdonnert« werden, setzt das Finanzamt gegenüber der Kapitalgesellschaft Körperschaftsteuervorauszahlungen fest. Diese werden dann mit der Jahressteuerzahlung verrechnet.

Auf die Körperschaftsteuer sind anrechenbar:

- bestimmte anzurechnende ausländische Steuern,
- anzurechnende Kapitalertragsteuer,
- Körperschaftsteuervorauszahlungen.

BEISPIEL

Die Spaß GmbH erzielt in 2024 ein zu versteuerndes Einkommen von 1 Mio. €. An KSt-Vorauszahlungen hat sie in 2024 bereits 100.000 € bereits an das Finanzamt gezahlt. Außerdem sind anrechenbare Kapitalertragssteuern von 20.000 € zu berücksichtigen. Sie berechnen die Höhe der KSt-Nachzahlung:

	Zu versteuerndes Einkommen in 2024	1.000.000 €
	davon 15 %	150.000 €
–	KSt-Vorauszahlungen in 2024	100.000 €
–	anzurechnende Kapitalertragsteuer	20.000 €
=	**Höhe der KSt-Nachzahlung für 2024**	**30.000 €**

Sie buchen zum 31.12.2024:

KSt-Aufwand	30.000 €	
an Steuerrückstellungen		30.000 €

Eingelegt, nicht reingelegt: Das Einlagekonto

Legen Sie bei der Bank Festgeld an, müssen Sie nur die Zinsen daraus als Einkünfte aus Kapitalvermögen versteuern. Die Rückzahlung des eigentlichen Festgeldbetrages ist steuerrechtlich irrelevant. So ähnlich verhält es sich auch, wenn ein Einzelunternehmer eine Privateinlage in sein Einzelunternehmen tätigt oder ein Gesellschafter etwas in »seine« GmbH einlegt. In allen Fällen darf es im Falle einer Rückzahlung nicht zu einer Versteuerung kommen.

Kapitalgesellschaften müssen deshalb ein *steuerliches Einlagekonto* führen, vergleichbar mit dem Privatkonto des Einzelunternehmers. Schüttet Ihre GmbH an Sie einen Geldbetrag aus, müssen Sie klären, woher er stammt. Stammt er

- ✔ aus dem »ausschüttbaren Gewinn«, führt das bei Ihnen als Gesellschafter zu Einkünften aus Kapitalvermögen oder
- ✔ aus dem steuerlichen Einlagekonto, führt das bei Ihnen zu keinerlei steuerrelevanten Einkünften.

BEISPIEL

Vor Jahren haben Sie die Spaß GmbH mit einem Stammkapital von 25.000 € gegründet. Um der GmbH etwas »unter die Arme zu greifen«, haben Sie seinerzeit einen Gesamtbetrag von 30.000 € als Eigenkapital aus eigener Tasche zur Verfügung gestellt. Zwischenzeitlich ist die GmbH gewachsen und erwirtschaftet in den letzten Jahren gute Gewinne. Die Gewinnrücklagen belaufen sich zwischenzeitlich auf 200.000 €. Mitte Mai 2024 beschließen Sie eine Gewinnausschüttung in Höhe von 201.000 €.

Das bilanzielle Eigenkapital der Spaß GmbH setzt sich wie folgt zusammen:

Gezeichnetes Kapital	(= Stammkapital)	25.000 €
Kapitalrücklage	(= steuerliches Einlagekonto)	5.000 €
Gewinnrücklage		200.000 €
Höhe des gesamten Eigenkapitals		230.000 €

1. Ermitteln Sie zunächst den ausschüttbaren Gewinn:

	Höhe des gesamten Eigenkapitals	230.000 €
–	Gezeichnetes Kapital (= Stammkapital)	25.000 €
–	steuerliches Einlagekonto	5.000 €
=	ausschüttbarer Gewinn	200.000 €

Sie als Gesellschafter müssen nur 200.000 € als Einkünfte aus Kapitalvermögen versteuern, die restlichen 1.000 € stellen eine »Privatentnahme« und bei Ihnen keine Einkünfte dar.

2. Das steuerliche Einlagekonto muss bei der GmbH jeweils zum 31.12. fortgeführt werden. Sie nehmen folgende Berechnung vor:

	Steuerliches Einlagekonto 1.1.2024	5.000 €
–	für die Ausschüttung verwendet	1.000 €
	Steuerliches Einlagekonto 31.12.2024	4.000 €

Ein steuerliches Einlagekonto kann sich auch erhöhen:

BEISPIEL

Sie gewähren Ihrer Spaß GmbH ab dem 01.01.2024 ein Darlehen von 100.000 € zu 4,5 % Zinsen p.a. Um die Liquidität der Spaß GmbH nicht weiter zu belasten, verzichten Sie am 01.09.2024 rechtswirksam auf die Auszahlung der Zinsen für das gesamte Jahr 2024.

Bisher haben Sie nur gebucht:

Zinsaufwand	3.000 €	
an Verbindlichkeiten gegenüber Gesellschaftern		3.000 €

Die bis Ende August 2024 aufgelaufene Zinsverbindlichkeit fällt für die Spaß GmbH zum 31.08.2024 weg. Sie buchen:

Verbindlichkeiten gegenüber Gesellschaftern	3.000 €	
an sonstige betriebliche Erträge		3.000 €

Damit erhöht sich der handelsrechtliche Jahresüberschuss um 3.000 €, die nichts mit der eigentlichen Geschäftstätigkeit der Spaß GmbH zu tun haben. Aus diesem Grund müssen Sie die 3.000 € außerbilanziell in einem zweiten Schritt als verdeckte Einlage bei der Ermittlung des zu versteuernden Einkommens abziehen.

Hätten Sie sich die Zinsverbindlichkeit von der Spaß GmbH auszahlen lassen und anschließend der GmbH wieder als Eigenkapital zur Verfügung gestellt, hätte das buchhalterisch die Kapitalrücklage der GmbH genauso erhöht wie das steuerliche Einlagekonto. Das steuerliche Einlagekonto muss also auch dann erhöht werden, wenn Sie den »abgekürzten Zahlweg« wählen.

	Steuerliches Einlagekonto 1.1.2024	0 €
+	Zuführung zum steuerlichen Einlagekonto	3.000 €
	Steuerliches Einlagekonto 31.12.2024	3.000 €

IN DIESEM KAPITEL

Unterschiedliche Besteuerung

Einzelunternehmer

Personengesellschaften

Kapitalgesellschaften

Kapitel 4
Besteuerung unterschiedlicher Rechtsformen

In diesem Kapitel lernen Sie etwas über die unterschiedliche Besteuerung von Einzelunternehmer, Personengesellschaft und Kapitalgesellschaft kennen.

Welche? Unterschiede zwischen verschiedenen Rechtsformen

Die Besteuerung eines Unternehmens hängt von seiner Rechtsform ab:

- ✔ Als **Einzelunternehmer** unterliegen Sie als natürliche Person der Einkommensteuer und versteuern Ihren steuerlichen Gewinn in der Regel als Einkünfte aus Gewerbebetrieb nach § 15 Abs. 1 Satz 1 Nr. 1 EStG.
- ✔ Die **Personengesellschaft** ist selber nicht Steuerpflichtiger im Sinne des EStG. Der Gesellschafter/Mitunternehmer versteuert seinen jeweiligen Gewinnanteil als Einkünfte aus Gewerbebetrieb nach § 15 Abs. 1 Satz 1 Nr. 2 EStG mit dem individuellen Steuersatz.
- ✔ Die **Kapitalgesellschaft** sowie die **Genossenschaft** unterliegen unabhängig von der Gesellschafterstruktur oder der Anzahl der Genossen der unbeschränkten Körperschaftsteuerpflicht, wenn sie ihre Geschäftsleitung oder ihren Sitz im Inland haben (§ 1 Abs. 1 Nr. 1 und 2 KStG).

Besteuerung verschiedener Rechtsformen

Die Besteuerung der Mitunternehmerschaft und die Besteuerung von Kapitalgesellschaften wollen wir uns nun genauer ansehen.

Nicht allein als Unternehmen: Die Mitunternehmerschaft

Der Einkommensteuer unterliegen unter anderem Einkünfte aus Gewerbebetrieb (§ 2 Abs. 1 Satz 1 Nr. 2 EStG), die Sie während Ihrer unbeschränkten Einkommensteuerpflicht erzielen. Ob es sich tatsächlich um Einkünfte aus Gewerbebetrieb handelt, ergibt sich aus den Vorschriften §§ 15 ff. EStG (§ 2 Abs. 1 Satz 2 EStG).

Einkünfte sind bei einem Gewerbebetrieb der Gewinn, den Sie nach den Vorschriften §§ 4 bis 7k EStG ermitteln (§ 2 Abs. 2 Satz 1 Nr. 1 EStG).

Prüfungsrelevant sind vor allem:

- ✔ die Gewinnanteile der Gesellschafter einer Offenen Handelsgesellschaft, einer Kommanditgesellschaft und einer anderen Gesellschaft: Die Gesellschafter werden als Unternehmer (Mitunternehmer) des Betriebs angesehen.
- ✔ die Vergütungen, die der Gesellschafter von der Gesellschaft für seine Tätigkeit im Dienst der Gesellschaft oder für die Hingabe von Darlehen oder für die Überlassung von Wirtschaftsgütern bezogen hat,
- ✔ Gewinne aus der Veräußerung des gesamten Anteils eines Gesellschafters, der als Unternehmer (Mitunternehmer) des Betriebs zählt.

Als Gesellschafter sind Sie nicht zugleich auch Mitunternehmer. Neben der Gesellschafterstellung einer Personengesellschaft setzt die Mitunternehmerschaft darüber hinaus voraus,

- ✔ dass Sie eine gewisse unternehmerische Initiative entfalten können und

Mitunternehmerinitiative bedeutet vor allem Teilhabe an den unternehmerischen Entscheidungen, wie sie Gesellschafter oder vergleichbare Personen als Geschäftsführer, Prokuristen oder andere leitende Angestellte treffen. Es reicht schon aus, dass Sie die Möglichkeit zur Ausübung von Gesellschafterrechten, das heißt die Stimm-, Kontroll- und Widerspruchsrechte haben, die einem Kommanditisten nach dem HGB zustehen oder die den gesellschaftsrechtlichen Kontrollrechten nach § 716 Abs. 1 BGB entsprechen.

- ✔ dass Sie ein unternehmerisches Risiko tragen.

Mitunternehmerrisiko trägt im Regelfall, wer am Gewinn und Verlust des Unternehmens und an den stillen Reserven einschließlich eines etwaigen Geschäftswerts beteiligt ist. Je nach den Umständen des Einzelfalls können auch andere Gesichtspunkte, zum Beispiel eine besonders ausgeprägte unternehmerische Initiative, verbunden mit einem bedeutsamen Beitrag zur Kapitalausstattung des Unternehmens in den Vordergrund treten.

Die beiden Merkmale müssen nicht gleichgewichtet ausgeprägt sein.

Besteuerung von Personenunternehmen

Bei der Besteuerung von Personengesellschaften müssen Sie folgende drei Vermögensbereiche unterscheiden:

1. das Gesamthandsvermögen der Personengesellschaft,
2. das Sonderbetriebsvermögen eines jeden Mitunternehmers sowie
3. das Ergänzungsvermögen eines jeden Mitunternehmers.

Gesamthandsvermögen

Zum Gesamthandsvermögen zählen alle Wirtschaftsgüter, die im zivilrechtlichen oder wirtschaftlichen Sinne im Eigentum der Personengesellschaft stehen. Sie müssen sowohl in der Handels- als auch in der Steuerbilanz der Personengesellschaft ausgewiesen werden.

BEISPIEL

Die »Immergrün« KG kauft einen Büroschreibtisch für 1.500 € zzgl. 19 % auf Ziel und bucht:

Betriebs- und Geschäftsausstattung	1.500 €	
Vorsteuer	285 €	
an Verbindlichkeiten a.L+L		1.785 €

Sowohl der Schreibtisch als Vermögensgegenstand als auch die Verbindlichkeit als Schuld stellen im steuerlichen Sinne Wirtschaftsgüter des notwendigen Betriebsvermögens der KG dar, da beide ausschließlich und unmittelbar für eigenbetriebliche Zwecke der KG genutzt werden oder dazu bestimmt sind. Insofern müssen Sie sowohl den Schreibtisch als auch die Verbindlichkeit in der Bilanz der KG ausweisen.

Sonderbetriebsvermögen

Da bei einer Personengesellschaft immer mehrere Gesellschafter (Mitunternehmer) beteiligt sind und alle etwas vom Gewinn abhaben wollen, steht jedem Mitunternehmer nur ein Gewinnanteil zu. Um eine Gleichbehandlung mit einem Einzelunternehmer sicherzustellen, muss jeder Mitunternehmer auch Vergütungen als Einkünfte aus Gewerbebetrieb versteuern, die er

- ✔ von der Gesellschaft für seine Tätigkeit im Dienst der Gesellschaft (vergleichbar mit einem Geschäftsführergehalt) oder
- ✔ für die Hingabe von Darlehen (vergleichbar mit Zinserträgen) oder
- ✔ für die Überlassung von Wirtschaftsgütern (vergleichbar mit Mieterträgen)

bezogen hat. Aus diesem Grund gehört zum (steuerlichen) Betriebsvermögen bei einer Personengesellschaft nicht nur das Gesamthandsvermögen, sondern auch das *Sonderbetriebsvermögen*, also diejenigen Wirtschaftsgüter, die einem, mehreren oder allen Mitunternehmern gehören. Dabei wird noch unterschieden in:

- ✔ **Sonderbetriebsvermögen I:** wenn die Wirtschaftsgüter unmittelbar dem Betrieb der Personengesellschaft dienen.
- ✔ **Sonderbetriebsvermögen II:** wenn die Wirtschaftsgüter unmittelbar zur Begründung oder Stärkung der Beteiligung des Mitunternehmers an der Personengesellschaft eingesetzt werden sollen.

Nicht die »Immergrün« KG kauft einen Büroschreibtisch für 1.500 € zzgl. 19 % auf Ziel, sondern der Mitunternehmer Frisch und überlässt den Büroschreibtisch der KG zur Nutzung.

Sowohl der Schreibtisch als Vermögensgegenstand als auch die Verbindlichkeit als Schuld stellen beide im steuerlichen Sinne Wirtschaftsgüter des notwendigen Sonderbetriebsvermögens I des Mitunternehmers Frisch dar, die in einer eigens für den Mitunternehmer Frisch aufzustellenden Sonderbilanz erfasst werden müssen.

Damit Sie sich überhaupt an der »Immergrün« KG als Mitunternehmer beteiligen können, müssen Sie eine Gesellschaftereinlage von 20.000 € aufbringen. Da Sie zurzeit nicht so flüssig sind, nehmen Sie sich dafür bei der Bank einen Kredit auf.

Die Kreditschuld ist als (negatives) Wirtschaftsgut notwendiges Sonderbetriebsvermögen II und muss als Kreditschuld in der eigens dafür erstellten Sonderbilanz passiviert werden.

Neben dem Gesamthandsvermögen der Personengesellschaft wird auch das Sonderbetriebsvermögen in den ertragsteuerrechtlichen Betriebsvermögensvergleich einbezogen, um den steuerrechtlichen Gewinn der Personengesellschaft sowie die Gewinnanteile der einzelnen Gesellschafter zu ermitteln. Bevor es an die Verteilung des Gewinns geht, müssen Sie zunächst die Höhe des zu verteilenden »Gesamtgewinns« für alle Beteiligten einheitlich feststellen und stellen zu diesem Zweck folgende Berechnung auf:

	Handelsrechtlicher Jahresüberschuss der Personengesellschaft
+/–	einkommensteuerliche Korrekturen (zum Beispiel nicht abziehbare Betriebsausgaben)
=	**einkommensteuerlicher Gewinn**
+/–	Sondergewinne/Sonderverluste der einzelnen Mitunternehmer
=	**einheitlicher Gewinn der Personengesellschaft**

Danach wird dieser einheitliche Gewinn auf die einzelnen Gesellschafter verteilt, die dann jeweils ihren Gewinnanteil mit dem privaten Einkommenssatz versteuern müssen.

BEISPIEL An der »Immergrün« Gemüse OHG sind Sie und Ihr bester Freund zu jeweils 50 % beteiligt. Die OHG erwirtschaftete im Jahr 2024 einen handelsrechtlichen Jahresüberschuss von 100.000 €. Dieser wurde durch folgende Aufwendungen gemindert:

Ihr Freund hat der OHG ein Darlehen in Höhe von 50.000 € gewährt und dafür 2.000 € als Zinsen erhalten.

Sie haben der OHG Ihr privates Grundstück für 3.000 € / p.a. überlassen.

Laut Gesellschaftsvertrag erfolgt die Gewinnverteilung im Verhältnis 1:1.

Sie erzielen als Mitunternehmer der OHG Einkünfte aus Gewerbebetrieb (§ 15 Abs. 1 Satz 1 Nr. 2 EStG). Den OHG-Gewinn ermitteln Sie so:

	Handelsrechtlicher Jahresüberschuss	100.000 €
+	als Aufwand verbuchte Vergütungen	5.000 €
=	**Gewinn der OHG**	**105.000 €**

		Davon Sie	Davon Ihr Freund
Gewinn der OHG	105.000 €		
– Vergütungen	– 5.000 €	3.000 €	2.000 €
Restbetrag	100.000 €		
jeweils zur Hälfte	– 100.000 €	50.000 €	50.000 €
Einkünfte aus Gewerbebetrieb		53.000 €	52.000 €

Wenn Sie im Zusammenhang mit dem Grundstück private Aufwendungen hatten, berücksichtigen Sie auch diese als Sonderbetriebsausgaben.

BEISPIEL An der »Immergrün« Gemüse OHG sind Sie und Ihr bester Freund zu jeweils 50 % beteiligt. Die OHG erwirtschaftete im Jahr 2024 einen handelsrechtlichen Jahresüberschuss von 100.000 €. Dieser wurde durch folgende Aufwendungen gemindert:

Ihr Freund hat der OHG ein Darlehen in Höhe von 50.000 € gewährt und dafür 2.000 € als Zinsen erhalten.

Sie haben der OHG Ihr privates Grundstück für 3.000 €/p.a. überlassen. Im Zusammenhang mit dem Grundstück sind 500 € Aufwendungen entstanden, die Sie von Ihrem privaten Bankkonto bezahlt haben.

Laut Gesellschaftsvertrag erfolgt die Gewinnverteilung im Verhältnis 1:1.

Sie erzielen als Mitunternehmer der OHG Einkünfte aus Gewerbebetrieb (§ 15 Abs. 1 Satz 1 Nr. 2 EStG) und ermitteln den OHG-Gewinn folgendermaßen:

	Handelsrechtlicher Jahresüberschuss	100.000 €
+	als Aufwand verbuchte Vergütungen	5.000 €
–	privat getragene Grundstücksaufwendungen	500 €
=	**Gewinn der OHG**	**104.500 €**

		Davon Sie	Davon Ihr Freund
Gewinn der OHG	104.500 €		
– Vergütungen	– 5.000 €	3.000 €	2.000 €
+ privat getragene Aufwendungen	500 €	– 500 €	
Restbetrag	**100.000 €**		
jeweils zur Hälfte	– 100.000 €	50.000 €	50.000 €
Einkünfte aus Gewerbebetrieb		**52.500 €**	**52.000 €**

Der Gewinn der Personengesellschaft lässt sich immer erst am Ende des Jahres ermitteln. Damit aber alle Aufwendungen und Erträge richtig erfasst werden, muss die Personengesellschaft neben der Handelsbilanz für sich selber auch gegebenenfalls Sonderbilanzen für die einzelnen Gesellschafter (Mitunternehmer) erstellen.

So wie durch die Gegenüberstellungen von Aufwendungen und Erträgen die Differenz als Gewinn oder Verlust zum Jahresende in das bilanzielle Eigenkapital abgeschlossen wird, müssen auch Betriebsausgaben und Betriebseinnahmen im Sonderbereich in einer extra für den Mitunternehmer aufzustellenden Sonder-G+V ermittelt werden und die Differenz in das Eigenkapital in der Sonderbilanz überführt werden.

Genau wie bei einem Einzelunternehmer beginnt auch im Sonderbereich alles mit der Aufstellung einer Sonder-Eröffnungsbilanz. Wenn Sie »Ihrer« Personengesellschaft etwas zur Verfügung stellen, muss das Wirtschaftsgut vom Privat- in das (Sonder-)betriebsvermögen eingelegt werden. Genau wie bei einem Einzelunternehmer setzen Sie die Einlage mit dem Teilwert für den Zeitpunkt der Zuführung an, jedoch höchstens mit den (fortgeführten) Anschaffungs- oder Herstellungskosten, wenn das zugeführte Wirtschaftsgut innerhalb der letzten drei Jahre vor dem Zeitpunkt der Zuführung aus dem Privatvermögen angeschafft oder hergestellt worden ist.

Doch was sind *fortgeführte Anschaffungs- oder Herstellungskosten*? Wenn es sich bei dem Einlagegegenstand um ein abnutzbares Wirtschaftsgut handelt, müssen Sie die Anschaffungs- oder Herstellungskosten um Absetzungen für Abnutzung kürzen, die im Zeitraum zwischen der Anschaffung oder Herstellung des Wirtschaftsguts und der Einlage anfallen.

BEISPIEL

Ab dem 1.2.2024 stellen Sie Ihren Pkw »Ihrer« OHG zur Nutzung zur Verfügung. Diesen Pkw haben Sie vor einem Jahr privat für 30.000 € inklusive USt angeschafft. Der Pkw hat eine betriebsgewöhnliche Nutzungsdauer von sechs Jahren. Der Teilwert (Verkehrswert) des Pkws beträgt zum Zeitpunkt der Einlage

28.000 €. Da die private Anschaffung zum Einlagezeitpunkt noch keine drei Jahre her ist, müssen Sie in einer »fiktiven« Berechnung die fortgeführten Anschaffungskosten ermitteln:

	Ursprüngliche Anschaffungskosten	30.000 €
–.	anteilige »fiktive« Abschreibung (1/6 von 30.000 €)	5.000 €
=	**fortgeführte Anschaffungskosten am Einlagetag**	**25.000 €**

Der Einlagewert beträgt 25.000 € und Sie buchen im Sonderbereich:

Pkw	25.000 €	
an Privateinlage		25.000 €

Die Sonder-Eröffnungsbilanz sieht folgendermaßen aus:

Sonderbilanz zum 1.2.2024			
Pkw	25.000 €	Eigenkapital	25.000 €

Um auch in der Zukunft die Vergleichbarkeit mit einem Einzelunternehmer zu gewährleisten, entwickeln Sie die aufgestellte Sonderbilanz genauso fort, wie Sie das auch als Einzelunternehmer gemacht hätten, so wie im folgenden Beispiel:

BEISPIEL

Sie gründen mit Ihrem Schwager die »Ich und Du« OHG, an der jeder zu 50 % beteiligt ist. Sie vermieten nach der Gründung der OHG ab 1.4.2024 eine Lagerhalle an die »Ich und Du« OHG zu einer angemessenen Jahresmiete von 12.000 €. Die Mietzahlungen wurden von der OHG korrekt als Aufwand verbucht.

Die von Ihnen privat getragenen Grundstückskosten im Zusammenhang mit der vermieteten Lagerhalle belaufen sich für das Jahr 2024 auf 1.800 € für Grundsteuer, Reparaturen und so weiter. Am 1.4.2024 beläuft sich der Wert des bebauten Grundstücks auf 30.000 € für den Grund und Boden und auf 70.000 € für die Lagerhalle. Die Lagerhalle wird jährlich mit 2 % abgeschrieben.

Sie buchen:

Grund und Boden	30.000 €	
Gebäude	70.000 €	
an Privateinlage		100.000 €

und entwickeln daraus die Sonderbilanz zum 1.4.2024:

Sonderbilanz zum 1.4.2024			
Grund und Boden	30.000 €	Eigenkapital	100.000 €
Gebäude	70.000 €		
Summe	**100.000 €**	**Summe**	**100.000 €**

Anschließend verbuchen Sie die vereinnahmte Miete und die verausgabten Grundstücksaufwendungen. Außerdem buchen Sie noch die Abschreibung für die Lagerhalle.

Privatentnahme	12.000 €	
an Mieterträge		12.000 €
Grundstücksaufwendungen	1.800 €	
an Privateinlage		1.800 €
Abschreibungen	1.050 €	
an Gebäude		1.050 €

Zum 31.12.2024 entwickeln Sie daraus eine Sonder-G+V, deren Saldo ins Eigenkapital der Sonderbilanz überführt wird. Ganz zum Schluss erstellen Sie die Sonderbilanz zum 31.12.2024.

Sonder GuV für 2024			
Grundstücksaufwendungen	1.800 €	Mieterträge	12.000 €
Abschreibungen	1.050 €		
Gewinn	**9.150 €**		

Sonderbilanz zum 31.12.2024					
Grund und Boden		30.000 €	Eigenkapital	100.000 €	
Gebäude	70.000 €		– Entnahmen	12.000 €	
– Abschreibung	1.050 €	68.950 €	+ Einlagen	1.800 €	
			+ Gewinn	9.150 €	98.950 €
Summe		**98.950 €**			**98.950 €**

Zwischen dem Gesamthandsbereich und dem Sonderbereich gilt die »korrespondierende« Bilanzierung. Wird zum Beispiel im Gesamthandsbereich etwas als gewinnmindernder Aufwand gebucht, erfolgt zeitgleich eine gewinnerhöhende Einnahme im Sonderbereich des jeweiligen Mitunternehmers.

Im Bereich des Sonderbetriebsvermögens müssen Sie als Mitunternehmer dieselben steuerlichen Vorschriften beachten, als würden Sie in Eigenregie zum Beispiel einen Gemüseladen betreiben.

Ergänzungsbilanzen

Ein weiterer Schwerpunkt in der Bilanzbuchhalterprüfung sind die Ergänzungsbilanzen.

Die Ergänzungsbilanz ist eine Art »Reparaturbilanz« für die anderen Bilanzen:

- **Die Handelsbilanz** zeigt das handelsrechtliche Gesellschaftsvermögen der Personengesellschaft,
- **Die Steuerbilanz** zeigt das steuerliche Betriebsvermögen der Personengesellschaft,
- **Die Sonderbilanz** weist die Wirtschaftsgüter aus, die der jeweilige Mitunternehmer »seiner« Personengesellschaft zur Nutzung überlassen hat,
- **Die Ergänzungsbilanz** »stellt das richtig«, was in den zuvor genannten Bilanzen nicht möglich ist, um die steuerlichen Gewinn- und Vermögensverhältnisse, welche die einzelnen Gesellschafter betreffen, korrekt abzubilden.

In Ergänzungsbilanzen werden Wertkorrekturen zu den Bilanzansätzen in der Steuer- beziehungsweise Handelsbilanz der Personengesellschaft erfasst, die in der Regel Vermögensgegenstände des Gesamthandsvermögens betreffen, aber nur einzelnen Gesellschaftern beteiligungsabhängig zuzurechnen und mit dem Abgang oder Verbrauch der Wirtschaftsgüter des Gesellschaftsvermögens erfolgswirksam aufzulösen sind.

Die Aufstellung einer Ergänzungsbilanz kommt häufig in folgenden Fällen vor:

- Aufnahme eines neuen Gesellschafters in eine bereits bestehende Personengesellschaft,
- Ein Gesellschafterwechsel findet statt und der eintretende Gesellschafter wendet mehr auf, als ihm an Kapital in der Gesellschaftsbilanz »gutgeschrieben« wird.

BEISPIEL

Sie betreiben mit Ihrem Schwager die »Ich und Du« OHG, an der jeder zu 50 % mit jeweils 50.000 € beteiligt ist. Ihr Schwager zieht ins Ausland und verkauft zum 31.12.2024 seinen Mitunternehmeranteil für 80.000 € an Ihren Freund Bert, sodass Sie nach dem Verkauf weiterhin mit 50 % beteiligt sind.

Bilanz der »Ich und Du« OHG zum 31.12.2024			
Maschinen	80.000 €	Eigenkapital Sie	50.000 €
Vorräte	20.000 €	Eigenkapital Schwager	50.000 €
Summe	100.000 €	Summe	100.000 €

Der Kaufpreis für Bert liegt deshalb 30.000 € über dem Buchwert (= Eigenkapital des Schwagers in Höhe von 50.000 €), weil bei den Maschinen stille Reserven in Höhe von 40.000 € vorhanden sind.

Im steuerlichen Sinne verkauft Ihr Schwager an Bert keinen Mitunternehmeranteil, sondern jeweils die Hälfte aller vorhandenen Wirtschaftsgüter, sodass Sie für Ihren Freund Bert die in Tabelle 4.1 gezeigte Gegenüberstellung machen.

Wirtschaftsgut	Verkehrswert	Buchwert	Aufgedeckte stille Reserve	Davon der Teil, der auf Ihren Schwager entfällt (1/2)
Maschinen	120.000 €	80.000 €	40.000 €	20.000 €
Vorräte	20.000 €	20.000 €	0 €	0 €

Tabelle 4.1: Gegenüberstellung

Sie überlegen und haben die leise Vermutung, dass Bert 10.000 € zu viel bezahlt hat.

Ein Betrag, der über den Buchwert und den aufgedeckten stillen Reserven bezahlt wird, ist der Kaufpreis für den entgeltlich erworbenen Firmenwert.

Da nur Bert einen Firmenwert (anteilig) entgeltlich erworben hat, weil er dafür einen Kaufpreis von 10.000 € bezahlt hat, darf auch nur er diesen Betrag aktivieren. Gleiches gilt für die 20.000 €, die dafür bezahlt wurden, weil der Verkehrswert der Maschinen höher als der Buchwert ist.

Aus diesem Grund muss der Gesamtkaufpreis von 80.000 € auf zwei Bilanzen aufgeteilt werden:

- ✔ In der OHG Bilanz erhält Bert den Buchwert des Eigenkapitals von Ihrem Schwager in Höhe von 50.000 €.
- ✔ Der Rest von 30.000 € wird in einer eigens für ihn (= Bert) aufzustellenden Ergänzungsbilanz ausgewiesen.

Bilanz der »Ich und Du« OHG zum 1.1.2025			
Maschinen	80.000 €	Eigenkapital Sie	50.000 €
Vorräte	20.000 €	Eigenkapital Bert	50.000 €
Summe	**100.000 €**	**Summe**	**100.000 €**

Ergänzungsbilanz für Bert zum 1.1.2025			
Firmenwert	10.000 €	Eigenkapital Bert	30.000 €
Maschinen	20.000 €		
Summe	**30.000 €**	**Summe**	**30.000 €**

Sie überlegen weiter und stellen sich vor, welche steuerlichen Konsequenzen es gehabt hätte, wenn Sie einen Gemüseladen mit Anlagevermögen von 40.000 € und Vorratsvermögen von 10.000 € für 80.000 € gekauft hätten.

- ✔ Sie hätten das Anlagevermögen mit den Anschaffungskosten von 60.000 € (40.000 € + stille Reserven von 20.000 €), das Umlaufvermögen mit 10.000 € und den gekauften Firmenwert mit 10.000 € in der Eröffnungsbilanz aktiviert.
- ✔ Für das Anlagevermögen hätten Sie eine Restnutzungsdauer von zum Beispiel fünf Jahren festgelegt und dieses dann auf 5 Jahre linear abgeschrieben.

✔ Den Firmenwert hätten Sie steuerlich auf die gesetzlich festgelegte Nutzungsdauer von 15 Jahren linear abgeschrieben.

Unter dem Aspekt der steuerlichen Gleichbehandlung gelten diese Vorgaben auch für den eintretenden neuen Gesellschafter Bert. Das ist alles so lange kein Thema, wenn die restliche Abschreibungsdauer bei der OHG für die Maschinen auch fünf Jahre ist. Steuerrechtlich anspruchsvoller und damit klausurrelevant wird es aber, wenn die verbleibende Nutzungsdauer bei der OHG zum Beispiel nur noch zwei Jahre beträgt, für Bert die Nutzungsdauer aber 5 Jahre beträgt. Auch hier müssen Sie im Ergänzungsbereich etwas ergänzend regeln.

Nehmen wir noch mal das letzte Beispiel: Trotz Gesellschafterwechsel bei der OHG ändert sich hinsichtlich der Abschreibung der Maschinen nichts. Die OHG schreibt die Maschinen weiterhin mit 40.000 € ab, weil sie nur noch für zwei Restnutzungsjahre die Abschreibung steuerlich berücksichtigen darf. Durch die Gewinnerteilung erhält Bert daraus am Jahresende einen anteiligen Abschreibungsbetrag von 20.000 € (1/2 von 40.000 €), der in gleicher Höhe seine steuerlichen Einkünfte mindert.

Hätte Bert sein Geld statt in den Mitunternehmeranteil in ein vergleichbares Einzelhandelsgeschäft investiert und für 60.000 € Maschinen gekauft, hätte er diesen Betrag auf eine von ihm selbst geschätzte Restnutzungsdauer von zum Beispiel 5 Jahren abgeschrieben, was zur Folge hätte, dass sich seine Einkünfte in den nächsten 5 Jahren um jeweils 12.000 € mindern.

Stellen Sie diese beiden Erkenntnisse jetzt gegenüber, kommen Sie zum in Tabelle 4.2. gezeigten Ergebnis.

Jahr	Gewinnminderung		Rechnerische Differenz
	Gesellschafter Bert	Vergleichbarer Einzelunternehmer	
2024	20.000 €	12.000 €	8.000 €
2025	20.000 €	12.000 €	8.000 €
2026	0 €	12.000 €	– 12.000 €
2027	0 €	12.000 €	– 12.000 €
2028	0 €	12.000 €	– 12.000 €
Summe	40.000 €	60.000 €	

Tabelle 4.2: Hätte, hätte … Bert berücksichtigt nur die rechnerischen Differenzen

Damit er genauso behandelt wird, als wenn er Einzelunternehmer wäre, müssen in den einzelnen Jahren im Ergänzungsbereich für Bert folgende Buchungen vorgenommen werden:

Für die Jahre 2024 und 2025 jeweils:

Maschinen	8.000 €	
an Abschreibung		8.000 €

Für die Jahre 2026 und 2028 jeweils:

Abschreibung	12.000 €	
an Maschinen		12.000 €

Damit wird im Ergebnis die im Gesamthandsbereich vorgenommene »Zuviel-Abschreibung« durch eine im Ergänzungsbereich vorzunehmende »Minderabschreibung« korrigiert, um auf das gleiche Jahresergebnis in den einzelnen Jahren zu kommen, das auch ein Einzelhändler unter vergleichbaren Umständen gehabt hätte.

Sind die fünf Jahre rum, steht auch der Buchwert für die Maschinen im Ergänzungsbereich auf null €.

Entwicklung des Bilanzpostens »Maschine« im Ergänzungsbereich:

	Buchwert zum 1.1.2024	20.000 €
+	Abschreibung in 2024	+ 8.000 €
	Buchwert zum 31.12.2024	28.000 €
+	Abschreibung in 2025	+ 8.000 €
	Buchwert zum 31.12.2025	36.000 €
–	Abschreibung in 2026	12.000 €
	Buchwert zum 31.12.2026	24.000 €
–	Abschreibung in 2027	12.000 €
	Buchwert zum 31.12.2027	12.000 €
–	Abschreibung in 2028	12.000 €
	Buchwert zum 31.12.2028	0 €

Besteuerung von Kapitalgesellschaften

Im Gegensatz zu natürlichen Personen, die der ESt unterliegen, unterliegen Körperschaften der Körperschaftsteuer (KSt), wenn sie entweder ihre Geschäftsleitung oder ihren Sitz im Inland haben.

»*Geschäftsleitung* ist der Mittelpunkt der geschäftlichen Oberleitung« (§ 10 A=), also dort, wo die eigentlichen Entscheidungen getroffen werden.

»Den *Sitz* hat eine Körperschaft ... an dem Ort, der durch Gesetz, Gesellschaftsvertrag, Satzung ... oder dergleichen bestimmt ist.« (§ 11 AO)

Körperschaftsteuerpflichtig sind folgende Kapitalgesellschaften:

- ✔ Aktiengesellschaft (AG)
- ✔ Gesellschaften mit beschränkter Haftung (GmbH)

Die unbeschränkte Körperschaftsteuerpflicht erstreckt sich auf sämtliche Einkünfte der Körperschaft (§ 1 Abs. 2 KStG), das heißt auf das gesamte Welteinkommen. Damit unterliegt sie mit sämtlichen inländischen und ausländischen Einkünften der deutschen Körperschaftsteuerpflicht.

Die Steuerpflicht beginnt bei Kapitalgesellschaften nicht erst mit der Erlangung der Rechtsfähigkeit durch die Eintragung in das Handelsregister, sondern erstreckt sich auch auf die mit Abschluss des notariellen Gesellschaftsvertrags oder durch notarielle Feststellung der Satzung errichtete Vorgesellschaft, das heißt die Kapitalgesellschaft im Gründungsstadium (§ 1 Abs. 1 Nr. 1 KStG). Es werden dabei drei Phasen unterschieden:

- ✔ Vorgründungsgesellschaft,
- ✔ Vorgesellschaft,
- ✔ eingetragene Kapitalgesellschaft.

Wird eine GmbH gegründet, vollzieht sich dies in drei Phasen, wie Tabelle 4.3 zeigt.

1. Mehrere Personen schließen sich zusammen, um eine GmbH zu errichten. Dadurch entsteht eine *Gründungs-GbR*, eine *Vorgründungsgesellschaft.*
2. Mit Abschluss des Gesellschaftsvertrages entsteht die *Vorgesellschaft.* Diese wird steuerlich als Kapitalgesellschaft behandelt, sofern sie später als GmbH in das Handelsregister eingetragen wird.
3. Mit Eintragung in das Handelsregister beginnt für die GmbH die *Rechtsfähigkeit.*

Erster Schritt	Zweiter Schritt	Dritter Schritt
Vorgründungsgesellschaft	Vorgesellschaft	GmbH mit Eintragung in das Handelsregister
	Steuerliche Behandlung als	
Personengesellschaft (zum Beispiel GbR)	Gesellschaft eigener Art → Beginn für zum Beispiel die Körperschaftsteuer oder Gewerbesteuer	Beginn der Rechtsfähigkeit

Tabelle 4.3: Phasen der Gründung einer GmbH

Das zu versteuernde Einkommen ist Grundlage für die Körperschaftsteuer. Wie es genau ermittelt wird, finden Sie in Kapitel 3.

Da die Körperschaftsteuer genau wie die Einkommensteuer eine Jahressteuer ist, wird sie erst nach Ablauf des Kalenderjahres für das abgelaufene Kalenderjahr veranlagt.

Die Spaß-GmbH hat ein vom Kalenderjahr abweichendes Wirtschaftsjahr vom 01.04.2024 bis 31.03.2025. In diesem Zeitraum erzielte sie einen Gewinn von 45.000 €. Das abweichende Wirtschaftsjahr 2024/2025 endet im Kalenderjahr 2025, sodass der gesamte Gewinn in Höhe von 45.000 €im Kalenderjahr 2025 der KSt unterliegt.

Besteuerungsunterschiede bei Gesellschaft und Gesellschafter

Aufgrund unterschiedlicher Gesellschaftsformen wird auch der Gewinn unterschiedlich besteuert. Aus Platzgründen werden nur die folgenden prüfungsrelevanten Bereiche näher dargestellt:

1. Sie verkaufen Ihren gesamten Gemüseladen mit allem »Pipapo«.
2. Sie verkaufen Ihren gesamten Gemüseladen, behalten unwesentliche Teile aber für sich selber.
3. Sie verkaufen Ihren gesamten Mitunternehmeranteil an einen anderen.
4. Sie verkaufen Aktien der Gemüsehandels-AG, die Sie im Betriebsvermögen halten.
5. Sie verkaufen im Privatvermögen gehaltene Aktien der Gemüsehandels-AG, an der Sie »wesentlich« beteiligt sind.
6. Sie erhalten eine Aktiendividende für Aktien, die Sie im Betriebsvermögen Ihres Gemüseladens halten.
7. Die Gemüse-GmbH erhält eine Aktiendividende von der Gemüsehandels-AG.

1) Sie verkaufen Ihren gesamten Gemüseladen

Zu den Einkünften aus Gewerbebetrieb gehören auch Gewinne, die erzielt werden bei der Veräußerung des ganzen Gewerbebetriebs. Dabei wird der Veräußerungsgewinn wie folgt berechnet:

	Veräußerungspreis
–	Veräußerungskosten
–	bilanzielles Eigenkapital
=	**Veräußerungsgewinn**

Haben Sie das 55. Lebensjahr vollendet oder sind im sozialversicherungsrechtlichen Sinne dauernd berufsunfähig, erhalten Sie auf Antrag einen Freibetrag in Höhe von 45.000 € (§ 16 Abs. 4 EStG). Er ermäßigt sich um den Betrag, um den der Veräußerungsgewinn 136.000 € übersteigt, sodass Sie nicht mehr in den Genuss des Freibetrages kommen, wenn der Veräußerungsgewinn 181.000 € oder mehr beträgt.

BEISPIEL

Weil Sie sich mit Ihren 60 Jahren zur Ruhe setzen möchten, verkaufen Sie Ihren Gemüseladen für 250.000 €. Zum 31.12.2024 haben Sie folgende Schlussbilanz erstellt:

Bilanz zum 31.12.2024			
Geschäftsausstattung	30.000 €	Eigenkapital	110.000 €
Vorräte	80.000 €		
Summe	**110.000 €**	**Summe**	**110.000 €**

Sie ermitteln den Veräußerungsgewinn wie folgt:

	Veräußerungspreis	250.000 €
–	Veräußerungskosten	0 €
–	bilanzielles Eigenkapital	110.000 €
=	**Veräußerungsgewinn vor Freibetrag**	**140.000 €**

Da Sie bereits im gesetzten Alter sind und das 55. Lebensjahr vollendet haben, nehmen Sie die Freibetragsregelung in Anspruch.

	Veräußerungsgewinn			140.000 €
	Freibetrag		45.000 €	
	Veräußerungsgewinn	140.000 €		
	–	136.000 €		
	übersteigender Betrag	4.000 €	– 4.000 €	
	verbleibender Freibetrag			– 41.000 €
=	**steuerpflichtiger Veräußerungsgewinn**			**99.000 €**

2) Sie verkaufen Ihren gesamten Gemüseladen, behalten unwesentliche Teile aber für sich selber

Wenn Sie nicht alle im Betriebsvermögen befindlichen Wirtschaftsgüter verkaufen, sondern einzelne für sich selber zurückbehalten, werden diese vom Betriebsvermögen in das Privatvermögen überführt, die dann mit dem »gemeinen Wert« im Veräußerungszeitpunkt bewertet werden müssen.

BEISPIEL

Weil Sie sich mit Ihren 60 Jahren zur Ruhe setzen möchten, verkaufen Sie Ihren Gemüseladen für 247.000 €. Nicht mitverkauft wird ein alter Eichenschreibtisch, den Sie zukünftig ausschließlich privat nutzen möchten. Zum 31.12.2024 haben Sie folgende Schlussbilanz erstellt:

Bilanz zum 31.12.2024			
Geschäftsausstattung	30.000 €	Eigenkapital	110.000 €
Vorräte	80.000 €		
Summe	**110.000 €**	**Summe**	**110.000 €**

Der gemeine Wert des Schreibtisches beläuft sich auf 3.570 € (§ 16 Abs. 3 Satz 7 EStG).

Sie ermitteln den Veräußerungsgewinn wie folgt:

	Veräußerungspreis	247.000 €
+	gemeiner Wert des Schreibtisches	3.570 €
–	Veräußerungskosten	0 €
–	Umsatzsteuer aus gemeinem Wert (19/119 von 3.570 €)	570 €
–	bilanzielles Eigenkapital	110.000 €
=	**Veräußerungsgewinn vor Freibetrag**	**140.000 €**

Da Sie bereits im gesetzten Alter sind und das 55. Lebensjahr vollendet haben, nehmen Sie die Freibetragsregelung in Anspruch.

	Veräußerungsgewinn			140.000 €
	Freibetrag		45.000 €	
	Veräußerungsgewinn	140.000 €		
	–	136.000 €		
	übersteigender Betrag	4.000 €	– 4.000 €	
	verbleibender Freibetrag			– 41.000 €
=	**steuerpflichtiger Veräußerungsgewinn**			**99.000 €**

3) Sie verkaufen Ihren gesamten Mitunternehmeranteil

Das, was für einen Einzelunternehmer gilt, gilt auch für Sie als Mitunternehmer, wenn Sie Ihren gesamten Mitunternehmeranteil veräußern.

BEISPIEL

Weil Sie sich mit Ihren 60 Jahren zur Ruhe setzen möchten, verkaufen Sie Ihren gesamten Mitunternehmeranteil an der Gemüseladen-OHG, an der Sie und Ihr Freund Bert jeweils zu 50 % beteiligt sind, für 280.000 €. Zum 31.12.2024 stellt die OHG folgende Schlussbilanz auf:

OHG-Bilanz zum 31.12.2024			
Geschäftsausstattung	60.000 €	Eigenkapital Sie	110.000 €
Vorräte	160.000 €	Eigenkapital Bert	110.000 €
Summe	**220.000 €**	**Summe**	**220.000 €**

Sie ermitteln den Veräußerungsgewinn wie folgt:

	Veräußerungspreis	280.000 €
–	Veräußerungskosten	0 €
–	bilanzielles Eigenkapital für Sie	110.000 €
=	**Veräußerungsgewinn vor Freibetrag**	**170.000 €**

Da Sie bereits im gesetzten Alter sind und das 55. Lebensjahr vollendet haben, nehmen Sie die Freibetragsregelung in Anspruch.

	Veräußerungsgewinn			170.000 €
	Freibetrag		45.000 €	
	Veräußerungsgewinn	170.000 €		
	–	136.000 €		
	übersteigender Betrag	34.000 €	– 34.000 €	
	verbleibender Freibetrag			– 11.000 €
=	**steuerpflichtiger Veräußerungsgewinn**			**159.000 €**

4) Sie verkaufen Aktien der Gemüsehandels-AG, die Sie im Betriebsvermögen halten

Erzielen Sie durch einen Verkauf einen Gewinn, muss dieser in der Regel in voller Höhe versteuert werden. Wird ein Gewinn durch den Verkauf von Aktien erzielt, die zuvor im Betriebsvermögen gehalten wurden, sieht der Gesetzgeber Ausnahmen vor. Dieser Gewinn wird nach dem *Teileinkünfteverfahren* nur zum Teil besteuert.

Unterscheiden Sie hier zwischen dem handels- und steuerrechtlichen Bereich.

BEISPIEL

Sie sind schon seit Jahren stolzer Eigentümer von 100 Aktien der X-AG, die Sie vor fünf Jahren für 10.000 € gekauft haben und seitdem zu diesem Wert in der Bilanz Ihres Gemüseladens ausweisen. Weil Ihr Gemüseladen nicht besonders gut läuft und Sie dringend Geld brauchen, verkaufen Sie die Aktien im Juli 2024 für insgesamt 14.000 €.

Sie buchen:

Aufwand aus Abgang von Finanzanlagen	10.000 €	
an Wertpapiere des Anlagevermögens		10.000 €
Bank	14.000 €	
an Erträge aus dem Abgang von Finanzanlagen		14.000 €

Daraus erzielen Sie per Saldo einen Jahresüberschuss von 4.000 € (14.000 €– 10.000 €).

Versteuern müssen Sie aber einen Gewinn. Der Steuergesetzgeber sieht allerdings in manchen Fällen (teilweise) Steuerbefreiungen vor, so zum Beispiel in § 3 Nr. 40 EStG. Gemäß Buchstabe a bleiben von den Betriebsvermögensmehrungen 40 % steuerfrei, sodass Sie nur 60 % besteuern müssen. Was für Betriebsvermögensmehrungen gilt, gilt leider auch für Betriebsvermögensminderungen; auch diese dürfen Sie nach § 3c Abs. 2 EStG nur zu 60 % gewinnmindernd berücksichtigen.

Aus diesen Grund stellen Sie folgende Rechnung auf:

	Handelsrechtlicher Jahresüberschuss	4.000 €
–	40 % von 14.000 € steuerfrei	5.600 €
+	40 % von 10.000 €	4.000 €
=	**steuerpflichtiger Veräußerungsgewinn**	**2.400 €**

Die Proberechnung können Sie machen, indem Sie 60 % von 4.000 € ausrechnen, die versteuert werden müssen, da 40 % steuerfrei sind.

5) Sie verkaufen im Privatvermögen gehaltene Aktien der Gemüsehandels-AG, an der Sie »wesentlich« beteiligt sind

Zu den Einkünften aus Gewerbebetrieb gehört auch der Gewinn aus der Veräußerung von Anteilen an einer Kapitalgesellschaft, wenn Sie als Veräußerer innerhalb der letzten fünf Jahre am Kapital der Gesellschaft unmittelbar oder mittelbar zu mindestens 1 % beteiligt waren (§ 17 Abs. 1 EStG). Der Veräußerungsgewinn wird als Differenz zwischen dem Veräußerungspreis nach Abzug der Veräußerungskosten und den Anschaffungskosten ermittelt. Auch hier sieht der Gesetzgeber einen Freibetrag vor: Der Veräußerungsgewinn unterliegt nur dann der Einkommensteuer, soweit er den Teil von 9.060 € übersteigt, der dem veräußerten Anteil an der Kapitalgesellschaft entspricht.

Der Freibetrag ermäßigt sich allerdings um den Betrag, um den der Veräußerungsgewinn den Teil von 36.100 € übersteigt, der dem veräußerten Anteil an der Kapitalgesellschaft entspricht.

BEISPIEL

Sie sind immer auf der Suche nach lukrativen Geldanlagen. Aus diesem Grund haben Sie sich als Investor vor fünf Jahren an einem Start-up-Unternehmen (GmbH) mit einer Einlage von 10.000 € zu 25 % beteiligt. Nachdem eine Erfindung dem Start-up-Unternehmen zum Durchbruch verholfen hat, verkaufen Sie Ihre GmbH-Anteile für 35.000 € wieder.

Sie ermitteln den Veräußerungsgewinn wie folgt:

	Veräußerungspreis	35.000 €
–	Veräußerungskosten	0 €
–	eigene Anschaffungskosten	10.000 €
=	**vorläufiger Veräußerungsgewinn vor Freibetrag**	**25.000 €**

Sie müssen aber nicht den gesamten Veräußerungsgewinn versteuern. Genau wie im Beispielfall zuvor gewährt der Gesetzgeber Ihnen eine teilweise Steuerbefreiung nach § 3 Nr. 40 Buchst. c EStG i.V.m. § 3c Abs. 2 EStG. Sie berechnen:

	vorläufiger Veräußerungsgewinn vor Freibetrag	25.000 €
–	40 % von 35.000 € steuerfrei	14.000 €
+	40 % von 10.000 €	4.000 €
=	**steuerpflichtiger Veräußerungsgewinn vor Freibetrag**	**15.000 €**

Anschließend klären Sie, ob Sie den Freibetrag nach § 17 Abs. 3 EStG in Anspruch nehmen können. Dazu stellen Sie folgende Berechnung an:

Zunächst erstellen Sie das »Grundgerüst« für den Fall, dass Sie 100 % der GmbH-Anteile verkauft hätten:

	Veräußerungsgewinn			... €
	Freibetrag		9.060 €	
	Veräußerungsgewinn			.... €
	–		36.100 €	
	übersteigender Betrag	x €	– x €	
	verbleibender Freibetrag			– y €
=	**steuerpflichtiger Veräußerungsgewinn**			**.... €**

Da Sie jedoch keinen 100%igen Anteil, sondern nur einen 25%igen GmbH-Anteil verkauft haben, nehmen Sie von den Beträgen zuvor jeweils 25 % und stellen folgende Berechnung an:

	Veräußerungsgewinn			15.000 €
	Freibetrag (25 % von 9.060 €)		2.265 €	
	Veräußerungsgewinn	15.000 €		
	– (25 % von 36.100 €)	9.025 €		
	übersteigender Betrag	5.975 €	– 2.265 €	
	verbleibender Freibetrag			– 0 €
=	**steuerpflichtiger Veräußerungsgewinn**			**15.000 €**

Lassen Sie uns das Beispiel ein wenig abwandeln:

Sie verkaufen Ihren 25%igen Anteil an der GmbH zum Preis von 27.000 €. Dann kommen Sie auf folgende Werte und Berechnungen:

Sie ermitteln den Veräußerungsgewinn wie folgt:

	Veräußerungspreis	27.000 €
–	Veräußerungskosten	0 €
–	eigene Anschaffungskosten	10.000 €
=	**vorläufiger Veräußerungsgewinn vor Freibetrag**	**17.000 €**

Aber nicht der gesamte Veräußerungsgewinn muss auch versteuert werden. Genau wie im Beispielfall zuvor gewährt der Gesetzgeber Ihnen eine teilweise Steuerbefreiung nach § 3 Nr. 40 Buchst. c EStG in Verbindung mit § 3c Abs. 2 EStG. Sie berechnen:

	vorläufiger Veräußerungsgewinn vor Freibetrag	17.000 €
–	40 % von 27.000 € steuerfrei	10.800 €
+	40 % von 10.000 €	4.000 €
=	**steuerpflichtiger Veräußerungsgewinn vor Freibetrag**	**10.200 €**

	Veräußerungsgewinn			10.200 €
	Freibetrag (25 % von 9.060 €)		2.265 €	
	Veräußerungsgewinn	10.200 €		
	– (25 % von 36.100 €)	9.025 €		
	übersteigender Betrag	1.175 €	– 1.175 €	
	verbleibender Freibetrag		1.090 €	– 1.090 €
=	**steuerpflichtiger Veräußerungsgewinn**			**9.110 €**

6) Sie erhalten eine Aktiendividende für Aktien, die Sie im Betriebsvermögen Ihres Gemüseladens halten

Nicht nur der Verkauf von Aktien (dargestellt im Punkt 4), sondern auch der Erhalt einer Dividende fällt unter das Teileinkünfteverfahren, das heißt der Gewinn wird nur teilweise besteuert.

BEISPIEL

Sie sind schon seit Jahren stolzer Eigentümer von 100 Aktien der X-AG, die sie vor fünf Jahren für 10.000 € gekauft haben und seitdem zu diesem Wert in der Bilanz Ihres Gemüseladens ausweisen. Im Juli 2024 erhalten Sie eine Bruttodividende von 1.000 € und buchen:

Bank	736,25 €	
Privat	263,75 €	
an Dividendenertrag		1.000 €

Daraus erzielen Sie per Saldo einen Jahresüberschuss von 1.000 €.

Versteuern müssen Sie aber einen Gewinn. Der Steuergesetzgeber sieht allerdings in manchen Fällen (teilweise) Steuerbefreiungen vor, so zum Beispiel in § 3 Nr. 40 EStG. Gemäß § 3 Nr. 40 Buchstabe d in Verbindung mit Satz 2 bleiben von den Betriebsvermögensmehrungen 40 % steuerfrei, sodass nur 60 % zu versteuern sind.

Aus diesen Grund stellen Sie folgende Rechnung auf:

	Handelsrechtlicher Jahresüberschuss	1.000 €
–	40 % von 1.000 € steuerfrei	400 €
=	**steuerpflichtiger Gewinn**	**600 €**

Die Proberechnung können Sie machen, indem Sie 60 % von 1.000 € ausrechnen, die versteuert werden müssen, da 40 % steuerfrei sind.

7) Die Gemüse-GmbH erhält eine Aktiendividende von der Gemüsehandels-AG

Ist der Dividendenempfänger allerdings eine Kapitalgesellschaft, ist das zuvor dargestellte Teileinkünfteverfahren (§ 3 Nr. 40 EStG) außer Kraft gesetzt, weil die Regelung in § 8b KStG Vorrang hat.

Die Gemüse GmbH ist zu 20 % an der Gemüsehandels-AG beteiligt. Die Gemüsehandels-AG schüttet am 15.05.2024 eine Bruttodividende von 30.000 € an die Gemüse GmbH aus. Sie buchen für die Gemüse GmbH:

Bank	22.087,50 €	
Aufwand Kapitalertragsteuer	7.500,00 €	
Aufwand SolZ	412,50 €	
an Dividendenertrag		30.000 €

Durch die Dividendeneinnahme hat sich der Jahresüberschuss der Gemüse GmbH um 22.087,50 € erhöht. Um eine Gewinnausschüttung vorzunehmen, muss zunächst die Gemüsehandels-AG einen Gewinn erwirtschaftet haben, für den die Gemüsehandels-AG bereits Körperschaftsteuer gezahlt hat. Um eine Doppelbesteuerung mit KSt zu vermeiden, nehmen Sie im Rahmen der korrekten Ermittlung des zu versteuernden Einkommens der Gemüse GmbH folgende außerbilanzielle Korrekturen vor:

	Handelsrechtlicher Jahresüberschuss	… €
+	Aufwand Kapitalertragsteuer (§ 10 Nr. 2 KStG)	7.500,00 €
+	Aufwand SolZ (§ 10 Nr. 2 KStG)	412,50 €
–	Dividendenertrag (§ 8b Abs. 1 KStG)	30.000,00 €

Unabhängig davon, ob die Gemüse GmbH im Zusammenhang mit der »steuerfreien« Dividendeneinnahme Betriebsausgaben hatte oder nicht, bestimmt der Gesetzgeber, dass 5 % der Bruttodividende nicht als Betriebsausgaben abgezogen werden dürfen. Damit ist von Ihnen auch noch folgender letzter Schritt nötig, um das z.v.E. der Gemüse-GmbH korrekt zu ermitteln:

+	5 % von 30.000 € (§ 8b Abs. 5 KStG)	1.500 €

IN DIESEM KAPITEL

- Der Anwendungsbereich der Gewerbesteuer
- Gewerbeertrag und -verlust
- Zerlegung
- Zahllast, Erstattung und Rückstellung

Kapitel 5
Gewerbesteuer

In diesem Kapitel lernen Sie, in welchen Fällen Sie die Gewerbesteuer berücksichtigen müssen und wie Sie die Gewerbesteuer bereits ausrechnen können, bevor Sie Ihre Gewerbesteuererklärung abgeben.

Anwendungsbereich: Wann und wie die Gewerbesteuer zum Einsatz kommt

Weil die Gemeinde die Gewerbesteuer erhebt, sind nur die Gewerbebetriebe von der Gewerbesteuer erfasst, die im Inland betrieben werden, das heißt sie betrifft Sie nur, wenn Sie im Inland eine Betriebsstätte unterhalten.

Die Gewerbesteuerpflicht

- ✔ beginnt, wenn alle Voraussetzungen für das Vorliegen eines Gewerbebetriebes im Sinne des § 15 EStG erfüllt sind und
- ✔ endet mit tatsächlicher Einstellung des Betriebs.

Ein Gewerbebetrieb stellt immer dann ein gewerbliches Unternehmen i. S. d. § 15 Abs. 2 EStG dar, wenn Sie zum Beispiel den Gemüseladen »Immerfrisch« unterhalten.

Der Gewerbebetrieb muss von Ihnen nicht das ganze Jahr betrieben werden, da sich vorübergehende Unterbrechungen nicht auf die Gewerbesteuerpflicht auswirken. Ihr Eissalon ist also auch dann ein Gewerbebetrieb, wenn Sie Ihr Eis nur in den Sommermonaten verkaufen. Betreiben Sie die Geschäftstätigkeit in der Rechtsform einer Kapitalgesellschaft (zum Beispiel AG oder GmbH), liegt immer ein Gewerbebetrieb vor.

Wenn es gut läuft: Gewerbeertrag

Steuerschuldner ist grundsätzlich der Unternehmer, das heißt derjenige, für dessen Rechnung das Gewerbe betrieben wird.

- Bei Einzelhandelsgeschäften ist der Inhaber Steuerschuldner,
- bei Personen- beziehungsweise Kapitalgesellschaften die Gesellschaft selber.

Besteuerungsgrundlage ist der Gewerbeertrag, den Sie wie folgt ermitteln:

	Gewinnbeziehungsweise Verlust nach EStG oder KStG
+	Hinzurechnungen nach § 8 GewStG
–	Kürzungen nach § 9 GewStG
=	**maßgebender Gewerbeertrag**
–	Gewerbeverlustvortrag
–	ggf. Freibetrag
=	**verbleibender Gewerbeertrag**
*	Steuermesszahl
=	Steuermessbetrag
*	Hebesatz der Gemeinde
=	**Gewerbesteuerschuld**

Ausgangspunkt für die Ermittlung des Gewerbeertrags ist nach § 7 Satz 1 GewStG der Gewinn aus Gewerbebetrieb, den Sie bei Einzelunternehmern oder Personenhandelsgesellschaften nach den Vorschriften des EStG beziehungsweise bei Kapitalgesellschaften nach den Vorschriften des KStG ermitteln.

Zum Gewinn aus dem Gewerbebetrieb gehören

- **bilanzielle Korrekturen,** zum Beispiel Rückstellungen für drohende Verluste aus schwebenden Geschäften (§ 5 Abs. 4 a Satz 1 EStG)
- **außerbilanzielle Korrekturen**, zum Beispiel nicht abzugsfähige Betriebsausgaben (§ 4 Abs. 5 EStG).

Von der GewSt wird nur der laufende Gewinn erfasst. Deshalb bleiben sowohl Vorbereitungskosten als auch Veräußerungs- oder Aufgabegewinne eines Einzelunternehmers unberücksichtigt (§ 16 Abs. 1 und 3 EstG). Das gilt allerdings nicht für Kapitalgesellschaften.

Sind also zum Beispiel Kapitalgesellschaften als Mitunternehmer an einer Personengesellschaft beteiligt, rechnet der Veräußerungsgewinn zum Gewerbeertrag.

Doch nun zu den für die Bilanzbuchhalterprüfung wichtigsten Vorschriften.

Hinzurechnungen nach § 8 GewStG

Dem Gewinn aus Gewerbebetrieb werden nur dann die folgenden Beträge wieder hinzugerechnet, soweit sie bei der Ermittlung des Gewinns abgesetzt worden sind. Im Rahmen der Hinzurechnung nach § 8 Nr. 1 GewStG müssen Sie Folgendes beachten:

1. Ermitteln Sie die einzelnen Hinzurechnungsbeträge für die Buchstaben a bis f jeweils einzeln.
2. Addieren Sie sie.
3. Ziehen Sie vom aufaddierten Betrag 200.000 € ab.
4. Erhalten Sie einen Betrag, der größer als 0 ist, multiplizieren Sie ihn mit 0,25 und rechnen Sie ihn dazu.

a) § 8 Nr. 1 Buchstabe a GewStG

Nach § 8 Nr. 1 Buchstabe a GewStG werden dem Gewinn aus Gewerbebetrieb die Entgelte für Schulden hinzugerechnet.

Sie haben im Rahmen Ihres Einzelhandelsgeschäftes einen Kredit in Höhe von 100.000 € aufnehmen müssen, für den Sie 3.000 € Zinsen an die Bank gezahlt haben. Diese Zinsen haben Sie in der Buchführung gewinnmindernd als Zinsaufwand verbucht.

Weil der Gewinn als »Eingangsgröße« für die Berechnung der Gewerbesteuer gemindert wurde, werden die Zinsen in Höhe von 3.000 € wieder hinzugerechnet, um einen Vergleich mit einem Einzelhändler zu erhalten, der keinen Kredit aufgenommen und alles mit Eigenkapital finanziert hätte.

b) § 8 Nr. 1 Buchstabe b GewStG

Nach § 8 Nr. 1 Buchst. b GewStG werden dem Gewinn aus Gewerbebetrieb unter anderem Rentenbeträge hinzugerechnet, die den einkommensteuerlichen Gewinn gemindert haben.

Sie haben für Ihren Gemüseladen »Immerfrisch« ein Lagergrundstück erworben und bezahlen den Kaufpreis, indem Sie dem Verkäufer eine lebenslange Rente von monatlich 1.000 € überweisen. Der Rentenbarwert zum Kaufzeitpunkt beträgt 180.000 € und zum Jahresende 175.000 €.

Sie buchen den Grundstückskauf:

Grundstück	180.000 €	
an Rentenverbindlichkeiten		180.000 €

Sie buchen die monatlichen Rentenzahlungen:

Rentenaufwand	1.000 €	
an Bank		1.000 €

Sie buchen die Anpassung der Höhe der Rentenverbindlichkeit zum Jahresende:

Rentenverbindlichkeiten	5.000 €	
an sonstige betriebliche Erträge		5.000 €

Damit hat sich gegenüber einem Kauf gegen Barzahlung der einkommensteuerliche Gewinn um insgesamt 7.000 € gemindert (12 * 1.000 € = 12.000 € – 5.000 € Ertrag), die Sie wieder hinzurechnen müssen.

c) § 8 Nr. 1 Buchstabe c GewStG

Da Sie bei der Bank keinen Kredit mehr erhalten und dringend Geld benötigen, überlegen Sie sich, einen »Geldgeber« an Ihrem Unternehmen zu beteiligen und ihm dafür eine jährlich feste Verzinsung zu zahlen. Da diese Vertragsgestaltung einer Kreditaufnahme ähnelt und die Zinsen nach § 8 Nr. 1 Buchstabe a GewStG in vergleichbaren Fällen wieder hinzugerechnet werden müssen, kommt auch in diesem Fall eine Hinzurechnung nach Buchstabe c in Betracht.

Ein Investor hat sich in Ihr Einzelhandelsgeschäft »Immerfrisch« mit einem Betrag in Höhe von 100.000 € eingekauft, indem er sich still (das heißt für die Geschäftskunden nach außen nicht erkennbar) beteiligt hat. Als Gegenleistung zahlen Sie dem Investor jährlich 6 % Zinsen und buchen zum Jahresende:

Zinsähnliche Aufwendungen	6.000 €	
an Bank		6.000 €

Weil der Gewinn als »Eingangsgröße» für die Berechnung der Gewerbesteuer gemindert wurde, werden die Zinsen in Höhe von 6.000 € wieder hinzugerechnet, um einen Vergleich mit einem Einzelhändler zu erhalten, der keinen stillen Gesellschafter aufgenommen und alles mit Eigenkapital finanziert hätte.

d) § 8 Nr. 1 Buchstabe d GewStG

Nach dieser Vorschrift werden ein Fünftel der Miet- und Pachtzinsen (einschließlich Leasingraten) für die Benutzung von beweglichen Wirtschaftsgütern des Anlagevermögens, die im Eigentum eines anderen stehen, hinzugerechnet.

Weil Sie derzeit etwas »klamm« sind, hat Sie ein guter Freund darauf aufmerksam gemacht, dass die Leasinggesellschaft »Leasing & Teuer« derzeit ein günstiges Leasingangebot für einen Transporter hat, mit dem Sie Kunden beliefern könnten. Laut Leasingvertrag zahlen Sie eine monatliche Leasingrate von 1.000 € zzgl. USt und buchen jeweils zu Monatsbeginn:

Leasingaufwand	1.000 €	
Vorsteuer	190 €	
an Bank		1.190 €

Weil der Gewinn als »Eingangsgröße« für die Berechnung der Gewerbesteuer gemindert wurde, werden 20 % der gewinnmindernd erfassten Leasingbeträge (20 % von 12.000 € =) 2.400 € wieder hinzugerechnet, um einen Vergleich mit einem Einzelhändler zu erhalten, der einen Transporter vollständig mit Eigenkapital finanziert hätte.

e) § 8 Nr. 1 Buchstabe e GewStG

Nach dieser Vorschrift wird die Hälfte der Miet- und Pachtzinsen (einschließlich Leasingraten) für die Benutzung von unbeweglichen Wirtschaftsgütern des Anlagevermögens, die im Eigentum eines anderen stehen, hinzugerechnet.

Sie betreiben Ihren Gemüseladen »Immerfrisch« in gepachteten Räumen. Dafür zahlen Sie eine monatliche Pacht von 2.000 €, die Sie jeweils zu Monatsbeginn wie folgt buchen:

Pachtaufwendungen	2.000 €	
an Bank		2.000 €

Weil der Gewinn als »Eingangsgröße« für die Berechnung der Gewerbesteuer gemindert wurde, werden 50 % der gewinnmindernd erfassten Pachtaufwendungen (50 % von 24.000 € =) 12.000 € wieder hinzugerechnet, um einen Vergleich mit einem Einzelhändler zu erhalten, der in eigenen Räumen einen Gemüseladen unterhalten hätte.

f) § 8 Nr. 1 Buchstabe f GewStG

Nach dieser Vorschrift wird ein Viertel der Aufwendungen für die zeitlich befristete Überlassung von Rechten (insbesondere Konzessionen und Lizenzen) wieder hinzugerechnet.

Für die Vermarktung eines bestimmten Produktes zahlen Sie eine monatliche Lizenzgebühr von 1.000 € an den Lizenzgeber. Sie buchen monatlich jeweils wie folgt:

Lizenzaufwendungen	1.000 €	
an Bank		1.000 €

Weil der Gewinn als »Eingangsgröße« für die Berechnung der Gewerbesteuer gemindert wurde, werden 25 % der gewinnmindernd erfassten Lizenzaufwendungen (25 % von 12.000 € =) 3.000 € wieder hinzugerechnet, um einen Vergleich mit einem Einzelhändler zu erhalten, der nur Eigenmarken veräußert hätte.

Nachdem Sie die einzelnen Beträge ermittelt haben, ermitteln Sie nun die Gesamtsumme.

Entgelte für Schulden	§ 8 Nr. 1 Buchst. a GewStG	3.000 €
Renten	§ 8 Nr. 1 Buchst. b GewStG	7.000 €
Stiller Gesellschafter	§ 8 Nr. 1 Buchst. c GewStG	6.000 €
Leasing Transporter	§ 8 Nr. 1 Buchst. d GewStG	2.400 €
Pacht Ladenlokal	§ 8 Nr. 1 Buchst. e GewStG	12.000 €
Lizenzgebühren	§ 8 Nr. 1 Buchst. f GewStG	3.000 €
Summe		**33.400 €**
– Freibetrag		200.000 €
= übersteigender Betrag		**0 €**

Abwandlung:

Wäre die Summe nicht 33.400 €, sondern 233.400 € gewesen, hätte die Berechnung wie folgt ausgesehen:

Summe	233.400 €	
– Freibetrag	200.000 €	
= übersteigender Betrag	**33.400 €**	
Davon ¼ (= Hinzurechnungsbetrag nach § 8 Nr. 1 GewStG)		8.350 €

§ 8 Nr. 5 GewStG

Bei der Hinzurechnungsvorschrift in § 8 Nr. 5 GewStG kommt es vor allem auf das Gesamtverständnis an, wie EStG beziehungsweise KStG und GewStG zusammenwirken.

Im Rahmen des Gewerbeertrags sind »die nach § 3 Nr. 40 EStG oder § 8b Abs. 1 KStG außer Ansatz bleibenden Gewinnanteile (Dividenden) … soweit sie nicht die Voraussetzungen des § 9 Nr. 2a GewStG … erfüllen, nach Abzug der mit diesen Einnahmen, Bezügen und erhaltenen Leistungen in wirtschaftlichem Zusammenhang stehenden Betriebsausgaben, soweit sie nach § 3c Abs. 2 EStG und § 8b Abs. 5 KStG unberücksichtigt bleiben«, hinzuzurechnen. Zusätzlich erschwert wird das Verständnis dadurch, dass im KStG (10 %) und GewStG (15 %) unterschiedliche Beteiligungsgrenzen existieren.

Daraus können sich fünf Konstellationen ergeben, für die wir Ihnen, jeweils anhand eines Beispiels, die Kürzungsvorschrift aus § 9 Nr. 2a GewStG allgemeinverständlich erklären.

1. **Als Einzelunternehmer erhalten Sie eine Dividende von einer AG, an der Sie zu weniger als 15 % beteiligt sind. Die Beteiligung an der AG befindet sich im Betriebsvermögen Ihres Einzelunternehmens.**

BEISPIEL

Sie betreiben einen Gemüseladen »Immerfrisch« als Einzelunternehmen und haben sich an der Großhandels-GmbH »Spargel« mit 5 % beteiligt. Im Zusammenhang mit der Beteiligung sind 1.000 € Betriebsausgaben angefallen. Im Jahr 2024 erhalten Sie eine Gewinnausschüttung in Höhe von 5.000 €, die unter Abzug der Steuern auf Ihr betriebliches Bankkonto ausgezahlt wird.

Der Dividendenertrag führt zu einer Erhöhung des handelsrechtlichen Jahresüberschusses beim Gemüseladen. Dieser Betrag ist allerdings nach § 3 Nr. 40 Satz 1 Buchstabe d in Verbindung mit Satz 2 EStG zu 40 % steuerfrei. Aus diesem Grund ermitteln Sie den Gewinn wie folgt:

	Dividendenertrag	5.000 €
–	Aufwendungen	1.000 €
	handelsrechtlicher Jahresüberschuss	4.000 €
–	einkommensteuerfrei 40 % von 5.000 €	2.000 €
+	40 % Hinzurechnung von 1.000 € nach § 3c Abs. 2 EStG	400 €
=	**Gewinn aus Gewerbebetrieb**	**2.400 €**

Da Ihre Beteiligung unter 15 % liegt, kommt es im Rahmen der Gewerbesteuer zu einer Hinzurechnung:

=	Gewinn aus Gewerbebetrieb		2.400 €
+	Hinzurechnung nach § 8 Nr. 5 GewStG		
	des einkommensteuerfreien Teils der Gewinnausschüttung	2.000 €	

nach Abzug der unberücksichtigt gebliebenen

	Betriebsausgaben nach § 3c Abs. 2 EStG	–400 €	
=	Hinzurechnungsbetrag		1.600 €
=	**Gewerbeertrag**		**4.000 €**

2. **Als Einzelunternehmer erhalten Sie eine Dividende von einer AG, an der Sie zu 15 % oder mehr beteiligt sind. Die Beteiligung an der AG befindet sich im Betriebsvermögen Ihres Einzelunternehmens.**

BEISPIEL

Sie betreiben einen Gemüseladen »Immerfrisch« als Einzelunternehmen und haben sich an der Großhandels-GmbH »Spargel« mit 20 % beteiligt. Im Zusammenhang mit der Beteiligung sind 1.000 € Betriebsausgaben angefallen. Im Jahr 2024 erhalten Sie eine Gewinnausschüttung in Höhe von 20.000 €, die unter Abzug der Steuern auf Ihr betriebliches Bankkonto ausgezahlt wird.

Der Dividendenertrag führt zu einer Erhöhung des handelsrechtlichen Jahresüberschusses beim Gemüseladen. Dieser Betrag ist nach § 3 Nr. 40 Satz 1 Buchstabe d in Verbindung mit Satz 2 EStG zu 40 % steuerfrei. Deshalb ermitteln Sie den Gewinn wie folgt:

	Dividendenertrag	20.000 €
–	Aufwendungen	1.000 €
	handelsrechtlicher Jahresüberschuss	19.000 €
–	einkommensteuerfrei 40 % von 20.000 €	8.000 €
+	40 % Hinzurechnung von 1.000 € nach § 3c Abs. 2 EStG	400 €
=	**Gewinn aus Gewerbebetrieb**	**11.400 €**

Da Ihre Beteiligung 20 % beträgt, kommt es im Rahmen der Gewerbesteuer zu einer Kürzung:

=	Gewinn aus Gewerbebetrieb		11.400 €
–	Kürzung nach § 9 Nr. 2a GewStG des einkommensteuerpflichtigen Teils der Gewinnausschüttung (20.000 € – 8.000 €)	12.000 €	
	nach Abzug der einkommensteuerlich berücksichtigten Betriebsausgaben (1.000 € – 400 €)	– 600 €	
=	**Kürzungsbetrag**		**11.400 €**
=	**Gewerbeertrag**		**0 €**

3. Eine GmbH erhält eine Dividende von einer AG, an der sie unmittelbar zu weniger als 10 % beteiligt ist.

Sie betreiben einen Gemüseladen »Immerfrisch« in der Rechtsform einer GmbH. Die GmbH hat sich an der Großhandels-AG »Spargel« mit 7 % beteiligt. Im Zusammenhang mit der Beteiligung sind 1.000 € Betriebsausgaben angefallen. Im Jahr 2024 erhält die GmbH eine Gewinnausschüttung in Höhe von 7.000 €, die unter Abzug der Steuern ausgezahlt wird.

Der Dividendenertrag führt sowohl zu einer Erhöhung des handelsrechtlichen Jahresüberschusses (HGB) als auch zu einer Erhöhung des zu versteuernden Einkommens (KStG) bei der GmbH. Sie machen folgende Zusammenstellung:

	Dividendenertrag	7.000 €
–	Aufwendungen	1.000 €
	handelsrechtlicher Jahresüberschuss	6.000 €
–	Korrekturen nach § 8b Abs. 1 KStG	0 €
+	Korrekturen nach § 8b Abs. 5 KStG	0 €
=	**zu versteuerndes Einkommen nach KStG**	**6.000 €**

Obwohl die Beteiligung an der Großhandels-AG unter 15 % liegt, kommt es im Rahmen der Gewerbesteuer zu keiner Korrektur, weil es zu keiner Korrektur im Rahmen des zu versteuernden Einkommens in der KSt gekommen ist.

=	**Gewerbeertrag**	**6.000 €**

4. Eine GmbH erhält eine Dividende von einer AG, an der sie unmittelbar zu 10 %, aber zu weniger als 15 beteiligt ist.

Sie betreiben einen Gemüseladen »Immerfrisch« in der Rechtsform einer GmbH. Die GmbH hat sich an der Großhandels-AG »Spargel« mit 13 % beteiligt. Im Zusammenhang mit der Beteiligung sind 1.000 € Betriebsausgaben angefallen. Im Jahr 2024 erhält die GmbH eine Gewinnausschüttung in Höhe von 13.000 €, die unter Abzug der Steuern ausgezahlt wird. Der Dividendenertrag führt sowohl zu einer Erhöhung des handelsrechtlichen Jahresüberschusses (HGB) als auch zu einer Erhöhung des zu versteuernden Einkommens (KStG) bei der GmbH. Sie machen folgende Zusammenstellung:

	Dividendenertrag	13.000 €
–	Aufwendungen	1.000 €
	handelsrechtlicher Jahresüberschuss	12.000 €
–	Korrekturen nach § 8b Abs. 1 KStG	13.000 €
+	Korrekturen nach § 8b Abs. 5 KStG (5 % von 13.000 €)	650 €
=	**zu versteuerndes Einkommen nach KStG**	**– 350 €**

Weil die Beteiligung an der Großhandels-AG unter 15 % liegt und es im Rahmen der Ermittlung des zu versteuernden Einkommens zu einer Korrektur im Rahmen der KSt gekommen ist, müssen Sie bei der Gewerbesteuer eine Hinzurechnung vornehmen:

+	Hinzurechnung nach § 8 Nr. 5 GewStG des körperschaftsteuerfreien Teils der Gewinnausschüttung	13.000 €

nach Abzug der unberücksichtigt gebliebenen

	Betriebsausgaben nach § 8b Abs. 5 KStG	– 650 €
=	**Hinzurechnungsbetrag**	**12.350 €**
=	**Gewerbeertrag**	**12.000 €**

5. Eine GmbH erhält eine Dividende von einer AG, an der sie unmittelbar zu 15 % oder mehr beteiligt ist.

BEISPIEL

Sie betreiben einen Gemüseladen »Immerfrisch« in der Rechtsform einer GmbH. Die GmbH hat sich an der Großhandels-AG »Spargel« mit 25 % beteiligt. Im Zusammenhang mit der Beteiligung sind 1.000 € Betriebsausgaben angefallen. Im Jahr 2024 erhält die GmbH eine Gewinnausschüttung in Höhe von 25.000 €, die unter Abzug der Steuern ausgezahlt wird.

Der Dividendenertrag führt sowohl zu einer Erhöhung des handelsrechtlichen Jahresüberschusses (HGB) als auch zu einer Erhöhung des zu versteuernden Einkommens (KStG) bei der GmbH. Sie machen folgende Zusammenstellung:

	Dividendenertrag	25.000 €
–	Aufwendungen	1.000 €
	handelsrechtlicher Jahresüberschuss	24.000 €
–	Korrekturen nach § 8b Abs. 1 KStG	25.000 €
+	Korrekturen nach § 8b Abs. 5 KStG (5 % von 25.000 €)	1.250 €
=	**zu versteuerndes Einkommen nach KStG**	**250 €**

Obwohl die Beteiligung 25 % beträgt, kommt es im Rahmen der Gewerbesteuer zu keiner weiteren Kürzung, da die Gewinnausschüttung bereits im Rahmen der körperschaftsteuerlichen Einkommensermittlung abgezogen worden ist.

=	**Gewerbeertrag**	**250 €**

§ 8 Nr. 8 GewStG

Damit es nicht zu einer doppelten Berücksichtigung von Verlusten kommt, müssen die Anteile am Verlust

- ✔ einer in- oder ausländischen offenen Handelsgesellschaft,
- ✔ einer Kommanditgesellschaft oder
- ✔ einer anderen Gesellschaft, bei der die Gesellschafter als Unternehmer (Mitunternehmer) des Gewerbebetriebs anzusehen sind,

bei der Ermittlung des Gewerbeertrags des Mitunternehmers wieder hinzugerechnet werden.

BEISPIEL Sie betreiben zusammen mit Ihren beiden Freunden einen Gemüseladen »Immerfrisch« in der Rechtsform einer GmbH & Co. KG. Im zurückliegenden Jahr hat die GmbH & Co. KG einen Verlust in Höhe von 90.000 € erzielt.

Der auf die GmbH entfallende Verlustanteil beträgt 10.000 €. Dieser hat den Eingangsbetrag für die Berechnung der Gewerbesteuer in Form des zu versteuernden Einkommens bei der GmbH um 10.000 € gemindert. Da die GmbH & Co. KG den Verlust in der Zukunft gewerbesteuerlich selber berücksichtigen kann, müssen Sie diesen Betrag bei der Ermittlung des Gewerbeertrags für die GmbH quasi rückgängig machen, sodass er bei der Ermittlung des Gewerbeertrags für die GmbH 10.000 € wieder hinzugerechnet werden muss.

§ 8 Nr. 9 GewStG

Hinzugerechnet werden auch die Ausgaben im Sinne des § 9 Abs. 1 Nr. 2 KStG.

BEISPIEL Sie betreiben einen Gemüseladen »Immerfrisch« in der Rechtsform einer GmbH. Die GmbH hat im zurückliegenden Jahr ein vorläufig zu versteuerndes Einkommen vor Spendenabzug in Höhe von 100.000 € erzielt. Mitte letzten Jahres hat die GmbH an das Deutsche Rote Kreuz 10.000 € gespendet. Diese Spende führt bei der Ermittlung des körperschaftsteuerlich zu versteuernden Einkommens zu einer Minderung von 10.000 €, sodass die Eingangsgröße für die Gewerbesteuer 90.000 € beträgt.

Sie müssen den Gewinn aus Gewerbebetrieb in Höhe von 90.000 € wieder um die 10.000 € erhöhen.

Kürzungen nach § 9 GewStG

Kommen wir nun zu den Kürzungen.

§ 9 Nr. 1 GewStG

Die Summe des Gewinns und der Hinzurechnungen wird gekürzt um 1,2 % des Einheitswerts (Ab 01.01.2025: 0,11 % des Grundsteuerwerts) des zum Betriebsvermögen des Unternehmers gehörenden Grundbesitzes, für den auch Grundsteuer anfällt.

Maßgebend für die Kürzung ist der Einheitswert, das ist der Wert zum letzten Feststellungszeitpunkt (Hauptfeststellungs-, Fortschreibungs- oder Nachfeststellungszeitpunkt) vor dem Ende des Erhebungszeitraums.

Die Bemessungsgrundlage bei Grundstücken (§ 70 BewG) sowie bei Betriebsgrundstücken im Sinne des § 99 Abs. 1 Nr. 1 BewG, die wie Grundvermögen bewertet werden, ist 140 % des auf den Wertverhältnissen vom 01.01.1964 beruhenden Einheitswerts.

Zum Betriebsvermögen Ihres Gemüseladens »Immerfrisch« gehört auch ein Grundstück, das in vollem Umfang bilanziert worden ist. Der Einheitswert dieses Grundstücks beträgt 150.000 €.

Sie ermitteln den Kürzungsbetrag:

150.000 € * 140 % = 210.000 € * 1,2 % = 2.520 €

Gehören nur Teile eines Grundstücks zum Betriebsvermögen, darf nur der entsprechende Teil des maßgeblichen Einheitswerts gekürzt werden.

Zu Ihrem Gemüseladen »Immerfrisch« gehört auch ein Grundstück, das zu 60 % als Betriebsvermögen bilanziert worden ist. Der Einheitswert dieses Grundstücks beträgt 150.000 €.

Sie ermitteln den Kürzungsbetrag:

150.000 € * 140 % = 210.000 € * 60 % = 126.000 € * 1,2 % = 1.512 €

§ 9 Nr. 2 GewStG

Damit es nicht zu einer doppelten Berücksichtigung von Gewinnen kommt, müssen die Anteile am Gewinn bei der Ermittlung des Gewerbeertrags des Mitunternehmers wieder abgezogen werden, wenn die Gewinnanteile bei der Ermittlung des Gewinns des Mitunternehmers ertragsteuerrechtlich berücksichtigt wurden.

Das gilt für

- ✔ in- oder ausländische offene Handelsgesellschaften
- ✔ Kommanditgesellschaften oder

- andere Gesellschaften, bei denen die Gesellschafter als Unternehmer (Mitunternehmer) des Gewerbebetriebs anzusehen sind.

BEISPIEL

Sie betreiben zusammen mit Ihren beiden Freunden einen Gemüseladen »Immerfrisch« in der Rechtsform einer GmbH & Co. KG. Im zurückliegenden Jahr hat die GmbH & Co. KG einen Gewinn in Höhe von 90.000 € erzielt.

Der auf die GmbH entfallende Gewinnanteil beträgt 10.000 €. Dieser hat den Eingangsbetrag für die Berechnung der Gewerbesteuer in Form des zu versteuernden Einkommens bei der GmbH um 10.000 € erhöht. Da der Gewinn bei der GmbH & Co. KG selber der Gewerbesteuer unterworfen wird, muss dieser Betrag bei der Ermittlung des Gewerbeertrags für die GmbH quasi rückgängig gemacht werden, sodass bei der Ermittlung des Gewerbeertrags für die GmbH 10.000 € wieder abgezogen werden müssen.

§ 9 Nr. 2a GewStG

Bei der Kürzung gehen Sie genauso vor wie bei § 8 Nr. 5 GewStG.

§ 9 Nr. 3 GewStG

Gekürzt wird auch der Teil des Gewerbeertrags eines inländischen Unternehmens, der auf eine nicht im Inland belegene Betriebsstätte dieses Unternehmens entfällt, da sich die Gewerbesteuer nur auf im Inland erzielte Gewinne bezieht.

BEISPIEL

Sie haben mit Ihrem Gemüseladen »Immerfrisch« einen Gewinn in Höhe von 200.000 € erzielt. Darin enthalten ist auch ein Gewinn aus einem weiteren Geschäft an der niederländischen Küste in Höhe von 20.000 €.

	Gewerbeertrag insgesamt	200.000 €
–	Anteil der ausländischen Betriebsstätte	20.000 €
=	**»inländischer« Gewerbeertrag**	**180.000 €**

§ 9 Nr. 5 GewStG

Kürzen dürfen Sie auch, wenn Sie Spenden zur Förderung steuerbegünstigter Zwecke im Sinne der §§ 52 bis 54 AO getätigt haben. Die Kürzung ist begrenzt

- auf insgesamt 20 % des um die Hinzurechnungen nach § 8 Nr. 9 GewStG erhöhten Gewinns aus Gewerbebetrieb oder
- auf 4 Promille der Summe der gesamten Umsätze und der im Wirtschaftsjahr aufgewendeten Löhne und Gehälter.

BEISPIEL

Sie betreiben einen Gemüseladen »Immerfrisch« in der Rechtsform einer GmbH. Die GmbH hat im zurückliegenden Jahr ein vorläufig zu versteuerndes Einkommen vor Spendenabzug in Höhe von 100.000 € erzielt. Mitte letzten Jahres hat die GmbH an das Deutsche Rote Kreuz 10.000 € gespendet. Diese Spende führt bei der Ermittlung des körperschaftsteuerlich zu versteuernden Einkommens zu einer Minderung von 10.000 €, sodass die Eingangsgröße für die Gewerbesteuer 90.000 € beträgt. Gehen Sie so vor:

1. Erhöhen Sie den Gewinn aus Gewerbebetrieb in Höhe von 90.000 € wieder um die 10.000 € (§ 8 Nr. 9 GewStG).

	zu versteuerndes Einkommen nach KStG	90.000 €
+	Hinzurechnung nach § 8 Nr. 9 GewStG	10.000 €
=	**um die Hinzurechnung erhöhter Gewinn**	**100.000 €**

2. Errechnen Sie die maximal abziehbare Spendenhöhe nach § 9 Nr. 5 GewStG:

–	Kürzung nach § 9 Nr. 5 GewStG:	
	20 % von 100.000 € = 20.000 €	
	maximal der tatsächliche Spendenbetrag von	10.000 €
=	**Gewerbeertrag**	**90.000 €**

Auch Einzelunternehmer kommen in den Genuss des Abzugs. Voraussetzung ist nur, dass der Spendenbetrag aus Mitteln des Gewerbebetriebs geleistet wurde.

BEISPIEL

Sie als Gemüsehändler leisten eine Spende an das Deutsche Rote Kreuz in Höhe von 10.000 E von Ihrem betrieblichen Bankkonto und buchen:

Privatentnahme	10.000 €	
an Bank		10.000 €

Der einkommensteuerliche Gewinn Ihres Gemüseladens »Immerfrisch« beträgt 100.000 €. Sie errechnen die maximal abziehbare Spendenhöhe nach § 9 Nr. 5 GewStG wie folgt:

=	Gewinn aus Gewerbebetrieb	100.000 €
–	Kürzung nach § 9 Nr. 5 GewStG:	
	20 % von 100.000 € = 20.000 €	
	maximal der tatsächliche Spendenbetrag von	10.000 €
=	**Gewerbeertrag**	**90.000 €**

Wenn es nicht so gut läuft: Gewerbeverluste

Manchmal läuft es schlechter und der Gewerbetreibende schließt das Jahr mit einem Verlust ab. Vom maßgebenden Gewerbeertrag, den Sie unter Berücksichtigung aller Hinzurechnungen nach § 8 GewStG und allen Kürzungen nach § 9 GewStG ermittelt haben, ziehen Sie einen Gewerbeverlust aus Vorjahren ab, bevor Sie einen eventuellen Freibetrag nach § 11 Abs. 1 Satz 3 GewStG berücksichtigen. Sowohl bei Einzelunternehmern als auch bei Personengesellschaften müssen für die Inanspruchnahme des Verlustabzugs nach § 10a GewStG sowohl die Unternehmensidentität als auch die Unternehmeridentität vorliegen.

Unternehmensidentität bedeutet, dass der im Anrechnungsjahr bestehende Gewerbebetrieb (das heißt die ausgeübte gewerbliche Betätigung) identisch ist mit dem Gewerbebetrieb, der im Jahr der Entstehung des Verlustes bestanden hat. Ob diese gleich geblieben ist, lässt sich nach dem Gesamtbild beurteilen, das heißt nach:

- ✔ Art der Betätigung,
- ✔ Kunden- und Lieferantenkreis,
- ✔ Arbeitnehmerschaft,
- ✔ Geschäftsleitung oder
- ✔ Umfang und Zusammensetzung des Aktivvermögens.

Unternehmeridentität bedeutet, dass der Gewerbetreibende, der den Verlustabzug in Anspruch nehmen will, den Gewerbeverlust zuvor in eigener Person erlitten haben muss.

Ein Gewerbeverlust kann bis zu einem Betrag von 1 Mio. € ohne Einschränkungen in den folgenden Jahren im Rahmen des Verlustvortrags abgezogen werden. Übersteigt der Gewerbeverlust im Abzugsjahr den Betrag von 1 Mio. €, kann er nur bis zu 60 % des verbleibenden maßgeblichen Gewerbeertrags als Verlustabzug berücksichtigt werden.

BEISPIEL

Die Spaß GmbH erzielt in 2024 einen maßgeblichen Gewerbeertrag von 3 Mio. € und hat aus Vorjahren noch nicht ausgeglichene Verluste von 2,4 Mio. €. Sie stellen folgende Berechnungen an:

	Gewerbeertrag in 2024	3.000.000 €
–	Verlust uneingeschränkt	1.000.000 €
=	verbleibender positiver maßgebender Gewerbeertrag	2.000.000 €
–	60 % davon	1.200.000 €
=	**vorläufiger Gewerbeertrag in 2024**	**800.000 €**

Der zum 31.12.2024 verbleibende (gesondert festzustellende) Verlustvortrag, der in den folgenden Erhebungszeiträumen 2025 ff. berücksichtigt werden kann:

	Verlustvortrag 1.1.2024	2.400.000 €
–	davon berücksichtigt in 2024	2.200.000 €
=	**verbleibender Verlustabzug für Folgejahre**	**200.000 €**

Ganz ohne Beil: Zerlegung

Unterhalten Sie in mehreren Gemeinden Betriebsstätten, müssen Sie den Gewerbesteuermessbetrag in die auf die einzelnen Gemeinden entfallenden Anteile zerlegen. Von wenigen Ausnahmen abgesehen ist der Zerlegungsmaßstab das Verhältnis der in den einzelnen Betriebsstätten gezahlten Arbeitslöhne zur Gesamtsumme der Arbeitslöhne.

Nach § 31 Abs. 1 GewStG sind Arbeitslöhne die einkommensteuerpflichtigen Vergütungen im Sinne des § 19 Abs. 1 Nr. 1 EstG. Dazu gehören auch Zuschläge für Mehrarbeit und für Sonntags-, Feiertags- und Nachtarbeit.

Nicht dazugerechnet werden

- ✔ Vergütungen an Auszubildende
- ✔ nach dem Gewinn berechnete einmalige Vergütungen, zum Beispiel Tantiemen,
- ✔ sonstige Vergütungen, die pro Arbeitnehmer den Betrag von 50.000 € übersteigen.

Bei Einzelunternehmen oder Personengesellschaften werden für die im Betrieb tätigen Unternehmer (Mitunternehmer) insgesamt 25.000 € jährlich pauschal berücksichtigt.

BEISPIEL

Sie betreiben einen Gemüseladen in Aachen und einen weiteren in Düsseldorf. Die Summe der gezahlten Löhne und Gehälter betrug bei beiden Läden insgesamt 395.000 € (100.000 € in Aachen und 295.000 € in Düsseldorf). Auszubildende haben Sie nur in Düsseldorf, die Höhe der Vergütungen an die Auszubildenden belaufen sich auf 20.000 €. Sie waren nur im Geschäft in Düsseldorf tätig. Der Gewerbesteuermessbetrag beträgt 20.000 €.

Sie stellen folgende Berechnung an:

	Gesamt	Aachen	Düsseldorf
Arbeitslöhne (§ 29 Abs. 1 Nr. 1 GewStG)	395.000 €	100.000 €	295.000 €
Abzgl. Ausbildungsvergütungen (§ 31 Abs. 2 GewStG)	– 20.000 €		– 20.000 €
Unternehmerlohn (§ 31 Abs. 5 GewStG)	+ 25.000 €		+ 25.000 €
Arbeitslöhne für Zerlegung (bereits abgerundet nach § 29 Abs. 3 GewStG)	400.000 €	100.000 €	300.000 €
Verhältnis (%)	100,00 %	25 %	75 %
Zerlegungsanteile der Gemeinden am Gewerbesteuermessbetrag	20.000 €	5.000 €	15.000 €

Zahllast, Erstattung, Rückstellung

Haben Sie einen Gewerbeverlust vom Gewerbeertrag abgezogen, gehen Sie folgendermaßen vor:

1. Runden Sie auf 100 € nach unten ab.
2. Bei einer Personengesellschaft oder einem Einzelunternehmen ziehen Sie darüber hinaus einen Freibetrag von 24.500 € ab, maximal in Höhe des abgerundeten Gewerbeertrags, da der Abzug des Freibetrags nicht zu einem negativen Gewerbeertrag führen darf.
3. Multiplizieren Sie den Gewerbeertrag mit 3,5 %, um den Steuermessbetrag zu ermitteln.

BEISPIEL

Der Gewerbeertrag für das Jahr 2024 beträgt 209.000 €. Nachfolgende Aufstellung zeigt in der linken Spalte den Fall, wenn es sich um ein Einzelunternehmen »Immerfrisch« handelt, in der rechten den Fall, dass »Immerfrisch« eine GmbH ist.

	Einzelunternehmer	GmbH
Gewerbeertrag	209.000 €	209.000 €
– Freibetrag	24.500 €	0 €
= gekürzter Gewerbeertrag	184.500 €	209.000 €
* 3,5 %		
= Steuermessbetrag (abgerundet nach R 14.1 Satz 3 GewStR)	**6.457 €**	**7.315 €**

- ✔ Was müssen Sie in diesem Zusammenhang sonst noch für Ihre Prüfung wissen? Die Gewerbesteuer wird aufgrund des Steuermessbetrags mit einem Hebesatz laut § 16 Abs. 1 GewStG von der hebeberechtigten Gemeinde festgesetzt. Der Hebesatz kann entweder für ein oder mehrere Kalenderjahre festgesetzt werden.
- ✔ Damit die Gemeinden nicht mehr als ein Jahr auf die Gewerbesteuerzahlung warten müssen, ist der Steuerschuldner dazu verpflichtet, jeweils am 15.2., 15.5., 15.8. und 15.11. Vorauszahlungen zu entrichten, die in der Regel ein Viertel der Steuer für den letzten Veranlagungszeitraum ergeben hat.
- ✔ Die für einen Erhebungszeitraum entrichteten Vorauszahlungen werden auf die Steuerschuld für diesen Erhebungszeitraum angerechnet (§ 20 Abs. 1 GewStG).
- ✔ Übersteigt die Steuerschuld betragsmäßig die Summe der Vorauszahlungen, müssen Sie die Nachzahlung innerhalb eines Monats nach Bekanntgabe des Steuerbescheids entrichten (das nennt man *Abschlusszahlung*). Haben Sie zu viel vorausbezahlt, erhalten Sie nach Bekanntgabe des Steuerbescheids eine Rückzahlung.

BEISPIEL

Für den Erhebungszeitraum 2024 ergibt sich ein Steuermessbetrag von 3.000 €. Als Gemüsehändler haben Sie Gewerbesteuervorauszahlungen von insgesamt 8.000 € gezahlt. Der Hebesatz der Gemeinde beträgt 400 %.

Sie ermitteln die Höhe der Nachzahlung für den Erhebungszeitraum 2024 wie folgt:

Steuermessbetrag	3.000 €
Hebesatz 400 %	
= Gewerbesteuer	12.000 €
– Gewerbesteuervorauszahlungen	8.000 €
= Höhe der Nachzahlung für 2024	**4.000 €**

BEISPIEL

Für den Erhebungszeitraum 2024 ergibt sich ein Steuermessbetrag von 3.000 €. Als Gemüsehändler haben Sie Gewerbesteuervorauszahlungen von insgesamt 13.000 € gezahlt. Der Hebesatz der Gemeinde beträgt 400 %.

Sie ermitteln die Höhe des Erstattungsbetrages für den Erhebungszeitraum 2024 wie folgt:

Steuermessbetrag	3.000 €
Hebesatz 400 %	
= Gewerbesteuer	12.000 €
– Gewerbesteuervorauszahlungen	13.000 €
= Höhe der Erstattung für 2024	**1.000 €**

IN DIESEM KAPITEL

Die Unternehmereigenschaft

Lieferungen, Leistungen und Erwerbe

Steuerbefreiungen

Höhe und Fälligkeit

Kapitel 6
Umsatzsteuer

In diesem Kapitel erfahren Sie, wer eine Umsatzsteuererklärung beim Finanzamt einreichen muss, wie die Höhe der Umsatzsteuer berechnet wird und wann sie an das Finanzamt gezahlt werden muss. Außerdem lernen Sie, dass bestimmte Umsätze steuerfrei sind und dass bei steuerpflichtigen Umsätzen nicht immer der Leistende gleichzeitig auch Steuerschuldner der Umsatzsteuer ist. In vielen Fällen können Sie sich vom Finanzamt in Form von Vorsteuer sogar Geld zurückholen.

Systematik und Steuerbarkeit

Die Umsatzsteuer entsteht in sämtlichen Phasen der betrieblichen Leistungserstellung, angefangen von der Produktion über den Groß- bis zum Einzelhandel. Da die Umsatzsteuer allgegenwärtig ist, wird sie auch als *Allphasensteuer* bezeichnet.

Obwohl die Umsatzsteuerschuld auf jeder Umsatzebene entsteht, wird letztendlich nur der Endverbraucher damit belastet. Aus diesem Grund findet auf jeder vorgelagerten Umsatzstufe eine Art »Rückvergütung« statt, die *Vorsteuer* genannt wird.

BEISPIEL

Sie verkaufen in Ihrem Einzelhandelsgeschäft an Kunden verschiedene Kleidungsstücke, die Sie zuvor bei einen Großhändler eingekauft haben. Der Großhändler hat Ihnen die Kleidungsstücke für 1.000 € zzgl. 190 € USt verkauft, die Sie an verschiedene Endverbraucher für insgesamt 1.500 € zzgl. 285 € USt weiterverkaufen.

Der Großhändler führt Lieferungen an Sie aus. Dafür muss er an sein Finanzamt 190 € USt abführen. Sie als Einzelhändler schulden für Ihre Lieferungen 285 € USt, können sich jedoch die bereits an den Großhändler bezahlten 190 € abziehen, sodass Sie an Ihr Finanzamt nur noch 95 € zahlen müssen. Im Ergebnis zahlen Sie als Einzelunternehmer nur auf den »Mehrwert«, den Sie Ihrer Ware »hinzugefügt« haben, die Steuer von 19 %.

Die Differenz zwischen Umsatzsteuerschuld und Vorsteuervergütungsanspruch wird als *Umsatzsteuerzahllast* bezeichnet; das ist der Betrag, der tatsächlich an das Finanzamt überwiesen wird.

Damit Sie jederzeit den Überblick behalten, ist das Umsatzsteuergesetz in verschiedene Abschnitte aufgeteilt:

- ✔ 1. Abschnitt: Steuergegenstand und Geltungsbereich (§§ 1 – 3g UStG)
- ✔ 2. Abschnitt: Steuerbefreiungen und Steuervergütungen (§§ 4 – 9 UStG)
- ✔ 3. Abschnitt: Bemessungsgrundlagen (§§ 10 – 11 UStG)
- ✔ 4. Abschnitt: Steuer und Vorsteuer (§§ 12 – 15a UStG)
- ✔ 5. Abschnitt: Besteuerung (§§ 16 – 22g UStG)
- ✔ 6. Abschnitt: Sonderregelungen (§§ 23 – 25f UStG)
- ✔ 7. Abschnitt: Schlussvorschriften und Sonstiges (§§ 26 – 29 UStG)

Zur Lösung von Sachverhalten eignet sich folgendes Prüfungsschema:

- ✔ Leistungsart
- ✔ Leistungsort
- ✔ Steuerbarkeit
- ✔ Steuerpflicht beziehungsweise Steuerbefreiung
- ✔ Bemessungsgrundlage
- ✔ Umsatzsteuersatz und Umsatzsteuerbetrag
- ✔ Entstehung der Umsatzsteuer
- ✔ Steuerschuldnerschaft
- ✔ Vorsteuerabzug (Betrag und Zeitraum)
- ✔ Änderung der Bemessungsgrundlage (Betrag und Zeitraum)

Wann jemand Unternehmer ist: Die Unternehmereigenschaft

Unternehmer ist, wer eine gewerbliche oder berufliche Tätigkeit selbstständig ausübt, unabhängig davon, ob er nach anderen Vorschriften rechtsfähig ist. Das Unternehmen umfasst die gesamte gewerbliche oder berufliche Tätigkeit des Unternehmers.

Wann liegt eine selbstständige Tätigkeit vor? Wenn sie

- auf eigene Rechnung und
- auf eigene Verantwortung

ausgeübt wird.

- Das richtet sich grundsätzlich nach dem Innenverhältnis zum Auftraggeber.

Die Grundsätze, wann jemand selbstständig ist, sind für die Umsatzsteuer, Einkommensteuer und Gewerbesteuer gleich.

BEISPIEL

Sie sind als Kommanditist einer KG für die Geschäftsführung zuständig und erhalten dafür eine Vergütung, die in einem Arbeitsvertrag festgehalten ist, worin unter anderem der Urlaubsanspruch, feste Arbeitszeiten, Lohnfortzahlung im Krankheitsfall und Weisungsgebundenheit geregelt sind.

Einkommensteuerrechtlich erzielen Sie als Kommanditist aus dieser Tätigkeit Einkünfte aus Gewerbebetrieb (§ 15 Abs. 1 Satz 1 Nr. 2 EStG), umsatzsteuerrechtlich sind Sie dagegen nichtselbstständig tätig.

Lieferungen, sonstige Leistungen und jede Menge Erwerbe

Von einem steuerbaren Umsatz wird in der Regel immer nur dann gesprochen, wenn ein Leistungsaustausch vorliegt.

Voraussetzung für einen Leistungstausch ist, dass

- ein Leistender und ein Leistungsempfänger vorhanden sind
- der Leistung eine Gegenleistung (Entgelt) gegenübersteht
- Leistung und Gegenleistung in einem wechselseitigen Zusammenhang stehen

Das liegt bei Leistungen, zu deren Ausführung sich die Vertragsparteien zum Beispiel in einem Kaufvertrag verpflichtet haben, grundsätzlich vor.

Der Annahme eines Leistungsaustauschs steht nicht entgegen, dass

- sich die Entgeltserwartung nicht erfüllt,
- das Entgelt uneinbringlich wird oder
- es sich nachträglich mindert.

In der Umsatzsteuer ist von entscheidender Bedeutung, welche Art von Leistungsaustausch vorliegt, um bestimmen zu können, ob der Leistungsaustausch einen Bezug zu Deutschland hat.

In der Praxis häufig vorkommende Arten des Leistungsaustausches:

- ✔ Lieferung
- ✔ Sonstige Leistung

Lieferung an andere

Eine Lieferung liegt immer dann vor, wenn die Verfügungsmacht an einem Gegenstand verschafft wird.

- ✔ **Gegenstände sind**
  - Körperliche Gegenstände (Sachen nach § 90 BGB und Tiere nach § 91 BGB)
  - Sachgesamtheiten (zum Beispiel ein Werkzeugkoffer samt Inhalt)
  - Wirtschaftsgüter, die im Wirtschaftsverkehr wie körperliche Sachen behandelt werden (zum Beispiel Elektrizität, Wärme oder Wasserkraft)
- ✔ **Verschaffung der Verfügungsmacht**

  Sie beinhaltet
  - den von den Beteiligten endgültig gewollten Übergang von wirtschaftlicher Substanz, Wert und Ertrag eines Gegenstands,
  - sodass der Abnehmer faktisch in der Lage ist, mit dem Gegenstand nach Belieben zu verfahren, ihn insbesondere wie ein Eigentümer zu nutzen und/oder veräußern zu können.

  Nicht erforderlich ist, dass
  - der Leistungsempfänger physisch über den Gegenstand verfügt oder
  - der Gegenstand physisch zu ihm befördert und/oder physisch von ihm empfangen wird.

BEISPIEL

Für Ihr Einzelunternehmen haben Sie beim Großhändler Ware bestellt und vereinbart, dass Sie sich diese Ware am Dienstag (30.4.2024) beim Lieferanten abholen. Diese steht auch vereinbarungsgemäß am 30.4.2024 zur Abholung bereit. Tatsächlich holen Sie die Ware aber erst am 2.5.2024 beim Großhändler ab.

Umsatzsteuerrechtlicht ist die Lieferung im April 2024 ausgeführt worden.

Lieferung an sich selbst – unmöglich?

Immer, wenn der Gegenstand sich im unternehmerischen Bereich befunden hat und diesen danach verlässt, muss sichergestellt sein, dass im Zeitpunkt des »Verlassens« die Umsatzsteuer entsteht, die den zuvor in Anspruch genommenen Vorsteuerabzug quasi rückgängig machen soll. Neben einem Verkauf verlässt der Gegenstand auch durch eine Privatentnahme den unternehmerischen Bereich. Aus diesem Grund sind unentgeltliche Wertabgaben aus dem Unternehmen, soweit sie in der Abgabe von Gegenständen bestehen, nach § 3 Abs. 1b UStG den entgeltlichen Lieferungen gleichgestellt.

Einer Lieferung gegen Entgelt werden gleichgestellt

- ✔ die Entnahme eines Gegenstands durch einen Unternehmer aus seinem Unternehmen für Zwecke, die außerhalb des Unternehmens liegen,
- ✔ die unentgeltliche Zuwendung eines Gegenstands durch einen Unternehmer an sein Personal für dessen privaten Bedarf, sofern keine Aufmerksamkeiten vorliegen, sowie
- ✔ jede andere unentgeltliche Zuwendung eines Gegenstands, ausgenommen Geschenke von geringem Wert und Warenmuster für Zwecke des Unternehmens.

Voraussetzung ist, dass der Gegenstand oder seine Bestandteile zum vollen oder teilweisen Vorsteuerabzug berechtigt haben.

BEISPIEL

Sie betreiben in Düsseldorf einen Feinkostladen und entnehmen sich für das private Abendessen mit Ihrer »besseren Hälfte« aus Ihrem Unternehmen eine Dose Kaviar, die Sie zuvor mit Vorsteuerabzug für Ihren Feinkostladen eingekauft haben.

Obwohl tatsächlich kein Leistungsaustausch vorliegt, fingiert der Gesetzgeber durch eine unterstellte *Lieferung gegen Entgelt* einen Leistungsaustausch und damit einen unter das Umsatzsteuergesetz fallenden Umsatz.

Wenn mehrere an einer Lieferung beteiligt sind: Das Reihengeschäft

Im Alltagsleben kommt es häufig vor, dass die von Ihnen bestellte Ware nicht von Ihrem Vertragspartner, sondern direkt von der Herstellerfirma an Sie geliefert wird, es also dazu kommt, dass ein oder mehrere Unternehmer in der Lieferkette »übersprungen« werden. In diesen Fällen handelt es sich um ein *Reihengeschäft*.

Liefergeschäfte, die von mehreren Unternehmern über denselben Gegenstand abgeschlossen werden und bei denen dieser Gegenstand im Rahmen einer Beförderung oder Versendung unmittelbar vom ersten Unternehmer an den letzten Abnehmer gelangt, werden als *Reihengeschäfte* bezeichnet.

Ein besonderer Fall des Reihengeschäfts ist das innergemeinschaftliche Dreiecksgeschäft im Sinne des § 25b Abs. 1 UStG.

Bei Reihengeschäften werden im Rahmen einer Warenbewegung (Beförderung oder Versendung) mehrere Lieferungen ausgeführt, die in Bezug auf den Lieferort und den Lieferzeitpunkt jeweils gesondert betrachtet werden müssen. Dabei wird eine tatsächlich stattfindende Warenbewegung des Gegenstands nur einer der mehreren Lieferungen zugeordnet. Diese ist die Beförderungs- oder Versendungslieferung (sogenannte *bewegte*

Lieferung), bei der eine mögliche Steuerbefreiung für Ausfuhrlieferungen oder für innergemeinschaftliche Lieferungen im Rahmen von Auslandssachverhalten in Betracht kommt.

Bei allen anderen Lieferungen in der Reihe findet keine Warenbewegung statt (ruhende Lieferungen), die entweder vor oder nach der Beförderungs- oder Versendungslieferung ausgeführt werden.

BEISPIEL

Sie bestellen für Ihren Feinkostladen, den Sie in Düsseldorf betreiben, Ware beim Großhändler in Köln. Da dieser die von Ihnen bestellte Ware nicht vorrätig hat, gibt dieser Ihre Bestellung an die Herstellerfirma weiter, von der Sie direkt beliefert werden.

Umsatzsteuertechnisch teilt sich die einzige tatsächliche Warenbewegung vom Hersteller an Sie so auf, dass der Hersteller »fiktiv« an den Großhändler liefert und anschließend der Großhändler »fiktiv« an Sie liefert, wie Abbildung 6.1 zeigt.

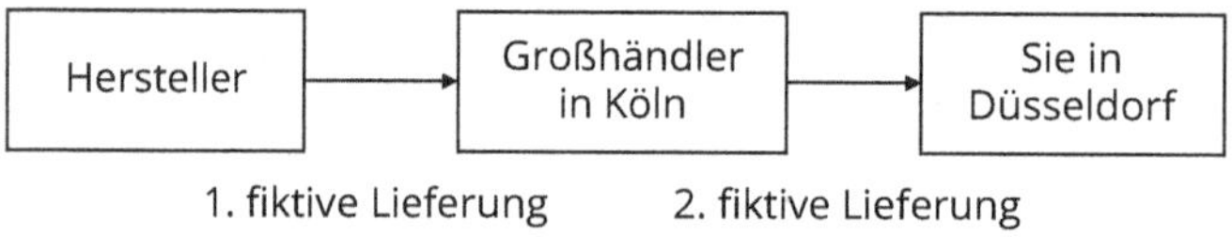

Abbildung 6.1: Das Prinzip der fiktiven Lieferung

Nun gibt es zwei Möglichkeiten:

1. **Die Herstellerfirma liefert die Ware direkt an Sie aus.**
   - Die Lieferung des Herstellers an den Großhändler ist die »warenbewegte« Lieferung (1. »fiktive« Lieferung).
   - Die Lieferung des Großhändlers an Sie die warenbewegte nachfolgende »ruhende« Lieferung (2. »fiktive« Lieferung).
2. **Sie holen sich bei der Herstellerfirma die Ware ab.**

   Die Lieferung des Großhändlers an Sie ist die »warenbewegte« Lieferung.

   Die Lieferung des Herstellers an den Großhändler ist die warenbewegte vorangehende »ruhende« Lieferung.

Sonstige Leistung an andere erbringen

Sonstige Leistungen sind Leistungen im Rahmen eines Leistungsaustausches, die keine Lieferungen sind. Das kann auch das Unterlassen oder Dulden einer Handlung oder eines Zustands sein.

Beispiele für sonstige Leistungen:

- ✔ Dienstleistungen
- ✔ Gebrauchs- und Nutzungsüberlassungen (zum Beispiel Vermietung oder Verpachtung)

- ✔ Darlehensgewährung
- ✔ Verzicht auf die Ausübung einer Tätigkeit und so weiter

Sonstige Leistung an sich selber?

Häufig werden unternehmerische Gegenstände auch für private Zwecke genutzt. Um in diesen Fällen eine Umsatzbesteuerung sicherzustellen, führt die Abgabe oder Ausführung von sonstigen Leistungen »mit sich selber« zu einem den entgeltlichen sonstigen Leistungen gleichgestellten Umsatz. Einer sonstigen Leistung gegen Entgelt werden gleichgestellt:

- ✔ die Verwendung eines dem Unternehmen zugeordneten Gegenstands, der zum vollen oder teilweisen Vorsteuerabzug berechtigt hat,
  - durch einen Unternehmer für Zwecke, die außerhalb des Unternehmens liegen, oder
  - für den privaten Bedarf seines Personals, sofern keine Aufmerksamkeiten vorliegen.
- ✔ die unentgeltliche Erbringung einer anderen sonstigen Leistung
  - durch den Unternehmer für Zwecke, die außerhalb des Unternehmens liegen, oder
  - für den privaten Bedarf seines Personals, sofern keine Aufmerksamkeiten vorliegen.

BEISPIEL

Als Einzelunternehmer nutzen Sie den Betriebs-Pkw auch für private Fahrten.

Erwerbe aus dem Ausland?

In der Regel schuldet immer der Unternehmer die Umsatzsteuer, der die Lieferung ausgeführt hat. Das ist anders, wenn der Bezug von einem ausländischen Lieferanten erfolgt. Dann verlagert sich die Steuerschuldnerschaft häufig auf den inländischen Erwerber.

BEISPIEL

Sie betreiben in Düsseldorf das Bekleidungsgeschäft »Pariser Chic« und erhalten die neueste Frühjahrskonfektion von einem in Paris ansässigen Unternehmer. Sie erhalten also eine Lieferung von einem im Ausland (übriges Gemeinschaftsgebiet) ansässigen Unternehmer.

Anders wäre es, wenn Sie die Frühjahrskonfektion von einem Unternehmer in Zürich beziehen würden. In diesem Falle handelt es sich um eine Lieferung von einem im Ausland (Drittland) ansässigen Unternehmer, da die Schweiz nicht zur Europäischen Union gehört. Aber Mode aus der Schweiz ist gerade eh nicht so en vogue.

Im ersten Fall müssen Sie das Vorliegen eines innergemeinschaftlichen Erwerbs prüfen, was unter Umständen zur Steuerbarkeit nach § 1 Abs. 1 Nr. 5 UStG führen kann, im zweiten Fall könnte eine Einfuhr vorliegen, die nach § 1 Abs. 1 Nr. 4 UStG besteuert würde.

Inland im Sinne des Umsatzsteuergesetzes ist das Gebiet der Bundesrepublik Deutschland mit Ausnahme des Gebiets von Büsingen, der Insel Helgoland und anderer bestimmter (zu vernachlässigender) Regionen. Wird ein Umsatz im Inland ausgeführt, kommt es für die Besteuerung nicht darauf an, ob der Unternehmer deutscher Staatsangehöriger ist, seinen Wohnsitz oder Sitz im Inland hat, im Inland eine Betriebsstätte unterhält, die Rechnung erteilt oder die Zahlung empfängt.

Ausland ist das Gebiet, das nicht Inland ist. Eigentlich logisch, oder?

Das Gemeinschaftsgebiet umfasst das Inland und die Gebiete der übrigen Mitgliedstaaten der Europäischen Union, die nach dem Gemeinschaftsrecht als Inland dieser Mitgliedstaaten gelten (übriges Gemeinschaftsgebiet).

Drittland ist das Gebiet, das nicht Gemeinschaftsgebiet ist.

Innergemeinschaftlicher Erwerb

Häufig sind an einer Lieferung auch ausländische Unternehmen beteiligt. Kommt der Liefergegenstand aus einem anderen EU-Land, liegt in der Regel für den Erwerber ein innergemeinschaftlicher Erwerb gegen Entgelt vor, der von diesem im Inland versteuert werden muss.

Voraussetzungen für das Vorliegen eines innergemeinschaftlichen Erwerbs sind unter anderem:

- ✔ Ein Gegenstand gelangt bei einer Lieferung aus dem Gebiet eines Mitgliedstaates in das Gebiet eines anderen Mitgliedstaates an den Erwerber (die Damenmode von Frankreich nach Deutschland),
- ✔ Der Erwerber ist ein Unternehmer, der den Gegenstand für sein Unternehmen erwirbt (Als Boutiquebesitzerin kaufen Sie Kleidung für Ihr Ladengeschäft),
- ✔ Die Lieferung an den Erwerber wird durch einen Unternehmer gegen Entgelt im Rahmen seines Unternehmens ausgeführt (Natürlich bezahlen Sie den französischen Lieferanten dafür).
- ✔ die Lieferung ist nach dem Recht des Mitgliedstaates, der für die Besteuerung des Lieferers zuständig ist, nicht aufgrund der Sonderregelung für Kleinunternehmer steuerfrei (Hier also nach französischem Recht).

Ein innergemeinschaftlicher Erwerb setzt voraus, dass

- ✔ an den Erwerber eine Lieferung ausgeführt wird und
- ✔ der Gegenstand dieser Lieferung zum Beispiel aus dem Gebiet eines EU-Mitgliedstaates in das Gebiet eines anderen EU-Mitgliedstaates gelangt.

BEISPIEL

Sie betreiben in Düsseldorf das Bekleidungsgeschäft »Pariser Chic« und erhalten die neueste Frühjahrskonfektion von einem in Paris ansässigen Unternehmer. Sie erhalten also eine Lieferung aus dem Ausland (genauer aus dem übrigen Gemeinschaftsgebiet). Sie tätigen als Abnehmer in Deutschland einen innergemeinschaftlichen Erwerb, den Sie als Abnehmer versteuern müssen.

Bei bestimmten in § 1a Abs. 3 UStG genannten Unternehmern kommt die Erwerbsbesteuerung erst dann zum Tragen, wenn diese Unternehmer Ware für mehr als 12.500 € erworben, das heißt die sog. *Erwerbschwelle* überschritten haben.

Erwerben Sie neue Fahrzeuge im Sinne des § 1b Abs. 2 und 3 UStG oder verbrauchsteuerpflichtige Waren im Sinne des § 1a Abs. 5 Satz 2 UStG, liegt immer ein innergemeinschaftlicher Erwerb vor.

Ähnlich wie bei der Privatentnahme eines Gegenstandes aus dem eigenen Unternehmen wird ein innergemeinschaftlicher Erwerb gegen Entgelt vom Gesetzgeber beim Verbringen eines Gegenstands des Unternehmens aus dem übrigen Gemeinschaftsgebiet in das Inland durch einen Unternehmer zu seiner Verfügung fingiert, sofern es sich nicht nur um eine vorübergehende Verwendung handelt.

BEISPIEL

Sie betreiben Ihr Bekleidungsgeschäft »Pariser Chic« nicht nur in Düsseldorf, sondern auch in Paris und überführen Ware von Ihrem Geschäft in Paris in Ihr Geschäft in Düsseldorf, um sie dort zu verkaufen.

Mit der Überführung von Paris nach Düsseldorf bewirken Sie einen innergemeinschaftlichen Erwerb in Deutschland.

Einfuhr

Ware wird auch oft aus Übersee bezogen. In derartigen Fällen liegt eine *Einfuhr* vor, weil der Gegenstand aus dem Drittland in das Inland gelangt

BEISPIEL

Für Ihr Düsseldorfer Bekleidungsgeschäft »Pariser Chic« erhalten Sie Ware aus den USA. Sie erhalten also eine Lieferung aus einem Drittland und tätigen als Abnehmer in Deutschland eine Einfuhr, für die Sie die Einfuhrumsatzsteuer (EUSt) entrichten müssen.

Beteiligung mehrerer mit Auslandsbezug: Das innergemeinschaftliche Dreiecksgeschäft

Das Wortungetüm »innergemeinschaftliches Dreiecksgeschäft« bedeutet, dass EU-weit die Besteuerungsregeln vereinfacht werden, sodass eine steuerliche Registrierung des mittleren Unternehmers im Bestimmungsland vermieden wird.

Bei einem innergemeinschaftlichen Dreiecksgeschäft werden grundsätzlich folgende Umsätze ausgeführt:

- ✔ eine innergemeinschaftliche Lieferung des ersten am Dreiecksgeschäft beteiligten Unternehmers (erster Lieferer) in dem Mitgliedstaat, in dem die Beförderung oder Versendung des Gegenstands beginnt,

- ✔ ein innergemeinschaftlicher Erwerb des mittleren am Dreiecksgeschäft beteiligten Unternehmers (erster Abnehmer) in dem Mitgliedstaat, in dem die Beförderung oder Versendung des Gegenstands endet,
- ✔ ein innergemeinschaftlicher Erwerb des ersten Abnehmers in dem Mitgliedstaat, der dem ersten Abnehmer die von ihm verwendete Umsatzsteuer-Identifikationsnummer erteilt hat, und
- ✔ eine (Inlands-)Lieferung des ersten Abnehmers in dem Mitgliedstaat, in dem die Beförderung oder Versendung des Gegenstands endet.

Ein innergemeinschaftliches Dreiecksgeschäft liegt vor, wenn

- ✔ drei Unternehmer über denselben Gegenstand Umsatzgeschäfte abschließen und dieser Gegenstand unmittelbar vom ersten Lieferer an den letzten Abnehmer gelangt,
- ✔ die Unternehmer in verschiedenen Mitgliedstaaten für Zwecke der Umsatzsteuer erfasst sind,
- ✔ der Gegenstand der Lieferungen aus dem Gebiet eines Mitgliedstaates in das Gebiet eines anderen Mitgliedstaates gelangt, und
- ✔ der Gegenstand der Lieferungen durch den ersten Lieferer oder den ersten Abnehmer befördert oder versendet wird.

Der letzte Abnehmer muss die Steuern zahlen, wenn folgende Voraussetzungen erfüllt sind:

- ✔ der Lieferung ist ein innergemeinschaftlicher Erwerb vorausgegangen,
- ✔ der erste Abnehmer ist in dem Mitgliedstaat, in dem die Beförderung oder Versendung endet, nicht ansässig. Er verwendet gegenüber dem ersten Lieferer und dem letzten Abnehmer dieselbe Umsatzsteuer-Identifikationsnummer, die ihm von einem anderen Mitgliedstaat erteilt worden ist als dem, in dem die Beförderung oder Versendung beginnt oder endet,
- ✔ der erste Abnehmer erteilt dem letzten Abnehmer eine Rechnung im Sinne des § 14a Abs. 7 UStG, in der die Steuer nicht gesondert ausgewiesen ist, und
- ✔ der letzte Abnehmer verwendet eine Umsatzsteuer-Identifikationsnummer des Mitgliedstaates, in dem die Beförderung oder Versendung endet.

Die Folge daraus ist:

- ✔ Der innergemeinschaftliche Erwerb des ersten Abnehmers gilt als besteuert.
- ✔ Für die Berechnung der geschuldeten Steuer gilt die Gegenleistung als Entgelt.
- ✔ Der letzte Abnehmer ist unter den übrigen Voraussetzungen des § 15 UStG berechtigt, die von ihm geschuldete Steuer als Vorsteuer abzuziehen.

BEISPIEL

Sie bestellen für Ihren Feinkostladen, den Sie in Düsseldorf betreiben, Ware beim Großhändler in Mailand. Da dieser die von Ihnen bestellte Ware nicht vorrätig hat, gibt er Ihre Bestellung an die Herstellerfirma in Spanien weiter, von der Sie direkt beliefert werden.

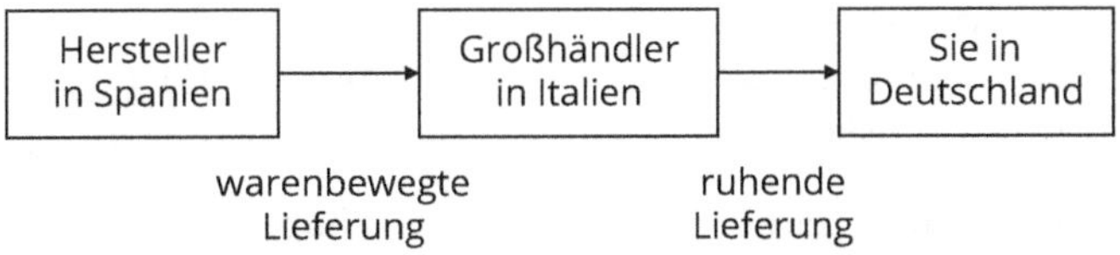

Abbildung 6.2: Der Großhändler gibt Ihre Bestellung an den Hersteller weiter

Dadurch, dass dem Hersteller mit seiner »fiktiven« Lieferung an den Großhändler in Mailand die »warenbewegte« steuerfreie innergemeinschaftliche Lieferung zugerechnet wird, stellt der Spanier an den Italiener eine Rechnung ohne gesonderten Steuerausweis aus. Für die »ruhende Lieferung« des Italieners an Sie schulden Sie die Umsatzsteuer nach deutschem Recht, sodass auch der Italiener Ihnen eine Nettorechnung ohne gesonderten Steuerausweis ausstellt. Damit Sie als Endabnehmer nicht schlechter gestellt sind, als wenn Sie im Inland erworben hätten, haben Sie als Letztabnehmer dennoch den Vorsteuerabzug, den Sie bei Ihrem Finanzamt geltend machen können.

Bezug einer sonstigen Leistung aus dem Ausland

So wie Sie eine Ware aus dem Ausland beziehen können, ist es auch möglich, dass Sie eine sonstige Leistung von einem Unternehmer erhalten, der im Ausland ansässig ist. Ähnlich wie bei einem innergemeinschaftlichen Erwerb oder einer Einfuhr, bei dem sich die Steuerschuldnerschaft vom Leistenden auf den Leistungsempfänger verlagert, ist es auch möglich, dass der Leistungsempfänger zum Steuerschuldner wird, wenn er eine sonstige Leistung bezogen hat.

Der Zeitpunkt der Steuerentstehung ist aber unterschiedlich:

- ✔ Für nach § 3a Abs. 2 UStG im Inland steuerpflichtige sonstige Leistungen eines im übrigen Gemeinschaftsgebiet ansässigen Unternehmers entsteht die Steuer mit Ablauf des Voranmeldungszeitraums, in dem die Leistungen ausgeführt worden sind.
- ✔ Für von § 13b Abs. 2 UStG erfasste steuerpflichtige Umsätze entsteht die Steuer mit Ausstellung der Rechnung, spätestens jedoch mit Ablauf des der Ausführung der Leistung folgenden Kalendermonats.

BEISPIEL

Sie beauftragen im April 2024 einen Frachtführer aus Belgien, die von Ihnen bestellte Ware beim Hersteller in Köln abzuholen und zu Ihnen in den Feinkostladen nach Düsseldorf zu transportieren.

Der (im übrigen Gemeinschaftsgebiet ansässige) Frachtführer erbringt Ihnen gegenüber eine sonstige Leistung, nämlich den Warentransport von Köln nach Düsseldorf. Der Ort liegt gemäß § 3a Abs. 2 UStG in Düsseldorf. Damit handelt es sich um einen steuerbaren Umsatz nach § 1 Abs. 1 Nr. 1 UStG, der mangels Steuerbefreiung auch steuerpflichtig ist. Da die sonstige Leistung im April 2024 ausgeführt worden ist, entsteht die Umsatzsteuer mit Ablauf des April 2024. Sie als Abnehmer sind Steuerschuldner und müssen diesen Umsatz in Ihrer USt-VA für April 2024 melden.

BEISPIEL

Sie beauftragen im April 2024 einen Frachtführer aus der Schweiz, die von Ihnen bestellte Ware beim Hersteller in München abzuholen und zu Ihnen in den Feinkostladen nach Düsseldorf zu transportieren.

Der (im Ausland = Drittland ansässige) Frachtführer erbringt Ihnen gegenüber eine sonstige Leistung, die in einem Warentransport von München nach Düsseldorf besteht. Der Ort liegt gemäß § 3a Abs. 2 UStG in Düsseldorf. Damit handelt es sich um einen steuerbaren Umsatz nach § 1 Abs. 1 Nr. 1 UStG, der mangels Steuerbefreiung auch steuerpflichtig ist. Die Umsatzsteuer entsteht in dem Voranmeldungszeitraum, in dem der Frachtführer mittels Rechnung über die ausgeführte Leistung abrechnet, spätestens jedoch Ende Mai 2024. Sie als Abnehmer sind Steuerschuldner und müssen diesen Umsatz in Ihrer USt-VA für April 2024 (wenn bis spätestens 30.4.2024 eine Rechnung ausgestellt wurde), ansonsten für Mai 2024 melden.

Wo das Umsatzgeschäft stattfindet

Wird ein Gegenstand geliefert oder eine sonstige Leistung erbracht, ist es wichtig zu wissen, wo diese Leistung umsatzsteuerrechtlich erbracht wird, denn dort liegt der *Ort der Leistung.* Wenn sich dieser Leistungsort im Inland befindet, ist das Umsatzgeschäft *steuerbar* (das heißt es wird vom deutschen Umsatzsteuergesetz erfasst), sofern auch die anderen Voraussetzungen vorliegen:

- ✔ die Leistung wird von einem Unternehmer
- ✔ im Rahmen seines Unternehmens
- ✔ gegen Entgelt erbracht.

Um zu vermeiden, dass es mehrere Orte für dasselbe Umsatzgeschäft geben kann, hat der Gesetzgeber eine Prüfungsreihenfolge für die Ortsprüfung vorgesehen:

- ✔ **Lieferung:** Es gilt die in § 3 Abs. 5a UStG genannte Reihenfolge.
- ✔ **Sonstige Leistung:** Die in § 3a Abs. 1 UStG Reihenfolge ist vorgeschrieben.

Ortprüfung für eine Lieferung

Ist der Ort der Lieferung zu prüfen, wird dieser immer von der Ausnahme zum Grundsatz vorgenommen.

Der *Ort der Lieferung* richtet sich vorbehaltlich der §§ 3c, 3e und 3g UStG nach § 3 Abs. 6 bis 8 UStG.

BEISPIEL

Sie betreiben in Düsseldorf ein Feinkostgeschäft und verkaufen Kaviar an verschiedene Kunden:

a. Kunde A holt den Kaviar bei Ihnen im Geschäft ab.

b. Kunde B bittet Sie, den Kaviar anzuliefern.

c. Kunde C bittet Sie, den Kaviar als versichertes Paket nach Hamburg zu verschicken, weil Kunde C in Hamburg wohnt.

Fall a) ist eine Abholung. Ort der Lieferung ist im Feinkostgeschäft in Düsseldorf, weil die Beförderung dort beginnt. Das gilt auch für Fall b). Fall c) stellt eine Versendung dar. Der Ort einer Versendung liegt dort, wo das versicherte Paket am Postschalter der Post übergeben wird.

BEISPIEL

Sie betreiben in Düsseldorf einen Handwerksbetrieb, der Haustüren verkauft und fertig einbaut. Ein Kunde bestellt bei Ihnen eine Haustür und möchte, dass Sie diese in sein Haus in Dortmund einbauen.

Gegenstand des Vertrages ist nicht nur die Lieferung einer Haustür, sondern auch der funktionsfähige Einbau der Tür in das Haus des Kunden. Der Auftrag ist also erst mit Einbau der Haustür erledigt. In diesem Fall liegt der Ort der (Werk-)Lieferung dort, wo die Haustür eingebaut wurde und damit in Dortmund.

BEISPIEL

Sie bestellen für Ihren Feinkostladen, den Sie in Düsseldorf betreiben, Ware beim Großhändler in Köln. Da dieser die von Ihnen bestellte Ware nicht vorrätig hat, gibt dieser Ihre Bestellung an die Herstellerfirma in Unna weiter, von der Sie direkt beliefert werden.

Teilen Sie zunächst die einzige tatsächliche Warenbewegung vom Hersteller an Sie umsatzsteuerlich auf:

Der Hersteller liefert »fiktiv« an den Großhändler und anschließend der Großhändler »fiktiv« an Sie, wie Abbildung 6.3 zeigt.

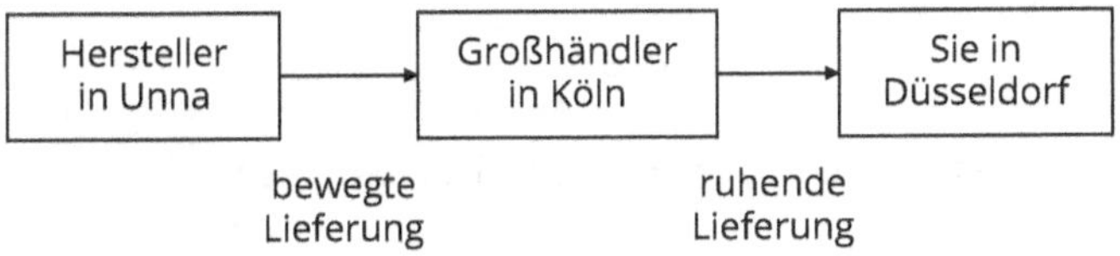

Abbildung 6.3: Bewegte und ruhige Lieferungen

Die Lieferung des Herstellers an den Großhändler ist die »warenbewegte« Lieferung. Der Ort der warenbewegten Lieferung ist dort, wo die tatsächliche Lieferung beginnt und damit Unna. Die Lieferung des Großhändlers an Sie stellt die »ruhende« Lieferung dar. Der Ort der ruhenden Lieferung ist dort, wo die tatsächliche Lieferung endet, und damit Düsseldorf.

Ortsprüfung für eine sonstige Leistung

Auch bei der Bestimmung des Ortes der sonstigen Leistung gehen Sie immer von der Ausnahme zum Grundsatz vor.

Eine *sonstige Leistung* wird vorbehaltlich § 3a Abs. 2 bis 8 UStG und § 3b und 3e UStG an dem *Ort* ausgeführt, von dem aus der Unternehmer sein Unternehmen betreibt.

Sie haben vor Jahren ein Grundstück in Aachen gekauft, das mit einem Einfamilienhaus bebaut ist, und seitdem an die Familie Mayer für Wohnzwecke vermietet.

Ort der sonstigen Leistung ist Aachen, weil sich dort das Grundstück befindet.

Sie haben beim Großhändler Ware für Ihr Unternehmen (Düsseldorf) bestellt und beauftragen den Frachtführer Freddy damit, die bestellte Ware beim Großhändler in Hamburg abzuholen.

Der Frachtführer erbringt an Sie eine sonstige Leistung in Form einer Transportleistung. Ort der sonstigen Leistung ist Düsseldorf, weil Sie als empfangender Unternehmer dort Ihr Unternehmen betreiben.

Sie sind als Rechtsanwalt mit eigener Praxis in Köln tätig und beraten eine Rentnerin in einer Vertragsangelegenheit. Der Ort der sonstigen Leistung liegt dort, wo Sie als leistender Unternehmer (= Rechtsanwalt) Ihr Unternehmen betreiben, und damit in Köln.

Wann die »Märchensteuer« entfällt: Steuerbefreiungen

Nicht alles, was vom deutschen Umsatzsteuergesetz erfasst ist, führt zwangsläufig auch zu einer Umsatzsteuerbelastung. Aus unterschiedlichen Gründen sind eine Vielzahl von Tatbeständen ausdrücklich von der Umsatzsteuer freigestellt, sodass keine Umsatzsteuer anfällt, zum Beispiel für:

- ✔ Innergemeinschaftliche Lieferung
- ✔ Ausfuhrlieferung
- ✔ Langfristige Vermietung beziehungsweise Verpachtung von Grundstücken

Die innergemeinschaftliche Lieferung

Eine innergemeinschaftliche Lieferung setzt eine im Inland steuerbare Lieferung voraus. Gegenstand der Lieferung muss ein körperlicher Gegenstand sein, der vom liefernden Unternehmer, vom Abnehmer oder von einem vom liefernden Unternehmer oder vom Abnehmer beauftragten Dritten in das übrige Gemeinschaftsgebiet befördert oder versendet wird.

Bei Reihengeschäften kommt die Steuerbefreiung einer innergemeinschaftlichen Lieferung nur für die eigentliche Beförderungs- oder Versendungslieferung in Betracht.

Voraussetzungen für das Vorliegen einer innergemeinschaftlichen Lieferung:

- ✔ Der Unternehmer, der Abnehmer oder ein vom liefernden Unternehmer oder vom Abnehmer beauftragter Dritter befördert oder versendet den Gegenstand der Lieferung in das übrige Gemeinschaftsgebiet.

- Die Beförderung oder Versendung des Gegenstands beginnt im Inland und endet im Gebiet eines anderen Mitgliedstaates.
- Der Liefergegenstand hat das Inland physisch verlassen und ist physisch im übrigen Gemeinschaftsgebiet angekommen.
- Empfänger muss in der Regel ein Unternehmer sein, der den Gegenstand der Lieferung für sein Unternehmen erworben hat (bei der Lieferung eines neuen Fahrzeugs auch jeder andere Erwerber).

Verwendet Ihr Kunde eine gültige USt-IdNr., hat das für Sie folgende Vorteile:

- Ihr Abnehmer besitzt die Unternehmereigenschaft und
- erwirbt für sein Unternehmen,
- sodass Sie keine Zweifel daran haben, dass der Empfänger den erworbenen Gegenstand auch für sein Unternehmen verwendet.

BEISPIEL

Sie betreiben in Düsseldorf das Geschäft »Schraubschlüssel« und handeln mit Maschinenteilen. Ihr langjähriger Kunde, der in Paris eine Autowerkstatt betreibt, bestellt bei Ihnen mit seiner französischen USt-IdNr. Autoersatzteile und bittet Sie, ihm diese zuzuschicken.

Es liegen alle Voraussetzungen für eine innergemeinschaftliche Lieferung vor, die von Ihnen steuerfrei ausgeführt wird, sodass Sie Ihrem Kunden eine Rechnung ohne gesonderten Ausweis der Umsatzsteuer ausstellen.

Die Ausfuhrlieferung

Eine Ausfuhrlieferung liegt vor, wenn

- der Unternehmer den Gegenstand der Lieferung in das Drittlandsgebiet befördert oder versendet hat (ausgenommen sind Gebiete nach § 1 Abs. 3 UstG), oder
- der Abnehmer den Gegenstand der Lieferung in das Drittlandsgebiet befördert oder versendet hat und ein ausländischer Abnehmer ist, ausgenommen Gebiete nach § 1 Abs. 3 UStG,

Ein *ausländischer Abnehmer* ist

- ein Abnehmer, der seinen Wohnort oder Sitz im Ausland hat, ausgenommen sind die in § 1 Abs. 3 UStG bezeichneten Gebiete oder
- eine Zweigniederlassung eines im Inland oder in den in § 1 Abs. 3 UStG bezeichneten Gebieten ansässigen Unternehmers, die ihren Sitz im Ausland, ausgenommen die bezeichneten Gebiete, hat, wenn sie das Umsatzgeschäft im eigenen Namen abgeschlossen hat.

BEISPIEL

Sie betreiben in Düsseldorf ein Handelsgeschäft mit Maschinenteilen. Ihr langjähriger Kunde, der in Zürich eine Autowerkstatt betreibt, bestellt bei Ihnen Autoersatzteile und bittet Sie, ihm diese zuzuschicken.

Es liegen alle Voraussetzungen für eine Ausfuhrlieferung vor, die von Ihnen steuerfrei ausgeführt wird, sodass Sie Ihrem Kunden eine Rechnung ohne gesonderten Ausweis der Umsatzsteuer ausstellen.

Langfristige Vermietung beziehungsweise Verpachtung von Grundstücken

Die Frage, ob eine Vermietung oder Verpachtung eines Grundstücks im Sinne des § 4 Nr. 12 Satz 1 Buchst. a UStG vorliegt, richtet sich nicht nach den Vorschriften des nationalen Zivilrechts, sondern nach Unionsrecht. Danach setzt die Vermietung eines Grundstücks voraus,

- ✔ dass dem Mieter vom Vermieter
- ✔ auf bestimmte Zeit
- ✔ gegen eine Vergütung
- ✔ das Recht eingeräumt wird, das Grundstück so in Besitz zu nehmen, als ob er dessen Eigentümer wäre,
- ✔ und jede andere Person von diesem Recht auszuschließen.

Um zu beurteilen, ob eine Vereinbarung als »Vermietung« in diesem Sinne gilt, müssen Sie alle Umstände des Einzelfalls, vor allem den tatsächlich verwirklichten Sachverhalt berücksichtigen. Die Bezeichnung als »Vermietung« spielt dabei keine Rolle, sondern der objektive Inhalt des Vorgangs.

Die Steuerbefreiung nach § 4 Nr. 12 Satz 1 Buchst. a UStG gilt nicht nur für die Vermietung und die Verpachtung von ganzen Grundstücken, sondern auch für die Vermietung und die Verpachtung von Grundstücksteilen. Hierzu gehören insbesondere Gebäude und Gebäudeteile wie Stockwerke, Wohnungen und einzelne Räume. Die Steuerbefreiung erstreckt sich in der Regel auch auf mitvermietete oder mitverpachtete Einrichtungsgegenstände, zum Beispiel auf das bewegliche Büromobiliar oder das bewegliche Inventar eines Seniorenheims.

Steuerfrei sind bei der Vermietung und Verpachtung von Grundstücken auch die damit in unmittelbarem wirtschaftlichen Zusammenhang stehenden üblichen Nebenleistungen, das heißt Leistungen, die im Vergleich zur Grundstücksvermietung beziehungsweise -verpachtung nebensächlich sind, mit ihr eng zusammenhängen und in ihrem Gefolge üblicherweise vorkommen, zum Beispiel

- ✔ die Versorgung mit Wasser, auch mit Warmwasser,
- ✔ das Überlassen von Waschmaschinen,
- ✔ die Flur- und Treppenreinigung,

- ✔ die Treppenbeleuchtung,
- ✔ die Lieferung von Strom sowie die Bereitstellung von Internet- und/oder TV-Anschluss durch den Vermieter.

BEISPIEL

Sie vermieten das von Ihrer Tante geerbte Haus an die Familie Maier, die darin privat wohnt. Die Vermietung ist umsatzsteuerfrei.

Trotz Steuerbefreiung steuerpflichtig?

Steuerfreie Umsätze haben auch eine Kehrseite. Wenn Sie umsatzsteuerfreie Ausgangsumsätze tätigen, haben Sie für die eingekauften Gegenstände oder sonstige Leistungen keinen Vorsteuerabzug, Sie erhalten also keine »Rückvergütung« vom Finanzamt. Bei bestimmten Umsätzen kann das aber zum Nachteil des Steuerpflichtigen sein, vor allem dann, wenn es um hohe Beträge geht, wie zum Beispiel beim Bau eines Hauses mit anschließender Vermietung.

Der Vermieter kann einen eigentlich steuerfreien Vermietungsumsatz steuerpflichtig behandeln, wenn

- ✔ er an einen anderen Unternehmer für sein Unternehmen vermietet und
- ✔ der Mieter das Grundstück nachweislich ausschließlich für Umsätze verwendet, die den Vorsteuerabzug nicht ausschließen.

Der Vermieter kann sich die von den Bauhandwerkern beim Bau in Rechnung gestellten Vorsteuerbeträge vom Finanzamt erstatten lassen.

BEISPIEL

Sie lassen auf einem Grundstück, das Ihnen gehört, eine Lagerhalle für 500.000 € zzgl. 95.000 € USt errichten, die Sie sofort nach Fertigstellung an einen Bauunternehmer vermieten, der darin seine Arbeitsmaschinen unterstellt. Als monatliche Miete wurden 2.000 € zzgl. 380 € vereinbart.

Sie müssen zwar in Zukunft die monatlich vereinnahmten 380 € an das Finanzamt abführen, können sich aber aus den gesamten Baukosten die 95.000 € auf einmal vom Finanzamt erstatten lassen, was einen erheblichen Finanzierungsvorteil für Sie darstellt.

Wann und wie viel? Höhe und Fälligkeit der Umsatzsteuer

Zuerst müssen Sie klären, wie viel Umsatzsteuer an das Finanzamt abzuführen ist und dann kümmern Sie sich darum, bis wann der Betrag überwiesen werden muss.

Was? Ich muss die Steuerhöhe selber berechnen?

Der Umsatz wird bei Lieferungen und sonstigen Leistungen und beim innergemeinschaftlichen Erwerb nach dem Entgelt bemessen.

Das *Entgelt* ist alles, was den Wert der Gegenleistung bildet, die der leistende Unternehmer vom Leistungsempfänger oder von einem anderen als dem Leistungsempfänger für die Leistung erhält oder erhalten soll, jedoch abzüglich der für diese Leistung gesetzlich geschuldeten Umsatzsteuer.

Auf dieses Entgelt werden Steuern gezahlt, sodass Sie durch Multiplikation (Entgelt × Steuersatz) die Umsatzsteuerhöhe errechnen können. Beim Steuersatz gibt es zwei Varianten:

- **Regelsteuersatz:** derzeit 19 % (§ 12 Abs. 1 UStG)
- **Ermäßigter Steuersatz:** derzeit 7 % für die in § 12 Abs. 2 UStG aufgezählten Ausnahmetatbestände

BEISPIEL

Sie fahren zur Tankstelle und tanken 20 Liter Superbenzin zu je 1,80 €/Liter. Beim Bezahlen an der Kasse nehmen Sie sich noch eine Tageszeitung für 2 € mit und bezahlen den Gesamtbetrag in bar.

Das Benzin wird mit 19 % USt besteuert. Daraus ergibt sich eine Bemessungsgrundlage in Höhe von 30,25 € und eine Umsatzsteuer von 19 % davon = 5,75 €.

Die Tageszeitung wird mit 7 % USt besteuert. Daraus ergibt sich eine Bemessungsgrundlage in Höhe von 1,87 € und eine Umsatzsteuer von 7 % davon = 0,13 €.

Wann die Steuer fällig ist

Doch wann ist die Steuer fällig?

- In der Regel entsteht die Steuer für Lieferungen und sonstige Leistungen mit Ablauf des Voranmeldungszeitraums, in dem die Leistungen ausgeführt worden sind, wenn die Berechnung nach vereinbarten Entgelten erfolgt.
- Wird das Entgelt oder ein Teil des Entgelts vereinnahmt, bevor die Leistung oder die Teilleistung ausgeführt worden ist, entsteht die Steuer mit Ablauf des Voranmeldungszeitraums, in dem das Entgelt oder das Teilentgelt vereinnahmt worden ist.
- Bei der Berechnung der Steuer nach vereinnahmten Entgelten entsteht die Steuer erst mit Ablauf des Voranmeldungszeitraums, in dem die Entgelte vereinnahmt worden sind.
- Im Falle des »Privatverbrauchs« im Sinne des § 3 Abs. 1b und 9a UStG entsteht die Steuer mit Ablauf des Voranmeldungszeitraums, in dem diese Leistungen ausgeführt worden sind.
- Für den innergemeinschaftlichen Erwerb im Sinne des § 1a UStG entsteht die Steuer mit Ausstellung der Rechnung, spätestens jedoch mit Ablauf des dem Erwerb folgenden Kalendermonats, für den innergemeinschaftlichen Erwerb von neuen Fahrzeugen im Sinne des § 1b UStG jedoch bereits am Tag des Erwerbs.

BEISPIEL

Sie kaufen sich am 26.4.2024 beim Autohändler ein neues Auto für 20.000 € zzgl. 19 % USt und leisten am Tag der Vertragsunterzeichnung eine Anzahlung von 5.000 € zzgl. 19 % USt. Den Restbetrag zahlen Sie am Liefertag (10.5.2024) in bar.

Der Autohändler ist als Leistender Steuerschuldner. Für die Anzahlung, die Sie am 26.4.2024 leisten, schuldet der Autohändler die Umsatzsteuer in Höhe von 950 € mit Ablauf des April 2024, die restlichen 2.850 € (19 % * 15.000 €) mit Ablauf des Mai 2024.

Hurra, ich erhalte Geld vom Finanzamt zurück

Der Volksmund sagt: »Die Umsatzsteuer ist ein durchlaufender Posten«. Damit ist gemeint, dass Sie bei Erhalt einer Leistung zunächst den vom Leistenden in Rechnung gestellten Umsatzsteuerbetrag zahlen müssen, sich aber in den meisten Fällen diesen Betrag vom Finanzamt in Form eines Vorsteuerabzugs wieder zurückholen können.

Der Unternehmer kann die folgenden Vorsteuerbeträge abziehen:

- ✔ die gesetzlich geschuldete Steuer für Lieferungen und sonstige Leistungen, die von einem anderen Unternehmer für sein Unternehmen ausgeführt worden sind, wenn der Leistungsempfänger im Besitz einer nach §§ 14, 14a UStG ausgestellten Rechnung ist,
- ✔ soweit der gesondert ausgewiesene Steuerbetrag auf eine Zahlung vor Ausführung dieser Umsätze entfällt, ist er bereits abziehbar, wenn die Rechnung vorliegt und die Zahlung geleistet worden ist,
- ✔ die entstandene Einfuhrumsatzsteuer für Gegenstände, die für sein Unternehmen nach § 1 Abs. 1 Nr. 4 UStG eingeführt worden sind,
- ✔ die Steuer für den innergemeinschaftlichen Erwerb von Gegenständen für sein Unternehmen, wenn der innergemeinschaftliche Erwerb nach § 3d Satz 1 UStG im Inland bewirkt wird,
- ✔ die Steuer für Leistungen im Sinne des § 13b Abs. 1 und 2 UStG, die für sein Unternehmen ausgeführt worden sind,
- ✔ die nach § 13a Abs. 1 Nr. 6 UStG geschuldete Steuer für Umsätze, die für sein Unternehmen ausgeführt worden sind,
- ✔ Voraussetzung in allen zuvor genannten Fällen ist, das der Unternehmer den empfangenen Gegenstand zu mindestens 10 % für sein Unternehmen nutzt.

In den Genuss des Vorsteuerabzugs kommen Sie jedoch bei Inlandsumsätzen nur dann, wenn Sie im Besitz einer Rechnung sind, die mindestens die folgenden Angaben enthalten muss:

1. **den vollständigen Namen und die vollständige Anschrift des leistenden Unternehmers und des Leistungsempfängers**

2. **die Steuernummer**, die das Finanzamt dem leistenden Unternehmer vom Finanzamt erteilt hat oder die ihm vom Bundeszentralamt für Steuern erteilte Umsatzsteuer-Identifikationsnummer
3. **das Ausstellungsdatum**
4. **eine Rechnungsnummer**, das heißt fortlaufende Nummer mit einer oder mehreren Zahlenreihen, die zur Identifizierung der Rechnung vom Rechnungsaussteller einmalig vergeben wird
5. **die Menge und die Art** (handelsübliche Bezeichnung) der gelieferten Gegenstände oder den Umfang und die Art der sonstigen Leistung
6. **den Zeitpunkt der Lieferung** oder sonstigen Leistung; wenn das Entgelt vor der Leistungsausführung vereinnahmt wird, den Zeitpunkt der Vereinnahmung des Entgelts oder eines Teils des Entgelts, sofern der Zeitpunkt der Vereinnahmung feststeht und nicht mit dem Ausstellungsdatum der Rechnung übereinstimmt,
7. **das Entgelt für die Lieferung oder sonstige Leistung**, nach Steuersätzen und einzelnen Steuerbefreiungen aufgeschlüsselt, sowie jede im Voraus vereinbarte Minderung des Entgelts, sofern sie nicht bereits im Entgelt berücksichtigt ist,
8. **den anzuwendenden Steuersatz und den Steuerbetrag** oder im Fall einer Steuerbefreiung einen Hinweis darauf, dass für die Lieferung oder sonstige Leistung eine Steuerbefreiung gilt
9. **einen Hinweis auf die Aufbewahrungspflicht des Leistungsempfängers** in den Fällen, in denen ein Unternehmer eines steuerpflichtige Werklieferung oder sonstige Leistung im Zusammenhang mit einem Grundstück ausführt
10. **die Angabe »Gutschrift«** , falls die Rechnung durch den Leistungsempfänger oder durch einen von ihm beauftragten Dritten ausgestellt wurde

Formalitäten überall und kein Ende in Sicht

Fast jeder Unternehmer ist zur Abgabe einer Umsatzsteuervoranmeldung verpflichtet, die er bis zum zehnten Tag nach Ablauf des Voranmeldungszeitraums elektronisch beim Finanzamt einreichen muss. Der Voranmeldungszeitraum ist grundsätzlich das Kalendervierteljahr. Hat die Steuer im letzten Kalenderjahr

- ✔ mehr als 7.500 € betragen, ist die Umsatzsteuervoranmeldung monatlich abzugeben
- ✔ nicht mehr als 1.000 € betragen, werden Sie vom Finanzamt in der Regel von der Abgabepflicht der Umsatzsteuervoranmeldung befreit.

»Exoten« in der Umsatzsteuerlandschaft

Zwei Sonderfälle bei der Umsatzsteuer wollen wir Ihnen nicht vorenthalten: Kleinunternehmer und Organschaften.

Klein, aber oho: Kleinunternehmer

Sogenannte *Kleinunternehmer* schulden in der Regel keine Umsatzsteuer an das Finanzamt, wenn der Gesamtumsatz (ohne Umsatz von Wirtschaftsgütern des Anlagevermögens) zuzüglich der darauf entfallenden Steuer im vorangegangenen Kalenderjahr 22 000 € nicht überstiegen hat und im laufenden Kalenderjahr 50 000 € voraussichtlich nicht übersteigen wird. Bei der Ermittlung der Grenzen von 22.000 € und 50.000 € ist jeweils von dem Gesamtumsatz im Sinne des § 19 Abs. 3 UStG auszugehen, der stets nach vereinnahmten Entgelten berechnet wird.

Als Kleinunternehmer müssen Sie also die folgenden Vorschriften nicht beachten:

- ✔ Steuerbefreiung innergemeinschaftlicher Lieferungen
- ✔ Verzicht auf Steuerbefreiungen
- ✔ den gesonderten Ausweis der Steuer in einer Rechnung
- ✔ die Angabe der Umsatzsteuer-Identifikationsnummer in einer Rechnung
- ✔ Vorsteuerabzug

Folgende Umsatzsteuerbeträge müssen Sie allerdings auch als Kleinunternehmer an das Finanzamt abführen:

- ✔ die Steuer für die Einfuhr beziehungsweise innergemeinschaftlichen Erwerb von Gegenständen
- ✔ die geschuldete Steuer nach § 13a Abs. 1 Nr. 6, § 13b Abs. 5, § 14c Abs. 2 und § 25b Abs. 2 UStG
- ✔ Steuer im Wege der Beförderungseinzelbesteuerung

Wie im menschlichen Körper in das Ganze eingegliedert: Die Organschaft

Ähnlich wie im Rahmen einer Konzernstruktur häufig nur die Konzernmuttergesellschaft nach außen in Erscheinung tritt, wird im Steuerrecht auch nur der *Organträger* als Unternehmer angesehen, da die *Organgesellschaften* unselbstständig sind.

Ist eine juristische Person nach dem Gesamtbild der tatsächlichen Verhältnisse finanziell, wirtschaftlich und organisatorisch in das Unternehmen des Organträgers eingegliedert, liegt im umsatzsteuerrechtlichen Sinne eine *Organschaft* vor. Die Wirkungen der

Organschaft sind auf Innenleistungen zwischen den im Inland gelegenen Unternehmensteilen beschränkt und die Unternehmensteile müssen als ein Unternehmen behandelt werden.

- ✔ **Finanzielle Eingliederung einer juristischen Person:** Der Organträger hat die unmittelbare oder mittelbare Beteiligungsmehrheit an der Organgesellschaft, die es ihm ermöglicht, durch Mehrheitsbeschlüsse seinen Willen in der Organgesellschaft durchzusetzen.
- ✔ **Wirtschaftliche Eingliederung:** Die Organgesellschaft ist nach dem Willen des Unternehmers im Rahmen des Gesamtunternehmens, und zwar in engem wirtschaftlichen Zusammenhang mit diesem, wirtschaftlich tätig.
- ✔ **Organisatorische Eingliederung:** Die durch die finanzielle Eingliederung verbundene Möglichkeit der Beherrschung der Tochtergesellschaft durch die Muttergesellschaft wird in der laufenden Geschäftsführung tatsächlich wahrgenommen.

IN DIESEM KAPITEL

Die Systematik der Abgabenordnung (AO)

Einblick in die Steuererklärung, Steuerfestsetzung und Steuererhebung

Korrektur von Verwaltungsakten

Kapitel 7 Gar nicht verfahren: Das Verfahrensrecht

Auch der Staat hat viele Aufgaben zu erfüllen und benötigt dafür Geld zur Finanzierung – Geld aus Steuereinnahmen. Durch die AO ist sichergestellt, dass es zu einer umfassenden und gleichmäßigen Besteuerung aller kommt. Sie sind natürlich nicht »hilflos« der Staatgewalt ausgeliefert, sodass es zahlreiche Möglichkeiten gibt, dass Ihre Rechte gewahrt bleiben.

Das A und O der AO: Die Systematik

Die AO gliedert sich in einen allgemeinen Teil und einen besonderen Teil. Zusammen mit dem Bewertungsgesetz stellt die AO den allgemeinen Teil des Steuerrechts dar, während der besondere Teil in den einzelnen Gesetzen (zum Beispiel EStG, KStG, UStG) geregelt ist.

- ✔ **Formales Recht:** *Verfahrensrechtliche Bestimmungen* regeln die Durchführung steuerlicher Rechte und Pflichten.
- ✔ **Materielles Recht:** Die *materiell-rechtlichen Vorschriften* regeln das Entstehen und Erlöschen steuerlicher Rechte und Pflichten.

Damit Sie jederzeit den Überblick behalten, ist die Abgabenordnung in verschiedene Abschnitte aufgeteilt:

1. Einleitende Vorschriften (§§ 1 – 32j AO)
2. Steuerschuldrecht (§§ 33 – 77 AO)
3. Allgemeine Verwaltungsvorschriften (§§ 78 – 133 AO)

4. Durchführung der Besteuerung (§§ 134 – 217 AO)
5. Erhebungsverfahren (§§ 218 – 248 AO)
6. Vollstreckung (§§ 249 – 346 AO)
7. Außergerichtliches Rechtsbehelfsverfahren (§§ 347 – 367 AO)
8. Straf- und Bußgeldvorschriften und -verfahren (§§ 369 – 412 AO)
9. Schlussvorschriften (§ 413 AO)

»*Steuern* sind Geldleistungen, die nicht eine Gegenleistung für eine besondere Leistung darstellen und von einem öffentlich-rechtlichen Gemeinwesen zur Erzielung von Einnahmen allen auferlegt werden, bei denen der Tatbestand zutrifft, an den das Gesetz die Leistungspflicht knüpft; die Erzielung von Einnahmen kann Nebenzweck sein.« (§ 3 Abs. 1 AO)

Was das konkret heißt, zeigt Ihnen Tabelle 7.1.

Steuern sind	Erläuterung
1. Geldleistungen	die einmalig oder fortlaufend zu zahlen sind
2. wofür keine Gegenleistung erbracht wird	im Gegensatz zu Gebühren, die als Entgelt für die Inanspruchnahme von Tätigkeiten der Verwaltung zu entrichten sind
3. von einem öffentlich-rechtlichen Gemeinwesen	zum Beispiel Bund, Länder oder Gemeinden
4. allen	stellt die Gleichmäßigkeit der Besteuerung sicher
5. auf die der steuerliche Tatbestand zutrifft	Der einzelne Besteuerungstatbestand muss erfüllt sein.
6. auferlegt	Der Rechtsgrund muss unabhängig vom Willen des Steuerpflichtigen bestimmt sein.

Tabelle 7.1: Steuern

Zu den Finanzbehörden gehören:

- ✔ **Bundesfinanzbehörden.** beispielsweise das Finanzamt als örtliche Behörde
- ✔ **Landesfinanzbehörden:** zum Beispiel das Hauptzollamt als örtliche Behörde

Bei den Finanzämtern wird dann beispielsweise noch weiter unterschieden in:

- ✔ Lagefinanzamt (das Finanzamt, in dessen Bezirk Ihr Grundstück liegt)
- ✔ Betriebsfinanzamt (das Finanzamt, in dessen Bezirk Sie ihr Unternehmen führen)
- ✔ Wohnsitzfinanzamt (das Finanzamt, das für Sie als natürliche Person zuständig ist)

Sie betreiben zwei Gemüseläden, einen in Düsseldorf und einen in Essen. Das Hauptgeschäft befindet sich in Düsseldorf. Für die Umsatzsteuer ist das Finanzamt in Düsseldorf zuständig, weil Sie Ihr Hauptgeschäft dort betreiben (§ 21 Abs. 1 AO).

Welches Finanzamt für welche Steuerart zuständig ist, gibt's noch mal im Überblick in Tabelle 7.2.

Steuerart	Zuständiges Finanzamt
Einkommensteuer	Wohnsitzfinanzamt
Umsatzsteuer für inländische Unternehmer	Betriebsfinanzamt
Gewerbesteuer	Betriebsfinanzamt
Körperschaftsteuer	Geschäftsleitungsfinanzamt
Grundsteuer	Lagefinanzamt

Tabelle 7.2: Welches Finanzamt ist zuständig?

Steuererklärung, -festsetzung und -erhebung

Grundsätzlich bestimmen die einzelnen Steuergesetze, wer zur Abgabe einer Steuererklärung verpflichtet ist. Unabhängig davon sind Sie auch dann zur Abgabe einer Steuererklärung verpflichtet, wenn Sie von Ihrer Finanzbehörde dazu aufgefordert werden.

Ist in den einzelnen Steuergesetzen keine Frist festgelegt, haben Sie (von Ausnahmen abgesehen) sieben Monate nach Ablauf des Kalenderjahres Zeit, Ihre Steuererklärung beim Finanzamt einzureichen. Sie sollten zum Beispiel bei der Abgabe der regelmäßigen Einkommensteuererklärung nicht warten, bis Sie das Finanzamt auffordert, da bei einer verspäteten Abgabe ein Verspätungszuschlag fällig ist.

Die Festsetzung eines Verspätungszuschlages entfällt nur,

- ✔ wenn das Finanzamt die Abgabefrist zuvor verlängert hat,
- ✔ wenn die festgesetzte Steuer 0 € beträgt,
- ✔ wenn Sie eine Steuererstattung erhalten,
- ✔ bei jährlich abzugebenden Lohnsteueranmeldungen.

Sie haben fristgerecht am 15.6.2024 Ihre Einkommensteuererklärung für das Jahr 2023 beim Finanzamt eingereicht. Unter anderem haben Sie auch Einkünfte aus Vermietung und Verpachtung erklärt, weil Sie eine vermietete Immobilie besitzen. Nach der Einreichung der Steuererklärung bemerken Sie, dass Ihnen ein Schreibfehler unterlaufen ist. Statt den tatsächlichen Mieteinnahmen von 12.000 € haben Sie nur Mieteinnahmen von 10.000 € erklärt.

Erkennen Sie nachträglich, dass Sie Ihre Einkommensteuererklärung unrichtig eingereicht haben, sollten Sie diese Erklärung unverzüglich richtigstellen, damit Sie das Finanzamt nicht wegen *leichtfertiger Steuerverkürzung* drankriegt.

Im Rahmen des Ermittlungsverfahrens wird der Steueranspruch nicht nur dem Grunde, sondern auch der Höhe nach durch die Finanzbehörde ermittelt. Die Ermittlung erstreckt sich auf die Besteuerungsgrundlagen, die sich aus Anträgen, Steuererklärungen und weiteren Unterlagen und Angaben des Steuerpflichtigen ergeben. Grundsätzlich werden die tatsächlichen und rechtlichen Verhältnisse, die für die Steuerpflicht und für die Bemessung der Steuer maßgeblich sind, zugrunde gelegt, so zum Beispiel Familienstand, Höhe der Einkünfte und so weiter.

»Die Finanzbehörden haben die Steuern nach Maßgabe der Gesetze gleichmäßig festzusetzen und zu erheben. Insbesondere haben sie sicherzustellen, dass Steuern nicht verkürzt, zu Unrecht erhoben oder Steuererstattungen und Steuervergütungen nicht zu Unrecht gewährt oder versagt werden.« (§ 85 AO)

Nachdem die Finanzbehörde Ihre eingereichte Steuererklärung überprüft und die Ermittlungen abgeschlossen hat, wird die Steuer durch einen *Verwaltungsakt* in einem Steuerbescheid festgesetzt und Ihnen gegenüber bekannt gegeben.

»Ein *Verwaltungsakt* wird gegenüber demjenigen, für den er bestimmt ist oder der von ihm betroffen wird, in dem Zeitpunkt wirksam, in dem er ihm bekannt gegeben wird und wird mit dem Inhalt wirksam, mit dem er bekannt gegeben wird.« (§ 124 AO)

Hat das Finanzamt nicht die Zeit gefunden, die Angaben Ihrer eingereichten Steuererklärung genauer zu prüfen, steht es dem Finanzamt frei, die Steuer »unter dem Vorbehalt der Nachprüfung« festzusetzen (§ 164 AO). Das gibt Ihnen und auch dem Finanzamt die Möglichkeit, die Steuerfestsetzung nachträglich noch zu ändern. Kann die Steuerhöhe noch nicht genau ermittelt werden, weil zum Beispiel beim BFH ein Verfahren anhängig ist, wovon auch Sie betroffen sein könnten, setzt das Finanzamt die Steuer in der Regel nur vorläufig fest (§ 165 AO).

Mit der Möglichkeit, die Steuer nachträglich noch ändern zu können, muss natürlich auch irgendwann einmal Schluss sein. Eine Änderung der Steuerfestsetzung ist nicht mehr zulässig, wenn die *Festsetzungsfrist* abgelaufen ist. Für die Einkommensteuer beträgt die Dauer der Festsetzungsfrist nach § 169 Abs. 2 Satz 1 Nr. 2 AO in den meisten Fällen vier Jahre und beginnt mit Ablauf des Kalenderjahrs, in dem Sie Ihre Einkommensteuererklärung beim Finanzamt eingereicht haben.

BEISPIEL

Sie haben Ihre Einkommensteuererklärung für das Kalenderjahr 2023 am 07.08.2024 beim Finanzamt eingereicht. Die Festsetzungsfrist beginnt mit Ablauf des Kalenderjahres 2024, also am 1.1.2025 und endet mit Ablauf des 31.12.2028.

Wenn was falsch ist: Korrektur von Verwaltungsakten

Aber nicht jeder Steuerbescheid wird automatisch bestandskräftig. Die AO enthält zahlreiche Korrekturvorschriften, die die Bindungswirkung und die Bestandskraft von Verwaltungsakten durchbrechen, so zum Beispiel:

- ✔ Berichtigung (§ 129, 177 AO),
- ✔ Aufhebung (§§ 164, 172 ff. AO) oder
- ✔ Änderung (§§ 164, 172 ff. AO).

Dazu kommt es allerdings nur dann, wenn ein Verwaltungsakt rechtswidrig ist, das heißt gegen eine Rechtsnorm verstößt und keine weiteren Gründe vorliegen, die eine Korrektur verhindern (zum Beispiel Ablauf der Festsetzungsfrist).

Die Berichtigungsvorschriften gelten für

- ✔ alle Steuerverwaltungsakte (§ 129 AO),
- ✔ Steuerbescheide (§§ 172 ff. AO),
- ✔ Steuerverwaltungsakte, die keine Steuerbescheide sind (§ 130, 131 AO).

Offenbare Unrichtigkeit nach § 129 AO

»Die Finanzbehörde kann Schreibfehler, Rechenfehler und ähnliche offenbare Unrichtigkeiten, die beim Erlass eines Verwaltungsakts unterlaufen sind, jederzeit berichtigen. Bei berechtigtem Interesse des Beteiligten ist zu berichtigen.« (§ 129 AO)

Dafür müssen folgende Voraussetzungen vorliegen:

- ✔ Es handelt sich um einen Schreib-, Rechen- oder ähnlichen Fehler.
- ✔ Der Fehler ist ohne weitere Ermittlungen offenkundig.
- ✔ Die offene Unrichtigkeit ist beim Erlass des Verwaltungsaktes entstanden.

BEISPIEL

Sie haben Ihre Einkünfte aus Vermietung und Verpachtung in einer Excel-Datei zusammengestellt, aus der sich die Einkünfte aus Vermietung und Verpachtung genau ergeben. Diese Excel-Datei reichen Sie zusammen mit Ihrer Einkommensteuererklärung für das Kalenderjahr 2023 elektronisch am 07.08.2024 beim Finanzamt ein. Obwohl sich die Summe der Einkünfte aus Vermietung und Verpachtung laut Excel-Tabelle auf 54.600 € beläuft, erklären Sie in Ihrer Einkommensteuererklärung nur Einkünfte in Höhe von 45.600 €. Der Finanzbeamte übernimmt Ihre Werte und sieht den »Zahlendreher« nicht. Eine Korrektur ist nach § 129 AO möglich, da eine offenbare Unrichtigkeit vorliegt.

Aufhebung und Änderung von Steuerbescheiden (§ 172 AO)

Nur Steuerbescheide, die nicht vorläufig nach § 165 AO ergangen sind oder unter dem Vorbehalt der Nachprüfung stehen (§ 164 AO), können unter bestimmten Voraussetzungen nach § 172 AO aufgehoben (das heißt der Steuerbescheid entfällt ersatzlos) oder geändert (das heißt. der Steuerbescheid wird korrigiert) werden.

Für eine Aufhebung beziehungsweise Änderung i.S.d. § 172 Abs. 1 Satz 1 Nr. 2 Buchst. a AO muss zum Beispiel eine der folgenden Voraussetzungen vorliegen:

- ✔ Der Steuerpflichtige hat der Aufhebung beziehungsweise Änderung zugestimmt, wenn die Initiative vom Finanzamt ausgegangen ist.
- ✔ Der Steuerpflichtige beantragt die Aufhebung beziehungsweise Änderung.

Aufhebung und Änderung wegen neuer Tatsachen und Beweismittel (§ 173 AO)

»Steuerbescheide sind aufzuheben oder zu ändern,

1. soweit Tatsachen oder Beweismittel nachträglich bekannt werden, die zu einer höheren Steuer führen,
2. soweit Tatsachen oder Beweismittel nachträglich bekannt werden, die zu einer niedrigeren Steuer führen und den Steuerpflichtigen kein grobes Verschulden daran trifft, dass die Tatsachen oder Beweismittel erst nachträglich bekannt werden. ...« (§ 173 Abs. 1 AO)

Bei zwei verschiedenen Tatsachen, von denen eine steuererhöhend und eine steuermindernd wirkt, besteht ein *Saldierungsverbot*. Das heißt, beide Tatsachen müssen einzeln betrachtet werden und Sie müssen zwei Änderungen vornehmen. Hat eine Tatsache wiederum steuererhöhende und steuermindernde Auswirkungen, müssen Sie beide Auswirkungen saldieren (*Saldierungsgebot*).

BEISPIEL

Sie ermitteln für Ihren Gemüseladen den Gewinn durch Einnahmenüberschussrechnung und haben sowohl für regelmäßig wiederkehrende Einnahmen als auch für regelmäßig wiederkehrende Ausgaben die *10-Tages-Regelung* nicht beachtet, sodass von Ihnen für das Jahr 2023 sowohl die Betriebseinnahmen als auch die Betriebsausgaben zu gering erklärt wurden. Da sich beides auf die Höhe desselben Gewinns für 2023 auswirkt, besteht ein Saldierungsgebot.

Schreib- und Rechenfehler bei Erstellung einer Steuererklärung (§ 173a AO)

Nicht nur Finanzbeamten können Fehler unterlaufen, auch Sie selber können bei der Einreichung der Steuererklärung »überflüssige« Fehler machen. Unterlaufen Ihnen bei der

Erstellung Ihrer Steuererklärung Schreib- oder Rechenfehler, kann der Steuerbescheid, der auf Ihren eingereichten Angaben beruht, im Nachhinein aufgehoben oder geändert werden.

BEISPIEL

Sie haben im Jahr 2023 Einkünfte aus Vermietung und Verpachtung in Höhe von 45.600 € erzielt, die Sie in einer separaten Excel-Datei zusammengestellt haben. Im Rahmen Ihrer Einkommensteuererklärung erklären Sie Einkünfte aus Vermietung und Verpachtung in Höhe von 54.600 € und übermitteln die Steuererklärung (ohne Excel-Datei) elektronisch an Ihr Finanzamt.

Der Finanzbeamte übernimmt Ihre Werte und kann den »Zahlendreher« nicht erkennen, weil er Ihre Excel-Datei nicht vorliegen hat. Sie erhalten wenige Wochen später einen Steuerbescheid mit Einkünften aus Vermietung und Verpachtung in Höhe der von Ihnen erklärten 54.600 €. Im Rahmen der Überprüfung fällt Ihnen der Zahlendreher auf, der Ihnen bei der Einreichung der Steuererklärung unterlaufen ist.

Die Änderung der Steuerfestsetzung ist nach § 173a AO möglich, weil Sie aufgrund Ihres Zahlendrehers bei der Erstellung der Steuererklärung der Finanzbehörde bestimmte Tatsachen unzutreffend (das heißt fehlerhaft) mitgeteilt haben und diese Tatsachen nach den Verhältnissen zum Zeitpunkt des Erlasses des Steuerbescheids rechtserheblich waren.

Widerstreitende Steuerfestsetzung (§ 174 AO)

Nach § 174 Abs. 1 AO muss ein Steuerbescheid aufgehoben oder geändert werden, wenn ein bestimmter Sachverhalt mehrfach zuungunsten eines oder mehrerer Steuerpflichtiger berücksichtigt worden ist, obwohl er nur einmal hätte berücksichtigt werden dürfen.

Das ist zum Beispiel der Fall, wenn:

- ✔ dieselbe Einnahme irrtümlich verschiedenen Steuerpflichtigen zugeordnet worden ist,
- ✔ dieselbe Einnahme irrtümlich verschiedenen Besteuerungszeiträumen zugeordnet worden ist,
- ✔ mehrere Finanzämter gegen denselben Steuerpflichtigen für dieselbe Steuer und denselben Besteuerungszeitraum Steuerbescheide erlassen haben.

Einspruch! Rechtsbehelfsverfahren

Besondere Prüfungsrelevanz hat das Thema »Fristen und Termine«.

Eine *Frist ist* ein begrenzter Zeitraum, der für die Vornahme einer Rechtshandlung gesetzt ist. Bei einem *Termin* handelt es sich um einen Zeitpunkt, an dem etwas passieren soll.

Im Rahmen der Fristberechnung beziehungsweise Terminbestimmung sind die Vorschriften §§ 187 – 193 BGB entscheidend, es sei denn, in der AO oder in den Einzelsteuergesetzen ist etwas anderes bestimmt.

- ✔ Fristbeginn ist der Tag nach der Bekanntgabe, wenn die Finanzbehörde die Frist gesetzt hat (§ 108 Abs. 2 AO).
- ✔ Ein schriftlicher Verwaltungsakt, der durch die Post übermittelt wird, gilt i.d.R. am dritten Tag nach der Aufgabe zur Post als bekannt gegeben (§ 122 Abs. 2 Nr. 1 AO).
- ✔ Fällt das Fristende auf einen Samstag, Sonntag oder gesetzlichen Feiertag, verschiebt sich das Fristende auf den nachfolgenden Werktag.

Am 6.8.2024 erhalten Sie Post vom Finanzamt. In dem Brief befindet sich Ihr Einkommensteuerbescheid mit Datum vom 5.8.2024. Unabhängig davon, dass Sie den Einkommensteuerbescheid bereits am 6.8.2024 in Händen halten, beginnt die Frist erst mit Ablauf des dritten Tages nach der Aufgabe zur Post. Der Fristbeginn ist also der 9.8.2024 um 0.00 Uhr.

Häufig kommt es vor, dass der Steuerbescheid Abweichungen zu Ihrer Erklärung enthält. Diese Abweichungen sollten Sie genau prüfen. Wenn Sie zu dem Schluss kommen, dass da »etwas schiefgelaufen« ist, können Sie gegen den Einkommensteuerbescheid Einspruch einlegen. Der Verwaltungsakt (hier: Einkommensteuerbescheid) wird gemäß § 355 Abs. 1 AO nämlich erst nach Ablauf der Einspruchsfrist, die einen Monat beträgt, bestandskräftig.

Ihr freundlicher Postbote wirft Ihnen am 6.8. 2024 den Steuerbescheid mit Datum vom 5.8.2024 in den Briefkasten. Sie werfen einen prüfenden Blick darauf und stellen fest, dass das Finanzamt Werbungskosten in Höhe von 1.000 € zu Unrecht nicht anerkannt hat.

Was nun? Erst mal ruhig durchatmen, Sie haben Zeit: Die Einspruchsfrist beträgt genau einen Monat (nicht vier Wochen). Sie müssen also bis spätestens 8.9.2024 bei Ihrem Finanzamt gegen den Einkommensteuerbescheid Einspruch einlegen. Die Einspruchsfrist beginnt gemäß § 122 Abs. 2 Nr. 1 AO mit Ablauf des dritten Tages nach der Aufgabe zur Post. Die Aufgabe zur Post erfolgte nach dem Datum des Steuerbescheides am 5.8.2024. Die Einspruchsfrist beginnt also mit Ablauf des 8.8.2024 (also am 9.8.2024 um 0:00 Uhr) und endet nach Ablauf eines Monats am 8.9.2024 um 24:00 Uhr.

Erst nach Ablauf der Einspruchsfrist ist sowohl für Sie als Steuerpflichtiger als auch für das Finanzamt alles »in trockenen Tüchern«. Erst dann können Sie sich als Steuerpflichtiger darauf verlassen, dass der Steuerbescheid mit dem Inhalt wirksam geworden ist, wie er Ihnen vorliegt, Sie Rechtssicherheit haben und in der Zukunft auch weiterhin ruhig schlafen können.

Über den Einspruch entscheidet die Finanzbehörde, die Ihren Einkommensteuerbescheid erlassen hat. Allerdings schaut sich das Finanzamt Ihren gesamten Fall nochmals genau an, bevor es über Ihren Einspruch entscheidet. Im günstigsten Fall werden Ihre zunächst nicht anerkannten 1.000 € Werbungskosten jetzt anerkannt.

Sollte Ihr Einspruch erfolglos bleiben, haben Sie immer noch die Möglichkeit, gerichtlich dagegen vorzugehen.

IN DIESEM KAPITEL

Welteinkommens- und Territorialprinzip

OECD-Musterabkommen

Vermeidung der Doppelbesteuerung

Freistellungs-, Anrechnungs- und Abzugsmethode

Kapitel 8
Besser nicht doppelt gemoppelt: das Doppelbesteuerungsabkommen

In diesem Kapitel lernen Sie den Zusammenhang zwischen deutschem und ausländischem Steuerrecht kennen. Immer dann, wenn Sie Einkünfte aus mehreren Ländern haben, droht eine Doppelbesteuerung, die es ganz oder zumindest teilweise zu vermeiden gilt.

Welteinkommensprinzip und Territorialprinzip

Im internationalen Steuerrecht geht es um Sachverhalte, die zu einer Besteuerung im Inland und Ausland führen können. Darunter fallen nicht nur inländische Einkünfte eines Steuerpflichtigen, der im Ausland ansässig ist, sondern auch Ihre ausländischen Einkünfte, wenn Sie im Inland ansässig sind.

Grundsätzlich unterscheidet das Steuerrecht zwischen dem Universalitätsprinzip und dem Territorialprinzip.

Beim *Universalitätsprinzip* ist für die Besteuerung ausschlaggebend, wo jemand seinen Wohnsitz oder gewöhnlichen Aufenthalt hat, egal welche Einkünfte wo erzielt werden. Wenn Sie also Ihren Wohnsitz in Deutschland haben, unterliegen Sie mit Ihren sämtlichen Einkünften, die Sie im In- und Ausland erzielen, unbeschränkt der deutschen Einkommensteuer.

Im Gegensatz dazu konzentriert sich die Besteuerung beim *Territorialitätsprinzip* auf das Land, wo sich die Einkunftsquelle befindet. Wenn Sie also als deutscher Staatsbürger mit Wohnsitz in Deutschland Einkünfte aus einem Ferienhaus an der niederländischen Küste haben, kann es sein, dass Sie in den Niederlanden für diese Einkünfte zur Steuer herangezogen werden, weil sich das Ferienhaus in den Niederlanden befindet.

Unbeschränkte und beschränkte Steuerpflicht

Der deutsche Gesetzgeber unterscheidet in unbeschränkte und beschränkte Steuerpflicht.

- **Unbeschränkte Steuerpflicht:** Unbeschränkt sind Sie immer dann steuerpflichtig, wenn Sie Ihren Wohnsitz oder gewöhnlichen Aufenthalt im Inland haben, egal aus welchen Ländern Sie Einkünfte erzielen (Beispiel: Sie haben Ihren Wohnsitz in Berlin und erzielen Einkünfte aus Vermietung und Verpachtung eines in Dänemark belegenen Ferienhauses).
- **Beschränkte Steuerpflicht:** Beschränkt steuerpflichtig sind unter anderem Personen, die im Ausland ihren Wohnsitz haben, aber im Inland Einkünfte erzielen (Beispiel: Sie haben Ihren Wohnsitz in Amsterdam und erzielen Einkünfte aus Vermietung und Verpachtung eines in Düsseldorf belegenen Hauses).

Folgende Varianten können sich im Rahmen einer Doppelbesteuerung ergeben:

- Unbeschränkte Steuerpflicht in Staat A und unbeschränkte Steuerpflicht in Staat B
- Unbeschränkte Steuerpflicht in Staat A und beschränkte Steuerpflicht in Staat B
- Beschränkte Steuerpflicht in Staat A und unbeschränkte Steuerpflicht in Staat B
- Beschränkte Steuerpflicht in Staat A und beschränkte Steuerpflicht in Staat B

Sie sehen also, es gibt zahlreiche Situationen, in denen eine Doppelbesteuerung in zwei oder mehr Ländern droht.

OECD-Musterabkommen

Um diese Doppelbesteuerung zu beseitigen oder abzumildern, existieren zahlreiche Regelungen und Vorschriften, unter anderem auch Doppelbesteuerungsabkommen (DBA) zwischen Deutschland und zahlreichen ausländischen Staaten. Grundlage für alle mit Deutschland existierenden DBAs ist das OECD-Musterabkommen.

Die Abschnitte des OECD, die Sie kennen sollten

Das OECD-Musterabkommen (OECD-MA) gliedert sich in verschiedene Abschnitte, die wiederum weiter in verschiedene Artikel unterteilt sind.

- Abschnitt I: Geltungsbereich des Abkommens
- Abschnitt II: Begriffsbestimmungen

- Abschnitt III: Besteuerung des Einkommens
- Abschnitt IV: Besteuerung des Vermögens
- Abschnitt V: Methoden zur Vermeidung der Doppelbesteuerung
- Abschnitt VI: Besondere Bestimmungen
- Abschnitt VII: Schlussbestimmungen

Abschnitt I

Im ersten Abschnitt des OECD-MA werden die persönliche und die sachliche Zuordnung festgelegt. Für Sie bedeutet das, dass Sie mindestens in einem der beiden Vertragsstaaten ansässig sein müssen, damit Sie von dem jeweiligen DBA erfasst werden. Sachlich erstreckt sich das Abkommen unter anderem auf Steuern vom Einkommen.

Abschnitt II

Im zweiten Abschnitt werden Begriffsbestimmungen und Definitionen festgelegt, die im gesamten DBA verwendet werden, zum Beispiel werden unter einer Person verstanden:

- natürliche Person,
- Gesellschaften sowie
- alle anderen Personenvereinigungen.

Eine Gesellschaft ist zum Beispiel jede juristische Person.

In Art. 4 des OECD-MA ist die »ansässige Person« definiert. Nach Art. 4 Abs. 2 DBA-MA gilt eine Person nur in dem Staat ansässig, in dem sie über eine ständige Wohnstätte verfügt. Das ist der wichtigste Punkt, der immer zuerst bestimmt werden muss.

BEISPIEL

Sie haben nach dem OECD-MA Ihre ständige Wohnstätte in Deutschland und erzielen Einkünfte aus Vermietung und Verpachtung eines an der niederländischen Küste liegenden Ferienhauses.

Damit kann eine Doppelbesteuerung eintreten, weil der deutsche Fiskus Ihr Welteinkommen besteuert (wegen Wohnsitz in Deutschland) und die Niederländer könnten die Einkünfte aus Vermietung und Verpachtung nach niederländischem Recht besteuern, weil das Grundstück in den Niederlanden liegt.

BEISPIEL

Wenn Sie jedoch nach dem OECD-MA Ihre ständige Wohnstäte in den Niederlanden haben und dort Einkünfte aus Vermietung und Verpachtung eines an der niederländischen Küste liegenden Ferienhauses erzielen, droht überhaupt keine Doppelbesteuerung, weil nur das niederländische Finanzamt Sie zur Kasse bittet.

Abschnitt III und IV

Im dritten und vierten Abschnitt wird festgelegt, welche Einkünfte im Einzelnen unter das DBA fallen.

Abschnitt V

Zur Vermeidung einer Doppelbesteuerung ist im 5. Abschnitt geregelt:

- ✔ Befreiungsmethode
- ✔ Anrechnungsmethode

Bei der Befreiungsmethode stellt der eine Staat das Einkommen von der Besteuerung vollständig frei, wenn diese Einkünfte im anderen Staat besteuert werden können, und schließt damit eine Doppelbesteuerung von Anfang an aus.

Bei der Anrechnungsmethode können Sie die im Ausland gezahlte Steuer beim inländischen Fiskus wie eine Steuervorauszahlung auf Ihre Einkommensteuer anrechnen.

Abschnitt VI

Im sechsten Abschnitt des OECD-MA sind besondere Bestimmungen festgelegt worden, die für Sie keine Prüfungsrelevanz besitzen.

Abschnitt VII

Die Schlussbestimmungen im siebten Abschnitt des OECD-MA regeln das Inkrafttreten sowie die Kündigungsmöglichkeiten und enthalten eine Schlussklausel.

Prüfungsrelevante Artikel des OECD

Für die Prüfung müssen Sie nicht alle Artikel kennen, In den folgenden Abschnitten stellen wir Ihnen die wichtigsten prüfungsrelevanten Artikel vor.

Artikel 6

Einkünfte, die eine in einem Vertragsstaat ansässige Person aus unbeweglichem Vermögen (zum Beispiel Grundstück) … bezieht, das im anderen Vertragsstaat liegt, können im anderen Staat besteuert werden (Art. 6 Abs. 1 OECD-MA).

BEISPIEL

Die in Düsseldorf ansässige Gemüsehandels-GmbH besitzt in Madrid ein Grundstück, das sie an Privatpersonen zu Wohnzwecken vermietet.

Hat Deutschland ein Besteuerungsrecht für diese Mieteinkünfte?

- ✔ Ihre Überlegungen sehen so aus: Die Gemüsehandels-GmbH ist nach Art. 3 Abs. 1 Buchst. b OECD-MA eine Gesellschaft mit Sitz in Deutschland (Art. 4 Abs. 1 OECD-MA in Verbindung mit § 11 AO).
- ✔ Das vermietete Grundstück befindet sich in Spanien und damit in einem anderen Vertragsstaat als Deutschland.
- ✔ Einkünfte, die eine in einem Vertragsstaat ansässige Person (dazu zählt die Gemüsehandels-GmbH mit Ansässigkeit in Deutschland) aus unbeweglichem

Vermögen (das Grundstück stellt nach Art. 6 Abs. 2 Satz 1 OECD-MA unbewegliches Vermögen dar) bezieht, das im anderen Vertragsstaat (Spanien) liegt, können im anderen Staat (= Spanien) besteuert werden.

✔ Obwohl das Grundstück notwendiges Betriebsvermögen der Gemüsehandels-GmbH darstellt, bleibt es über Art. 6 Abs. 4 MA bei dieser Regelung.

Sie kommen also zu folgendem Ergebnis: Da die Gemüsehandels-GmbH in Deutschland gemäß § 1 Abs. 1 Nr. 1 KStG mit ihrem gesamten Welteinkommen unbeschränkt körperschaftsteuerpflichtig ist, kommt es nur dann zu einer Doppelbesteuerung, wenn der spanische Fiskus die Mieteinkünfte der spanischen Besteuerung unterwirft.

Artikel 7

Gewinne eines Unternehmens eines Vertragsstaates können nur in diesem Staat besteuert werden, es sei denn, das Unternehmen übt seine Geschäftstätigkeit im anderen Staat durch eine dort belegene Betriebsstätte aus.

Übt das Unternehmen seine Geschäftstätigkeit auf diese Weise aus, so können die Gewinne, die der Betriebsstätte nach Art. 7 Abs. 2 OECD-MA zuzurechnen sind, im anderen Staat besteuert werden (Art. 7 Abs. 1 OECD-MA).

BEISPIEL

Die in Düsseldorf ansässige Gemüsehandels-GmbH unterhält in Madrid eine Betriebsstätte, in der sie im Jahr 2024 einen Gewinn in Höhe von 100.000 € erzielt.

Nur die Gewinne der ausländischen Betriebsstätte in Madrid können in Spanien besteuert werden, nicht aber die Gewinne, die die Gemüsehandels-GmbH in Deutschland erwirtschaftet. Diese unterliegen der deutschen Körperschaftsteuer.

Artikel 10

Dividenden, die eine in einem Vertragsstaat ansässige Gesellschaft an eine im anderen Vertragsstaat ansässige Person zahlt, können im anderen Staat besteuert werden (Art. 10 Abs. 1 OECD-MA).

Dividenden, die von einer in einem Vertragsstaat ansässigen Gesellschaft gezahlt werden, können jedoch auch von diesem Vertragsstaat nach dem Recht dieses Staates besteuert werden; die Steuer darf aber, wenn der Nutzungsberechtigte der Dividenden eine in dem anderen Vertragsstaat ansässige Person ist, folgende Summen nicht übersteigen:

a. 5 % des Bruttobetrages der Dividenden, wenn der Nutzungsberechtigte eine Gesellschaft ist, die während eines Zeitraums von 365 Tagen einschließlich des Tages der Dividendenzahlung unmittelbar über mindestens 25 % des Kapitals der die Dividenden zahlenden Gesellschaft verfügt;

b. 15 v.H. des Bruttobetrags der Dividenden in allen anderen Fällen (Art. 10 Abs. 2 OECD-MA).

An der Obst- und Gemüse B.V. mit Sitz in den Niederlanden sind unter anderem folgende Personen beziehungsweise Gesellschaften beteiligt, die jeweils ihren Wohnsitz beziehungsweise Geschäftssitz in Deutschland haben:

a. Sie als Einzelunternehmer zu 50 %

b. die Immerfrisch OHG zu 25 %

c. die Investoren-GmbH zu 25 %

Anteilseigner	Höhe der Beteiligung an der Obst- und Gemüse B.V.	Besteuerungsrecht des niederländischen Fiskus (%)
Sie als Einzelunternehmer	ist unerheblich	15
Immerfrisch OHG	ist unerheblich	15
Investoren-GmbH	25 % oder mehr	5

Die in den Niederlanden ansässige Obst- und Gemüse B.V. ist zu 40 % an der Immerfrisch GmbH mit Sitz in Düsseldorf beteiligt. Im Mai 2024 schüttet die Immerfrisch GmbH an die Obst- und Gemüse B.V. einen anteiligen Gewinn von 20.000 € aus. Kann der deutsche Fiskus diese Dividende besteuern?

Ja, allerdings ist nach Art. 10 Abs. 2 Buchst. a OECD-MA die Besteuerung auf 5 % der Bruttodividende beschränkt, weil die Obst- und Gemüse B.V. unmittelbar zu mindestens 25 % an der Immerfrisch GmbH beteiligt ist.

Artikel 11

Zinsen, die aus einem Vertragsstaat stammen und an eine im anderen Vertragsstaat ansässige Person gezahlt werden, können im anderen Staat besteuert werden (Art. 11 Abs. 1 OECD-MA).

Zinsen, die aus einem Vertragsstaat stammen, können jedoch auch in diesem Staat nach dem Recht dieses Staates besteuert werden; die Steuer darf aber, wenn der Nutzungsberechtigte der Zinsen eine in dem anderen Vertragsstaat ansässige Person ist, 10 v.H. des Bruttobetrags der Zinsen nicht übersteigen (Art. 11 Abs. 2 OECD-MA).

Die Gemüse GmbH mit Sitz in Düsseldorf hat bei der Obst und Gemüse Ltd. mit Sitz in England ein in Deutschland grundbuchrechtlich gesichertes Darlehen aufgenommen, für das sie Zinsen an die Obst und Gemüse Ltd. zahlt. Kann der deutsche Fiskus die Zinseinnahmen der Obst und Gemüse Ltd. besteuern?

Die Obst und Gemüse Ltd. ist nur dann in Deutschland mit diesen Zinseinnahmen beschränkt steuerpflichtig, wenn sie inländische Einkünfte im Sinne des § 8 Abs. 1 KStG in Verbindung mit § 49 Abs. 1 EStG hat. Es wird aus Vereinfachungsgründen davon ausgegangen, dass die Rechtslage in England mit der deutschen identisch ist.

Die Obst und Gemüse Ltd. hat also Einkünfte aus Gewerbebetrieb (§ 8 Abs. 2 KStG i.V.m. § 15 EStG).

1. Prüfen Sie, ob sich eine beschränkte Steuerpflicht i.S.d. § 49 Abs. 1 Nr. 2 Buchst. a EStG ergibt.

   Diese liegt nicht vor, weil es an einer Betriebsstätte fehlt.

2. Lassen Sie jedoch die im Ausland gegebenen Besteuerungsmerkmale außer Betracht (*isolierende Betrachtungsweise* im Sinne des § 49 Abs. 2 EStG), liegen Einkünfte aus § 20 Abs. 1 Nr. 7 EStG vor, die gleichzeitig auch gem. § 49 Abs. 1 Nr. 5 Buchst. c Doppelbuchst. aa EStG zu den inländischen Einkünften zählen, weil das Darlehen durch inländischen Grundbesitz unmittelbar gesichert ist.

   Obwohl die Zinsen von der Besteuerung aufgrund des »Welteinkommensprinzips« in England erfasst werden, hat der deutsche Fiskus gemäß Art. 11 Abs. 2 MA die Möglichkeit, die Zinserträge der Quellensteuer von maximal 10 % des Bruttozinsertrags zu unterwerfen.

Es liegt also eine Doppelbesteuerung in England und Deutschland vor.

Besondere Prüfungsrelevanz hat Art. 11 Abs. 6 OECD-MA. Dort heißt es:

»Bestehen zwischen dem Schuldner und dem Nutzungsberechtigten oder zwischen jedem von ihnen und einem Dritten besondere Beziehungen und übersteigen deshalb die Zinsen, gemessen an der zugrundeliegenden Forderung, den Betrag, den Schuldner und Nutzungsberechtigter ohne diese Beziehungen vereinbart hätten, so wird dieser Artikel nur auf den letzteren Betrag angewendet. In diesem Fall kann der übersteigende Betrag nach dem Recht eines jeden Vertragsstaats und unter Berücksichtigung der anderen Bestimmungen dieses Abkommens besteuert werden.«

BEISPIEL

Die Gemüse GmbH mit Sitz in Düsseldorf ist zu 40 % an der spanischen Kapitalgesellschaft Spa mit Sitz in Madrid beteiligt und gewährt dieser ein Darlehen zu 8 % Zinsen p.a. Die übliche Darlehensverzinsung beträgt 5 % p.a. Die spanischen Behörden haben daraus keine steuerrechtlichen Konsequenzen gezogen.

Die Zinsen können sowohl in Deutschland nach Art. 11 Abs. 1 OECD-MA als auch in Spanien nach Art. 11 Abs. 2 OECD-MA (in Höhe von 10 % auf den Zinsbetrag) besteuert werden.

Durch die besonderen gesellschaftlichen Beziehungen zwischen der Gemüse GmbH und der spanischen Kapitalgesellschaft Spa haben sich beide Gesellschaften auf einen um 3 Prozentpunkte zu hohen Zins geeinigt. Das ist eine *verdeckte Gewinnausschüttung* (vGA) der Spa an die Gemüse GmbH (§ 8 Abs. 3 KStG in Verbindung mit R 8.5 Abs. 1 KStR).

Auf den Betrag der verdeckten Gewinnausschüttung müssen Sie gemäß Art. 11 Abs. 6 OECD-MA den Art. 10 OECD-MA anwenden.

Die Bezüge im Sinne des § 20 Abs. 1 Nr. 1 EStG (hier die vGA) bleiben bei der Ermittlung des Einkommens der Gemüse GmbH außer Ansatz (§ 8 b Abs. 1 Satz 1 KStG).

Die in Spanien unterbliebene Korrektur führt dazu, dass sich der Betrag

- ✔ gewinnmindernd bei der spanischen Kapitalgesellschaft Spa ausgewirkt hat und
- ✔ bei der Gemüse GmbH unversteuert bleibt.

Insofern wird der Betrag der vGA bei der Gemüse GmbH im zu versteuernden Einkommen berücksichtigt und muss versteuert werden.

Artikel 13

Gewinne, die eine in einem Vertragsstaat ansässige Person aus der Veräußerung unbeweglichen Vermögens im Sinne des Artikels 6 bezieht, das im anderen Vertragsstaat liegt, können im anderen Staat besteuert werden (Art. 13 Abs. 1 OECD-MA).

Gewinne aus der Veräußerung beweglichen Vermögens, das Betriebsvermögen einer Betriebsstätte ist, die ein Unternehmen eines Vertragsstaats im anderen Vertragsstaat hat, einschließlich derartiger Gewinne, die bei der Veräußerung einer solchen Betriebsstätte (allein oder mit dem übrigen Unternehmen) erzielt werden, können im anderen Staat besteuert werden (Art. 13 Abs. 2 OECD-MA).

Gewinne aus der Veräußerung des in Art. 13 Abs. 1, 2, 3 und 4 OECD-MA nicht genannten Vermögens können nur in dem Vertragsstaat besteuert werden, in dem der Veräußerer ansässig ist (Art. 13 Abs. 5 OECD-MA).

BEISPIEL

Sie verkaufen ein in Frankreich liegendes Grundstück, das Sie vor einem Jahr erworben haben. Weil Sie Ihren Wohnsitz im Inland haben, sind Sie nach deutschem Recht unbeschränkt einkommensteuerpflichtig.

Obwohl die Veräußerung einen Tatbestand von § 2 Abs. 1 Satz 1 Nr. 7 i.V.m. § 22 Nr. 2, 23 Abs. 1 Satz 1 Nr. 1 EStG darstellt, hat nach Art. 13 Abs. 1 OECD-MA Frankreich als Belegenheitsstaat das Besteuerungsrecht.

Artikel 15

Vorbehaltlich der Artikel 16, 18 und 19 können Gehälter, Löhne und ähnliche Vergütungen, die eine in einem Vertragsstaat ansässige Person aus unselbstständiger Arbeit bezieht, nur in diesem Staat besteuert werden, es sei denn, die Arbeit wird im anderen Vertragsstaat ausgeübt.

Wird die Arbeit dort ausgeübt, können die dafür bezogenen Vergütungen im anderen Staat besteuert werden (Art. 15 Abs. 1 OECD-MA).

Ungeachtet des Art. 15 Abs. 1 OECD-AM können Vergütungen, die eine in einem Vertragsstaat ansässige Person für eine im anderen Vertragsstaat ausgeübte unselbstständige Arbeit bezieht, nur im erstgenannten Staat besteuert werden, wenn

- ✔ der Empfänger sich im anderen Staat insgesamt nicht länger als 183 Tage innerhalb eines Zeitraums von zwölf Monaten, der während des betreffenden Steuerjahres beginnt oder endet, aufhält und
- ✔ die Vergütungen von einem Arbeitgeber oder für einen Arbeitgeber gezahlt werden, der nicht im anderen Staat ansässig ist, und
- ✔ die Vergütungen nicht von einer Betriebsstätte getragen werden, die der Arbeitgeber im anderen Staat hat.

BEISPIEL

Sie sind leitender Angestellter der Gemüse GmbH mit Sitz in Düsseldorf, die unter anderem in Amsterdam eine Betriebsstätte unterhält. Da die Geschäftszahlen dort schon seit Monaten rückläufig sind, beauftragt Ihre Chefin Sie damit, in Amsterdam mal »nach dem Rechten« zu schauen. Sie reisen also vom 1.5. bis 31.8.2024 nach Amsterdam und mieten sich dort ein Einzimmerapartment an. Ihre Familie wohnt weiterhin in Deutschland. Ihr Gehalt wird in dieser Zeit von der niederländischen Betriebsstätte übernommen.

Weil Sie Ihren Wohnsitz in Deutschland während des Auslandseinsatzes unverändert beibehalten und auch weiterhin die engeren familiären Beziehungen in Deutschland sind, sind Sie nach Art. 4 Abs. 2 Buchst. a OECD-MA in Deutschland ansässig.

Damit steht dem Ansässigkeitsstaat Deutschland das Besteuerungsrecht zu (Art. 15 Abs. 1 Satz 1 OECD-MA).

Da aber die Tätigkeit in einem anderen Staat, der Niederlande, ausgeübt wird, hat die Niederlande das Besteuerungsrecht. Das gilt wiederum nicht, wenn Sie sich nicht länger als 183 Tage im Tätigkeitsstaat Niederlande aufgehalten haben (Art. 15 Abs. 2 Buchst. a OECD-MA).

Ihr Gehalt wurde jedoch von der Betriebsstätte in den Niederlanden getragen (Art. 15 Abs. 2 Buchst. c OECD-MA), sodass dem niederländischen Staat das alleinige Besteuerungsrecht zusteht.

Doppelbesteuerung vermeiden

Um eine Doppelbesteuerung auszuschließen oder zu mindern, gibt es drei prüfungsrelevante Methoden:

1. **die Freistellungsmethode**
2. **die Anrechnungsmethode**
3. **die Abzugsmethode**

Befreit? Nicht so ganz! Freistellungsmethode

Artikel 23A Abs. 1 OECD-MA sieht die *Freistellung* vor, nach der die Einkünfte im Ansässigkeitsstaat nicht besteuert werden.

Beachten Sie in diesem Zusammenhang den *Progressionsvorbehalt* nach § 32 b Abs. 1 Satz 1 Nr. 3 EStG. Man spricht auch von der *relativen Steuerbefreiung*. Danach werden

- ✔ die ausländischen Einkünfte nicht der inländischen Besteuerung unterworfen, aber
- ✔ bei der Ermittlung des Steuersatzes diese ausländischen Einkünfte mitberücksichtigt.

Der sich daraus ergebende »besondere Steuersatz« wird mit den steuerpflichtigen Einkünften multipliziert (§ 32 b Abs. 2 in Verbindung mit § 32 b Abs. 1 EstG).

Daraus ergibt sich regelmäßig ein höherer Steuerbetrag, als wenn nur die inländischen steuerpflichtigen Einkünfte versteuert worden wären.

Aufaddiert und abgezogen: Anrechnungsmethoden

Zur Vermeidung der Doppelbesteuerung sieht das OECD-MA in Art. 23A Abs. 2 die Anrechnungsmethode im Wohnsitzstaat vor. Sie gilt allerdings in den meisten konkreten DBAs nur für:

- ✔ Art. 10 Dividenden
- ✔ Art. 11 Zinsen

Wie Sie konkret im Falle der Anrechnung vorgehen und was Sie alles beachten müssen, ergibt sich aus § 34c EStG. Diese Regelung kommt in folgenden Fällen zur Anwendung:

- ✔ Das bestehende Doppelbesteuerungsabkommen sieht die Anrechnungsmethode vor (§ 34 c Abs. 6 Satz 2 EStG) oder
- ✔ es existiert mit dem ausländischen Staat kein DBA (§ 34 c Abs. 1 bis 3 EStG).

Die Anrechnungsmethode geht zweischrittig vor:

1. Zunächst werden alle inländischen und ausländischen Einkünfte aufaddiert und dafür die Steuerhöhe berechnet.
2. Im Anschluss daran werden von der errechneten Steuerhöhe die im Ausland gezahlten Steuern abgezogen (das heißt angerechnet), sodass nur noch der Differenzbetrag an den deutschen Fiskus zu zahlen ist.

Dafür müssen Sie folgende Voraussetzungen erfüllen:

- ✔ Sie müssen ausländische Einkünfte erzielt haben (§ 34 d EStG im Falle eines Nicht-DBA-Staates, ansonsten über das DBA selbst).

- ✔ Die ausländische Steuer muss der inländischen Einkommensteuer (Körperschaftsteuer) entsprechen.
- ✔ Die ausländische Steuer muss vom Fiskus festgesetzt und von Ihnen gezahlt worden sein.
- ✔ Die anrechenbare ausländische Steuer mindert sich um einen gegebenenfalls entstandenen Ermäßigungsanspruch.
- ✔ Die ausländische Steuer muss in dem Staat erhoben worden sein, aus dem die Einkünfte stammen.
- ✔ Es darf sich nicht um Einkünfte aus Kapitalvermögen handeln, für die § 32 d Abs. 1 und Abs. 3–6 EStG gilt.

Die ausländische Steuer wird höchstens mit dem Betrag angerechnet, der sich für die deutsche ESt oder KSt ergeben hätte, wenn keine ausländischen, sondern inländische Einkünfte vorgelegen hätten.

BEISPIEL

Die Gemüse GmbH (Düsseldorf) hat eine Betriebsstätte im Ausland. Auf den Gewinn im Ausland fallen 20 % Steuern an. Im Falle der Anrechnung kann sich die Gemüse GmbH allerdings nur 15 % (§ 23 Abs. 1 KStG) anrechnen, was dem deutschen Steuersatz entspricht, der zur Anwendung gekommen wäre, lägen nur inländische Einkünfte vor.

Auch ohne Anrechnung der ausländischen Steuer: Abzugsmethode

Um auch in den Fällen, bei denen es nicht zu einer Anrechnung der ausländischen Steuer kommt, eine Doppelbesteuerung abzumildern, sieht der Gesetzgeber in § 34c Abs. 3 EStG die *Abzugsmethode* vor. Diese kommt in folgenden Fällen zur Anwendung:

- ✔ Die ausländische Steuer entspricht nicht der deutschen Einkommen- beziehungsweise Körperschaftsteuer.
- ✔ Die Steuer wird nicht in dem Staat erhoben, aus dem die Einkünfte stammen.
- ✔ Es liegen keine ausländischen Einkünfte im Sinne des § 34d EStG vor.

Im Rahmen der Abzugsmethode kann die festgesetzte und gezahlte und um einen entstandenen Ermäßigungsanspruch gekürzte ausländische Steuer bei der Ermittlung der Einkünfte abgezogen werden, soweit sie sich auf steuerpflichtige Einkünfte bezieht.

BEISPIEL

Die Gemüse GmbH mit Sitz in Düsseldorf hat eine Betriebsstätte im Ausland. Das zu versteuernde Einkommen für 2024 beträgt 200.000 € (davon entfallen auf die ausländische Betriebsstätte: 40.000 €, wofür bereits 20 % ausländische KSt bezahlt wurden).

Berechnen Sie die Höhe der inländischen KSt

a. bei Anwendung des Anrechnungsverfahrens

b. bei Anwendung des Abzugsverfahrens

a. Anrechnungsverfahren:

zu versteuerndes Einkommen insgesamt		200.000 €
darauf 15 % KSt gem. § 23 Abs. 1 KStG	30.000 €	
anrechenbare ausländische Steuer		
max. 15 % von 40.000 €	– 6.000 €	
Schlusszahlung für Körperschaftsteuer	**24.000 €**	

Die gesamte Steuerbelastung mit inländischer und ausländischer Steuer beläuft sich damit auf:

Inländische Körperschaftsteuer	24.000 €
Ausländische Steuer (20 % von 40.000 €)	8.000 €
Gesamte Steuerbelastung	**32.000 €**

b. Abzugsverfahren:

zu versteuerndes Einkommen vorläufig	200.000 €
Abzug der ausländischen Steuer (20 % von 40.000 €	8.000 €
zu versteuerndes Einkommen endgültig	192.000 €
darauf 15 % KSt gem. § 23 Abs. 1 KStG	**28.800 €**
= Schlusszahlung für Körperschaftsteuer	

Die gesamte Steuerbelastung mit inländischer und ausländischer Steuer beläuft sich damit auf:

Inländische Körperschaftsteuer	28.800 €
Ausländische Steuer (20 % von 40.000 €)	8.000 €
Gesamte Steuerbelastung	**36.800 €**

IN DIESEM KAPITEL

Lohnarten

Steuerpflichtiger Lohn

Kapitel 9
Für alle in Lohn und Brot: Die Lohnsteuer

In diesem Kapitel lernen Sie, was alles zum Arbeitslohn gehört. Außerdem werden prüfungsrelevante Bereiche im Falle von steuerpflichtigem Arbeitslohn vorgestellt.

Lohn ist nicht gleich Lohn: Lohnarten

In der Regel erzielen nur Arbeitnehmer Einkünfte aus nichtselbstständiger Arbeit in Form von Gehältern, Löhnen, Gratifikationen, Tantiemen und anderen Bezügen und Vorteile für eine Beschäftigung im öffentlichen oder privaten Dienst.

»*Arbeitnehmer* sind Personen, die in öffentlichem oder privatem Dienst angestellt oder beschäftigt sind oder waren und die aus diesem Dienstverhältnis oder einem früheren Dienstverhältnis Arbeitslohn beziehen. Arbeitnehmer sind auch die Rechtsnachfolger dieser Personen, soweit sie Arbeitslohn aus dem früheren Dienstverhältnis ihres Rechtsvorgängers beziehen.« (§ 1 Abs. 1 LStDV)

Ein *Dienstverhältnis* liegt vor, wenn der Beschäftigte dem Arbeitgeber seine Arbeitskraft schuldet, das heißt unter der Leitung des Arbeitsgebers steht oder im geschäftlichen Organismus des Arbeitgebers dessen Weisungen zu folgen verpflichtet ist. (§ 1 Abs. 2 LStDV)

Das, was dem Arbeitnehmer aus dem Dienstverhältnis als Gegenleistung dafür zufließt, dass er seine individuelle Arbeitskraft zur Verfügung stellt, wird als *Arbeitslohn* bezeichnet. In diesem Zusammenhang ist es unerheblich, unter welcher Bezeichnung oder in welcher Form die Einnahmen gewährt werden. Neben dem laufenden Arbeitslohn gehören zum Arbeitslohn unter anderem auch:

- ✔ Einnahmen im Hinblick auf ein künftiges Dienstverhältnis
- ✔ Einnahmen aus einem früheren Dienstverhältnis, unabhängig davon, ob sie dem zunächst Bezugsberechtigten oder seinem Rechtsnachfolger zufließen

- Ausgaben, die ein Arbeitgeber leistet, um einen Arbeitnehmer oder diesem nahestehende Personen für den Fall der Krankheit, des Unfalls, der Invalidität, des Alters oder des Todes abzusichern (Zukunftssicherung)
- Entschädigungen, die dem Arbeitnehmer oder seinem Rechtsnachfolger als Ersatz für entgangenen oder entgehenden Arbeitslohn oder für die Aufgabe oder Nichtausübung einer Tätigkeit gewährt werden
- besondere Zuwendungen, die aufgrund des Dienstverhältnisses oder eines früheren Dienstverhältnisses gewährt werden, zum Beispiel Zuschüsse im Krankheitsfall
- besondere Entlohnungen für Dienste, die über die regelmäßige Arbeitszeit hinaus geleistet werden, wie Entlohnung für Überstunden, Überschichten, Sonntagsarbeit
- Lohnzuschläge, die wegen der Besonderheit der Arbeit gewährt werden, oder
- Entschädigungen für Nebenämter und Nebenbeschäftigungen im Rahmen eines Dienstverhältnisses

Je nach Umfang der Abgabenerhebung werden die folgenden Lohnarten unterschieden:

- Laufende Arbeitslöhne
- Sonstige Bezüge
- Aufmerksamkeiten
- Steuerfreie Bezüge
- Pauschalversteuerte Bezüge

Läuft: der laufende Arbeitslohn

Der laufende Arbeitslohn stellt alle Zahlungen des Arbeitsgebers an den/die Arbeitnehmer(in) dar, die dem/der Arbeitsnehmer(in) regelmäßig fortlaufend zufließen. Dazu zählen zum Beispiel:

- Monatsgehälter,
- Wochen- und Tagelöhne,
- Mehrarbeitsvergütungen,
- Zuschläge und Zulagen,
- geldwerte Vorteile aus der ständigen Überlassung von Dienstwagen zur privaten Nutzung,
- Nachzahlungen und Vorauszahlungen, wenn sich diese ausschließlich auf Lohnzahlungszeiträume beziehen, die im Kalenderjahr der Zahlung enden,
- Arbeitslohn für Lohnzahlungszeiträume des abgelaufenen Kalenderjahres, der innerhalb der ersten drei Wochen des nachfolgenden Kalenderjahres zufließt.

Als Angestellter erhalten Sie von Ihrem Arbeitgeber 12 Monatsgehälter von jeweils 3.000 € brutto.

Urlaubsgeld und Co: Sonstige Bezüge

Ein Arbeitslohn, der nicht als laufender Arbeitslohn gezahlt wird, wird *sonstiger Bezug* genannt. Dazu gehören insbesondere einmalige Arbeitslohnzahlungen, die neben dem laufenden Arbeitslohn gezahlt werden, zum Beispiel:

- 13. und 14. Monatsgehälter,
- einmalige Abfindungen und Entschädigungen,
- Gratifikationen und Tantiemen, die nicht fortlaufend gezahlt werden,
- Jubiläumszuwendungen,
- Urlaubsgelder, die nicht fortlaufend gezahlt werden, und Entschädigungen zur Abgeltung nicht genommenen Urlaubs,
- Vergütungen für Erfindungen,
- Weihnachtszuwendungen, die nicht fortlaufend gezahlt werden,
- steuerpflichtige Reisekostenerstattungen, die nicht fortlaufend gezahlt werden.

Neben Ihrem regelmäßigen Monatsgehalt zahlt Ihr Arbeitgeber Ihnen im November ein zusätzliches Weihnachtsgeld in Höhe von 3.000 €.

Der Blumenstrauß zum Geburtstag; Aufmerksamkeiten

Schenkt ein Arbeitgeber einem Arbeitnehmer eine Flasche Wein zum Dienstjubiläum oder stellt kostenlose Getränke zur Verfügung oder gewährt er ähnliche Sachleistungen, die nicht zu einer Bereicherung des Arbeitnehmers führen, spricht man von *Aufmerksamkeiten*. Sie gehören nicht zum Arbeitslohn, wenn

- die Sachzuwendungen einen Gesamtwert von 60 € nicht übersteigen und aus Anlass eines besonderen persönlichen Ereignisses zugewendet werden,
- es sich um Getränke und Genussmittel handelt, die der Arbeitgeber den Arbeitnehmern zum Verzehr im Betrieb unentgeltlich oder teilentgeltlich überlässt,
- es sich um Speisen handelt, die der Arbeitgeber den Arbeitnehmern anlässlich und während eines außergewöhnlichen Arbeitseinsatzes, zum Beispiel während einer außergewöhnlichen betrieblichen Besprechung oder Sitzung, im ganz überwiegenden betrieblichen Interesse an einer günstigen Gestaltung des Arbeitsablaufes unentgeltlich oder teilentgeltlich überlässt und deren Wert 60 € nicht überschreitet.

Aus Anlass Ihres 30-jährigen Geburtstages schenkt Ihnen Ihr Arbeitgeber einen Blumenstrauß im Wert von 50 €.

Steuerfreie Bezüge

Nicht alles, was Sie als Arbeitnehmer erhalten, muss auch versteuert werden. Der Gesetzgeber sieht zahlreiche steuerfreie Einnahmen vor, zum Beispiel:

- ✔ Leistungen aus einer Krankenversicherung, aus einer Pflegeversicherung und aus der gesetzlichen Unfallversicherung,
- ✔ das Mutterschaftsgeld nach dem Mutterschutzgesetz,
- ✔ das Arbeitslosengeld, das Teilarbeitslosengeld, das Kurzarbeitergeld, der Zuschuss zum Arbeitsentgelt, das Übergangsgeld, der Gründungszuschuss,
- ✔ die Vergütungen, die Sie außerhalb des öffentlichen Dienstes von Ihrem Arbeitgeber zur Erstattung von Reisekosten, Umzugskosten oder Mehraufwendungen bei doppelter Haushaltsführung erhalten, soweit sie die nach § 9 EStG als Werbungskosten abziehbaren Aufwendungen nicht übersteigen,
- ✔ Entschädigungen für die betriebliche Benutzung von Werkzeugen (Werkzeuggeld), soweit sie die entsprechenden Aufwendungen des Arbeitnehmers nicht offensichtlich übersteigen,
- ✔ die typische Berufskleidung, die der Arbeitgeber Ihnen unentgeltlich oder verbilligt überlässt,
- ✔ zusätzlich zum ohnehin geschuldeten Arbeitslohn erbrachte Leistungen des Arbeitgebers zur Unterbringung und Betreuung von Ihren nicht schulpflichtigen Kindern in Kindergärten oder vergleichbaren Einrichtungen,
- ✔ Zuschläge für tatsächlich geleistete Sonntags-, Feiertags- oder Nachtarbeit in Höhe bestimmter Prozentsätze.

Pauschalversteuerte Bezüge

In bestimmten Fällen sieht der Gesetzgeber zur Vereinfachung eine *Pauschalierung* der Lohnsteuer vor. Beispielsweise kann der Arbeitgeber die Lohnsteuer mit einem Pauschsteuersatz von 25 % erheben, wenn

- ✔ der Arbeitgeber arbeitstäglich Mahlzeiten im Betrieb an die Arbeitnehmer unentgeltlich oder verbilligt abgibt oder Barzuschüsse an ein anderes Unternehmen leistet, das arbeitstäglich Mahlzeiten an die Arbeitnehmer unentgeltlich oder verbilligt abgibt. Das gilt allerdings nur, wenn die Mahlzeiten nicht als Lohnbestandteile vereinbart worden sind.
- ✔ der Arbeitsgeber aus Anlass von Betriebsveranstaltungen Arbeitslohn zahlt.
- ✔ Erholungsbeihilfen gewährt werden, diese zusammen mit Erholungsbeihilfen, die in demselben Kalenderjahr früher gewährt worden sind, 156 € für den Arbeitnehmer, 104 € für dessen Ehegatten und 52 € für jedes Kind nicht übersteigen und der Arbeitgeber sicherstellt, dass die Beihilfen zu Erholungszwecken verwendet werden.

Darüber hinaus kann der Arbeitgeber die Lohnsteuer mit einem Pauschsteuersatz von 15 % pauschal versteuern für zum Beispiel nicht nach § 3 Nr. 15 EStG steuerfreie

- ✔ Sachbezüge in Form einer unentgeltlichen oder verbilligten Beförderung zwischen Wohnung und erster Tätigkeitsstätte oder
- ✔ Zuschüsse zu Ihren Aufwendungen für Fahrten zwischen Wohnung und erster Tätigkeitsstätte, die zusätzlich zum ohnehin geschuldeten Arbeitslohn geleistet werden,

maximal in der Höhe, die Sie ansonsten als Werbungskosten in Ihrer Steuererklärung geltend machen könnten.

Steuerpflichtiger Lohn: Auch Sachbezüge sind steuerpflichtig!

Steuerpflichtiger Lohn muss nicht immer in Geldzahlungen bestehen. Auch Sachbezüge und damit geldwerte Vorteile, die Ihr Arbeitgeber Ihnen zukommen lässt, müssen von Ihnen versteuert werden.

Sachbezüge werden ebenso wie Barlohnzahlungen entweder als laufender Arbeitslohn oder als sonstiger Bezug angesehen. Die Besteuerung unentgeltlicher Sachbezüge richtet sich nach dem jeweiligen Geldwert, der entweder durch Einzelbewertung ermittelt oder mit einem amtlichen Sachbezugswert angesetzt wird.

Besondere Bewertungsvorschriften gelten für den Bezug von Waren oder Dienstleistungen, die vom Arbeitgeber nicht überwiegend für den Bedarf seiner Arbeitnehmer hergestellt, vertrieben oder erbracht werden, soweit diese Sachbezüge nicht nach § 40 EStG pauschal versteuert werden (§ 8 Abs. 3 EstG).

Amtliche Sachbezugswerte werden unter anderem durch Erlasse der obersten Landesfinanzbehörden festgesetzt und beziehen sich auf die Sachbezüge, für die sie bestimmt sind, selbst dann, wenn in einem Tarifvertrag, einer Betriebsvereinbarung oder in einem Arbeitsvertrag für Sachbezüge höhere oder niedrigere Werte festgesetzt worden sind.

In der Prüfung werden Ihnen vermutlich folgende Sachbezüge begegnen:

- ✔ verbilligte Mahlzeiten
- ✔ private Nutzung eines Dienstfahrzeuges

Nicht nur in der Betriebskantine: Mahlzeiten

Mahlzeiten, die durch eine vom Arbeitgeber selbst betriebene Kantine abgegeben werden, werden mit dem maßgebenden amtlichen Sachbezugswert bewertet. Nur wenn die Mahlzeiten überwiegend nicht für die Arbeitnehmer zubereitet werden, kommt alternativ eine Bewertung mit dem Endpreis im Sinne des § 8 Abs. 3 EStG in Betracht.

Geldwerter Vorteil: Dienstwagen

Überlässt der Arbeitgeber Ihnen als Arbeitnehmer ein Kfz zur privaten Nutzung, ist dies für Sie ein geldwerter Vorteil. Der Arbeitgeber muss den privaten Nutzungswert mit monatlich 1 % des inländischen Listenpreises des Kfz ansetzen. Doch zum Thema Dienstwagen müssen Sie noch mehr wissen:

- ✔ Können Sie den Dienstwagen zu Fahrten zwischen Wohnung und erster Tätigkeitsstätte nutzen, muss diese Nutzungsmöglichkeit in der Regel unabhängig von der Nutzung des Fahrzeugs zu Privatfahrten mit monatlich 0,03 % des inländischen Listenpreises des Kfz für jeden Kilometer der Entfernung zwischen Wohnung und erster Tätigkeitsstätte bewertet und dem Arbeitslohn zugerechnet werden.
- ✔ Nutzen Sie den Wagen darüber hinaus auch zu Familienheimfahrten im Rahmen einer doppelten Haushaltsführung, muss für jeden Kilometer der Entfernung zwischen der ersten Tätigkeitsstätte und dem Ort des eigenen Hausstands ein Nutzungswert von 0,002 % des inländischen Listenpreises für jede Fahrt angesetzt werden, für die der Werbungskostenabzug nach § 9 EStG ausgeschlossen ist.
- ✔ Die Monatswerte müssen Sie auch dann ansetzen, wenn Ihnen als Arbeitnehmer das Kfz im Kalendermonat nur zeitweise zur Verfügung steht oder nur zeitweise oder gar nicht genutzt wird.

Listenpreis ist (auch bei gebraucht erworbenen oder geleasten Fahrzeugen) die auf volle hundert € abgerundete unverbindliche Preisempfehlung des Herstellers für das genutzte Kfz im Zeitpunkt seiner Erstzulassung zuzüglich der Kosten für werkseitig im Zeitpunkt der Erstzulassung eingebaute Sonderausstattungen (zum Beispiel Navigationsgeräte, Diebstahlsicherungssysteme) und der Umsatzsteuer; der Wert eines Autotelefons einschließlich Freisprecheinrichtung sowie der Wert eines weiteren Satzes Reifen einschließlich Felgen bleiben unberücksichtigt.

BEISPIEL

Als leitendem Angestellten stellt Ihnen Ihr Arbeitgeber einen Dienstwagen zur Verfügung, den Sie auch für Privatfahrten nutzen dürfen. Der Bruttolistenpreis des Fahrzeugs beträgt 45.098 €. Ihre Wohnung liegt 19 Kilometer von Ihrer ersten Tätigkeitsstätte entfernt.

Den monatlichen geldwerten Vorteils nach der 1-Prozent-Methode berechnen Sie folgendermaßen:

Private Nutzung: 45.000 € (auf volle 100 € abgerundet) * 1%	= 450,00 €
Fahrten Wohnung – erste Tätigkeitsstätte: 0,03 % * 45.000 € * 19	= 256,50 €
Summe des geldwertigen Vorteils pro Monat	706,50 €

IN DIESEM KAPITEL

Typische Aufgabenstellungen

Lösungswege

Kapitel 10
Prüfungsvorbereitung

In diesem Kapitel finden Sie eine Reihe von Aufgaben, die Sie so ähnlich auch in Ihrer Prüfung gestellt bekommen. Haben Sie die Aufgaben gelöst, finden Sie im Anschluss an die Aufgaben exemplarische Lösungen zur Selbstkontrolle.

Aufgabenteil

Aufgabe 1 (Einkommensteuer)

Sie halten in Ihrem Gemüseladen eine 5%ige Beteiligung an der Großhandels-GmbH. Aus dieser Beteiligung erhalten Sie auf Ihr betriebliches Bankkonto Mitte Mai 2024 eine Gewinnausschüttung in Höhe von 11.043,75 € überwiesen, die Sie in gleicher Höhe gewinnwirksam verbucht haben. Alle Steuern sind einbehalten, alle Steuerbescheinigungen liegen korrekt und vollständig ausgefüllt vor.

Der Erwerb der Beteiligung wurde von Ihnen fremdfinanziert. Im Jahr 2024 sind dafür Zinsen in Höhe von 6.000 € angefallen und gewinnmindernd verbucht worden.

Bearbeitungshinweise:

Beurteilen Sie den vorstehenden Sachverhalt nach ertragsteuerlichen Aspekten unter Nennung aller einschlägigen Rechtsvorschriften.

Aufgabe 2 (Einkommensteuer)

An der Immerfrisch OHG sind beteiligt:

- ✔ Ingrid Immer zu 70 %
- ✔ Berta Frisch zu 15 %
- ✔ Marta Lustig zu 15 %

Die Immerfrisch OHG erzielte im Kalenderjahr 2024 einen handelsrechtlichen Jahresüberschuss von 240.000 €. Laut Gesellschaftsvertrag wird der Gewinn entsprechend den Beteiligungsverhältnissen verteilt.

Sachverhalt 1:

Ingrid Immer führt die Geschäfte der OHG und erhält hierfür ein Monatsgehalt von 10.000 €, das die OHG jeweils zum Monatsende ausgezahlt und als Aufwand verbucht hat.

Sachverhalt 2:

Berta Frisch hat der OHG ein Darlehen in Höhe von 100.000 € gewährt, für das sie in 2024 Zinsen in Höhe von 4.000 € vereinnahmt hat. Die Zinsen haben bei der OHG den Jahresüberschuss gemindert. Die Refinanzierung wurde durch Berta Frisch sichergestellt, indem sie ein Darlehen bei der ortansässigen Sparkasse in Höhe von 70.000 € aufgenommen hat und in 2024 dafür 2.800 € Zinsen von ihrem privaten Bankkonto an die Sparkasse gezahlt hat.

Sachverhalt 3:

Marta Lustig hat ab 1.1.2024 an die OHG ein Grundstück für monatlich 3.000 € verpachtet, die von der OHG als Aufwand verbucht worden sind. Im Zusammenhang mit dem Grundstück hat Marta Lustig privat Grundstücksaufwendungen in Höhe von 2.000 € p.a. getragen.

Sachverhalt 4:

Das an die OHG verpachtete Grundstück, welches Marta Lustig zum 1.1.2022 für 300.000 € erworben hat, hat zum 1.1.2024 einen Verkehrswert von 380.000 €.

Bearbeitungshinweise:

a. Beurteilen Sie die steuerliche Behandlung der Immerfrisch OHG und bestimmen Sie die Einkunftsart.

b. Der steuerliche Gewinn der Immerfrisch OHG für das Kalenderjahr 2024 ist zu ermitteln.

c. Gehen Sie auf die steuerrechtliche Behandlung des verpachteten Grundstücks ein und erstellen Sie zum 31.12.2024 die erforderliche Bilanz.

d. Ermitteln Sie die gesondert und einheitlich festzustellenden Einkünfte der Gesellschafterinnen.

Aufgabe 3 (Einkommensteuer)

Aufgrund Ihres Alters von 70 Jahren verkaufen Sie zum 31.12.2024 Ihren gesamten in Lüdenscheid befindlichen Gemüseladen für 350.000 €. Das Eigenkapital weist einen Betrag von 250.000 € auf. Die angefallenen Veräußerungskosten von insgesamt 8.000 € haben Sie von Ihrem privaten Bankkonto bezahlt. Als alter Autoliebhaber wird der bisher im Betriebsvermögen gehaltene Oldtimer (Buchwert: 24.000 €; Erwerb ohne Vorsteuerabzug) nicht veräußert, sondern ins Privatvermögen überführt (gemeiner Wert 50.000 €).

Bearbeitungshinweise:

Beurteilen Sie den Sachverhalt unter Nennung aller einschlägigen Rechtsvorschriften. Auf die Gewerbesteuer und die Umsatzsteuer ist nicht einzugehen.

Aufgabe 4 (Einkommensteuer)

Im Kalenderjahr 2023 erzielte Luisa Laub einen steuerlichen Gewinn von 39.000 € bei einem Umsatz von 380.000 €, den sie mittels Einnahmenüberschussrechnung nach § 4 Abs. 3 EStG ermittelt hat. Ihre Umsätze versteuern Sie nach vereinnahmten Entgelten. Für 2024 beträgt der vorläufige Gewinn 35.000 €.

Dabei bedürfen nachfolgende Vorgänge einer näheren Untersuchung:

Sachverhalt 1:

Mitte Dezember 2024 bestellte Luisa Laub eine Maschine für 5.000 € zuzüglich 950 € Umsatzsteuer und leistete auf den Kaufpreis eine Anzahlung in Höhe von 500 € zzgl. 19 % USt und erfasste den gesamten Betrag als Betriebsausgabe. Eine ordnungsgemäß ausgestellte Rechnung über den Anzahlungsbetrag liegt vor.

Sachverhalt 2:

Am 5.1.2024 bezahlte ein ausländischer Kunde den noch offenstehenden Betrag in Höhe von 1.000 € aus der Rechnung vom 28.12.2023 unter Abzug von 2 % Skonto. Im Jahr 2024 wurde diesbezüglich noch nichts unternommen.

Sachverhalt 3:

Am 31.12.2024 zog die Bank eine Annuität in Höhe von 2.000 € vom betrieblichen Bankkonto ein (davon 1.400 € Zinsen), weil sie Luisa Laub zur Anschaffung der Geschäftseinrichtung einen Kredit gewährt hat. Luisa Laub behandelte die 2.000 € als Betriebsausgabe.

Bearbeitungshinweise:

a. Überprüfen Sie, ob Luisa Laub ihren steuerlichen Gewinn mittels Einnahmenüberschussrechnung (§ 4 Abs. 3 EStG) ermitteln darf.

b. Berechnen Sie den endgültigen steuerlichen Gewinn für 2024.

Aufgabe 5 (Einkommensteuer)

An der Immergrün KG sind beteiligt:

- ✔ Bernd Immer als Komplementär zu 70 %
- ✔ Norbert Grün als Kommanditist zu 15 %
- ✔ Martin Schlau als Kommanditist zu 15 %

Die Immergrün KG erzielte im Kalenderjahr 2024 einen handelsrechtlichen Jahresüberschuss von 600.000 €. Laut Gesellschaftsvertrag wird der Gewinn entsprechend den Beteiligungsverhältnissen verteilt.

Sachverhalt 1:

Die gesamte Geschäftseinrichtung hat die KG von Norbert Grün gemietet und dafür eine monatliche Miete von 4.000 € zzgl. 19 % USt gezahlt. Alle Mietzahlungen wurden von der KG korrekt verbucht. Die gesamten Abschreibungen für die Geschäftseinrichtung belaufen sich auf 10.000 €.

Sachverhalt 2:

Mit Wirkung zum 1.7.2024 veräußert der Gesellschafter Martin Schlau im Alter von 60 Jahren ein Viertel seines Mitunternehmeranteils zu einem angemessenen Kaufpreis an seine langjährige Freundin Ute. Der erzielte Veräußerungsgewinn beträgt 45.000 €. Die in der Bilanz der Immergrün KG ausgewiesenen Wirtschaftsgüter enthalten keine stillen Reserven.

Bearbeitungshinweise:

Ermitteln Sie die Einkünfte aus Gewerbebetrieb der Immergrün KG für 2024. Auf die Umsatzsteuer ist nicht einzugehen.

Aufgabe 6 (Körperschaftsteuer)

Für das abgelaufene Geschäftsjahr = Kalenderjahr 2024 ermittelt die Immergrün GmbH einen vorläufigen Jahresüberschuss laut Handels- beziehungsweise Steuerbilanz in Höhe von 600.000 €.

Sachverhalt 1:

Zum Anlagevermögen der Immergrün GmbH gehörte seit mehr als 10 Jahren ein wertvoller alter Schreibtisch. Dieser Schreibtisch wurde am 15. August 2024 an den Gesellschafter Immer zum Preis von 10.000 € zuzüglich 19 % Umsatzsteuer veräußert, obwohl derartige vergleichbare Schreibtische zu einem Bruttoladenverkaufspreis an Endkunden für 14.280 € angeboten werden.

Sachverhalt 2:

Die Immergrün GmbH betreibt ihren Geschäftsbetrieb auf einem Grundstück, welches sie von der Ehefrau des Gesellschafters Immer zu einem monatlich zu zahlenden Betrag von 3.000 € gepachtet hat. Die Pachtzahlungen erfolgten bis Mai 2024 pünktlich und wurden von der Immergrün GmbH korrekt verbucht.

Aufgrund unerwarteter Forderungsausfälle gerät die Immergrün GmbH im Frühjahr 2024 in eine finanzielle Schieflage. Aus diesem Grund verzichtete die Ehefrau rechtsverbindlich am 1.8.2024 auf die Pachtzahlungen für die Monate Juni bis Dezember 2024, obwohl die Pachtaufwendungen für die Monate Juni und Juli bereits gewinnmindernd verbucht worden sind. Ähnliche Vereinbarungen mit anderen Gläubigern wurden nicht getroffen.

Sachverhalt 3:

Die Immergrün GmbH hat die seit 2010 gehaltene 15-%-Beteiligung an der Obst & Gemüse AG (Anschaffungskosten: 10.000 €) im Jahr 2024 für 100.000 € verkauft. Die von der Immergrün GmbH getragenen Veräußerungskosten betragen 1.000 €. Alle diesbezüglichen Buchungen wurden korrekt vorgenommen.

Bearbeitungshinweise:

a. Alle genannten Sachverhalte sind in körperschaftsteuerrechtlicher Hinsicht zu überprüfen und die Auswirkungen der einzelnen Sachverhalte auf das Einkommen der Immergrün GmbH darzustellen. Außerdem ist das zu versteuernde Einkommen für das Jahr 2024 zu berechnen.

b. Geben Sie an, ob und gegebenenfalls welche gesonderte Feststellung nach dem Körperschaftsteuergesetz zum 31. Dezember 2024 durchzuführen ist. Zum Ende des Vorjahres lagen keine gesonderten Feststellungen vor.

Aufgabe 7 (Umsatzsteuer)

Im März 2024 bestellte die Autohandels-GmbH bei der französischen Auto-AG Autoteile. Diese Autoteile wurden von Mitarbeitern der Autohandels-GmbH am 18.3.2024 in Paris (Frankreich) abgeholt und kamen einen Tag später bei der Autohandels-GmbH in Berlin an. Die Auto-AG stellte am 12.04.2024 eine ordnungsgemäße Rechnung über den vereinbarten Kaufpreis von 10.000 € aus, die am 13.04.2024 bei der Autohandels-GmbH einging. Alle Autoteile konnten noch im März 2024 an Kunden im Großraum Berlin verkauft werden.

Bearbeitungshinweise:

Beurteilen Sie den Sachverhalt aus der Sicht der Autohandels-GmbH in umsatzsteuerlicher Hinsicht. Begründen Sie Ihre Ergebnisse kurz, aber erschöpfend, unter Hinweis auf die maßgebenden steuerlichen Vorschriften. Verwenden Sie dabei folgendes Prüfungsschema:

a. Leistungsart

b. Leistungsort

c. Steuerbarkeit

d. Steuerpflicht oder Steuerbefreiung

e. Bemessungsgrundlage

f. Umsatzsteuersatz

g. Umsatzsteuerbetrag

h. Steuerentstehung

i. Steuerschuldner

j. Vorsteuerabzug

Aufgabe 8 (Gewerbesteuer)

Die Gewinn- und Verlustrechnung für das Jahr 2024 des Einzelunternehmers Bernd Bandit schließt mit einem Jahresüberschuss von 30.000 € ab.

Das Einzelhandelsgeschäft befindet sich im Erdgeschoß eines Gebäudes, welches im Eigentum von Bernd steht. Im Obergeschoss (25 % der Gesamtfläche) befindet sich die Privatwohnung von Bernd. Zur Finanzierung der gesamten Herstellungskosten des Gebäudes musste Bernd ein Darlehen in Höhe von 400.000 € aufnehmen, für das er im Jahr 2024 Zinsen in Höhe von 20.000 € an die Bank gezahlt hat und in voller Höhe gewinnmindernd als Betriebsausgabe erfasst hat. Der letzte festgestellte Einheitswert des Gebäudes beträgt 100.000 €.

Da die Umsätze rückläufig sind, musste das laufende (betriebliche) Girokonto mehrmals überzogen werden. Dafür sind insgesamt 6.000 € Zinsen angefallen.

Zwecks Erweiterung der Lagerfläche hat Bernd für sein Einzelunternehmen ein weiteres Grundstück gepachtet, für das er monatlich 800 € Pacht zahlen muss.

Auch die gesamte Geschäftseinrichtung wurde für 2.000 € monatlich angemietet.

Der korrekt festgestellte vortragsfähige Gewerbeverlust beträgt 40.000 €.

Bearbeitungshinweise:

a. Ermitteln Sie den Gewerbesteuermessbetrag für das Jahr 2024.

b. Wie hoch ist der Gewerbeverlust zum 31. Dezember 2024?

Aufgabe 9 (Abgabenordnung)

Sie haben Ihre Einkommensteuererklärung für das Jahr 2021 am 14.03.2022 bei Ihrem zuständigen Finanzamt eingereicht. Das Finanzamt veranlagte Sie entsprechend Ihrer eingereichten Erklärung und setzte die Einkommensteuer mit Bescheid (ohne Nebenbestimmung) vom Freitag, den 22.07.2022, auf 10.000 € fest. Am Freitag, den 13.10.2023, stellte das zuständige Finanzamt fest, dass Sie für das Jahr 2021 Einkünfte aus Vermietung und Verpachtung gemäß § 21 EStG nicht erklärt und damit Steuern in Höhe von 2.000 € leichtfertig verkürzt haben.

Bearbeitungshinweis:

Prüfen Sie unter Angabe der Rechtsvorschriften, ob und inwieweit das Finanzamt den Einkommensteuerbescheid für 2021 im Jahr 2023 noch ändern durfte.

Aufgabe 10 (Lohnsteuer)

Als Mitarbeiter des Vertriebs der Gemüse GmbH hat Ihr Arbeitgeber Ihnen einen Firmen-Pkw (Audi A6; Bruttolistenpreis: 60.000 €) zur Verfügung gestellt, den Sie vereinbarungsgemäß auch für Fahrten zwischen Wohnung und erster Tätigkeitsstätte (einfache Entfernung 15 Kilometer) und Privatfahrten nutzen können. Dafür bezahlen Sie monatlich 180 € an Ihren Arbeitgeber. Sie führen für den Audi A6 kein Fahrtenbuch.

Bearbeitungshinweis:

Berechnen Sie aus der Zurverfügungstellung des Pkw einen eventuell monatlichen Arbeitslohn. Begründen Sie Ihre Entscheidungen durch die einschlägigen Rechtsvorschriften.

Aufgabe 11 (DBA)

Die Gemüse GmbH mit Ort der Geschäftsleitung und Sitz in Berlin ist zu 8 % an der Fresh Inc. (entspricht einer deutschen Kapitalgesellschaft) mit Ort der Geschäftsleitung und Sitz in Boston (USA) beteiligt.

Mitte Juni 2023 schüttet die Fresh Inc. an die Gemüse GmbH eine Dividende aus. Auf dem Bankkonto der Gemüse GmbH gingen umgerechnet 50.000 € ein.

Aus der beigefügten ordnungsgemäßen Steuerbescheinigung geht hervor, dass in den USA zutreffend eine der deutschen Körperschaft- beziehungsweise Einkommensteuer entsprechende US-amerikanische Quellensteuer (Kapitalertragsteuer) von 20.000 € einbehalten wurde.

Bei der Gemüse GmbH wurde dieser Geschäftsvorfall wie folgt erfasst:

Bank	50.000 €	
Kapitalertragsteuer	20.000 €	
an Dividendenerträge		70.000 €

Der Jahresüberschuss der Gemüse GmbH 2023 betrug laut Handelsbilanz 875.000 €.

Bearbeitungshinweis:

a. Welcher Staat hat das Besteuerungsrecht für die Dividenden?

b. In welcher Höhe kommt es in Deutschland zu einer Anrechnung?

c. Ermitteln Sie das zu versteuernde Einkommen der Gemüse GmbH für 2023 und ermitteln Sie die Tarifbelastung bei der Körperschaftsteuer.

Hinweis: Auf andere Steuern sowie auf den Solidaritätszuschlag ist nicht einzugehen. Unterstellen Sie, dass das deutsch-amerikanische Doppelbesteuerungsabkommen mit dem OECD-MA identisch ist.

Lösungsteil

Lösung 1 (Einkommensteuer)

Sie erzielen aus der Gewinnausschüttung der Großhandels-GmbH Einkünfte aus Gewerbebetrieb (§ 20 Abs. 1 Nr. 1 Satz 1 i. V. m. Abs. 8 und § 15 Abs. 1 Satz 1 Nr. 1 EStG), da Sie die Beteiligung zulässigerweise als Betriebsvermögen behandeln. Die Einkünfte bestimmen sich unter Beachtung des »Teileinkünfteverfahrens« nach § 3 Nr. 40 Satz 1 Buchstabe d und Satz 2 EStG und unter Anwendung des individuellen Steuersatzes.

Bei dem Überweisungsbetrag handelt es sich um den Nettobetrag, der unter Berücksichtigung der Kapitalertragsteuer und des Solidaritätszuschlages auf den Bruttobetrag »hochgerechnet« werden muss.

Nettobetrag der Gewinnausschüttung	73,625 %	11.043,75 €
Kapitalertragsteuer	25,000 %	3.750,00 €
SolZ (5,5 % von 25 %)	1,375 %	206,25 €
Bruttobetrag der Gewinnausschüttung	100,000 %	15.000,00 €

Sowohl die Kapitalertragsteuer als auch der Solidaritätszuschlag stellen eine Privatentnahme dar und erhöhen gleichzeitig den Gewinn, sodass noch zu buchen ist:

Privatentnahme	3.956,25 €	
an Dividendenertrag		3.956,25 €

(§ 12 Nr. 3 i. V. m. § 4 Abs. 1 Satz 2 EStG)

Der handelsrechtliche Jahresüberschuss hat sich damit um insgesamt 15.000 € erhöht. Zur Ermittlung des einkommensteuerlichen Gewinns muss beachtet werden, dass 40 % der Bruttodividenden nach § 3 Nr. 40 Satz 1 Buchst. d) EStG steuerfrei sind, sodass eine außerbilanzielle Kürzung von 6.000 € vorzunehmen ist. Andererseits wirken sich auch nur 60 % der Zinsaufwendungen gewinnmindernd aus, sodass 40 % von 6.000 € = 2.400 € außerbilanziell hinzuzurechnen sind (§ 3c Abs. 2 EStG).

Lösung 2 (Einkommenssteuer)

a)

Dadurch, dass alle Mitunternehmer der Immerfrisch OHG natürliche Personen sind, die ihren Wohnsitz im Inland haben, fallen alle Mitunternehmer unter die unbeschränkte Einkommensteuerpflicht (§ 1 Abs. 1 S. 1 EStG). Nach § 2 Abs. 1 Satz 1 Nr. 2 EStG gehören dazu auch Einkünfte aus Gewerbebetrieb (§ 2 Abs. 1 S. 1 Nr. 2 i.V.m. S. 2 i.V.m. § 15 Abs. 1 S. 1 Nr. 2 EStG). Aus diesem Grund muss zunächst der Gewinn der Personengesellschaft ermittelt werden, der im Anschluss daran mit dem jeweiligen Gewinnanteil den jeweiligen Gesellschafterinnen (Mitunternehmerinnen) zugerechnet wird.

Zu den Einkünften aus Gewerbebetrieb der Mitunternehmerinnen gehören neben dem Gewinnanteil der Gesellschafterin einer OHG auch die Vergütungen, die die Gesellschafterin von der Gesellschaft für ihre Überlassung von Wirtschaftsgütern bezogen hat.

Alle Gesellschafterinnen der Immerfrisch OHG werden steuerrechtlich als Mitunternehmer angesehen, weil sie zivilrechtlich Gesellschafterin einer Personengesellschaft sind und eine gewisse unternehmerische Initiative entfalten können sowie unternehmerisches Risiko tragen (§ 15 Abs. 1 S. 1 Nr. 2 EStG und H 15.8 [Mitunternehmerrisiko] EStH; H 15.8

[Mitunternehmerinitiative] EStH). Aus ihrer Mitunternehmerstellung erzielen alle Gesellschafterinnen der OHG Einkünfte aus Gewerbebetrieb, für die das Zu- und Abflussprinzip i.S.d. § 11 EStG nicht gilt.

b)

Ausgangspunkt für die Gewinnermittlung ist der handelsrechtliche Jahresüberschuss in Höhe von 240.000 €

Sachverhalt 1:

Das Gehalt an Ingrid Immer stellt eine Sonderbetriebseinnahme dar und muss dem Jahresüberschuss wieder hinzugerechnet werden.

Sachverhalt 2:

Die vereinnahmten Zinsen führen bei Berta Frisch ebenfalls zu Sonderbetriebseinnahmen und müssen dem Jahresüberschuss wieder hinzugerechnet werden. Die von ihr selbst an die Bank gezahlten Zinsen führen zu Sonderbetriebsausgaben (§ 4 Abs. 4 EStG).

Sachverhalt 3:

Die Pachtzahlungen führen zu Sonderbetriebseinnahmen und müssen dem Jahresüberschuss wieder hinzugerechnet werden. Die von Marta Lustig selbst getragenen Grundstücksaufwendungen stellen Sonderbetriebsausgaben dar (§ 4 Abs. 4 EStG).

Zusammenfassung:

Handelsrechtlicher Jahresüberschuss der OHG	240.000 €
+ Sonderbetriebseinnahme Ingrid Immer	120.000 €
+ Sonderbetriebseinnahme Berta Frisch	4.000 €
– Sonderbetriebsausgabe Berta Frisch	2.800 €
+ Sonderbetriebseinnahme Marta Lustig	36.000 €
– Sonderbetriebsausgabe Marta Lustig	2.000 €
steuerrechtliche Gewinn	**395.200 €**

c)

Durch die Überlassung des Grundstücks an die OHG stellt dieses ab 1.1.2024 notwendiges Sonderbetriebsvermögen I dar und muss in einer eigens für Marta Lustig zu erstellenden Sonderbilanz bilanziert werden. Die dafür notwendige Einlage aus dem Privat- in das Sonderbetriebsvermögen ist mit dem Teilwert, höchstens jedoch mit den Anschaffungskosten vorzunehmen, weil die Anschaffung im Zeitpunkt der Einlage noch keine drei Jahre her ist.

Sonderbilanz zum 31.12.2024			
Grund und Boden	300.000 €	Eigenkapital	300.000 €

d)

Einheitliche und gesonderte Feststellung der Einkünfte:

	Jahresüberschuss	Steuerliche Gewinnermittlung		Einkünfte aus Gewerbebetrieb
		Sonderbetriebs-einnahmen	Sonderbe-triebsausgaben	
Ingrid Immer	168.000 €	120.000 €	0 €	288.000 €
Berta Frisch	36.000 €	4.000 €	2.800 €	37.200 €
Marta Lustig	36.000 €	36.000 €	2.000 €	70.000 €
Gesamt	240.000 €	160.000 €	4.800 €	395.200 €

Lösung 3 (Einkommensteuer)

Weil Sie als natürliche Person im Inland Ihren Wohnsitz haben, unterliegen Sie der unbeschränkten Steuerpflicht (§ 1 Abs. 1 S. 1 EStG), wozu unter anderem auch Einkünfte aus Gewerbebetrieb zählen. Dafür ist die Höhe des Gewinns zu ermitteln (§ 2 Abs. 2 S. 1 Nr. 1 i.V.m. §§ 4 bis 7k EStG).

Sie erzielen aus der Veräußerung Ihres gesamten Gemüseladens Einkünfte aus Gewerbebetrieb i.S.d. § 16 Abs. 1 S. 1 Nr. 1 EStG. Die Höhe ermittelt sich wie folgt (§ 16 Abs. 2 EStG):

Veräußerungspreis			350.000 €
+ gemeiner Wert des Oldtimers			+ 50.000 €
			400.000 €
abzüglich Kapitalkonto			– 250.000 €
abzüglich Veräußerungskosten			– 8.000 €
Veräußerungsgewinn			142.000 €
Freibetrag nach § 16 Abs. 4 EStG		45.000 €	
Kürzung des Freibetrages nach § 16 Abs. 4 S. 3 EStG			
Veräußerungsgewinn	142.000 €		
abzüglich	136.000 €		
Kürzung Freibetrag		6.000 €	
verbleibender Freibetrag			39.000 €
steuerpflichtiger Veräußerungsgewinn			**103.000 €**

Lösung 4 (Einkommensteuer)

a)

Weil Luisa Laub als natürliche Person im Inland ihren Wohnsitz hat, unterliegt sie der unbeschränkten Steuerpflicht (§ 1 Abs. 1 S. 1 EStG), wozu unter anderem auch Einkünfte aus Gewerbebetrieb zählen. Dafür ist die Höhe des Gewinns zu ermitteln (§ 2 Abs. 2 S. 1 Nr.

1 i.V.m. §§ 4 bis 7k EStG). Der Gewinn kann neben dem Betriebsvermögensvergleich nach § 4 Abs. 1 bzw. § 5 EStG auch durch Einnahmeüberschussrechnung nach § 4 Abs. 3 EStG ermittelt werden.

Steuerpflichtige, die nicht aufgrund gesetzlicher Vorschriften verpflichtet sind, Bücher zu führen und regelmäßig Abschlüsse zu machen, und die auch keine Bücher führen und keine Abschlüsse machen, können als Gewinn den Überschuss der Betriebseinnahmen über die Betriebsausgaben ansetzen (§ 4 Abs. 3 EStG). Die Gewinnermittlung mittels Einnahmeüberschussrechnung ist zulässig, da Luisa Laub im Vorjahr (2023) die Buchführungsgrenzen des § 141 Abs. 1 AO nicht überschritten hat. Des Weiteren besteht auch keine Buchführungspflicht nach § 241a HGB. Im Rahmen der Einnahmenüberschussrechnung sind die Betriebseinnahmen und die Betriebsausgaben (von Ausnahmen abgesehen) nach den Grundsätzen des § 11 EStG (das heißt nach dem Zu- und Abflussprinzip) zu erfassen (R 4.5 Abs. 2 EStR).

b)

vorläufiger steuerlicher Gewinn für 2024	35.000 €

Sachverhalt 1:

Die Anzahlung in Höhe des Nettobetrages stellt keine Betriebsausgabe dar und darf den Gewinn nicht mindern.	+ 500 €

Allerdings ist die Vorsteuer im Zeitpunkt der Bezahlung Mitte Dezember 2024 zutreffend als Betriebsausgabe behandelt worden (§ 4 Abs. 3 S. 1 EStG, § 11 Abs. 2 S. 1 EStG, H 4.5 (2) [Vereinnahmte Umsatzsteuerbeträge], H 9b [Gewinnermittlung nach § 4 Abs. 3 EStG und ...] EStH), sodass es zu keiner Änderung kommt.

Sachverhalt 2:

Der Geldeingang stellt eine Betriebseinnahme in Höhe von 980 € dar (§ 4 Abs. 3 S. 1 EStG, § 11 Abs. 1 S. 1 EStG, H 11 [Allgemeines] EStH).

Dieser Betrag erhöht den Gewinn um	+ 980 €

Sachverhalt 3:

Nur die gezahlten Zinsen in Höhe von 1.400 € stellen Betriebsausgaben dar und dürfen den Gewinn mindern.	+ 600 €
endgültiger steuerlicher Gewinn für 2024	37.080 €

Lösung 5 (Einkommensteuer)

Dadurch, dass alle Mitunternehmer der Immergrün KG natürliche Personen sind, die ihren Wohnsitz im Inland haben, fallen alle Mitunternehmer unter die unbeschränkte Einkommensteuerpflicht (§ 1 Abs. 1 S. 1 EStG). Nach § 2 Abs. 1 Satz 1 Nr. 2 EStG gehören dazu auch Einkünfte aus Gewerbebetrieb (§ 2 Abs. 1 S. 1 Nr. 2 i.V.m. S. 2 i.V.m. § 15 Abs. 1 S. 1 Nr. 2 EStG). Aus diesem Grund muss zunächst der Gewinn der Personengesellschaft ermittelt werden, der im Anschluss daran mit dem jeweiligen Gewinnanteil den jeweiligen Gesellschaftern (Mitunternehmer) zugerechnet wird.

Zu den Einkünften aus Gewerbebetrieb der Mitunternehmer gehören neben dem Gewinnanteil der Gesellschafter einer KG auch die Vergütungen, die der Gesellschafter von der Gesellschaft für seine Tätigkeit im Dienst der Gesellschaft oder für die Hingabe von Darlehen oder für die Überlassung von Wirtschaftsgütern bezogen hat.

Alle Gesellschafter der Immergrün KG werden steuerrechtlich als Mitunternehmer angesehen, weil sie zivilrechtlich Gesellschafter einer Personengesellschaft sind und eine gewisse unternehmerische Initiative entfalten können sowie unternehmerisches Risiko tragen (§ 15 Abs. 1 S. 1 Nr. 2 EStG und H 15.8 [Mitunternehmerrisiko] EStH; H 15.8 [Mitunternehmerinitiative] EStH). Aus ihrer Mitunternehmerstellung erzielen alle Gesellschafter der KG Einkünfte aus Gewerbebetrieb, für die das Zu- und Abflussprinzip i.S.d. § 11 EStG nicht gilt.

Sachverhalt 1:

Die Mietzahlungen führen zu Sonderbetriebseinnahmen und müssen dem Jahresüberschuss wieder hinzugerechnet werden. Die von Norbert Grün selbst getragenen Aufwendungen stellen Sonderbetriebsausgaben dar (§ 4 Abs. 4 EStG).

Zusammenfassung:

+ Sonderbetriebseinnahme Norbert Grün (12 * 4.000 €)	48.000 €
– Sonderbetriebsausgabe Norbert Grün	10.000 €
Gewinn im Sonderbereich für Norbert Grün	**38.000 €**

Sachverhalt 2:

Durch die Veräußerung eines Anteils ihres Mitunternehmeranteils an der Immergrün KG erzielt Martin Schlau einen Veräußerungsgewinn, der bei der steuerlichen Gewinnermittlung der Mitunternehmerschaft zu erfassen ist. Da nicht der gesamte Mitunternehmeranteil veräußert wurde, kommt eine Begünstigung des Veräußerungsgewinns nicht in Betracht und wird als laufender Gewinn behandelt.

Erhöhung des steuerlichen Gewinns der Immergrün KG	45.000 €

Der Anteil des von der Freundin gezahlten Kaufpreises, der die Buchwerte des übergegangenen Gesellschaftsvermögens übersteigt, stellt zusätzliche Anschaffungskosten für die neue Mitunternehmerin Ute dar und muss in einer Ergänzungsbilanz für sie ausgewiesen werden. Weil keine stillen Reserven vorhanden sind, entfällt der Mehrbetrag vollständig auf einen entgeltlich erworbenen Firmenwert. Dieser stellt ein abnutzbares immaterielles Wirtschaftsgut mit einer Nutzungsdauer von 15 Jahren dar. Die AfA ist linear zeitanteilig vorzunehmen.

gezahlter Mehrbetrag = Firmenwert	45.000 €
Abschreibungsbetrag bei einer Nutzungsdauer von 15 Jahren p.a.	3.000 €
pro rata temporis für sechs Monate	1.500 €
Zusammenfassung:	
Handelsrechtlicher Jahresüberschuss der KG	600.000 €
+ Sonderbetriebseinnahme Norbert Grün	48.000 €
– Sonderbetriebsausgabe Norbert Grün	10.000 €
+ Veräußerung Mitunternehmeranteil durch Martin Schlau	45.000 €
– Ergänzungsbereich Ute	1.500 €
steuerrechtlicher Gewinn	**681.500 €**

Lösung 6 (Körperschaftsteuer)

a)

Vorläufiger Jahresüberschuss	600.000 €

Sachverhalt 1:

Die verbilligte Veräußerung des Schreibtisches an den Gesellschafter stellt eine verdeckte Gewinnausschüttung i.S.d. § 8 Abs. 3 S. 2 KStG i.V.m. R 8.5 Abs. 1 KStR dar, weil

- ✔ aus der Sicht der GmbH eine verhinderte Vermögensmehrung vorliegt, weil ein fremder Dritter einen höheren Kaufpreis bezahlt hätte,
- ✔ die Veranlassung durch das Gesellschaftsverhältnis vorliegt,
- ✔ durch die zu geringe Einnahme der Gewinn der GmbH gemindert wurde,
- ✔ keine offene Gewinnausschüttung vorliegt.

Es ist folgende Berechnung erforderlich:

gemeiner Wert		14.280 €
tatsächlich bezahlt	10.000 €	
zuzüglich Umsatzsteuer	1.900 €	
	11.900 €	– 11.900 €
Höhe der verbilligten Veräußerung		2.380 €

Außerbilanzielle Zurechnung	§ 8 Abs. 3 S. 2 KStG	+ 2.380 €

Sachverhalt 2:

Wendet ein Gesellschafter oder eine ihm nahestehende Person (= Ehefrau gemäß H 8.9 [nahestehende Person] mit Verweis aus H 8.5 III. [nahestehende Person] KStH) der GmbH außerhalb der gesellschaftsrechtlichen Einlagen einen einlagefähigen Vermögensvorteil zu und ist diese Zuwendung durch das Gesellschaftsverhältnis veranlasst, liegt der Tatbestand der verdeckten Einlage i.S.d. § 8 Abs. 3 S. 3 KStG liegt vor. Der Verzicht auf die Pachtzahlungen ist zwar durch das Gesellschaftsverhältnis begründet (R 8.9 Abs. 3 S. 2 KStR, H 8.9 [Gesellschaftsrechtliche Veranlassung] KStH), jedoch kann Gegenstand einer verdeckten Einlage nur ein aus Sicht der Gesellschaft bilanzierungsfähiger Vermögensvorteil sein, der in der steuerrechtlichen Gewinnermittlung der Gesellschaft zum Wegfall eines Passivpostens geführt hat (H 8.9 [Einlagefähiger Vermögensvorteil] KStH). Voraussetzung dafür ist, dass sich der Verzicht auf Entgelte bezieht, die in einer zum Zeitpunkt der Verzichtserklärung zu erstellenden Bilanz als Verbindlichkeit ausgewiesen werden müssten, was nur für die Monate Juni und Juli 2024 der Fall ist.

Die verdeckte Einlage muss mit dem Teilwert (§ 8 Abs. 1 KStG i.V.m. § 6 Abs. 1 Nr. 5 EStG) von 2 * 3.000 € = 6.000 € bewertet werden (R 8.9 Abs. 4 S. 1 i.V.m. Abs. 2 KStR).

Außerbilanzielle Abrechnung	§ 8 Abs. 3 S. 3 KStG	–6.000 €

Sachverhalt 3:

Der durch den Verkauf der Beteiligung an der Obst & Gemüse AG entstandene Gewinn bleibt im Rahmen der Ermittlung des zu versteuernden Einkommens unberücksichtigt (§ 8 b Abs. 2 S. 1 KStG).

Der Veräußerungsgewinn berechnet sich gemäß § 8b Abs. 2 S. 2 KStG wie folgt:

Verkaufspreis	100.000 €
– abzugsfähige Veräußerungskosten	1.000 €
– Buchwert = Anschaffungskosten	10.000 €
nach § 8 b Abs. 2 KStG steuerfreier Veräußerungsgewinn	89.000 €

Außerbilanzielle Abrechnung	§ 8b Abs. 2 KStG	– 89.000 €

Gleichzeitig gelten nach § 8 b Abs. 3 S. 1 KStG 5 % des steuerfreien Veräußerungsgewinnes von 89.000 € = 4.450 € als Betriebsausgaben, die den Gewinn nicht mindern dürfen.

Außerbilanzielle Zurechnung	§ 8b Abs. 3 KStG	+ 4.450 €
Zu versteuerndes Einkommen (§ 7 Abs. 2 i.V.m. § 8 Abs. 1 KStG)		511.830 €

b)

Die verdeckte Einlage erhöht das »steuerliche Einlagekonto« i.S.d. § 27 Abs. 1 S. 1 KStG.

gesonderte Feststellung zum 31.12.2023:	0 €
Einstellung verdeckte Einlage im Jahr 2024	+ 6.000 €
gesonderte Feststellung zum 31. Dezember 2024 (§ 27 Abs. 2 KStG)	6.000 €

Lösung 7 (Umsatzsteuer)

Im vorliegenden Sachverhalt liegt ein innergemeinschaftlicher Erwerb vor (§ 1 Abs. 1 Nr. 5 i.V.m. § 1a UStG).

Der Ort des innergemeinschaftlichen Erwerbs ist am Beförderungsende Berlin (§ 3d Satz 1 UStG).

Der innergemeinschaftliche Erwerb ist steuerbar (§ 1 Abs. 1 Nr. 5 UStG), weil Berlin im Inland liegt (§ 1 Abs. 2 UStG).

Mangels Steuerbefreiung (§ 4b UStG) ist der innergemeinschaftliche Erwerb steuerpflichtig.

Die Bemessungsgrundlage stellt das Entgelt von 10.000 € dar (§ 10 Abs. 1 UStG).

Der Umsatzsteuersatz beträgt 19 % (§ 12 Abs. 1 UStG).

Der Steuerbetrag beträgt: 10.000 € * 19 % = 1.900 €.

Die Steuer entsteht mit Ausstellung der Rechnung, hier mit Ablauf des VZ April 2024 (§ 13 Abs. 1 Nr. 6 UStG).

Steuerschuldner ist die Autohandels-GmbH als Erwerberin (§ 13a Abs. 1 Nr. 2 UStG).

Gleichzeitig hat die Autohandels-GmbH einen Vorsteueranspruch im VZ April 2024 in Höhe von 1.900 € (§ 15 Abs. 1 S. 1 Nr. 3 UStG i.V.m. A 15.10. Abs. 3 UStAE).

Lösung 8 (Gewerbesteuer)

a)

Vorläufiger Jahresüberschuss	30.000 €

Der Jahresüberschuss ist um die nicht als Betriebsausgaben abzugsfähigen Zinsen für die private Wohnung in dem Gebäude i. H. v. 5.000 € zu erhöhen (25 % von 20.000 €).

Zurechnung	¼ der Schuldzinsen	+ 5.000 €
= Gewinn aus Gewerbebetrieb		**35.000 €**

Besteuerungsgrundlage für die Gewerbesteuer ist der Gewerbeertrag (§ 6 GewStG), das heißt der nach den Vorschriften des EStG zu ermittelnde Gewinn aus dem Gewerbebetrieb, der bei der Ermittlung des Einkommens für den dem Erhebungszeitraum (§ 14 GewStG) entsprechenden Veranlagungszeitraum zu berücksichtigen ist, vermehrt und vermindert um die in den §§ 8 und 9 GewStG bezeichneten Beträge.

Gewinn aus Gewerbebetrieb			35.000 €
Hinzurechnungen:			
Schuldzinsen (§ 8 Nr. 1 Buchst. a GewStG)			
Zinsen für das Finanzierungsdarlehen Betriebsgebäude (75 % von 20.000 €)			
Zinsen für das betriebliche Kontokorrentkonto	15.000 €		
	6.000 €	21.000 €	
20 % der Mieten für die Geschäftseinrichtung (§ 8 Nr. 1 Buchst. d GewStG)		4.800 €	
20 % von 24.000 €			
50 % der Pacht für das Grundstück (§ 8 Nr. 1 Buchst. e GewStG)		4.800 €	
50 % von 9.600 €			
Summe der Hinzurechnungen		30.600 €	
Abzüglich Freibetrag, max. 30.600 €		30.600 €	
Übersteigender Betrag		0 €	
Davon ¼			0 €
Kürzungen:			
§ 9 Nr. 1 GewStG			
Nach § 9 Nr. 1 GewStG ist die Summe des Gewinnes und der Hinzurechnungen um 1,2 % des maßgebenden Einheitswertes zu kürzen			
Einheitswert	100.000 €		
Erhöhung um 40 %, § 121a BewG, R 9.1 Abs. 2 GewStR	40.000 €		
Summe	140.000 €		
Davon 75 % betrieblicher Anteil (§ 20 Abs. 1 und 2 GewStDV)	105.000 €		
Davon 1,2 %			– 1.260 €
Maßgebender Gewerbeertrag			33.740 €
Gewerbeverlust (§ 10a GewStG)			– 33.740 €
Verbleibender Gewerbeertrag			0 €

Der Gewerbesteuermessbetrag beträgt für das Jahr 2024 ebenfalls 0 €.

b)

Vortragsfähiger Gewerbeverlust zum 31. Dezember 2023	40.000 €
– im Erhebungszeitraum 2024 berücksichtigt	– 33.740 €
Vortragsfähiger Gewerbeverlust zum 31. Dezember 2024 (§ 10a GewStG)	6.260 €

Lösung 9 (Abgabenordnung)

Ein Steuerbescheid ist aufzuheben oder zu ändern, soweit Tatsachen oder Beweismittel nachträglich bekannt werden, die zu einer höheren Steuer führen (§ 173 Abs. 1 Nr. 1 AO). Damit kann der Einkommensteuerbescheid für 2021 geändert werden, da dem Finanzamt nachträglich rechtserhebliche Tatsachen bekannt wurden, die zu einer Erhöhung der bisher festgesetzten Steuer führen.

Eine Steuerfestsetzung sowie ihre Aufhebung oder Änderung sind nicht mehr zulässig, wenn die Festsetzungsfrist abgelaufen ist (§ 169 Abs. 1 Satz 1 AO). Aus diesem Grund ist die Festsetzungsverjährung zu prüfen:

Die Festsetzungsfrist beginnt mit Ablauf des Kalenderjahrs, in dem die Steuer entstanden ist (§ 170 Abs. 1 AO). Abweichend davon beginnt die Festsetzungsfrist, wenn eine Steuererklärung einzureichen ist, mit Ablauf des Kalenderjahrs, in dem die Steuererklärung eingereicht wird, hier mit Ablauf des Jahres 2022 (§§ 170 Abs. 2 Satz 1 Nr. 1, 149 Abs. 1 AO i.V.m. § 25 Abs. 3 EStG, § 56 EStDV) und dauert bei leichtfertiger Steuerverkürzung fünf Jahre (§ 169 Abs. 2 Satz 2 AO).

Weil die Festsetzungsverjährung noch nicht eingetreten ist, ist eine Änderung im Jahr 2023 zulässig.

Lösung 10 (Lohnsteuer)

Durch die Fahrzeuggestellung erhalten Sie als Arbeitnehmer einen geldwerten Vorteil (§ 8 Abs. 2 EStG). Da Sie diesen nicht unentgeltlich erhalten, müssen Sie den Unterschiedsbetrag zwischen dem Geldwert des Sachbezugs und dem tatsächlichen Entgelt versteuern (R 8.1 Abs. 1 LStR). Überlässt Ihr Arbeitgeber Ihnen ein Kfz zur privaten Nutzung, hat der Arbeitgeber den privaten Nutzungswert mit monatlich 1 % des inländischen Listenpreises des Kfz anzusetzen. Kann das Kfz zu Fahrten zwischen Wohnung und erster Tätigkeitsstätte genutzt werden, in der Regel diese Nutzungsmöglichkeit unabhängig von der Nutzung des Fahrzeugs zu Privatfahrten mit monatlich 0,03 % des inländischen Listenpreises des Kfz für jeden Kilometer der Entfernung zwischen Wohnung und erster Tätigkeitsstätte zu bewerten und dem Arbeitslohn zuzurechnen (R 8.1 Abs. 9 LStR).

Dafür ist folgende Berechnung nötig:

Berechnung des monatlichen geldwerten Vorteils, § 8 Absatz 2 EStG, R 8.1 Absatz 9 LStR:

1 % von 60.000 € =	600 €
0,03 % von 60.000 € = 18,00 € · 15 km =	270 €
Gesamtbetrag	870 €
abzüglich von Ihnen gezahlter Betrag	180 €
Sie haben einen steuerpflichtigen Arbeitslohn monatlich von	690 €

Lösung 11 (DBA)

a)

Dadurch, dass die Gemüse GmbH Geschäftsleitung und Sitz in Berlin hat, ist sie in Deutschland mit ihrem gesamten Welteinkommen unbeschränkt körperschaftsteuerpflichtig (§ 1 Abs. Nr. 1 KStG). Nach Art. 4 Abs. 1 OECD-MA ist die Gemüse GmbH in Deutschland ansässig.

Dividenden, die eine in einem Vertragsstaat ansässige Gesellschaft (USA) an eine im anderen Vertragsstaat ansässige Person (Deutschland) zahlt, können im anderen Staat (Deutschland) besteuert werden (Art. 10 Abs. 1 OECD-MA).

Diese Dividenden können jedoch auch von diesem Vertragsstaat (USA) nach dem Recht dieses Staates besteuert werden; die Steuer darf aber 15 % des Bruttobetrags der Dividenden nicht übersteigen (Art. 10 Abs. 2 Satz 1 Buchst. b OECD-MA).

Damit liegt eine Doppelbesteuerung vor.

b)

Nach Art. 23A Abs. 2 Satz 1 OECD-MA wird in Deutschland die Doppelbesteuerung dadurch vermieden, dass die im Ausland (USA) gezahlten Steuern auf die in Deutschland zu zahlende Körperschaftsteuer angerechnet werden (Anrechnungsmethode). Anrechenbar sind nach § 26 Abs. 1 Satz 1 Nr. 1 KStG i.V.m. § 34 c Abs. 6 Satz 2 EStG die nach dem Abkommen anzurechnende und um einen entstandenen Ermäßigungsanspruch gekürzte ausländische Steuer. Damit sind maximal anrechenbar 15 % von 70.000 € = 10.500 €.

Zu c)

	Jahresüberschuss laut Handelsbilanz	875.000 €
+	nicht abzugsfähige ausländische Steuern	20.000 €
=	**zu versteuerndes Einkommen**	**895.000 €**
	15 % KSt (§ 23 Abs. 1 KStG)	134.250 €
	– anrechenbare ausländische Steuer	10.500 €
=	**Tarifbelastung**	**123.750 €**

Teil II
Kosten- und Leistungsrechnung zielorientiert anwenden

IN DIESEM TEIL …

Hier erhalten Sie das Handwerkszeug, mit dem Sie Ihren betrieblichen Erfolg planen, steuern und überwachen. Dazu lernen Sie Methoden der Kostenerfassung, der Kostenzuordnung auf Kostenstellen und Kostenträger, der Kalkulation von Preisen sowie der Erfolgsermittlung kennen. Anschließend lernen Sie, die Kosten- und Leistungsrechnung zur betriebswirtschaftliche Entscheidungsfindung einzusetzen.

IN DIESEM KAPITEL

Aufgaben des betrieblichen Rechnungswesens

Definieren von Grundbegriffen

Abgrenzung zwischen Unternehmen und Betrieb

Unterscheidung der Kosten und Leistungen nach ihrer Erfassung

Mengen- und wertmäßige Erfassung der Kostenarten

Kapitel 11
Erfassung von Kosten und Leistungen

Mit der Gründung Ihres Unternehmens haben Sie sich dafür entschieden, Produkte zu produzieren, Handel zu treiben oder Dienstleistungen anzubieten. Ihr Erfolg hängt davon ab, wie wirtschaftlich Sie arbeiten und mit welchen Preisen Sie an den Markt gehen. Die Kosten- und Leistungsrechnung bietet Ihnen Methoden und Instrumente, um Ihren Erfolg planbar zu machen.

Einordnen: Kosten- und Leistungsrechnung im betrieblichen Rechnungswesen

Wozu braucht Ihr Unternehmen eigentlich eine Kosten- und Leistungsrechnung? In den Zahlen der Buchhaltung sind doch schon alle Geschäftsfälle erfasst und ein monatlich erzielter Gewinn zeigt Ihnen, dass Sie alles richtig gemacht haben. Aber ist Ihr Gewinn wirklich das Ergebnis Ihres Betriebszwecks, für den Sie Ihr Unternehmen gegründet haben?

BEISPIEL

Ihr Freund führt einen Friseursalon und berichtet Ihnen stolz von seinen fetten Gewinnen. Den Haarschnitt inklusive Färben bietet er für nur 15 € an und die Kunden rennen ihm die Bude ein. Auf Ihre Nachfrage hin stellt sich heraus, dass der Preis nicht einmal die Kosten für Strom, Wasser, Shampoo und Farbe eines Kunden deckt. Der Unternehmenserfolg ist ausschließlich auf die Vermietung der nicht benötigten Räume zurückzuführen. Ihr Freund schließt daraufhin seinen Salon, fliegt auf die Malediven und lebt fortan von seinen Mieteinnahmen.

Natürlich ist die Situation im Beispiel überspitzt dargestellt. Für einen Friseursalon lässt sich der Preis für einen Haarschnitt noch gut abschätzen. Mit zunehmender Unternehmensgröße wird der betriebliche Leistungserstellungsprozess jedoch immer komplexer und erfordert ein Rechnungswesen, das zwischen dem Unternehmenserfolg und dem Betriebserfolg unterscheidet.

Rechnungswesen: Intern oder extern? Das ist hier die Frage

Das *Rechnungswesen* besteht aus zwei Teilbereichen:

- ✔ **Externes Rechnungswesen**

  Zum externen Rechnungswesen gehören die Buchführung und der Jahresabschluss Ihres Unternehmens. Hier dokumentieren Sie alle Geschäftsfälle unter Einhaltung der handels- und steuerrechtlichen Vorschriften. Ihr Jahresabschluss dient zum Beispiel Banken, Anlegern, Kunden oder dem Finanzamt als wichtige Informationsquelle.

  Ein *Unternehmen* ist eine rechtliche, wirtschaftliche und finanzielle Organisationseinheit. Im Vordergrund steht das erwerbswirtschaftliche Prinzip der Gewinnmaximierung.

- ✔ **Internes Rechnungswesen**

  Das *interne Rechnungswesen* ist auf die Planung, Steuerung und Kontrolle Ihrer betrieblichen Prozesse ausgerichtet und bildet die Grundlage für unternehmerische Entscheidungen. Zu den Teilbereichen gehören:

  - Kosten- und Leistungsrechnung
  - Betriebsstatistik
  - Planungsrechnung

Der Blick auf den Betrieb: Kosten- und Leistungsrechnung

Die *Kosten- und Leistungsrechnung* ist auf Ihren Betrieb ausgerichtet. Er bildet den Kern Ihrer Tätigkeit, für die Sie angetreten sind.

Der *Betrieb* ist der Teilbereich des Unternehmens, der sich auf Ihren eigentlichen Betriebszweck ausrichtet, also die Herstellung und der Absatz von Produkten, Waren oder Dienstleistungen sowie die Aufrechterhaltung der Betriebsbereitschaft.

BEISPIEL

Betriebszweck ausgewählter Unternehmen:

- ✔ Immobilienmakler: Ankauf, Verkauf und Vermietung von Immobilien
- ✔ Fahrradproduzent: Herstellung und Absatz von Fahrrädern
- ✔ Lebensmitteldiscounter: Einkauf, Bereitstellung und Verkauf von Waren

Im Wesentlichen beantwortet die Kosten- und Leistungsrechnung Ihnen folgende Fragen:

- ✔ Welche Kosten und Leistungen sind in der Vergangenheit entstanden?
- ✔ Wo sind die Kosten im Betrieb angefallen?
- ✔ Wie haben sich die Kosten und Leistungen im Verhältnis zur Vorperiode entwickelt?
- ✔ Welche Kosten und Leistungen sind in Zukunft zu erwarten?
- ✔ Wie hoch muss der Preis eines Produkts, einer Ware oder einer Dienstleistung sein, um gewinnbringend zu arbeiten?
- ✔ Welchen Beitrag tragen die einzelnen Produkte zur Deckung der Fixkosten bei?
- ✔ Lohnt sich die Annahme von Aufträgen aus betriebswirtschaftlicher Sicht?

Alle Informationen und Auswertungen der Kosten- und Leistungsrechnung bleiben Ihr Betriebsgeheimnis.

Daten über Daten: Betriebsstatistik

Die *Betriebsstatistik* liefert Ihnen die Datengrundlage für umfangreiche Analysen. Mit zunehmender Digitalisierung stehen Ihnen sowohl intern als auch extern große Datenmengen zur Verfügung.

BEISPIEL

Ihre Buchhaltungssoftware liefert Daten über die Gewinn- und Verlustrechnung und die Bilanz. Zusätzlich kann bei der Erfassung eines Geschäftsfalles gleichzeitig die Zuordnung von betrieblichen Aufwendungen auf die Kostenstellen erfolgen. Diese Daten lassen sich dann problemlos in die Kostenrechnung übernehmen und weiterverarbeiten.

Warenwirtschaftssysteme liefern Ihnen Daten über den Warenfluss in Ihrem Unternehmen vom Einkauf über die Lagerhaltung bis zum Verkauf.

Für die Kostenplanung können Sie im Internet auf unterschiedlichste Quellen zurückgreifen, um Informationen über die konjunkturelle Entwicklung zu erhalten.

Der Blick in die Zukunft: Die Planungsrechnung

In der *Planungsrechnung* richten Sie Ihren Blick in die Zukunft. Ausgehend von Ihrer geplanten Absatzmenge für einen festgelegten Zeitraum werden alle Pläne innerhalb des Betriebes daran ausgerichtet.

BEISPIEL

Sie planen für das nächste Geschäftsjahr eine Produktionsmenge von 10.000 Fahrrädern.

Für die Planungsrechnung stellen Sie sich zum Beispiel folgende Fragen:

- ✔ Wie viele Maschinen benötigen Sie für die geplante Produktionsmenge und reichen die vorhandenen Kapazitäten aus (Produktionsplanung)?

- Ist eine Erhöhung Ihrer Kapazität erforderlich (Investitionsplanung)?
- Wie viel Personal benötigen Sie in der Produktion und Verwaltung (Personalplanung)?
- Welches Material benötigen Sie und wo wird es beschafft (Beschaffungsplanung)?
- Welche finanziellen Mittel stehen Ihnen für die Umsetzung der Planung zur Verfügung (Finanzierungsplanung)?

Definieren: Grundbegriffe

Sicher kennen Sie die Geschichte vom Turmbau zu Babel. Die Sprache der Menschen wurden so verwirrt, dass sie ihr Projekt, einen Turm bis zum Himmel zu bauen, nicht mehr fortsetzen konnten. Damit Ihnen das im Rechnungswesen nicht passiert, macht es Sinn, sich von Beginn an auf eine einheitliche Sprache zu einigen. Die in Tabelle 11.1 dargestellten Begriffe sollen Ihnen helfen, nicht gnadenlos aneinander vorbeizureden.

Bestandsgröße	Definition	Stromgröße		Verwendung
		Zunahme	Abnahme	
Zahlungsmittelbestand	Bargeld + Sichtguthaben	Einzahlung	Auszahlung	Fibu (Finanzbuchhaltung)
Geldvermögen	Zahlungsmittelbestand + Forderungen – Verbindlichkeiten	Einnahme	Ausgabe	
Reinvermögen (Eigenkapital)	Geldvermögen + Sachvermögen	Gewinn-/Verlustrechnung Ertrag	 Aufwand	
		Betriebsergebnisrechnung		
Betriebsnotwendiges Reinvermögen	Reinvermögen – nicht betriebsnotwendiges Vermögen	Leistung	Kosten	KLR (Kosten- und Leistungsrechnung)

Tabelle 11.1: Definition von Bestands- und Stromgrößen

Bestandsgrößen: Bei der Inventur ermittelt, in der Bilanz dargestellt

In den ersten beiden Spalten der Tabelle 11.1 sind die *Bestandsgrößen* dargestellt. Dabei unterscheiden Sie noch einmal, ob Sie alle Bestände der Finanzbuchhaltung betrachten oder nur die Bestände, die Sie für Ihren Betriebszweck einsetzen (Spalte 5 der Tabelle 11.1)

Bestände des Vermögens und der Verbindlichkeiten eines Unternehmens werden durch eine Inventur zu einem bestimmten Stichtag ermittelt und wertmäßig in der Bilanz dargestellt.

Alles im (Geld-)Fluss: Stromgrößen

In dem Moment, in dem Sie Ihren ersten Geschäftsfall erfassen, verändern sich Ihre Bestände und Sie befinden sich begrifflich bei den *Stromgrößen* (Spalten 3 und 4 in Tabelle 11.1).

Als *Stromgrößen* werden alle Geschäftsfälle bezeichnet, die zu einer Veränderung Ihrer Bestandsgrößen führen.

Stromgrößen werden wie folgt unterschieden:

- **Einzahlungen und Auszahlungen** geben den Geldzufluss oder Geldabfluss auf Ihrem Bankkonto oder Ihrer Kasse innerhalb einer Periode an.
- **Einnahmen und Ausgaben** bezeichnen die Veränderungen Ihres Geldvermögens in einer Periode. Das Geldvermögen beinhaltet den Zahlungsmittelbestand sowie den Saldo aus Forderungen und Verbindlichkeiten.
  - *Einnahmen* entstehen entweder durch Einzahlungen oder durch eine Erhöhung der Forderungen. Möglich wäre auch eine Kombination aus Einzahlung und Forderungszunahme, zum Beispiel wenn Ihr Kunde einen Teilbetrag überweist und über den Restbetrag eine Forderung entsteht. Einnahmen und Einzahlungen können zeitlich auseinanderfallen.
  - *Ausgaben* entstehen entweder durch eine Auszahlung oder eine Zunahme der Verbindlichkeiten. Hier ist auch eine Kombination aus Auszahlung und Zunahme der Verbindlichkeiten möglich, wenn Sie zum Beispiel einen Teilbetrag sofort überweisen und den Rest als Verbindlichkeit erfassen. Auszahlung und Ausgaben können zeitlich auseinanderfallen.
- **Ertrag:** Er entsteht durch den Wertezuwachs in Ihrem Unternehmen zum Beispiel in Form von Umsatzerlösen oder Zinserträgen und erhöht Ihr Eigenkapital.
- **Aufwand:** Er liegt vor, wenn Sie beispielsweise einen Werteverzehr durch Ihren Materialverbrauch oder durch Lohnzahlungen erfassen.
- **Gewinn- und Verlustrechnung:** In ihr stellen Sie Aufwendungen und Erträge gegenüber und erfassen den Saldo am Ende einer Periode im Eigenkapital.
- **Leistungen** sind die in einer Periode hergestellten und bewerteten Güter, Waren und Dienstleistungen.
  - Sie stehen in unmittelbarem Zusammenhang mit dem Betriebszweck,
  - sie beziehen sich auf die betrachtete Periode und
  - sie fallen regelmäßig in erwarteter Höhe an.

Leistungen werden noch einmal unterschieden in:

- *Umsatzleistungen*, die durch den Verkauf Ihrer Produkte, Waren und Dienstleistungen entstehen.
- *Lagerleistungen* treten auf, wenn Sie die in einer Periode hergestellte Menge nicht vollständig verkauft haben. Die Differenz geht ins Lager und wird zu Herstellkosten bewertet.
- *Eigenleistungen* bezeichnen die Produkte, Waren oder Dienstleistungen, die Sie für Ihren eigenen Betrieb verwenden (zum Beispiel selbst entwickelte Software, selbst erstellte Maschinen). Sie werden zu Herstellkosten bewertet.

✔ **Kosten:** Damit bezeichnen Sie den bewerteten Verbrauch Ihrer Güter, Dienste und Abgaben innerhalb einer Periode, die zur Erstellung und zum Absatz der betrieblichen Leistungen und der dazu notwendigen Betriebsbereitschaft erforderlich sind.

Für die richtige Zuordnung der Stromgrößen ist es erforderlich, den Periodenbezug zu beachten.

Als Eigentümer eines Bistros bieten Sie Ihren Kunden Pizza und Pasta an. Selbstverständlich stellen Sie alle Produkte selbst her und benötigen dafür eine ganze Menge Rohstoffe. Im März kaufen Sie sich von Ihrer Hausmühle 100 Kilogramm Mehl im Wert von insgesamt 200 € netto und verbrauchen es im März vollständig zur Produktion von Pizzen. Sie erhalten von der Mühle Ende März eine Rechnung, überweisen den vollständigen Betrag aber erst im April. Die Umsatzsteuer wird hier vernachlässigt.

Jetzt prüfen Sie jede einzelne in Tabelle 11.1 dargestellte Stromgröße auf eine Veränderung und beginnen im Monat März.

Monat März:

Zahlungsmittelbestand: unverändert

Da Sie erst im April zahlen, verändert sich der Zahlungsmittelbestand im März nicht.

Geldvermögen: Ausgabe = 200 €

Ihre Verbindlichkeiten gehen mit einem negativen Vorzeichen in das Geldvermögen ein. Da sich Ihr Zahlungsmittelbestand nicht verändert hat, sinkt Ihr Geldvermögen.

Reinvermögen: Aufwand = 200 €

Sie verbrauchen das Mehl vollständig im März. In Höhe des Verbrauchs sinkt Ihr Reinvermögen (Eigenkapital).

Betriebsnotwendiges Reinvermögen: Kosten = 200 €

Sie verbrauchen das Mehl vollständig für die Herstellung und den Verkauf Ihrer Pizzen. Ihr betriebsnotwendiges Reinvermögen sinkt.

Monat April:

Zahlungsmittelbestand: Auszahlung = 200 €

Durch Ihre Banküberweisung an die Mühle sinkt Ihr Zahlungsmittelbestand.

Geldvermögen: unverändert

Ihre Banküberweisung führt zu einer Senkung des Zahlungsmittelbestandes (Auszahlung). Aber Achtung, gleichzeitig gehen Ihre Verbindlichkeiten zurück. Ihr Geldvermögen verändert sich also nicht.

Reinvermögen: unverändert

Das Mehl wurde bereits im März vollständig verbraucht und periodengerecht als Aufwand erfasst.

Betriebsnotwendiges Reinvermögen: unverändert

Das Mehl wurde bereits im März vollständig verbraucht und periodengerecht als Kosten erfasst.

Sie liefern im April 100 Pizzen an einen Kindergarten aus. Am Monatsende erstellen Sie eine Rechnung über 750 € netto und gewähren dem Kindergarten eine Zahlungsfrist von 10 Tagen. Die Gutschrift auf Ihrem Bankkonto erfolgt also erst im Mai.

Jetzt prüfen Sie jede einzelne in Tabelle 11.1 dargestellte Stromgröße auf eine Veränderung und beginnen im Monat April.

Monat April:

Zahlungsmittelbestand: unverändert

Die Zahlung erfolgt erst im Mai, also verändert sich Ihr Bank- und Kassenbestand nicht.

Geldvermögen steigt: Einnahme = 750 €

Ihr Zahlungsmittelbestand bleibt unverändert und Ihre Forderungen steigen. Ihr Geldvermögen nimmt also zu.

Reinvermögen: Ertrag = 750 €

Durch den Verkauf Ihrer Pizzen haben Sie einen Umsatzerlös erzielt, sodass Ihr Reinvermögen (Eigenkapital) steigt.

Betriebsnotwendiges Reinvermögen: Leistung = 750 €

Der Verkauf Ihrer Pizzen gehört zu Ihrem Betriebszweck und ist damit eine Umsatzleistung.

Monat Mai:

Zahlungsmittelbestand: Einzahlung = 750 €

Die Kindergartenleitung überweist 750 € auf Ihr Bankkonto. Das führt zu einer Erhöhung des Zahlungsmittelbestands.

Geldvermögen: unverändert

Ihr Zahlungsmittelbestand nimmt zu. Gleichzeitig nehmen aber Ihre Forderungen ab, sodass sich das Geldvermögen im Mai nicht verändert.

Reinvermögen: unverändert

Der Verkauf Ihrer Pizzen wurde bereits im April als Ertrag erfasst.

Betriebsnotwendiges Reinvermögen: unverändert

Die Leistung wurde bereits im April erfasst.

Abgrenzen: Unternehmen von Betrieb

Wäre es nicht schön, wenn Sie die Daten aus der Gewinn- und Verlustrechnung der Finanzbuchhaltung einfach in die Kosten- und Leistungsrechnung übernehmen könnten? Damit würden Sie sich jedoch selbst keinen Gefallen tun, denn Sie wollen ja letztendlich wissen, ob sich Ihr Betrieb überhaupt lohnt. Das können Sie aber erst feststellen, wenn Sie die Aufwendungen und Erträge konsequent auf Ihren Betriebszweck prüfen.

BEISPIEL

Sie sind stolzer Eigentümer eines Bistros mit leckeren italienischen Spezialitäten wie Pizza und Pasta. Das Gebäude, in dem das Bistro untergebracht ist, gehört Ihnen. Die nicht benötigten Flächen vermieten Sie. Zusätzlich sind Sie Fußballfan und unterstützen die örtliche Mannschaft mit Trikots ohne Werbeaufdruck.

Um festzustellen, ob sich der Betrieb Ihres Bistros lohnt, müssen Sie Folgendes berücksichtigen:

- ✔ Welche Aufwendungen und Erträge entstehen in der betrachteten Periode regelmäßig im Zusammenhang mit dem Führen Ihres Bistros (zum Beispiel Personalaufwand, Materialaufwand in Form von Mehl, Hefe, Gemüse, Öl, Abschreibungen für den Ofen und die Bistroeinrichtung, Umsatz aus dem Verkauf Ihrer Spezialitäten)?
- ✔ Die Vermietung von Flächen bringt Ihnen sicher ein gutes Zubrot ein, ist aber kein Ergebnis Ihrer betrieblichen Tätigkeit. Also raus damit.
- ✔ Auch die Trikots für den Fußballverein haben nichts in der Kostenrechnung zu suchen, da Sie nicht für Werbezwecke verwendet werden.

Manchmal ganz schön aufwendig: Aufwendungen

Betrachten Sie zunächst die in Tabelle 11.2 dargestellten Aufwendungen der Finanzbuchhaltung.

Gewinn- und Verlustrechnung der Finanzbuchhaltung			
Unternehmensbezogene Aufwendungen (neutrale Aufwendungen)			Betriebsbezogene Aufwendungen
betriebsfremd	periodenfremd	außerordentlich	

Tabelle 11.2: Abgrenzung der Aufwendungen

Sie unterscheiden:

- ✔ **Unternehmensbezogene Aufwendungen,** die Sie nicht in der Kosten- und Leistungsrechnung berücksichtigen. Sie werden noch einmal unterschieden in
  - *betriebsfremd,* wenn sie in keinem Zusammenhang zu Ihrem Betriebszweck stehen.

    Zum Beispiel: Sie spenden Trikots an Ihren örtlichen Fußballverein ohne Werbeaufdruck. Sie haben Kursverluste aus Kapitalanlagen erlitten.
  - *periodenfremd,* wenn sie sich nicht auf die betrachtete Periode beziehen.

    Zum Beispiel: Sie erhalten Ihren Steuerbescheid und müssen für das letzte Geschäftsjahr Steuern nachzahlen. Die Berufsgenossenschaft fordert eine Nachzahlung von Beiträgen für die Vorperiode.
  - *außerordentlich,* wenn sie unplanmäßig und/oder in ungewöhnlicher Höhe anfallen.

    Zum Beispiel: Durch einen Wasserschaden in Ihrer Backstube mussten Sie die gesamte Tagesproduktion an Pizzen und Pasta vernichten. Sie verkaufen Ihren Backofen unter seinem Buchwert. In Höhe der Differenz zwischen dem Verkaufspreis und dem Buchwert entsteht ein Aufwand, der nicht zu den regelmäßigen betrieblichen Aufwendungen gehört.
- ✔ **Betriebsbezogene Aufwendungen** übernehmen Sie in die Kosten- und Leistungsrechnung. Sie stellen *Kosten* dar und zeichnen sich dadurch aus, dass sie
  - in unmittelbarem Zusammenhang mit Ihrem Betriebszweck stehen,
  - sich auf die betrachtete Periode beziehen und
  - regelmäßig in erwarteter Höhe anfallen.

Im Monat Mai:

- ✔ überweisen Sie Ihrem angestellten Pizzabäcker seinen Lohn.
- ✔ verbrauchen Sie Mehl, Hefe, Nudeln und weitere Zutaten zur Zubereitung Ihrer Pizzen und Pasta. Der wertmäßige Verbrauch entspricht Ihren Erwartungen.
- ✔ zahlen Sie Ihre Versicherungsbeiträge für Ihr Firmenfahrzeug. Da Beiträge in der Regel nur einmal jährlich gezahlt werden, müssen Sie den monatlichen Anteil berücksichtigen.

Erträge: manchmal ganz außerordentlich

Betrachten Sie nun die Ertragsseite der Gewinn- und Verlustrechnung in Tabelle 11.3.

Gewinn- und Verlustrechnung der Finanzbuchhaltung			
Unternehmensbezogene Erträge (neutrale Erträge)			Betriebsbezogene Erträge
betriebsfremd	periodenfremd	außerordentlich	

Tabelle 11.3: Abgrenzung der Erträge

Es gibt grundsätzlich zwei Arten von Erträgen;

- ✔ **Unternehmensbezogene Erträge** unterscheiden Sie noch einmal in:
  - *betriebsfremd,* wenn sie nicht im Zusammenhang mit Ihrem Betriebszweck stehen.

    Zum Beispiel: Sie haben Zinserträge für eine Geldanlage erhalten. Da Sie das Geld anlegen konnten, wurde es nicht für den Betriebszweck gebraucht. Sie vermieten einen nicht für Ihr Bistro genutzten Raum an einen Freund und erhalten dafür Mieteinnahmen.

  - *periodenfremd,* wenn sich die Erträge nicht auf die betrachtete Periode beziehen.

    Zum Beispiel: Dank Ihres pfiffigen Steuerberaters erhalten Sie eine Steuerrückzahlung für das Vorjahr.

  - *außerordentlich,* wenn die Erträge unplanmäßig und/oder in ungewöhnlicher Höhe anfallen.

    Zum Beispiel: Sie haben Ihr Firmenfahrzeug für 2.000 € über seinem in der Finanzbuchhaltung erfassten Buchwert verkauft. Ein Kunde hat sich im März mit 10 Pizzen aus dem Staub gemacht, ohne zu bezahlen. Die Forderung haben Sie längst abgeschrieben. Das schlechte Gewissen hat den Kunden dann doch so geplagt, dass er Ihnen den Kaufpreis im betrachteten Monat Mai vorbeibringt. Damit haben Sie nicht gerechnet.

✔ **Betriebsbezogene Erträge** übernehmen Sie in die Kosten- und Leistungsrechnung. Sie stellen *Leistungen* dar und sind daran zu erkennen, dass sie

- in unmittelbarem Zusammenhang mit dem Betriebszweck stehen,
- sich auf die betrachtete Periode beziehen und
- regelmäßig in erwarteter Höhe anfallen.

BEISPIEL

Im Monat Mai:

✔ erzielen Sie einen Umsatzerlös aus dem Verkauf Ihrer Pizzen und Ihrer Pasta (Umsatzleistung).

✔ haben Sie Bologneser Soße produziert, aber nicht verkauft. Sie frieren die Soße erst einmal ein und haben einen Mehrbestand in Ihrer Kühltruhe (Lagerleistung).

✔ laden Sie Ihre Angestellten zum Pizzaessen ein. Die produzierte Pizza dient also Ihrem eigenen Bedarf und ist nicht für den Verkauf bestimmt (Eigenleistung).

Unterscheiden: Kosten nach ihrer Erfassung

Haben Sie Ihre betrieblichen Aufwendungen in der Gewinn- und Verlustrechnung identifiziert, sind Sie schon einen großen Schritt weiter, denn das sind gleichzeitig Ihre Kosten. Das bedeutet aber noch nicht, dass Sie die Werte einfach so übernehmen. In der Kostenrechnung sind Sie frei von allen Bewertungsvorschriften der Finanzbuchhaltung und können die Höhe der Kosten nach dem tatsächlichen Werteverzehr ansetzen oder auch Kosten hinzufügen, denen kein Aufwand gegenübersteht. Sie sollten dabei immer im Hinterkopf behalten, dass Ihre ermittelten Kosten die Basis für Ihre Preiskalkulation darstellen. Je mehr Kosten Sie über den Preis zurückbekommen, desto besser für Sie, immer vorausgesetzt, dass der Kunde Ihren Preis akzeptiert.

Ausgangspunkt für die Kostenrechnung sind die betrieblichen Aufwendungen der Gewinn- und Verlustrechnung. Betrachtungszeitraum ist in der Regel ein Monat.

In der Kosten- und Leistungsrechnung unterscheiden Sie die in Tabelle 11.4 dargestellten Kosten.

Kosten nach ihrer Erfassung		
Grundkosten	kalkulatorische Kosten	
	Anderskosten	Zusatzkosten

Tabelle 11.4: Kosten nach ihrer Erfassung

Grundkosten: übernommen

Grundkosten sind Ihre auszahlungswirksamen betrieblichen Aufwendungen innerhalb einer Periode, die dem tatsächlichen Werteverzehr entsprechen. Sie übernehmen sie unverändert aus der Finanzbuchhaltung in die Kosten- und Leistungsrechnung.

BEISPIEL

- ✔ Benötigte Materialien für die Herstellung von Pizza und Pasta
- ✔ Löhne für Ihren Koch und Ihr Servicepersonal
- ✔ Versicherungsbeiträge für die Geschäftsräume
- ✔ Instandhaltungsaufwendungen für Ihre Öfen

Kalkulatorische Kosten: Verändert oder hinzugefügt

Verändern Sie den Wertansatz aus der Finanzbuchhaltung oder fügen Sie einen neuen Wertansatz hinzu, handelt es sich um kalkulatorische Kosten. Dazu gehören

- ✔ kalkulatorische Abschreibungen = Anderskosten
- ✔ kalkulatorische Zinsen = Anderskosten
- ✔ kalkulatorische Miete = Anders- oder Zusatzkosten
- ✔ kalkulatorische Wagnisse = Anders- oder Zusatzkosten
- ✔ kalkulatorischer Unternehmerlohn = Zusatzkosten

Im Zusammenhang mit den kalkulatorischen Kosten wird häufig auch der Begriff der *Opportunitätskosten* genannt.

Opportunitätskosten entstehen, wenn Sie in Ihrer Kostenrechnung eine Entschädigung für entgangene Möglichkeiten berücksichtigen.

Statt Abschreibungen: Kalkulatorische Abschreibungen

Kalkulatorische Abschreibungen sind *Anderskosten*. Sie bewerten Sie vor dem Hintergrund zukünftiger Erwartungen völlig losgelöst von gesetzlichen Vorschriften. Wenn Sie sich heute ein Fahrzeug anschaffen, sehen Sie schon morgen neidisch auf die vielen technischen Neuerungen, die Ihnen entgehen. Damit Sie sich am Ende der betrieblichen Nutzung ein Fahrzeug mit allem technischen Schnickschnack leisten können, bilden Sie kalkulatorische Abschreibungen von Beginn an auf Basis des voraussichtlich höheren Wiederbeschaffungswertes und der von Ihnen geschätzten Nutzungsdauer. Damit fließt ein höherer Abschreibungsbetrag in die Preiskalkulation ein und Sie können sich das neue Fahrzeug zum Wiederbeschaffungszeitpunkt leisten.

Kalkulatorische Abschreibungen unterscheiden sich von den Abschreibungen der Finanzbuchhaltung in folgenden Punkten:

- ✔ Es gibt keine gesetzlichen Vorgaben, aber allgemein anerkannte Regeln zur Berechnung der kalkulatorischen Abschreibungen.
- ✔ Es wird nur das betrieblich genutzte abnutzbare Anlagevermögen berücksichtigt.
- ✔ Die Nutzungsdauer wird anhand von Erfahrungswerten geschätzt.
- ✔ Die Abschreibungsbasis bildet der erwartete Wiederbeschaffungswert (WBW). Er kann als Eurobetrag, als prozentuale Steigerung bezogen auf die Anschaffungskosten (AK) oder auf Basis der Indexrechnung ermittelt werden.

  Beispiel Indexrechnung:

  $$WBW = AK * Preissteigerungsfaktor$$

  $$Preissteigerungsfaktor = \frac{voraussichtlicher\ Preisindex\ im\ Jahr\ der\ Wiederbeschaffung\ oder\ im\ Berichtsjahr}{Preisindex\ im\ Jahr\ der\ Anschaffung}$$

- ✔ Ein eventuell am Ende der Nutzungsdauer zu erzielender Restwert (RW) in Form eines Liquidationserlöses wird bei der Berechnung der kalkulatorischen Abschreibungen berücksichtigt.

Als *Abschreibungsmethoden* eignen sich die lineare Abschreibung sowie die Leistungsabschreibung.

- ✔ Die *lineare Abschreibung* führt zu einer gleichmäßigen Belastung der Perioden.

  $$linearer\ Abschreibung\ pro\ Jahr = \frac{WBW - RW}{geschätzte\ Nutzungsdauer}$$

- ✔ Die *Leistungsabschreibung* führt zu einer verursachungsgerechten Verteilung der Abschreibungsbeträge auf die in Anspruch genommene Leistung.

  $$Leistungsabschreibung\ pro\ Periode = \frac{WBW - RW}{Gesamtleistung} * Periodenleistung$$

BEISPIEL

Für die Auslieferung Ihrer Pizza und Pasta schaffen Sie sich im Januar einen Kleintransporter an. Die Anschaffungskosten (AK) betragen insgesamt 32.000 €. Sie haben vor, den Transporter in 5 Jahren zu verkaufen und durch ein Fahrzeug mit E-Antrieb zu ersetzen. Der Preisindex beträgt im Anschaffungsjahr 120 % und im Jahr der Wiederbeschaffung voraussichtlich 150 %. Für Ihren alten Transporter erwarten Sie am Ende der Nutzungsdauer noch einen Liquidationserlös in Höhe von 10.000 €.

Sie vergleichen die kalkulatorische lineare Abschreibung mit der Leistungsabschreibung. Dabei gehen Sie schrittweise vor:

1. **Berechnen Sie zunächst den Wiederbeschaffungswert, den Sie für beide Abschreibungsmethoden benötigen:**

$$Preissteigerungsfaktor = \frac{voraussichtlicher\ Preisindex\ im\ Jahr\ der\ Wiederbeschaffung\ oder\ im\ Berichtsjahr}{Preisindex\ im\ Jahr\ der\ Anschaffung}$$

$$Preissteigerungsfaktor = \frac{150\%}{120\%} = 1{,}25$$

$$WBW = AK * Preissteigerungsfaktor$$

$$WBW = 32.000\,€ * 1{,}25$$

$$WBW = 40.000\,€$$

2. **Berechnen Sie die lineare kalkulatorische Abschreibung:**

$$Abschreibung\ pro\ Jahr = \frac{Wiederbeschaffungswert - Restwert}{geschätzte\ Nutzungsdauer}$$

$$Abschreibung\ pro\ Jahr = \frac{40.000\,€ - 10.000\,€}{5\ Jahre} = 6.000\,€$$

Da der Betrachtungszeitraum der Kostenrechnung in der Regel ein Monat ist, wird der Jahresbetrag für einen Monat berechnet.

$$Abschreibung\ pro\ Monat = \frac{40.000\,€ - 10.000\,€}{5\ Jahre * 12\ Monate} = 500\,€$$

3. **Berechnen Sie die Leistungsabschreibung:**

Nehmen Sie an, Ihr Kleintransporter hat eine Gesamtleistung von 50.000 Kilometern für die Nutzungsdauer von fünf Jahren. Im Januar fahren Sie 2000 Kilometer.

Die Leistungsabschreibung berechnen Sie folgendermaßen:

$$Leistungsabschreibung\ pro\ Leistungseinheit = \frac{WBW - RW}{Gesamtleistung}$$

hier:

$$Leistungsabschreibung\ pro\ km = \frac{40.000\,€ - 10.000\,€}{50.000\,km} = 0{,}60\,€$$

$$Leistungsabschreibung\ im\ Januar = 0{,}60\,€\ pro\ km * 2.000\,km = 1.200\,€$$

Sie können selbst entscheiden, welche Abschreibungsmethode Sie wählen.

Statt Zinsen: Kalkulatorische Zinsen

Kalkulatorische Zinsen verrechnen Sie für das betriebsnotwendige Eigen- und Fremdkapital. Die in der Gewinn- und Verlustrechnung erfassten Fremdkapitalzinsen können Sie nicht übernehmen, da in der Finanzbuchhaltung nicht zwischen betrieblich und nicht betrieblich genutztem Fremdkapital unterschieden wird. Zusätzlich möchten Sie auch für das von Ihnen eingesetzte Eigenkapital entschädigt werden. Würden Sie Ihr Eigenkapital nämlich nicht im Betrieb investieren, sondern zur Bank bringen, könnten Sie sich über satte Zinserträge freuen.

Kalkulatorische Zinsen sind *Anderskosten* und werden auf der Basis des betriebsnotwendigen Kapitals berechnet. Sie beinhalten sowohl die Verzinsung des Fremdkapitals als auch die *Opportunitätskosten* für die entgangenen Zinserträge aus dem betrieblich eingesetzten Eigenkapital.

Zur Berechnung der kalkulatorischen Zinsen ermitteln Sie zunächst das *betriebsnotwendige Kapital*. Auf der Passivseite Ihrer Bilanz finden Sie Ihr Eigen- und Fremdkapital, doch können Sie dem Kapital nicht ansehen, ob es betrieblich genutzt wird. Also gehen Sie auf die Verwendungsseite der Bilanz und prüfen jede Position des Anlage- und Umlaufvermögens auf ihre Betriebsnotwendigkeit.

Alle Vermögensteile, die Sie nicht für Ihren Betrieb benötigen, sortieren Sie aus. Dazu gehören:

- ✔ nicht betrieblich genutzte Grundstücke
- ✔ vermietete Gebäude
- ✔ stillgelegte Maschinen
- ✔ Wertpapiere des Anlage- und Umlaufvermögens, die Anlagezwecken dienen

Tabelle 11.5 zeigt das Grundschema zur Berechnung des betriebsnotwendigen Kapitals.

Betriebsnotwendiges Anlagevermögen • nicht abnutzbares Anlagevermögen • abnutzbares Anlagevermögen
+ Betriebsnotwendiges Umlaufvermögen (ohne Wertpapiere)
= Betriebsnotwendiges Vermögen
– Abzugskapital (zinsfreie Kapital) • Kundenvorauszahlungen • Lieferantenkredite
= Betriebsnotwendiges Kapital

Tabelle 11.5: Das betriebnotwendige Kapital

✔ **Das betriebsnotwendige Anlagevermögen** können Sie unterscheiden in

- *nicht abnutzbares betriebliches Anlagevermögen:* Es wird in der Regel zu Anschaffungskosten beziehungsweise Herstellkosten angesetzt.
- *abnutzbares betriebliches Anlagevermögen:* Dafür stehen Ihnen zwei Bewertungsmethoden zur Verfügung:
- **Restwertmethode:** Mithilfe der *Restwertmethode* ermitteln Sie den kalkulatorischen Restwert der einzelnen Anlagegegenstände am Ende des Jahres.

  Anschaffungs-, Herstell- beziehungsweise Wiederbeschaffungskosten
  am Jahresanfang – kalkulatorische Abschreibung am Ende des Jahres

  = kalkulatorischer Restwert am Ende des Jahres

- **Durchschnittsmethode:** Der Wertansatz ist über die gesamte Nutzungsdauer identisch.

$$\textit{Durchschnittliches betriebsnotwendiges Kapital} = \frac{\textit{Anschaffungs–, Herstell – beziehungsweise Wiederbeschaffungswert} + \textit{Restwert}}{2}$$

✔ **Das betriebsnotwendige Umlaufvermögen** bewerten Sie mithilfe der Durchschnittsmethode:

$$\textit{Durchschnittliches Umlaufvermögen} = \frac{\textit{Anfangsbestand} + \textit{Endbestand}}{2}$$

✔ **Das Abzugskapital** ist das Kapital, das Ihnen zinsfrei zur Verfügung steht. Dazu gehören beispielsweise Kundenvorauszahlungen oder Lieferantenverbindlichkeiten ohne Skontoabzug.

✔ **Das betriebsnotwendige Kapital** erhalten Sie, nachdem Sie jede einzelne Position des betrieblichen Anlage- und Umlaufvermögens bewertet und aufsummiert haben, abzüglich des zinsfrei zur Verfügung gestellten Kapitals (siehe Tabelle 11.6).

Die *kalkulatorischen Zinsen* für das betriebsnotwendige Kapital berechnen Sie bezogen auf den betrachteten Zeitraum.

$$\textit{kalkulatorische Zinsen} = \frac{\textit{betriebsnotwendiges Kapital} * \textit{Zinssatz} * \textit{Tage}}{100 * 360}$$

Die Höhe des Zinssatzes richtet sich in der Regel nach dem Zinssatz für langfristige Darlehen oder festverzinsliche Wertpapiere.

In den Prüfungsaufgaben achten Sie unbedingt darauf, ob Sie die Bewertungen der einzelnen betrieblichen Vermögenswerte selbst vornehmen müssen oder ob es sich bei den angegebenen Werten bereits um kalkulatorische Restwerte oder Durchschnittswerte handelt.

BEISPIEL

Für die Berechnung der kalkulatorischen Zinsen verwenden Sie die folgende Jahresbilanz.

Aktiva		Bilanz	Passiva
I. Anlagevermögen		I. Eigenkapital	505.500 €
1. Grundstücke	200.000 €		
2. Gebäude	500.000 €	II. Fremdkapital	
3. BGA (Betriebs- und Geschäftsausstattung)	60.000 €	1. Verbindlichkeiten aus Lieferungen und Leistungen	4.000 €
4. Fuhrpark	40.000 €	2. Verbindlichkeiten gegenüber Kreditinstituten	300.000 €
II. Umlaufvermögen			
1. Vorräte	5.000 €		
2. Forderungen	1.500 €		
3. Zahlungsmittel	3.000 €		
	809.500 €		809.500 €

Zu den einzelnen Positionen liegen Ihnen in der Kostenrechnung noch folgende Zusatzinformationen vor, die zu beachten sind:

1. **Grundstücke:** Es handelt sich um bebaute Grundstücke. Der Bilanzwert wird mit 200.000 € übernommen. Dabei ist zu beachten, dass 50 % der Fläche an einen angrenzenden Supermarkt vermietet sind. Die verbleibende Fläche nutzen Sie für Ihr Bistro.
2. **Gebäude:** Der kalkulatorische Restwert des Gebäudes beträgt 400.000 €. 20 % der Fläche haben Sie an den Supermarkt vermietet.
3. **Betriebs- und Geschäftsausstattung (BGA):** Der kalkulatorische Restwert beträgt 40.000 €. Ein darin enthaltener Ofen im Wert von 6.000 € wird nicht genutzt.
4. **Fuhrpark:** Der kalkulatorische Restwert beträgt 45.000 €. Alle Fahrzeuge werden betrieblich genutzt.
5. **Vorräte:** Ihr durchschnittlicher Lagerbestand beträgt 4.000 €.
6. **Forderungen:** Ihr durchschnittlicher Forderungsbestand beträgt 1.200 €.

7. **Zahlungsmittel:** In Ihrem durchschnittlichen Zahlungsmittelbestand von 2.500 € sind 1.000 € Festgeld enthalten.

8. **Verbindlichkeiten aus Lieferungen und Leistungen (LL):** Von den Verbindlichkeiten stehen Ihnen 2.000 € zinsfrei zur Verfügung. Der kalkulatorische Zinssatz beträgt 3 %.

Wenn Sie jetzt das betriebsnotwendige Kapital berechnen, gehen Sie die einzelnen Aktivpositionen der Bilanz durch und bewerten Sie unter Berücksichtigung der angegebenen Zusatzinformationen:

Berechnung	Wertansatz	Korrekturen
I. Anlagevermögen		
1. Grundstücke	100.000 €	50 % sind betriebsfremd
2. Gebäude	320.000 €	20 % sind betriebsfremd
3. BGA	34.000 €	6.000 € sind betriebsfremd
4. Fuhrpark	45.000 €	unverändert
II. Umlaufvermögen		
1. Vorräte	4.000 €	unverändert
2. Forderungen	1.200 €	unverändert
3. Zahlungsmittel	1.500 €	1.000 € sind betriebsfremd
Betriebsnotwendiges Vermögen	**505.700 €**	
– Abzugskapital	2.000 €	Zinsfreies Kapital
Betriebsnotwendiges Kapital	**503.700 €**	Grundlage für Zinsberechnung

Berechnung der jährlichen kalkulatorischen Zinsen:

$$jährliche\ kalkulatorische\ Zinsen = 503.700\,€ * 3\% = 15.111\,€$$

Berechnung der monatlichen kalkulatorischen Zinsen:

$$monatliche\ kalkulatorische\ Zinsen = \frac{15.111\,€}{12\,Monate} = 1.259{,}25\,€$$

Statt Miete: Kalkulatorische Miete

Kalkulatorische Miete können Sie als Anderskosten oder Zusatzkosten berücksichtigen.

- ✔ **Anderskosten:** Nehmen wir mal an, ein guter Freud hat Ihnen die Räume Ihres Bistros für eine geringe Miete zur Verfügung gestellt. Der Mietpreis liegt weit unter der ortsüblichen Miete. In der Kostenrechnung könnten Sie sich jetzt entscheiden, ob Sie den niedrigen Mietaufwand als Grundkosten unverändert aus der Finanzbuchhaltung übernehmen oder aber eine kalkulatorische Miete in Höhe der ortsüblichen Miete ansetzen. Entscheiden Sie sich für die ortsübliche Miete, weichen Sie von dem Wertansatz der Finanzbuchhaltung ab und berücksichtigen die kalkulatorische Miete in Form von Anderskosten.

- **Zusatzkosten:** Gehören Ihnen die Räume für Ihr Bistro, zahlen Sie keine Miete. Jetzt kommen die Opportunitätskosten ins Spiel. Würden Sie die Räume vermieten, hätten Sie Mieteinnahmen, die Ihnen bei eigener Nutzung entgehen. Dies berücksichtigen Sie in Höhe der ortsüblichen Miete und kalkulieren diese Kosten in den Preis Ihrer Produkte ein. Auf diesem Umweg erhalten Sie die entgangenen Mieteinnahmen von Ihren Kunden zurück.

Ganz schön gewagt: Kalkulatorische Wagnisse

Kalkulatorische Wagnisse bilden Sie zur Abdeckung von betrieblichen Einzelrisiken. Leider können Sie Ihr allgemeines Unternehmensrisiko nicht in der KLR berücksichtigen. Wenn die Nachfrage durch einen wirtschaftlichen Abschwung, durch Krisen oder einer Veränderung des Kaufverhaltens der Kunden ausbleibt, sind Sie machtlos.

Einzelwagnisse können zum Beispiel sein:

- Bestandswagnisse wie zum Beispiel Diebstahl, Verderb oder Schwund von Lagerbeständen
- Anlagewagnisse wie zum Beispiel Verluste durch Schadensfälle
- Gewährleistungswagnisse wie zum Beispiel Verluste durch Reklamationen der Kunden
- Transportwagnisse wie zum Beispiel Verluste aus der Beschädigung von Waren durch unzureichende Transportsicherung

Einzelrisiken können Sie als Anders- oder Zusatzkosten in der KLR berücksichtigen:

- **Anderskosten:** In der Regel haben Sie sich gegen Einzelrisiken abgesichert, die durch einen Brand, einen Wassereinbruch oder einen Unfall auftreten können. Ihre Beiträge richten sich nach der mit Ihrer Versicherung vereinbarten Schadenshöhe. Wollen Sie sich darüber hinaus absichern, können Sie in der KLR anstelle der Versicherungsbeiträge ein höheres kalkulatorisches Wagnis als Anderskosten ansetzen.
- **Zusatzkosten:** Sind Ihre Einzelrisiken dagegen nicht versichert, können Sie sie zusätzlich über kalkulatorische Wagnisse erfassen. Wenn Sie sich an die Abgrenzung zwischen Unternehmen und Betrieb erinnern, werden außerordentliche Aufwendungen nicht in der KLR berücksichtigt, da sie in ungewöhnlicher Höhe auftreten können und nicht planbar sind. Da für diese Risiken häufig durchschnittliche Erfahrungswerte über ihr Eintreffen vorliegen, schätzen Sie den Wertansatz für die kalkulatorischen Wagnisse und berücksichtigen ihn in gleichbleibender Höhe in der KLR.

BEISPIEL

In Ihrer Backstube kam es in den letzten drei Jahren besonders im Sommer vor, dass Ihr Mehl von Mehlmotten heimgesucht wurde. Jetzt könnten Sie das Mehl einfach verwenden, da es dem Kunden beim Verzehr seiner Pizza sicher nicht auffällt. Doch als vorbildlicher Gastwirt entsorgen Sie die befallenen Säcke und haben erfahrungsgemäß einen durchschnittlichen jährlichen Schaden in Höhe von 120 €. Pro Jahr verbrauchen Sie durchschnittlich Mehl im Wert von 2.400 €.

Zunächst ermitteln Sie den jährlichen prozentualen Anteil des durchschnittlichen Schadens bezogen auf den durchschnittlichen Gesamtverbrauch (Wareneinsatz):

$$Beständewagnis\ in\ \% = \frac{Beständewagniskosten}{Wareneinsatz} \cdot 100$$

$$Beständewagnis\ in\ \% = \frac{120\,€}{2.400\,€} \cdot 100 = 5\ \%$$

Ihr durchschnittlicher Schaden bezogen auf Ihren durchschnittlichen Verbrauch beträgt 5 %.

Für März rechnen Sie mit einem Mehlverbrauch in Höhe von 250 €.

Als kalkulatorisches Wagnis berücksichtigen Sie jetzt 5 % Ihres Mehlverbrauchs:

$$Kalkulatorisches\ Beständewagnis\ im\ März = 250\,€ * 5\ \% = 12{,}50\,€$$

Statt Gehalt: Kalkulatorischer Unternehmerlohn

Kalkulatorischer Unternehmerlohn wird in Einzelunternehmen und Personengesellschaften berücksichtigt und stellt *Zusatzkosten* dar. Wenn Sie in einer Kapitalgesellschaft als Geschäftsführer angestellt sind, erhalten Sie ein Gehalt. Dieses Gehalt wird als Grundkosten in der KLR berücksichtigt und ist damit Bestandteil Ihrer Preiskalkulation.

Sind Sie dagegen Einzelunternehmer oder Geschäftsführer einer Personengesellschaft, können Sie sich kein eigenes Gehalt zahlen, sondern entnehmen sich Ihren Lohn aus dem erzielten Gewinn. Jetzt kommen die Opportunitätskosten ins Spiel. Sie setzen sich einen kalkulatorischen Unternehmerlohn in Höhe eines vergleichbaren Gehalts für Geschäftsführer derselben Branche an, kalkulieren diesen als Zusatzkosten in Ihren Preis ein und verdienen sich Ihr Gehalt über den Verkauf Ihrer Produkte. Das ist doch genial.

Unterscheiden: Leistungen nach ihrer Erfassung

Nachdem Sie für Ihre Leistungserstellung viele Kosten verursacht haben, wollen Sie jetzt Ihre Lorbeeren ernten und Ihre Produkte oder Dienstleistungen gewinnbringend verkaufen.

Wie vorher bei den Kosten, werden die Leistungen in Grundleistungen und kalkulatorische Leistungen eingeteilt (siehe Tabelle 11.6):

Leistungen nach ihrer Erfassung		
Grundleistungen	kalkulatorische Leistungen	
	Andersleistungen	Zusatzleistungen

Tabelle 11.6: Leistungen nach ihrer Erfassung

- **Grundleistungen** liegen immer dann vor, wenn Sie die betrieblichen Erträge unverändert aus der Finanzbuchhaltung in die KLR übernehmen. Das trifft in der Regel für Umsatz-, Lager- und Eigenleistungen zu.

- **Andersleistungen** liegen betrieblicher Erträge zugrunde. Jedoch weicht der Wertansatz in der KLR von dem Wertansatz der Finanzbuchhaltung ab. So können beispielsweise Mehrbestände oder Eigenleistungen in der Kostenrechnung zu Verrechnungspreisen bewertet werden.

- **Zusatzleistungen** treten nur in der KLR auf. Stellen Sie sich vor, Sie verschenken abends Ihre letzte gebackene Pizza. Für diese Pizza sind Kosten angefallen, denen auf der Ertragsseite kein Erlös gegenübersteht. Da die kostenlose Pizza aber eine Leistung darstellt, könnten Sie sie zu Herstellkosten in der Kosten- und Leistungsrechnung berücksichtigen.

Erfassen: Methoden der Verbrauchsmengenermittlung

Für die Bewertung Ihrer Materialkosten müssen Sie zunächst einmal feststellen, wie viel Material Sie mengenmäßig verbraucht haben. Dazu stehen Ihnen die folgenden Methoden zur Verfügung

Inventurmethode

Die *Inventurmethode* setzt voraus, dass Sie am Ende jeden Monats in Ihr Lager gehen und alle Materialien zählen, messen oder wiegen. Da die Kosten in der Regel monatlich erfasst werden, ist diese Methode eine echte Herausforderung für große Betriebe.

Berechnung:

Anfangsbestand (Inventurbestand des Vormonats)

+ Zugang (im Monat eingekaufte Materialien)

– Endbestand (Inventurbestand des aktuellen Monats)

= **Verbrauch**

Die Inventurmethode hat eine Reihe von Nachteilen:

- Sie können dem Verbrauch nicht ansehen, in welchem Umfang er durch die Herstellung Ihrer Produkte entstanden ist oder auf Schwund, Diebstahl oder Verderb zurückzuführen ist.

- Eine Zuordnung des Verbrauchs auf einzelne Produkte ist nicht möglich.

Skontrations- oder Fortschreibemethode

Die *Skontrations- oder Fortschreibemethode* ermöglicht Ihnen die genaueste Verbrauchsermittlung, da Sie für jeden Lagerabgang einen Materialentnahmeschein erstellen. Zusammen mit der Erfassung der Lagerzugänge haben Sie Ihren aktuellen Sollbestand immer im Blick (permanente Inventur).

Ihre Vorteile sind:

- ✔ Sie wissen am Ende des Monats genau, für welche Produkte Sie wie viel Material entnommen haben und können die Kosten direkt den Produkten zuordnen.
- ✔ Durch eine Inventur am Monatsende können Sie sehen, ob Ihr Sollbestand mit dem durch die körperliche Inventur ermittelten Istbestand übereinstimmt.
- ✔ Gibt es eine Abweichung zwischen Ihrem Soll- und Istbestand, haben Sie auch gleich Ihre Verluste aus Schwund, Verderb oder Diebstahl identifiziert und können daraus Ihre kalkulatorischen Wagniszuschläge berechnen.

Die Kehrseite der Medaille sind ihre Nachteile:

- ✔ Für kleine Betriebe ist die Methode sehr aufwendig, da Sie jeden Lagerzugang und -abgang sofort erfassen müssen.
- ✔ Zur Ermittlung Ihrer Inventurdifferenz zwischen Soll- und Istbestand ist eine monatliche körperliche Bestandsaufnahme notwendig.

Ganz schön retro: Die retrograde Methode

Die *retrograde Methode* ermittelt den Verbrauch rückwirkend, ausgehend von den produzierten unfertigen oder fertigen Erzeugnissen. Dazu nehmen Sie sich die Stückliste jedes Produktes vor und ermitteln, welche Sollmengen für die Produktion vorgesehen sind.

Berechnung:

Verbrauch = Produktionsmenge * Sollverbrauchsmenge pro Stück

Leider hat auch diese Methode Nachteile:

- ✔ Eine Abweichung zwischen Sollmenge und Istmenge können Sie nur durch eine zusätzliche Inventur feststellen.
- ✔ Lagerverluste durch Schwund, Verderb und Diebstahl können Sie auch durch eine zusätzliche Inventur nicht von einem Mehrverbrauch in der Produktion trennen.

BEISPIEL

Ihr Bistro läuft richtig gut und Sie backen im Januar 1.000 Pizzen. Für jede Pizza benötigen Sie 100 Gramm Mehl.

Ende Januar liegen Ihnen folgende Daten vor:

01.01.	Anfangsbestand laut Inventur	60 kg
10.01.	Materialentnahme	20 kg
15.01.	Lagerzugang	40 kg
20.01.	Materialentnahme	50 kg
25.01.	Lagerzugang	20 kg
30.01.	Materialentnahme	35 kg
31.01.	**Endbestand laut Inventur**	12 kg

Um den Mehlverbrauch für Ihre Kostenrechnung zu ermitteln, stehen Ihnen drei Methoden zur Verfügung.

1. Inventurmethode: Verbrauchsermittlung

01.01.	Anfangsbestand laut Inventur	60 kg
15.01.	+ Lagerzugang	40 kg
25.01.	+ Lagerzugang	20 kg
31.01.	– Endbestand laut Inventur	12 kg
31.01.	**= Verbrauch**	**108 kg**

2. Skontrationsmethode: Verbrauchsermittlung

10.01.	Materialentnahme	20 kg
20.01.	Materialentnahme	50 kg
30.01.	Materialentnahme	35 kg
31.01.	**Verbrauch**	**105 kg**

Führen Sie am Ende des Monats zusätzlich eine Inventur durch, können Sie mithilfe dieser Methode auch Ihren unplanmäßigen Verbrauch durch Schwund, Diebstahl oder Verderb feststellen:

01.01.	Anfangsbestand laut Inventur	60 kg
15.01.	+ Lagerzugang	40 kg
25.01.	+ Lagerzugang	20 kg
31.01.	– Materialentnahme (20 kg + 50 kg + 35 kg)	105 kg
31.01.	**= Lagersollbestand**	**15 kg**
31.01.	– Endbestand laut Inventur	12 kg
31.01.	**= Inventurdifferenz** **(Schwund, Diebstahl oder Verderb)**	**3 kg**

3. Retrograde Methode: Verbrauchsermittlung

Verbrauch = Produktionsmenge * Sollverbrauchsmenge pro Stück

Verbrauch = 1.000 Pizzen * 0,1 kg pro Pizza = 100 kg

Jede Methoden liefert Ihnen einen anderen Materialverbrauch:

Inventurmethode	108 kg
Skontrationsmethode	105 kg
Retrograde Methode	100 kg

Bewerten: Methoden der Verbrauchsbewertung

Haben Sie die Verbrauchsmengen für Ihre Materialien ermittelt, stellt sich die Frage, mit welchem Wert Sie diese in Ihrer Kostenrechnung ansetzen wollen. Ihre Entscheidung hängt einerseits davon ab, welche Erwartungen Sie hinsichtlich der zukünftigen Preisentwicklung haben, andererseits aber auch davon, welche Preisschwankungen Sie Ihren Kunden zumuten möchten. Tabelle 11.7 zeigt Ihnen die unterschiedlichen Bewertungsmöglichkeiten.

Bewertung von Verbrauchsmengen				
Anschaffungspreis			Wiederbeschaffungspreis	Verrechnungspreis
Einzelbewertung	Durchschnittsbewertung	Verbrauchsfolgebewertung		

Tabelle 11.7: Bewertung von Verbrauchsmengen

Anschaffungspreise

Die Anschaffungspreise setzen sich zusammen aus dem Nettopreis der einzelnen Materialien zuzüglich der Anschaffungsnebenkosten wie zum Beispiel Transportkosten und Zollgebühren abzüglich der Anschaffungskostenminderungen wie zum Beispiel Skonto.

Grundsätzlich stehen Ihnen drei Bewertungsmöglichkeiten zur Verfügung:

- ✔ **Einzelbewertung:** Sie ermitteln Ihre Materialkosten, indem Sie die Verbrauchsmengen genau zu den Preisen bewerten, die Sie beim Einkauf gezahlt haben. Das ist immer dann sinnvoll, wenn Ihre Beschaffungspreise konstant sind.

  Materialverbrauch = Verbrauchsmenge * Bezugspreis pro Mengeneinheit

- ✔ **Durchschnittsbewertung:** Sie bietet sich an, wenn sich die Beschaffungspreise für Ihre Materialien permanent ändern. Stellen Sie sich vor, Ihre Kunden müssten täglich einen anderen Preis für die Pizza zahlen, weil sich Ihr Mehlpreis ständig ändert.

Ihren Materialverbrauch können Sie zum gewogenen oder zum gleitenden Durchschnittspreis bewerten:

- Den *gewogenen Durchschnittspreis* berechnen Sie aus der Summe aller Anschaffungskosten für den Anfangsbestand und die Lagerzugänge dividiert durch die Gesamtmenge aus Anfangsbestand und Lagerzugängen.

  $$gewogener\ Durchschnittpreis = \frac{Summe\, der\, Anschaffungskosten}{Summe\, der\, Anschaffungsmengen}$$

  Am Monatsende bewerten Sie den gesamten Verbrauch zum berechneten Durchschnittspreis.

- Den *gleitenden Durchschnittspreis* ermitteln Sie nach jedem Lagerzugang neu. Ihr Materialverbrauch wird jeweils zum aktuellen Durchschnittspreis zum Zeitpunkt der Lagerentnahme bewertet.

Sie führen ein Lagerbuch und erfassen darin alle Lagerbewegungen für Ihr Mehl. Ende Juli liegen Ihnen folgende Daten vor:

Datum		Mehl	Einzelpreis	Gesamtwert
01.07.	Anfangsbestand lt. Inventur	50 kg	1,10 €	55,00 €
10.07.	Lagerzugang	30 kg	1,22 €	36,60 €
20.07.	Lagerzugang	29 kg	1,20 €	34,80 €
27.07.	Lagerzugang	10 kg	1,25 €	12,50 €
Mehlverbrauch im Juli				
02.07.	Materialentnahme	20 kg		
17.07.	Materialentnahme	50 kg		
25.07.	Materialentnahme	19 kg		
Summe		**89 kg**		

Zur Bewertung Ihres Verbrauchs vergleichen Sie zwei Verfahren:

1. Gewogener Durchschnitt

Datum	Berechnung	Mehl	Einzelpreis	Gesamtwert
01.07.	Anfangsbestand lt. Inventur	50 kg	1,10 €	55,00 €
10.07.	+ Lagerzugang	30 kg	1,22 €	36,60 €
20.07.	+ Lagerzugang	29 kg	1,20 €	34,80 €
27.07.	+ Lagerzugang	10 kg	1,25 €	12,50 €
Summe		**119 kg**		**138,90 €**

$$gewogener\ Durchschnittspreis = \frac{138{,}90\,€}{119\,kg} = 1{,}17\,€\ pro\,kg$$

Die Materialkosten für Ihren Mehlverbrauch werden zum berechneten Durchschnittspreis ermittelt:

$$Materialkosten = Materialverbrauch * gewogener\ Durchschnittspreis$$

$$Materialkosten = 89\,kg * 1{,}17\,€\ pro\,kg = 104{,}13\,€$$

2. Gleitende Durchschnitte

Datum	Berechnung	Mehl	Durchschnitt	Gesamtwert
01.07.	Anfangsbestand laut Inventur	50 kg	1,10 €	55,00 €
02.07.	– Materialentnahme	20 kg	1,10 €	22,00 €
02.07.	**= Bestand**	**30 kg**	**1,10 €**	**33,00 €**
10.07.	+ Lagerzugang	30 kg	1,22 €	36,60 €
10.07.	**= Bestand**	**60 kg**	**1,16 €**	**69,60 €**
17.07.	– Materialentnahme	50 kg	1,16 €	58,00 €
17.07.	**= Bestand**	**10 kg**	**1,16 €**	**11,60 €**
20.07.	+ Lagerzugang	29 kg	1,20 €	34,80 €
20.07.	**= Bestand**	**39 kg**	**1,19 €**	**46,40 €**
25.07.	– Materialentnahme	19 kg	1,19 €	22,61 €
25.07.	**= Bestand**	**20 kg**	**1,19 €**	**23,79 €**
27.07.	+ Lagerzugang	10 kg	1,25 €	12,50 €
27.07.	**= Bestand**	**30 kg**	**1,21 €**	**36,29 €**

Die Materialkosten ergeben sich aus der Summe der bewerteten Materialentnahmen:

$$Materialkosten = 22{,}00\,€ + 58{,}00\,€ + 22{,}61\,€ = 102{,}61\,€$$

Hinweis: Bei der Durchschnittsbildung wurden die Werte auf zwei Nachkommastellen gerundet.

3. Vergleich beider Methoden

- Bewertung des Materialverbrauchs nach gewogenem Durchschnitt: 104,13 €
- Bewertung des Materialverbrauchs nach gleitenden Durchschnitten: 102,61 €

✔ **Verbrauchsfolgebewertung:** Die *Verbrauchsfolgebewertung* können Sie in der Kostenrechnung verwenden, wenn eine Zuordnung Ihrer verbrauchten Materialien zu ihren jeweiligen Einkaufspreisen nicht möglich ist. Stellen Sie sich zum Beispiel vor, Sie schütten das Mehl nach dem Einkauf in einen großen Behälter. Jetzt hilft Ihnen nur doch eine theoretische Zuordnung der Mengen zu den Preisen. Dazu bewerten Sie den Verbrauch nach einer vorher festgelegten zeitlichen Abfolge der Lagerentnahmen. Der Preis des Anfangsbestands wird dabei berücksichtigt. Die angewendeten Verfahren sind beispielhaft in Tabelle 11.8 aufgeführt.

Verfahren	Beschreibung	Bedeutung
Fifo	First in – First out	Das zuerst eingekaufte Material wird zuerst verbraucht.
Lifo	Last in – First out	Das zuletzt eingekaufte Material wird zuerst verbraucht.
Hifo	Highest in – First out	Das Material mit dem höchsten Einkaufspreis wird zuerst verbraucht
Lofo	Lowest in – First out	Das Material mit dem geringsten Einkaufspreis wird zuerst verbraucht

Tabelle 11.8: Verfahren der Verbrauchsfolgebewertung

Sie verschaffen sich einen Überblick über die Bewertung des Materialverbrauchs bei der Verwendung unterschiedlicher Verbrauchsfolgeverfahren.

Im Monat Juli haben Sie folgende Lagerbewegungen festgestellt:

Datum		Mehl	Einzelpreis	Gesamtwert
01.07.	Anfangsbestand lt. Inventur	50 kg	1,10 €	55,00 €
10.07.	Lagerzugang	30 kg	1,22 €	36,60 €
20.07.	Lagerzugang	29 kg	1,20 €	34,80 €
27.07.	Lagerzugang	10 kg	1,25 €	12,50 €

Im Monat Juli haben Sie 89 kg Mehl verbraucht.

Je nach Wahl der Verbrauchsfolge ergeben sich unterschiedliche Materialkosten:

Fifo-Methode	Mehl	Einzelpreis	Gesamtwert
Materialverbrauch	50 kg	1,10 €	55,00 €
Materialverbrauch	30 kg	1,22 €	36,60 €
Materialverbrauch	9 kg	1,20 €	10,80 €
Summe Materialkosten	**89 kg**		**102,40 €**

Lifo-Methode	Mehl	Einzelpreis	Gesamtwert
Materialverbrauch	10 kg	1,25 €	12,50 €
Materialverbrauch	29 kg	1,20 €	34,80 €
Materialverbrauch	30 kg	1,22 €	36,60 €
Materialverbrauch	20 kg	1,10 €	22,00 €
Summe Materialkosten	**89 kg**		**105,90 €**

Hifo-Methode	Mehl	Einzelpreis	Gesamtwert
Materialverbrauch	10 kg	1,25 €	12,50 €
Materialverbrauch	30 kg	1,22 €	36,60 €
Materialverbrauch	29 kg	1,20 €	34,80 €
Materialverbrauch	20 kg	1,10 €	22,00 €
Summe Materialkosten	**89 kg**		**105,90 €**

Lofo-Methode	Mehl	Einzelpreis	Gesamtwert
Materialverbrauch	50 kg	1,10 €	55,00 €
Materialverbrauch	29 kg	1,20 €	34,80 €
Materialverbrauch	10 kg	1,22 €	12,20 €
Summe Materialkosten	**89 kg**		**102,00 €**

Wiederbeschaffungspreise

Die Bewertung Ihres Materialverbrauchs zu *Wiederbeschaffungspreisen* bietet sich an, wenn Sie die erwarteten Preisentwicklungen auf dem Beschaffungsmarkt bereits in Ihrer Preiskalkulation berücksichtigen möchten. Erwarten Sie beispielsweise Preissteigerungen, verdienen Sie über Ihre Umsatzerlöse schon heute das Geld für die Anschaffung der teureren Materialien.

Die Kalkulation mit Wiederbeschaffungspreisen dient der substanziellen Kapitalerhaltung und spielt auch bei der Beschaffung von Gegenständen des Anlagevermögens eine große Rolle.

Verrechnungspreise

Verrechnungspreise sind Festpreise, die Sie für die Bewertung Ihres Materialverbrauchs ansetzen, um Schwankungen bei den Beschaffungspreisen vollständig aus der Preiskalkulation herauszuhalten.

Als Anhaltspunkt für die Festlegung der Verrechnungspreise dienen die durchschnittlichen Preise der vergangenen Perioden, verbunden mit den erwarteten Preisen zukünftiger Perioden.

Durchführen: Abgrenzungsrechnung

In diesem Kapitel haben Sie viel gelernt. Sie können jetzt unterscheiden zwischen Unternehmen und Betrieb, zwischen Kosten und Leistungen und kennen zusätzlich verschiedene Möglichkeiten, Ihren Verbrauch mengen- und wertmäßig zu erfassen.

Jetzt gehts ans Eingemachte, nämlich um die Durchführung der Abgrenzungsrechnung zwischen der Finanzbuchhaltung (Fibu) und der Kosten- und Leistungsrechnung (KLR). Dazu dient Ihnen das in Abbildung 11.1 abgebildete Formular.

Abgrenzungsrechnung								
	Finanzbuchhaltung		Abgrenzungsbereich				Kosten- und Leistungsrechnung	
	Gewinn- und Verlustrechnung		Neutraler Erfolg		Kostenrechnerische Korrekturen		Betriebsergebnisrechnung	
Kontenbezeichnung	Aufwendungen	Erträge	Aufwendungen	Erträge	betriebliche Aufwendungen	verrechnete Kosten	Kosten	Leistungen
1. Umsatzerlöse								
2. Zinserträge								
3. Mieterträge								
4. Rohstoffverbrauch								
5. Löhne								
6. Gehälter								
7. Soziale Abgaben								
8. Versicherungsbeiträge								
9. Energieverbrauch								
10. Abschreibungen								
11. Zinsen								
12. kalk. Unternehmerlohn								
13. Summen								
14. Salden	**Gesamtergebnis**		**Neutrales Ergebnis**		**Korrekturergebnis**		**Betriebsergebnis**	

Abbildung 11.1: Abgrenzungsrechnung

Die Bedeutung der einzelnen Spalten zeigt Tabelle 11.9.

Spalte	Inhalt
1–3	Ausgangspunkt sind die Daten Ihrer Gewinn- und Verlustrechnung.
4–5	Hier führen Sie alle unternehmensbezogenen Aufwendungen und Erträge auf, die nicht dem Betriebszweck dienen und damit zum neutralen Erfolg zählen.
6–7	Erfassen Sie in der Kosten- und Leistungsrechnung kalkulatorische Kosten, sehen Sie in diesen Spalten, worin sich der Wertansatz zur Finanzbuchhaltung unterscheidet: Anderskosten: Wenn Sie einen betrieblichen Aufwand oder Ertrag aus der Finanzbuchhaltung mit einem anderen Wert in der KLR berücksichtigen, sehen Sie in Spalte 6 den Wert der Fibu und in Spalte 7 den Wert in der KLR. Zusatzkosten: Hier gibt es keinen Wert in der Fibu. Daher bleibt die Spalte 6 frei. In Spalte 7 wird der Wertansatz der KLR eingetragen.
8	Hier erfassen Sie alle Grundkosten, die Sie unverändert aus der Fibu übernehmen, sowie die in Spalte 7 aufgeführten Anderskosten und Zusatzkosten.
9	Hier erfassen Sie alle Umsatzleistungen, Lagerleistungen und Eigenleistungen.

Tabelle 11.9: Bereiche der Abgrenzungsrechnung

BEISPIEL

Für August liegen Ihnen die Zahlen Ihrer Gewinn- und Verlustrechnung vor. Jetzt zeigt es sich, ob sich Ihre betriebliche Tätigkeit gelohnt hat.

Gewinn- und Verlustrechnung der Finanzbuchhaltung			
Position	**Kontenbezeichnung**	**Aufwendungen**	**Erträge**
1	Umsatzerlöse		18.000 €
2	Zinserträge		20 €
3	Mieterträge		2.000 €
4	Rohstoffverbrauch	1.000 €	
5	Löhne	2.500 €	
6	Gehälter	3.000 €	
7	Soziale Abgaben	1.500 €	
8	Versicherungsbeiträge	200 €	
9	Energieverbrauch	500 €	
10	Abschreibungen	800 €	
11	Zinsen	600 €	
Summe		**10.100 €**	**20.020 €**

Zusätzlich zu den Daten der Gewinn- und Verlustrechnung berücksichtigen Sie noch folgende Änderungen beziehungsweise Ergänzungen:

- ✔ **Position 4:** Den Rohstoffverbrauch erfassen Sie in der KLR abweichend von Ihrer Gewinn- und Verlustrechnung mit einem Verrechnungspreis in Höhe von 1.200 €.

  kalkulatorischer Rohstoffverbrauch = Anderskosten

- ✔ **Position 10:** In Ihrer KLR verrechnen Sie kalkulatorische Abschreibungen in Höhe von 1.000 €.

  kalkulatorische Abschreibungen = Anderskosten

- ✔ **Position 11:** In der KLR setzen Sie anstelle der Fremdkapitalzinsen der Fibu die kalkulatorischen Zinsen Ihres betriebsnotwendigen Kapitals in Höhe von 800 € an.

  kalkulatorische Zinsen = Anderskosten

- ✔ **Zusätzliche Position:**

  Sie ergänzen Ihre Abgrenzungsrechnung um die zusätzliche Position eines kalkulatorischen Unternehmerlohns in Höhe von 2.500 €.

  kalkulatorischer Unternehmerlohn = Zusatzkosten

Nach Ihrem Unternehmensergebnis zu urteilen, bringt ihr Bistro einen Erfolg in Höhe von 9.920 € ein. Sehen Sie aber genauer hin erkennen Sie, dass Sie Ihre Zins- und Mieterträge auch ohne Ihre betriebliche Tätigkeit erzielt hätten. Ihr Betriebserfolg aus der Produktion und dem Absatz Ihrer Pizzen und Pasta fällt mit 4.800 € deutlich geringer aus.

Ihre Abgrenzungsrechnung sehen Sie in Abbildung 11.2.

Erläuterung der einzelnen Positionen:

Position	Erläuterung
1	Umsatzerlöse sind Grundleistungen und werden im Bereich »Kosten- und Leistungsrechnung« unter Leistungen erfasst.
2	Zinserträge sind betriebsfremd, da das Kapital nicht für den Betriebszweck eingesetzt wird. Sie werden im Bereich »Neutraler Erfolg« erfasst.
3	Mieterträge sind betriebsfremd, da vermietete Räume nicht betrieblich genutzt werden. Sie werden im Bereich »Neutraler Erfolg« erfasst.
4	Der wertmäßige Rohstoffverbrauch wird in der KLR anders bewertet als in der Fibu. Beide Werte werden in den Spalten »Kostenrechnerische Korrekturen« gegenübergestellt, links der Wertansatz der Fibu und rechts der Wertansatz der KLR. Zusätzlich erfassen Sie die kalkulatorischen Rohstoffkosten in der Spalte »Kosten« in der »Kosten- und Leistungsrechnung«.
5–9	Bei diesen Positionen handelt es sich um Aufwendungen, die den Betriebszweck erfüllen. Da es keine Angaben zu eventuellen Wertanpassungen gibt, werden sie unverändert als Kosten in die KLR übernommen.
10	Die Abschreibungen berücksichtigen Sie in der KLR mit einem anderen Wert. Die Wertunterschiede stellen Sie im Bereich »Kostenrechnerische Korrekturen« gegenüber, links den Wert der Fibu, rechts den Wert, der in die Kostenrechnung eingeht. Zusätzlich erfassen Sie die kalkulatorischen Abschreibungen in der Spalte »Kosten« der KLR.
11	Die Zinsaufwendungen der Fibu ersetzen Sie durch die kalkulatorischen Zinsen. In den Spalten »Kostenrechnerische Korrekturen« geben Sie links den Wert der Fibu an und rechts den Wert, den Sie in der KLR berücksichtigen. Zusätzlich tragen Sie die kalkulatorischen Zinsen in der Spalte »Kosten« ein.
12	Der kalkulatorische Unternehmerlohn ist in der Fibu nicht enthalten, da Einzelunternehmer beziehungsweise Personengesellschaften sich kein Gehalt zahlen dürfen. Er kommt zusätzlich hinzu und wird in der Spalte »verrechnete Kosten« eingetragen. Die Spalte »betriebliche Aufwendungen« im Bereich »Kostenrechnerische Korrekturen« bleibt frei, da es in der Fibu keinen Wertansatz gibt. Zusätzlich wird der kalkulatorische Unternehmerlohn in der Spalte »Kosten« im KLR-Bereich erfasst.
13	Hier werden die Summen der einzelnen Spalten gebildet.
14	Anhand der Salden der einzelnen Abgrenzungsbereiche können Sie sehen, welche Anpassungen Sie beim Übergang zwischen Unternehmen und Betrieb vorgenommen haben.

Abgrenzungsrechnung								
	Finanzbuchhaltung		Abgrenzungsbereich				Kosten- und Leistungsrechnung	
	Gewinn- und Verlustrechnung		Neutraler Erfolg		Kostenrechnerische Korrekturen		Betriebsergebnisrechnung	
Kontenbezeichnung	Auf-wendungen	Erträge	Auf-wendungen	Erträge	betriebliche Aufwendungen	verrechnete Kosten	Kosten	Leistungen
1. Umsatzerlöse		18.000 €						18.000 €
2. Zinserträge		20 €		20 €				
3. Mieterträge		2.000 €		2.000 €				
4. Rohstoffverbrauch	1.000 €				1.000 €	1.200 €	1.200 €	
5. Löhne	2.500 €						2.500 €	
6. Gehälter	3.000 €						3.000 €	
7. Soziale Abgaben	1.500 €						1.500 €	
8. Versicherungsbeiträge	200 €						200 €	
9. Energieverbrauch	500 €						500 €	
10. Abschreibungen	800 €				800 €	1.000 €	1.000 €	
11. Zinsen	600 €				600 €	800 €	800 €	
12. kalk. Unternehmerlohn						2.500 €	2.500 €	
13. Summen	**10.100 €**	**20.020 €**	**- €**	**2.020 €**	**2.400 €**	**5.500 €**	**13.200 €**	**18.000 €**
14. Salden	**Gesamtergebnis 9.920 €**		**Neutrales Ergebnis 2.020 €**		**Korrekturergebnis 3.100 €**		**Betriebsergebnis 4.800 €**	

kalkulatorische Rohstoffkosten	1.200 €
kalkulatorische Afa	1.000 €
kalkulatorische Zinsen	800 €
kalkulatorische Unternehmerlohn	2.500 €

Abbildung 11.2: Beispiel Abgrenzungsrechnung

IN DIESEM KAPITEL

Produktionsfaktorbezogene Kosten

Funktionsbezogene Kosten

Verrechnungsbezogene Kosten

Beschäftigungsbezogene Kosten

Kapitel 12
Kostenarten

Nach erfolgreicher Abgrenzungsrechnung können Sie jetzt das Spielfeld der Kosten- und Leistungsrechnung betreten. Bevor Sie loslegen, sollten Sie erst einmal klären, welche Ziele Sie mit Ihrer Kostenrechnung verfolgen wollen. Geht es zum Beispiel um die Preiskalkulation oder eher um die Überwachung Ihrer betrieblichen Prozesse? Für jedes Ziel benötigen Sie eine dafür geeignete Einteilung der Kosten.

Produktionsfaktorbezogene Kosten

Sicher haben Sie in Ihrer Laufbahn auch damit begonnen, die betrieblichen Produktionsfaktoren auswendig zu lernen, sei es in der Ausbildung oder im Studium. Für die Kostenerfassung und -auswertung können Sie Ihr Wissen jetzt anwenden. Dabei liefert Ihnen die Finanzbuchhaltung über den Kontenplan die entscheidenden Informationen. Der Verbrauch der Produktionsfaktoren wird gegliedert in:

- ✔ **Materialkosten** (zum Beispiel Verbrauch von Roh-, Hilfs- und Betriebsstoffen)
- ✔ **Personalkosten** (zum Beispiel Löhne, Gehälter, Sozialabgaben)
- ✔ **Betriebsmittelkosten** (zum Beispiel kalkulatorische Abschreibungen und kalkulatorische Zinsen)
- ✔ **Fremdleistungskosten** (zum Beispiel Instanthaltung, Versicherungsbeiträge, Mietkosten)
- ✔ **Kosten für Steuern, Gebühren und Abgaben** (zum Beispiel Kraftfahrzeugsteuer, Grundsteuer, Entsorgungskosten)

Die Einteilung der Kosten nach Produktionsfaktoren wird in der Abgrenzungsrechnung verwendet.

Ganz funktional: Funktionsbezogene Kosten

Steht der Leistungserstellungsprozess im Vordergrund Ihrer Kostenbetrachtung, brauchen Sie eine Aufbauorganisation, die diesen Prozess widerspiegelt. Das gelingt, indem Sie Ihre Organisation nach betrieblichen Funktionen gliedern. Jeder Organisationseinheit ordnen Sie eine Kostenstelle zu, auf der Sie alle unmittelbar dort entstandenen Kosten erfassen.

Typische funktionsbezogene Kosten im Leistungserstellungsprozess sind:

✔ **Beschaffungskosten**

  Beschaffungskosten entstehen im Zusammenhang mit dem Einkauf und der Lagerhaltung Ihrer Produkte oder Waren. Dazu zählen beispielsweise:

  - Löhne und Gehälter der Mitarbeitenden im Einkauf und im Lager
  - kalkulatorische Abschreibungen für Büroausstattungen im Einkauf, für Lagereinrichtungen und genutzte Transportmittel im Lager
  - Kosten für die betrieblich genutzten gemieteten Flächen im Einkauf und Lager

✔ **Produktionskosten**

  Zu den *Produktionskosten* gehören alle Kosten, die im Zusammenhang mit der Herstellung Ihrer Produkte anfallen, wie zum Beispiel

  - Löhne und Gehälter der Mitarbeitenden in der Produktion
  - kalkulatorische Abschreibungen und kalkulatorische Zinsen für die genutzten Maschinen
  - Stromkosten für Maschinen im Fertigungsbereich

✔ **Verwaltungskosten**

  Ohne Verwaltung kommen Sie in Ihrem Unternehmen nicht aus. Sie benötigen Mitarbeitende in der Buchhaltung, im Personalbereich und natürlich in der Geschäftsführung. Dabei entstehen Kosten wie beispielsweise

  - Gehälter der Mitarbeitenden im Verwaltungsbereich
  - kalkulatorische Abschreibungen und kalkulatorische Zinsen für die Einrichtungsgegenstände
  - Miete der genutzten Fläche
  - Strom für Drucker, Computer und Ihren Kaffeeautomaten

✔ **Vertriebskosten**

Vertriebskosten entstehen im Zusammenhang mit dem Absatz Ihrer Produkte, Waren oder Dienstleistungen. Dazu gehören zum Beispiel:

- Gehälter der Mitarbeitenden im Vertrieb und der Werbung
- kalkulatorische Abschreibungen und kalkulatorische Zinsen der Lieferfahrzeuge
- Mietkosten für die Fläche des Versandlagers
- Transport-, Zoll- und Versicherungskosten im Zusammenhang mit der Auslieferung

Die Gliederung nach betrieblichen Funktionen wird in der Vollkostenrechnung im Bereich der Kostenstellen- und Kostenträgerrechnung verwendet.

Nicht ohne meine Kostenträger: Verrechnungsbezogene Kosten

Eine Voraussetzung für die Preiskalkulation und die Kostenkontrolle ist die Zuordnung aller Kosten auf Ihre Kostenträger.

Kostenträger sind das Ergebnis Ihrer Leistungserstellung in Form von Produkten, Waren und Dienstleistungen.

Dabei wird nach der Art der Zuordnung unterschieden in:

✔ **Einzelkosten**

Einzelkosten können Ihrem Produkt direkt verursachungsgerecht zugeordnet werden und sind gleichzeitig variable Kosten. Zu den Einzelkosten gehören im Produktionsunternehmen:

- Kosten für Fertigungsmaterial, das als Hauptbestandteil in Ihr Produkt eingeht
- Fertigungslohnkosten für Akkordlöhne, die Sie pro Stück oder pro Zeiteinheit zahlen
- Bezugspreise für Waren, die Sie unverändert an Kunden weiterverkaufen

BEISPIEL

✔ Materialkosten für das Mehl, die Hefe, den Käse und das verwendete Gemüse für Ihre Pizza

✔ Ihre Pizzabäckerin erhält ihren Lohn in Abhängigkeit von den gebackenen Pizzen

Einzelkosten können dem Produkt direkt zugeordnet werden und sind immer variable Kosten.

In der Kostenträgerzeitrechnung bilden sie die Zuschlagsbasis für die Berechnung der Gemeinkostenzuschlagssätze.

- ✔ **Sondereinzelkosten**

  Sondereinzelkosten entstehen im Zusammenhang mit der Fertigung oder dem Absatz Ihrer Produkte, wenn neben den eigentlichen Produktkosten zusätzliche auftragsbedingte Kosten anfallen. Das können sein:

  - Sondereinzelkosten der Fertigung wie zum Beispiel für Konstruktionszeichnungen bei Sonderanfertigungen
  - Sondereinzelkosten des Vertriebs wie zum Beispiel Verpackungen, Provisionen oder Zölle

  BEISPIEL

  - ✔ Sondereinzelkosten der Fertigung: Eine Kundin bestellt für ihren Polterabend Pizzen in Herzform. Bevor Sie die Pizzen backen, basteln Sie eine Schablone für das Backblech.
  - ✔ Sondereinzelkosten des Vertriebs: In Ihrem Bistro bieten Sie einen Lieferservice für Ihre Pizzen an. Dafür fallen Verpackungs- und Transportkosten an, die Ihre vor Ort verzehrten Pizzen nicht verursachen.

- ✔ **Gemeinkosten**

  Gemeinkosten können Ihrem Kostenträger nur indirekt zugeordnet werden, da sie nicht produktbezogen anfallen oder eine direkte Zuordnung zu aufwendig wäre. Sie werden über den Umweg der Kostenstellenrechnung und der Ermittlung von Zuschlagssätzen auf Basis der Einzelkosten auf die Kostenträger verteilt (siehe Kapitel 14). In der Handelskalkulation werden die Gemeinkosten als Handlungskosten bezeichnet.

  Typische Gemeinkosten sind:

  - Mietkosten
  - Versicherungsbeiträge
  - kalkulatorische Abschreibungen
  - kalkulatorischer Unternehmerlohn
  - Gehälter
  - Hilfsstoffe als Nebenbestandteile des Produktes (zum Beispiel Gewürze, Schrauben, Leim)

  Die Gliederung der Kosten nach Ihrer Verrechnung wird in der *Vollkostenrechnung* verwendet. Dazu gehören die:

  - ✔ Kostenstellenrechnung
  - ✔ Kostenträgerzeitrechnung
  - ✔ Kostenträgerstückrechnung

Kapazitäten nutzen: Beschäftigungsbezogene Kosten

Wie so häufig in der Betriebswirtschaftslehre kann der Begriff der Beschäftigung unterschiedlich interpretiert werden. Wer denkt nicht zuerst an die Arbeitskräfte in einem Unternehmen. Doch in der Kostenrechnung fallen Sie damit ordentlich auf die Nase.

Beschäftigung = Kapazität

Beschäftigung beziehungsweise Kapazität bezeichnet die produzierte Stückzahl oder die Fertigungszeit innerhalb der betrachteten Periode.

Inwieweit die vorhandene Kapazität genutzt wird, messen Sie mithilfe des Beschäftigungsgrades.

$$\text{Beschäftigungsgrad in \%} = \frac{\textit{eingesetzte Kapazität}}{\textit{vorhandene Kapazität}} * 100$$

$$\text{Beschäftigungsgrad in \%} = \frac{x}{x_{\max}} * 100$$

- Die *eingesetzte Kapazität (x)* bezeichnet Ihre produzierte Stückzahl beziehungsweise die genutzten Fertigungsstunden in einer Periode.
- Die *vorhandene Kapazität* (x_{max}) bezeichnet die maximal mögliche Produktionsmenge beziehungsweise die maximal zur Verfügung stehende Fertigungszeit in einer Periode.

BEISPIEL

Ihr Pizzaofen kann im Monat während der Betriebszeit 1.000 Pizzen backen. Im April backen Sie nur 800 Pizzen, da viele Ihrer Kunden im Urlaub sind.

$$\text{Beschäftigungsgrad in \%} = \frac{800\,\textit{Pizzen}}{1.000\,\textit{Pizzen}} * 100 = 80\,\%$$

Ihr Beschäftigungsgrad liegt im April nur bei 80 %. Mit anderen Worten: Ihre vorhandene Kapazität ist nur zu 80 % ausgelastet.

Im Zusammenhang mit beschäftigungsabhängigen Kosten sind folgende Begriffe relevant:

- Fixe Kosten
- Variable Kosten
- Grenzkosten
- Gesamtkosten
- Stückkosten
- Mischkosten

Keine Reaktion: Fixe Kosten

Fixe Kosten reagieren nicht auf Beschäftigungsänderungen, sondern sind häufig zeitabhängige Kosten. Nehmen Sie zum Beispiel die Gehälter. Sie können durch Tarifverhandlungen steigen, sind aber völlig unabhängig davon, ob Sie eine Pizza mehr oder weniger produzieren.

Fixe Kosten reagieren nicht auf Beschäftigungsänderungen. Sie dienen der Sicherung der Betriebsbereitschaft.

BEISPIEL

Ihr Bistro hat Betriebsferien und Ihre Öfen stehen still. Ihre Miete, kalkulatorischen Abschreibungen, Versicherungsbeiträge und die Gehälter für Ihre Angestellten laufen weiter.

Bei einer genaueren Betrachtung der Fixkosten sind die folgenden Begriffe wichtig:

- ✔ Konstante Fixkosten
- ✔ Sprungfixe Kosten
- ✔ Nutzkosten und Leerkosten
- ✔ Fixkostenremanenz

Unverändert: Konstante Fixkosten

Solange sich die Rahmenbedingungen in Ihrem Unternehmen nicht verändern, bleiben Ihre Fixkosten konstant. Anhand einer Wertetabelle und einer grafischen Darstellung lässt sich der Zusammenhang zwischen Produktionsmenge und Verlauf der Fixkosten darstellen.

BEISPIEL

In einer ruhigen Minute setzen Sie sich an Ihren Schreibtisch und sehen sich Ihre Fixkosten an. Dabei stellen Sie fest, dass Sie monatlich Fixkosten in Höhe von 4.000 € haben. Ihre maximale Kapazität beträgt 1.000 Pizzen.

Der Zusammenhang zwischen den Produktionsmengen Ihrer Pizzen (Beschäftigung x) und den Fixkosten K_f sehen Sie hier:

Beschäftigung (x) in Stück	Fixkosten (K_f) in €
0	4.000
500	4.000
1.000	4.000

Die Funktion der Fixkosten $K_f(x)$ lautet:

$K_f(x) = 4.000$ €

Jetzt übertragen Sie die in der Tabelle angegebenen Werte in Ihre Grafik. Abbildung 12.1 zeigt das Ergebnis.

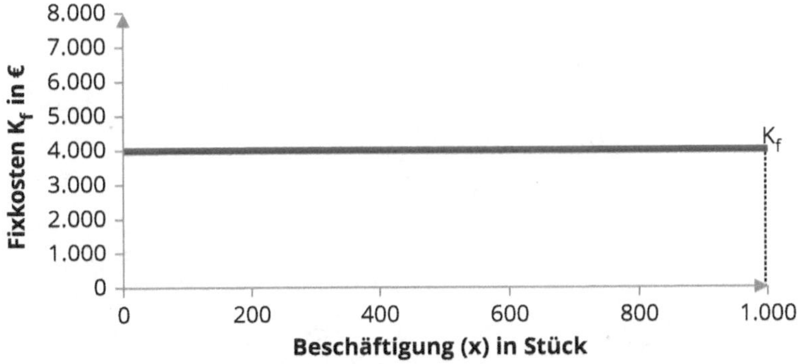

Abbildung 12.1: Fixkostenfunktion

Ihre Fixkosten bleiben bei 4.000 €, egal wie viele Pizzen Sie in einem Monat produzieren.

Auf dem Sprung: Sprungfixe Kosten

Sie wissen selbst, dass Fixkosten nicht immer konstant bleiben. Sobald sich die äußeren Rahmenbedingungen ändern, treten *sprungfixe Kosten* auf.

BEISPIEL

Sprungfixe Kosten entstehen zum Beispiel durch:

- ✔ Gehaltsanpassungen
- ✔ Kapazitätsanpassungen
- ✔ Mietpreisänderungen

BEISPIEL

In Ihrem Bistro haben Sie einen Pizzaofen, der während Ihrer Arbeitszeit im Monat 1.000 Pizzen herstellen kann. Die Fixkosten betragen für diesen Zeitraum 4.000 €. Für die Ausweitung Ihres Lieferdienstes schaffen Sie sich zu Beginn des neuen Monats einen zweiten Pizzaofen mit einer monatlichen Kapazität von 1.000 Pizzen an.

Durch kalkulatorische Abschreibungen und kalkulatorische Zinsen für Ihren neuen Ofen und eine neu eingestellte Teilzeitkraft entstehen zusätzliche monatliche Fixkosten in Höhe von 1.000 €. Ab einer Produktionsmenge von 1.001 Pizzen steigen Ihre Fixkosten dadurch sprunghaft auf 5.000 € an.

Abbildung 12.2 veranschaulicht diesen Zusammenhang.

Beschäftigung (x) in Stück	Fixkosten (K_f) in €
0	4.000
500	4.000
1.000	4.000
1.001	**5.000**
1.500	5.000
2.000	5.000

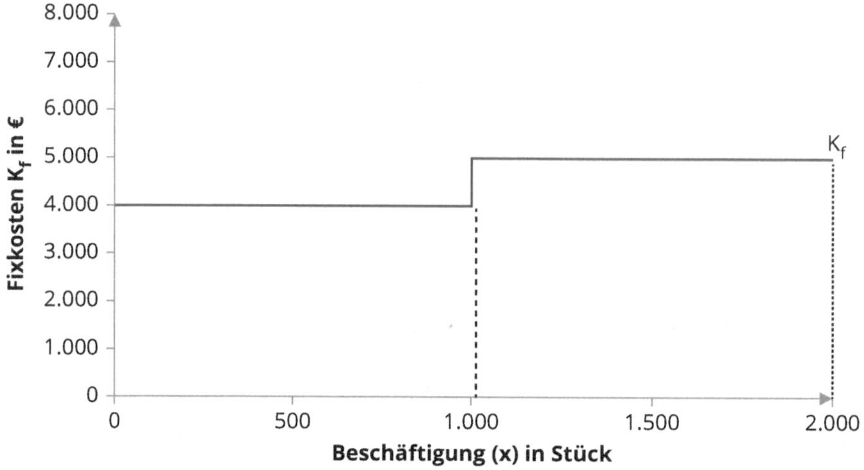

Abbildung 12.2: Sprungfixe Kosten

Genutzt oder brachliegend: Nutzkosten und Leerkosten

Betrachten Sie Ihre fixen Kosten unter dem Gesichtspunkt der Kapazitätsnutzung, lassen sie sich noch einmal aufteilen in:

Fixe Gesamtkosten = Nutzkosten + Leerkosten

- **Nutzkosten** bezeichnen den Teil der Fixkosten, der sich auf die eingesetzte Kapazität Ihrer Periode bezieht:

$$Nutzkosten = \frac{Beschäftungsgrad}{100} * fixe\ Gesamtkosten$$

- **Leerkosten** bezeichnen den Teil der Fixkosten, der sich auf die ungenutzte Kapazität bezieht:

  Leerkosten = Gesamte Fixkosten – Nutzkosten

BEISPIEL

Ihre Fixkosten im Bistro betragen monatlich 5.000 €. Sie können im Monat maximal 2.000 Pizzen backen (Maximalkapazität), im April haben Sie aber nur 1.500 Pizzen hergestellt.

Zunächst berechnen Sie Ihren Beschäftigungsgrad im April:

$$Beschäftigungsgrad\ in\ \% = \frac{1.500\,Pizzen}{2.000\,Pizzen} * 100$$

$$Beschäftigungsgrad\ in\ \% = 75\,\%$$

Jetzt können Sie den Teil der Fixkosten ausrechnen, der im April durch die Produktion abgedeckt wird:

$$Nutzkosten = 75\% * 5.000\,€ = 3.750\,€$$

Die Leerkosten bestimmen Sie als Restgröße:

Leerkosten = Gesamte Fixkosten – Nutzkosten

Leerkosten = 5.000 € – 3.750 € = 1.250 €

Abbildung 12.3 zeigt den Zusammenhang zwischen Nutzkosten und Leerkosten für verschiedene Beschäftigungssituationen.

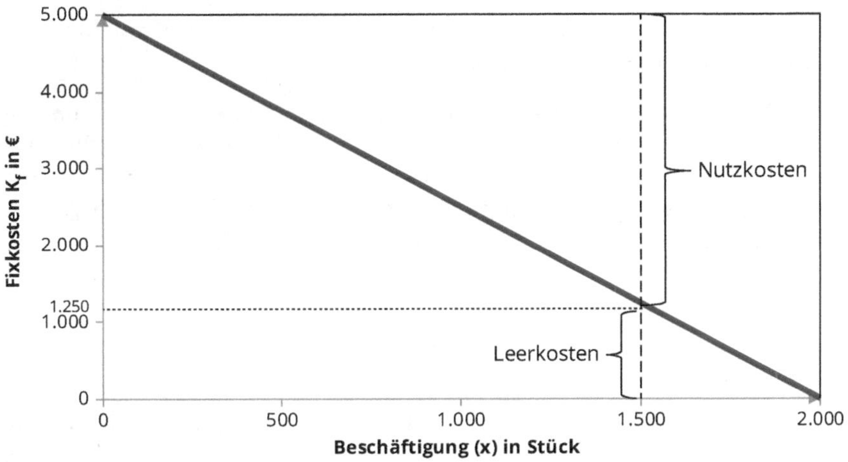

Abbildung 12.3: Nutzkosten und Leerkosten

Bei einer Beschäftigung von 1.500 Pizzen (Beschäftigungsgrad = 75 %) entfallen 3.750 € Fixkosten auf die genutzte Kapazität und 1.250 € Fixkosten auf die ungenutzte Kapazität.

Schwer loszuwerden: Fixkostenremanenz

Wenn Sie schon einmal versucht haben, Ihre Fixkosten abzubauen, wird Ihnen aufgefallen sein, dass Ihnen das nicht von heute auf morgen gelingt.

Fixkostenremanenz bezeichnet die Verzögerung zwischen der Entscheidung und der Umsetzung des Fixkostenabbaus, verursacht zum Beispiel durch vertragliche Bindungen.

BEISPIEL

In der unmittelbaren Nachbarschaft Ihres Bistros eröffnet eine neue Pizzeria. Zu Ihrem Leidwesen schmeckt einem Teil Ihrer Kunden die Pizza der Konkurrenz besser, sodass Ihr Umsatz einbricht. Sie trennen sich schweren Herzens von einer Mitarbeiterin, die seit fünf Jahren bei Ihnen Pizza backt. Aufgrund der gesetzlichen Kündigungsfrist können Sie Ihre Fixkosten für das Gehalt aber erst nach zwei Monaten abbauen.

Sehr beweglich: Variable Kosten

Variable Kosten entstehen in dem Moment, in dem Sie mit der Produktion beginnen. Für eine Pizza können Sie genau bestimmen, wie viel Mehl, Hefe, Käse und Gemüse Sie verbrauchen. Es besteht also ein unmittelbarer Zusammenhang zwischen Ihrer Produktionsmenge und Ihrem Verbrauch.

Variable Kosten sind beschäftigungsabhängige Kosten und werden Ihrem Produkt unmittelbar verursachungsgerecht zugeordnet.

Die variablen Gesamtkosten können unterschiedliche Verläufe aufweisen:

- **progressiver Verlauf**

  Ein *progressiver* Verlauf liegt vor, wenn Ihre variablen Gesamtkosten mit zunehmender Produktionsmenge pro Mengeneinheit ansteigen.

  Im August läuft Ihr Bistro auf Hochtouren. Ihr Ofen reicht nicht mehr aus, um die bestellten Pizzen zeitnah zu produzieren. Jetzt wollen Sie Ihre Gäste aber nicht übermäßig warten lassen und erhöhen die Temperatur Ihres Ofens, damit die Pizzen schneller fertig werden. Dadurch steigen Ihre Stromkosten pro Pizza an. Zusätzlich verbrauchen Sie mehr Zutaten, da Ihnen einige Pizzen in der Hektik verbrennen.

- **degressiver Verlauf**

  Wenn Ihre variablen Gesamtkosten mit zunehmender Produktionsmenge pro Mengeneinheit abnehmen, liegt ein *degressiver Verlauf* vor.

  Der Ansturm auf Ihre Pizzen ist weiterhin sehr hoch. Sie kommen aber auf die geniale Idee, nicht – wie im Beispiel für den progressiven Verlauf – die Produktionsgeschwindigkeit zu erhöhen, sondern die Pizzen im Ofen enger zu stapeln. Nach etwas Übung gehen mit zunehmender Anzahl der gebackenen Pizzen Ihre Stromkosten pro Stück zurück.

- **S-förmiger Verlauf**

  In der Praxis haben Kostenfunktionen häufig einen S-förmigen Verlauf. Bei der Herstellung neuer Produkte verläuft die Kostenfunktion zunächst progressiv durch ungeübte Abläufe und hohe Ausschussraten. Mit zunehmender Übung geht der Anstieg der variablen Stückkosten wieder zurück.

- **linearer beziehungsweise proportionaler Verlauf**

  Beim *linearen beziehungsweise proportionalen* Verlauf bleibt die verbrauchte Menge pro hergestellter Mengeneinheit konstant. Die Funktion der variablen Kosten $K_v(x)$ hat folgende Form:

  $$K_v(x) = k_v * x$$

  K_v variable Gesamtkosten

  k_v variable Stückkosten

  x Beschäftigung

Bei einem linearen beziehungsweise proportionalen Verlauf der variablen Kostenfunktion sind die variablen Stückkosten konstant.

Großbuchstaben in den Kostenfunktionen sind immer Gesamtgrößen, während Kleinbuchstaben sich immer auf eine Einheit beziehen (zum Beispiel pro Stück, pro Kilogramm).

BEISPIEL

Jede produzierte Pizza verursacht 5 € variable Kosten für den Verbrauch von Material und Strom. Insgesamt produzieren Sie im Monat Juni 1.000 Pizzen.

Ihre variablen Gesamtkostenfunktion lautet:

$$K_v(x) = 5 * x$$

Für Juni ergibt sich:

$$K_v = 5\text{€ pro Pizza} * 1.000 \text{ Pizzen} = 5.000\text{€}$$

Die folgende Tabelle zeigt den Verlauf der variablen Gesamtkosten bei unterschiedlichen Beschäftigungssituationen. Die variablen Stückkosten sind bei linearem Kostenverlauf konstant.

Beschäftigung (x) in Stück	Variable Stückkosten (k_v) in €	Variable Gesamtkosten (K_v) in €
0	5	0
500	5	2.500
1.000	5	5.000
1.500	5	7.500
2.000	5	10.000

In Abbildung 12.4 sehen Sie den Verlauf der variablen Gesamtkosten. Mit jeder zusätzlich produzierten Mengeneinheit steigen Ihre variablen Gesamtkosten um 5 €.

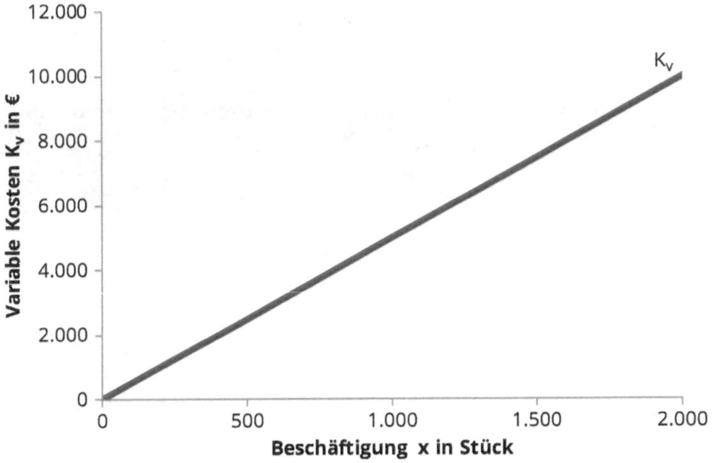

Abbildung 12.4: Variable Kosten je nach Beschäftigung

Da in Prüfungen in der Regel ein linearer Kostenverlauf angenommen wird, beschränken sich die folgenden Ausführungen darauf.

Grenzwertig: Grenzkosten

Im Zusammenhang mit der Steigung der Kostenfunktion fällt häufig der Begriff der Grenzkosten.

Grenzkosten sind die Kosten, die bei der Erhöhung der Produktionsmenge um eine Einheit zusätzlich anfallen. Bei einer linearen Kostenfunktion entsprechen die Grenzkosten den variablen Stückkosten.

Alles zusammen: Gesamtkosten

Gesamtkosten ergeben sich durch die Addition der fixen und variablen Kosten.

Die allgemeine Funktion lautet:

$$K(x) = K_f + k_v * x$$

K_f Fixe Kosten

k_v variable Stückkosten

x Beschäftigung

BEISPIEL

In Ihrem Bistro fallen monatlich Fixkosten in Höhe von 5.000 € an. Ihre variablen Stückkosten bleiben wie im vorhergehenden Beispiel bei 5 € pro Pizza.

Ihre Gesamtkostenfunktion lautet:

$$K(x) = 5.000 + 5 * x$$

Sehen Sie sich zunächst die Wertetabelle für verschiedene Beschäftigungen x an.

Beschäftigung **x** **in Stück**	**Variable Stückkosten** k_v **in €**	**Variable Gesamtkosten** $K_v = k_v * x$ **in €**	**Fixkosten** K_f **in €**	**Gesamtkosten** $K = K_v + K_f$ **in €**
0	5	0	5.000	5.000
500	5	2.500	5.000	7.500
1.000	5	5.000	5.000	10.000
1.500	5	7.500	5.000	12.500
2.000	5	10.000	5.000	15.000

Ordnen Sie nun den in der Wertetabelle angegebenen Mengen die dazugehörigen Gesamtkosten zu. Abbildung 12.5 zeigt Ihnen die Gesamtkostenfunktion.

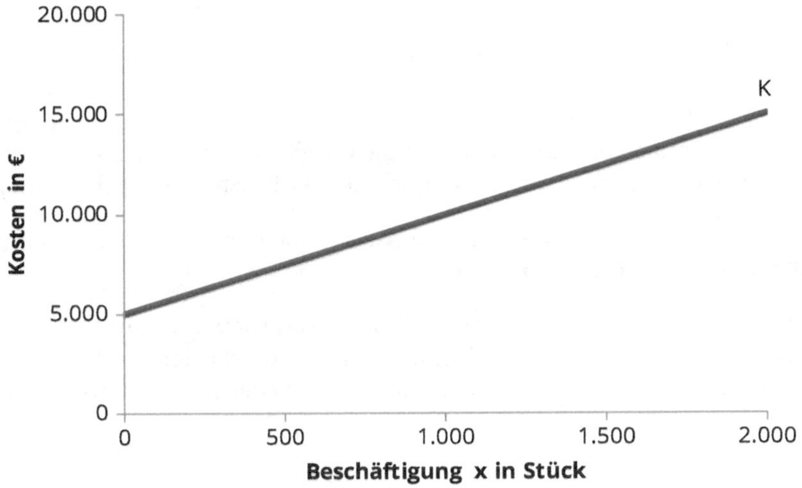

Abbildung 12.5: Gesamtkostenfunktion

Ausgehend von einer Produktionsmenge von 0 Stück, bei der nur Fixkosten anfallen, kommen mit jeder produzierten Pizza noch einmal 5 € als variable Kosten hinzu. Bei linearem Kostenverlauf sind die variablen Stückkosten von 5 € gleichzeitig Ihre Grenzkosten.

Aufs Stück gerechnet: Stückkosten

Stückkosten geben Ihnen einen wichtigen Hinweis darauf, wie sich die Gesamtkosten K(x) bei unterschiedlicher Beschäftigung x auf ein einzelnes Produkt verteilen.

Stückkosten werden auch als *Durchschnittskosten* bezeichnet.

Die Stückkostenfunktion k (x) lautet:

$$k(x) = \frac{K(x)}{x}$$

Ersetzen Sie K(x) durch die einzelnen Terme der Kostenfunktion, ergibt sich:

$$k(x) = \frac{K_f + k_v * x}{x}$$

Wenden Sie die mathematische Regel an, dass der Zähler bei gleichem Nenner aufgeteilt werden kann:

$$k(x) = \frac{K_f}{x} + \frac{k_v * x}{x}$$

Im zweiten Term der rechten Seite fällt das x durch Kürzen heraus und übrig bleibt:

$$k(x) = \frac{K_f}{x} + k_v$$

Der erste Term auf der rechten Seite sind Ihre fixen Stückkosten:

$$k(x) = k_f + k_v$$

An der Stückkostenfunktion können Sie gut sehen, dass die variablen Stückkosten konstant bleiben, während der Fixkostenanteil pro Stück mit zunehmender Beschäftigung abnimmt.

Fixkostendegression bezeichnet den Effekt, dass mit zunehmender Beschäftigung der Anteil der Fixkosten pro Stück sinkt.

Bleiben wir noch etwas bei unserem Beispiel der Pizzaproduktion. Ihre monatlichen Fixkosten betragen 5.000 € und Ihre variablen Stückkosten 5 € Betrachten Sie die Entwicklung der Stückkosten mit zunehmender Produktionsmenge in Gleichungsform:

$$k(x) = \frac{5.000\,€}{x} + 5\,€$$

In der folgenden Tabelle sehen Sie den Zusammenhang zwischen Gesamtkosten K und Stückkosten k für unterschiedliche Beschäftigungen.

Beschäftigung (x) in Stück	**Gesamtkosten K in €**	**Variable Stückkosten k_v in €**	**Fixe Stückkosten k_f in €**	**Stückkosten k in €**
1	5.005	5	5.000	5.005
200	6.000	5	25	30
500	7.500	5	10	15
1.000	10.000	5	5	10

Wenn Sie nur eine Pizza produzieren, verrechnen Sie 5 € variable Stückkosten sowie die vollen Fixkosten von 5.000 € auf diese Pizza. Wollen Sie diese Pizza kostendeckend verkaufen, müssten Sie einen Preis von 5.005 € erzielen. Das wird wohl kaum gelingen außer, Sie machen ein Kunstwerk daraus.

Mit zunehmender Produktion verteilen sich die Fixkosten auf immer mehr Pizzen, so dass die Stückkosten mit zunehmender Produktionsmenge sinken. Die variablen Stückkosten bleiben bei allen Pizzen bei 5 €.

Achten Sie in der Prüfung darauf, ob in Aufgaben die variablen Stückkosten k_v oder die gesamten Stückkosten k gemeint sind. Sie werden gern verwechselt.

Gemischt: Mischkosten

Bisher hatten Sie das Glück, sowohl die fixen als auch die variablen Kosten zu kennen. Das ist aber nicht immer so. Denken Sie zum Beispiel an Ihre Stromkosten, die sowohl einen festen monatlichen Grundtarif als auch eine verbrauchsabhängige Komponente als variablen Kosten enthalten können.

Als *Mischkosten* werden Kosten bezeichnet, die sowohl einen fixen als auch einen variablen Anteil enthalten.

Ausgangspunkt für die Trennung der Kosten in fixe und variable Bestandteile ist die allgemeine Kostenfunktion:

$$K(x) = K_f + k_v * x$$

Die Steigung einer linearen Kostenfunktion sind die variablen Stückkosten k_v.

Jetzt wenden Sie einen Trick an: Wenn Sie sich zwei beliebige Punkte auf der Kostenfunktion herausnehmen, können Sie die variablen Stückkosten mithilfe der Differenzen-Quotienten-Methode berechnen.

Differenzen-Quotienten-Methode zur Berechnung der variablen Stückkosten:

$$k_v = \frac{K_2 - K_1}{x_2 - x_1}$$

BEISPIEL

Ihr Bistro verbraucht im Februar 400 Kilowattstunden Strom und zahlt dafür 120 € Stromkosten, im März verbrauchen Sie 500 Kilowattstunden und zahlen 145 € Stromkosten.

Ihnen liegen zwei Wertepaare vor:

$$K_1 = 120\,€, x_1 = 400\,\text{Kilowattstunden}(\text{kWh})$$

$$K_2 = 145\,€, x_2 = 500\,\text{Kilowattstunden}(\text{kWh})$$

1. Wenden Sie die Differenzen-Quotienten-Methode an.

Es ergibt sich:

$$kv = \frac{145\,€ - 120\,€}{500\,kWh - 400\,kWh} = \frac{25\,€}{100\,\text{kWh}} = 0{,}25\,€ \text{ pro kWh}$$

2. Berechnen Sie nun Ihre variablen Gesamtkosten K_v.

Hier haben Sie die Wahl, ob Sie mit dem Kostenpunkt K_1 oder K_2 beginnen. Für den Kostenpunkt K_2 gilt:

$$K_{v2} = 0{,}25\,€ \text{ pro kWh} * 500\,\text{kWh} = 125\,€$$

3. **Ermitteln Sie jetzt die Fixkosten als Differenz zwischen Gesamtkosten K_2 und variablen Kosten K_{v2}:**

$$K_f = K_2 - K_{v2}$$

$$K_f = 145€ - 125€$$

$$K_f = 20€$$

Sie können die Fixkosten auch über den Kostenpunkt K_1 berechnen. Wenn Sie alles richtig gemacht haben, betragen sie ebenfalls 20 €, probieren Sie es aus.

4. **Sie erhalten aus den gewonnenen Informationen Ihre Kostenfunktion:**

$$K(x) = 20€ + 0{,}25€\ pro\ kWh * x$$

IN DIESEM KAPITEL

Systeme der Kosten- und Leistungsrechnung

Grundsätze der Kostenzurechnung

Kapitel 13
Verrechnung von Kosten und Leistungen

Wie heißt es so schön »Wer die Wahl hat, hat die Qual«. Das gilt auch für die Kostenrechnung. Zunächst sollten Sie festlegen, welche Ziele Sie mit Ihrer Kostenrechnung erreichen wollen. Das könnten zum Beispiel sein:

- ✔ Kalkulation der Absatzpreise Ihrer Produkte
- ✔ Ermittlung Ihrer Herstellkosten zur Bewertung Ihrer Lagerbestände oder Ihrer Eigenleistungen
- ✔ Ermittlung der Selbstkosten Ihrer Produkte
- ✔ Wirtschaftlichkeitskontrolle in Form von Soll-Ist-Vergleichen
- ✔ Festlegung von Preisuntergrenzen für Ihre Produkte
- ✔ Treffen von Entscheidungen zur Sortimentsauswahl oder zur Ermittlung Ihres optimalen Produktionsprogramms

Je nach Zielsetzung wählen Sie das geeignete Kostenrechnungssystem aus. Damit legen Sie gleichzeitig fest, wie Sie die Kosten den Produkten zuordnen.

Auswählen: Systeme der Kostenverrechnung

Die in Abbildung 13.1 darstellte Matrix zeigt die Einteilung der traditionellen Kostenrechnungssysteme.

		Zeitbezug		
		Vergangenheit		Zukunft
		Istkostenrechnung	**Normalkostenrechnung**	**Plankostenrechnung**
Umfang der Kostenverrechnung	**Vollkostenrechnung:** Verrechnung der Gesamtkosten auf die Kostenträger	Vollkostenrechnung auf Istkostenbasis	Normalkostenrechnung auf Normalkostenbasis	Plankostenrechnung auf Plankostenbasis
	Teilkostenrechnung: Verrechnung der variablen Kosten auf die Kostenträger	Teilkostenrechnung auf Istkostenbasis	Teilkostenrechnung auf Normalkostenbasis	Teilkostenrechnung auf Plankostenbasis

Abbildung 13.1: Systeme der Kostenrechnung

Grundsätzlich unterscheiden sich die Systeme in Abbildung 13.1 nach ihrem

- ✔ Zeitbezug
- ✔ Umfang der Kostenverrechnung

Die Zeit im Blick: Zeitbezogene Gliederung der Kosten

Je nachdem auf welche Zeit sich Ihre Kosten beziehen, unterscheiden Sie:

- ✔ **Istkosten** sind die in vergangenen Rechnungsperioden tatsächlich angefallenen Kosten. Sie dienen in erster Linie der Kostenkontrolle. Für die Preiskalkulation eigenen sie sich nicht, da jede Kostenschwankung Ihre Absatzpreise verändern würde.
- ✔ **Normalkosten** sind Durchschnittskosten der vergangenen Perioden. Sie werden für die Vorkalkulation Ihrer Absatzpreise eingesetzt. Gleichzeitig dienen sie der Kostenkontrolle. Der Vergleich Ihrer Normalkosten mit Ihren Istkosten deckt Abweichungen auf und liefert wichtige Informationen zur Wirtschaftlichkeit Ihrer Kostenstellen und Kostenträger.
- ✔ **Plankosten** werden in der Regel im Rahmen einer Jahresplanung auf der Basis von Erwartungen in die zukünftige Entwicklung ermittelt. Berücksichtigt werden dabei zum Beispiel Informationen zu Preisentwicklungen auf dem Beschaffungs- und Absatzmarkt sowie Konjunkturprognosen. Eine Analyse der Abweichungen zwischen Plandaten und Istdaten dient dem Controlling als Steuerungsinstrument der betrieblichen Abläufe.

Den Umfang im Blick: Umfangbezogene Kostenrechnungssysteme

Der *Umfang der Kostenrechnungssysteme* bezieht sich auf die Verrechnung der Kosten auf Ihre Kostenträger und wird unterschieden in:

- ✔ Vollkostenrechnung
- ✔ Teilkostenrechnung

Alles drauf: Vollkostenrechnung

Die *Vollkostenrechnung* verrechnet alle anfallenden Kosten auf Ihre Kostenträger.

In Abbildung 13.2 ist der Aufbau der Vollkostenrechnung dargestellt.

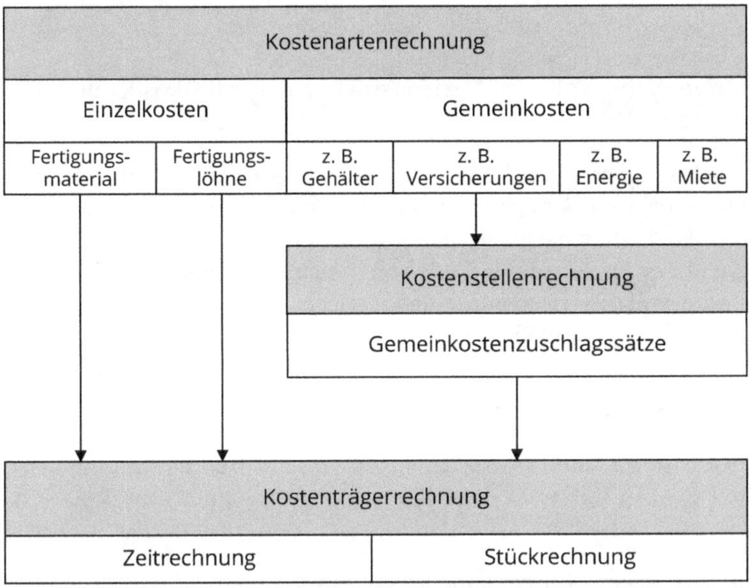

Abbildung 13.2: System der Vollkostenrechnung

Grundsätzlich gliedert sich die Vollkostenrechnung in:

- ✔ **Kostenartenrechnung:** Die aus der Abgrenzungsrechnung gewonnenen produktionsfaktorbezogenen Kosten sortieren Sie hier nach ihrer Zuordnung auf den Kostenträger in Einzel- und Gemeinkosten:
  - *Einzelkosten* ordnen sie den Produkten, Waren beziehungsweise Dienstleistungen direkt zu.
  - *Gemeinkosten* verteilen Sie über den Umweg der Kostenstellenrechnung auf Ihre Kostenträger.
- ✔ **Kostenstellenrechnung:** Hier ordnen Sie die Gemeinkosten über einen Betriebsabrechnungsbogen (BAB) den Orten der Leistungserstellung zu (siehe Kapitel 14). Aufgaben der Kostenstellenrechnung sind:
  - die verursachungsgerechte Zuordnung der Gemeinkosten auf Kostenstellen
  - die Wirtschaftlichkeitskontrolle Ihrer Kostenstellen
  - die Ermittlung von Gemeinkostenzuschlagssätzen für die Kalkulation Ihrer Produkte, Waren oder Dienstleistungen

- ✔ **Kostenträgerrechnung:** Hier führen Sie die Einzel- und Gemeinkosten zusammen und verrechnen Sie auf Ihren Kostenträger. Im Vordergrund stehen dabei:
  - *Kostenträgerzeitrechnung* zur Ermittlung des Periodenergebnisses und des Ergebnisbeitrags einzelner Produkte. Sie ist auch Ausgangspunkt für Abweichungsanalysen zwischen Normalkosten und Istkosten oder Plankosten und Istkosten (siehe Kapitel 18).
  - *Kostenträgerstückrechnung* zur Vor- und Nachkalkulation der Selbstkosten und der Absatzpreise (siehe Kapitel 15).

Die Vollkostenrechnung hat allerdings einen fatalen Schönheitsfehler. In den von Ihnen kalkulierten Selbstkosten sind Fixkosten enthalten, die aufgrund der verwendeten Gemeinkostenzuschlagssätze proportionalisiert werden. Für Entscheidungen, die in der Regel auf der Basis von variablen Kosten getroffen werden, eignet sich die Vollkostenrechnung daher nicht. Dafür verwenden Sie die Teilkostenrechnung (siehe Kap 17).

Schön sachte: Teilkostenrechnung

Die *Teilkostenrechnung* gliedert die Kosten in Abhängigkeit von der Beschäftigung in fixe und variable Kosten (siehe Kapitel 17). Durch diese klare Trennung eignet sie sich besonders für folgende Aufgaben:

- ✔ Ermittlung Ihrer Deckungsbeiträge für einzelne Kostenträger
- ✔ Sortimentsauswahl in Abhängigkeit der Produktdeckungsbeiträge
- ✔ Entscheidung über Auftragsannahme oder Auftragsablehnung
- ✔ Entscheidung über Annahme oder Ablehnung von Zusatzaufträgen
- ✔ Ermittlung Ihres optimalen Produktionsprogramms

Unterscheiden: Grundsätze der Kostenzurechnung

Eine Zuordnung der Kosten auf Kostenträger ist nicht immer möglich. Daher werden folgende Prinzipien der Kostenverrechnung unterschieden:

- ✔ Verursachungsprinzip
- ✔ Durchschnittsprinzip
- ✔ Proportionalitätsprinzip
- ✔ Tragfähigkeitsprinzip

Wer war's? Verursachungsprinzip

Das *Verursachungsprinzip* können Sie für alle Kosten anwenden, die Sie eindeutig einer Kostenstelle, einem Kostenträger oder einer Periode zuordnen können.

- ✔ Sie verkaufen in Ihrem Bistro zusätzlich zu Ihrer Pizza und Pasta noch Brötchen, die Sie für 0,20 € pro Stück von einer Großbäckerei beziehen. Bei Ihrem Einkaufspreis handelt es sich um variable Kosten (beziehungsweise Einzelkosten), die dem Brötchen verursachungsgerecht zugeordnet werden können.
- ✔ Sie haben in Ihrem Bistro die beiden Kostenstellen »Backstube« und »Gastwirtschaft« gebildet. Beschäftigen Sie Mitarbeitende, die nur in der Backstube oder nur in der Gastwirtschaft tätig sind, können Sie deren Löhne verursachungsgerecht auf die jeweilige Kostenstelle verteilen (Kostenstelleneinzelkosten).

Welcher Schnitt? Durchschnittsprinzip

Beim *Durchschnittsprinzip* bilden Sie einen Mittelwert bezogen auf Ihre betrachteten Mengen oder Werte. Sie wenden das Prinzip immer dann an, wenn Sie Kostenschwankungen aus der Kalkulation heraushalten möchten.

Sie kaufen im Mai 500 Brötchen von einer Großbäckerei. Der Bezugspreis für die ersten 300 Brötchen beträgt 0,20 € pro Stück, die restlichen 200 Brötchen kaufen Sie für 0,25 € pro Stück.

In der Kostenrechnung setzen Sie durchschnittliche Bezugskosten an, um Schwankungen bei der Kalkulation Ihrer Absatzpreise zu vermeiden:

$$Durchschnittskosten = \frac{300\,Stck * 0{,}20\,€\; pro\,Stck + 200\,Stck * 0{,}25\,€\; pro\,Stck}{500\; Stück}$$
$$= 0{,}22\,€\; pro\; Brötchen$$

Welche Proportion: Proportionalitätsprinzip

Das *Proportionalitätsprinzip* ist eine Sonderform des Durchschnittsprinzips. Sie wenden es an, wenn sich Kosten nicht direkt einem Kostenträger oder einer Kostenstelle zuordnen lassen. Das trifft in der Regel für Ihre Gemeinkosten zu. Sie werden anhand von Bezugsgrößen proportionalisiert.

Sie sind in einem Industrieunternehmen beschäftigt und wollen die Mietkosten in Höhe von 60.000 € pro Monat auf Ihre Kostenstellen verteilen. Als Bezugsbasis für die Verteilung wählen Sie die von den einzelnen Kostenstellen genutzte Fläche:

Kostenstelle	Quadratmeter (qm)
1	5.000
2	400
3	600

$$\begin{aligned} Verrechnete\ Kosten &= \frac{60.000\,€}{5.000\ qm + 400\ qm + 600\ qm} \\ &= 10\,€\ pro\ Quadratmeter \end{aligned}$$

Sie verrechnen proportionale Kosten von 10 € pro Quadratmeter.

Auch bei der Berechnung der Gemeinkostenzuschlagssätze kommt das Proportionalitätsprinzip zur Anwendung (siehe Kapitel 14).

Wer trägt die Kosten? Tragfähigkeitsprinzip

Ausgangspunkt des *Tragfähigkeitsprinzips* ist der für Ihre Produkte erzielbare Marktpreis. Für Produktionsverfahren, die keine verursachungsgerechte Kostenzuordnung ermöglichen, kann die Zuordnung über den erzielbaren Marktpreis erfolgen. Produkte mit einem hohen Marktpreis tragen mehr Kosten als Produkte mit einem geringen Marktpreis. Angewendet wird dieses Prinzip in der Äquivalenzziffernkalkulation (siehe Kapitel 15).

BEISPIEL

Sie produzieren in Ihrem Unternehmen zwei Seifen, die den gleichen Produktionsprozess durchlaufen. Erst im letzten Verarbeitungsschritt werden den Seifen die Duftstoffe »Bergamotte« und »Rose« beigemischt. Wie sich herausstellt, ist Ihre Seife mit dem Duftstoff »Bergamotte« bei Ihren Kunden besonders angesagt und erzielt gegenüber der Seife mit dem Duftstoff »Rose« den 10fachen Preis. In Ihrer Kostenrechnung ordnen Sie der Seife mit dem Duftstoff »Bergamotte« auch die 10fachen Kosten zu.

IN DIESEM KAPITEL

- Aufgaben der Kostenstellenrechnung
- Einstufiger und mehrstufiger Betriebsabrechnungsbogen
- Verfahren der primären und sekundären Verteilung der Gemeinkosten
- Ermittlung von Gemeinkostenzuschlagssätzen

Kapitel 14
Kostenstellenrechnung

Nach erfolgreicher Abgrenzungsrechnung kennen Sie die Kosten für die betrachtete Periode. Für ein kleines Unternehmen mag die Information ausreichen. In Industrieunternehmen, die mehrere Produkte produzieren, möchten Sie wissen, wo die Kosten entstanden sind. Sie haben sonst keine Möglichkeit, unwirtschaftliche Abläufe aufzudecken. Zusätzlich wollen Sie die Kosten verursachungsgerecht auf Ihre Produkte verteilen, um Ihre Preise zu kalkulieren. Für Ihre Einzelkosten gelingt das, die Gemeinkosten brauchen eine besondere Behandlung. Hier hilft Ihren die Kostenstellenrechnung als Bindeglied zwischen Kostenartenrechnung und Kostenträgerrechnung (Abbildung 14.1).

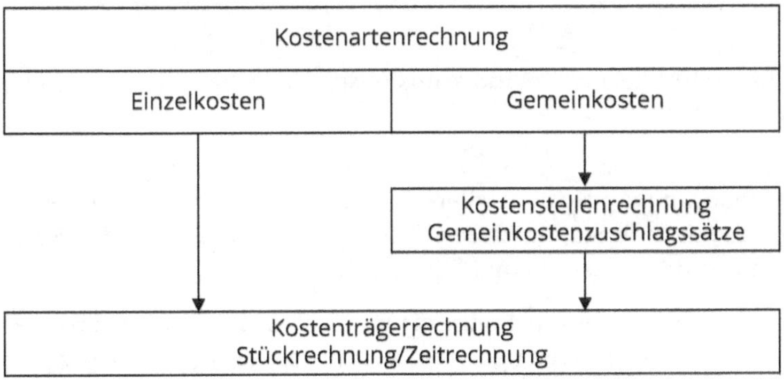

Abbildung 14.1: System der Vollkostenrechnung

Die *Kostenstellenrechnung* hat die Aufgabe,

- ✔ Gemeinkosten den Kostenstellen zuzuordnen
- ✔ innerbetriebliche Leistungen zu verrechnen
- ✔ Gemeinkostenzuschlagssätze für die Kostenträgerrechnung zu ermitteln
- ✔ eine Wirtschaftlichkeitskontrolle als Periodenvergleich durchzuführen

Organisieren: Bildung von Kostenstellen

Mithilfe von Kostenstellen ordnen Sie die Gemeinkosten den einzelnen Unternehmensbereichen verursachungsgerecht zu. Das verschafft Ihnen einen erheblichen Informationsgewinn.

Kostenstellen sind Orte, an denen die zur Leistungserstellung benötigten Produktionsfaktoren verbraucht werden.

Kostenstellen bilden Sie in Abhängigkeit von der Art und Größe Ihres Unternehmens. Sie können wählen zwischen:

- ✔ **organisationsorientiert:** Hier werden die Kostenstellen auf der Grundlage Ihrer Aufbauorganisation gebildet. Der Hauptzweck liegt in der Überwachung der Wirtschaftlichkeit einzelner Abteilungen. Als Kostenstelleninhaber tragen Sie die Verantwortung für Ihren Bereich.
- ✔ **funktionsorientiert:** Die Gliederung der Kostenstellen nach betrieblichen Teilfunktionen ist gängige Praxis in Unternehmen, die ihre Preise über die Vollkostenrechnung ermitteln. Häufig stimmen die funktionale und organisationsorientierte Gliederung überein.

BEISPIEL Teilfunktionen im Industriebetrieb sind zum Beispiel Beschaffung, Fertigung, Verwaltung und Vertrieb

- ✔ **raumorientiert:** Die Gliederung der Kostenstellen erfolgt nach ihrer räumlichen Anordnung. Das können verschiedene Standorte des Unternehmens sein. Denkbar wäre auch eine Trennung von Produktionsstätte und Verwaltung.

BEISPIEL Jeder Standort eines Kaufhauses erhält eine eigene Kostenstelle. Innerhalb eines Standorts können Unterkostenstellen gebildet werden, die bei der Übermittlung an die Zentrale verdichtet werden.

Die weiteren Ausführungen zur Kostenstellenrechnung gehen von der funktionalen Gliederung eines Industriebetriebes aus. Üblicherweise werden die Funktionen Beschaffung, Fertigung, Verwaltung und Vertrieb betrachtet.

Aufbauen: Der Betriebsabrechnungsbogen (BAB)

Die Verteilung der Gemeinkosten auf Ihre Kostenstellen nehmen Sie über einen Betriebsabrechnungsbogen (BAB) vor. Dabei müssen Sie entscheiden, wie detailliert Sie vorgehen wollen. Sie haben die Wahl zwischen

- ✔ einstufigem Betriebsabrechnungsbogen und
- ✔ mehrstufigem Betriebsabrechnungsbogen.

Nur Hauptstellen: Einstufiger Betriebsabrechnungsbogen

Der einstufige Betriebsabrechnungsbogen besteht nur aus Hauptkostenstellen.

Als *Hauptkostenstellen* werden die Kostenstellen bezeichnet, die unmittelbar an der Leistungserstellung beteiligt sind. Für sie werden Gemeinkostenzuschlagssätze für die Kalkulation der Kostenträger gebildet.

In Industrieunternehmen hat der Betriebsabrechnungsbogen üblicherweise die in Abbildung 14.2 gezeigte Struktur.

Gemeinkosten	Betriebs-buchhaltung	Hauptkostenstellen			
		Material	Fertigung	Verwaltung	Vertrieb
Gehälter					
Hilfslöhne					
Miete					
kalk. Abschreibungen					
kalk. Zinsen					
sonstige Gemeinkosten					

Abbildung 14.2: Einstufiger Betriebsabrechnungsbogen

Die in Abbildung 14.2 angegebenen Hauptkostenstellen erfüllen folgende Funktionen innerhalb des Leistungserstellungsprozesses:

- ✔ **Material:** Beschaffung, Lagerung und Bereitstellung der Roh-, Hilfs- und Betriebsstoffe beziehungsweise Handelswaren
- ✔ **Fertigung:** Produktion der Produkte
- ✔ **Verwaltung:** Erfassung, Steuerung und Kontrolle der betrieblichen Abläufe zum Beispiel in der Finanzbuchhaltung, der Personalabteilung und im Controlling
- ✔ **Vertrieb:** Verkauf und Versand der Produkte, Werbung und Betreuung des Fertigteilelagers

Mit Hilfe: Mehrstufiger Betriebsabrechnungsbogen

Beim mehrstufigen Betriebsabrechnungsbogen berücksichtigen Sie neben der Leistungserstellung zusätzliche Unterstützungsprozesse. Beispielsweise können Sie einen Betriebskindergarten einrichten oder leckere Speisen in der betriebseigenen Kantine anbieten. Die durch den Unterstützungsprozess verursachten Gemeinkosten werden auf Hilfsstellen ausgewiesen und schaffen dadurch eine zusätzliche Kostentransparenz.

Hilfskostenstellen sind nur mittelbar am Leistungserstellungsprozess beteiligt. Sie werden am Ende der Periode aufgelöst und den Hauptkostenstellen zugeschlagen.

Abbildung 14.3 zeigt beispielhaft den Aufbau eines Betriebsabrechnungsbogens mit Hilfsstellen.

Gemeinkosten	Betriebs-buchhaltung	Allgemeine Kostenstellen		Hauptstelle Material	Hilfsstelle Fertigung	Hauptstelle Fertigung	Hauptstelle Verwaltung	Hauptstelle Vertrieb
		Heizung	Strom					
Gehälter								
Hilfslöhne								
Miete								
kalk. Abschreibungen								
kalk. Zinsen								
sonstige Gmk								

Abbildung 14.3: Mehrstufiger Betriebsabrechnungsbogen

Grundsätzlich können Sie zwei Arten von Hilfsstellen unterscheiden:

- **Allgemeine Hilfsstellen:** Sie unterstützen den Leistungserstellungsprozess aller Unternehmensbereiche.

Unterstützungsprozesse sind zum Beispiel:

- Bereitstellung von Dienstfahrzeugen
- Sicherung der Energieversorgung aller Unternehmensbereiche
- Betrieb eines Kindergartens

- **Fertigungshilfsstelle:** Sie unterstützt die Fertigungshauptstelle, ist aber nicht unmittelbar an der Leistungserstellung beteiligt.

Fertigungshilfsstellen sind zum Beispiel:

- Lehrwerkstätten für Auszubildende
- Qualitätskontrolle
- Reparaturwerkstatt
- Arbeitsvorbereitung

Verteilen: Primäre Verteilung der Gemeinkosten

Liegen Ihnen die Gemeinkosten der Betriebsbuchhaltung vor, stehen Sie vor der Aufgabe, diese verursachungsgerecht auf die Haupt- beziehungsweise Hilfsstellen zu verteilen.

Als *primäre Verteilung der Gemeinkosten* wird die Zuordnung der Gemeinkosten aus der Betriebsbuchhaltung auf alle vorhandenen Haupt- und Hilfskostenstellen bezeichnet.

Bei manchen Kostenarten ist die Zuordnung auf die Kostenstellen ein Kinderspiel, bei anderen werden Sie in Ihre Trickkiste greifen müssen. In Bezug auf die Zuordnung auf eine Kostenstelle wird unterschieden in:

- ✔ **Kostenstelleneinzelkosten:** Sie lassen sich einer Kostenstelle über Belege direkt zuordnen.
  - ✔ Das Gehalt eines Mitarbeiters aus dem Einkauf wird der Materialkostenstelle zugeordnet, während das Gehalt eines Mitarbeiters aus der Personalabteilung in der Verwaltungskostenstelle berücksichtigt wird.
  - ✔ Der Verbrauch von Büromaterial kann anhand von Anforderungsbelegen der Kostenstellen erfasst werden.
- ✔ **Kostenstellengemeinkosten:** Sie lassen sich den Kostenstellen nur mithilfe von Verteilungsschlüsseln zuordnen. Hier ist viel Kreativität gefragt.
  - ✔ Mietkosten können über den Verteilungsschlüssel »genutzte Quadratmeter« auf die Kostenstellen verteilt werden (außer Sie schließen für jede Kostenstelle einen eigenen Mietvertrag ab).
  - ✔ Stromkosten können nach der Anzahl der Stromquellen oder über den geschätzten prozentualen Verbrauch einzelner Kostenstellen verteilt werden. (Sie können auch an jede Energiequelle einen Stromzähler anbringen, dann sind es Kostenstelleneinzelkosten, viel Spaß dabei).

Sie sind erstmalig für die Erstellung des Betriebsabrechnungsbogens Ihres Unternehmens verantwortlich. Bisher liegen Ihnen nur die Gemeinkosten aus der Betriebsbuchhaltung vor (Abbildung 14.4).

Gemeinkosten	Betriebs-buchhaltung €	Allgemeine Kostenstellen		Hauptstelle Material €	Hilfsstelle Fertigung €	Hauptstelle Fertigung €	Hauptstelle Verwaltung €	Hauptstelle Vertrieb €
		Heizung €	Strom €					
Gehälter	40.000							
Hilfslöhne	14.000							
Miete	15.000							
kalk. Abschreibungen	9.000							
kalk. Zinsen	12.000							
sonstige Gmk	10.000							
Primärkosten	**100.000**							

Abbildung 14.4: Primäre Verteilung der Gemeinkosten

Ihre Kollegin stellt Ihnen zusätzlich die Verteilungsgrundlage für die Gemeinkosten zur Verfügung (Abbildung 14.5).

Gemeinkosten	Verteilungs-grundlage	Allgemeine Kostenstellen		Hauptstelle Material	Hilfsstelle Fertigung	Hauptstelle Fertigung	Hauptstelle Verwaltung	Hauptstelle Vertrieb
		Heizung €	Strom €	€	€	€	€	€
Gehälter	Beleg	1.600	1.600	6.400	3.200	12.800	9.600	4.800
Hilfslöhne	Beleg	0	0	4.000	6.000	2.000	1.000	1.000
Miete	Quadratmeter	2	1	2	5	3	1	1
kalk. Abschreibungen	Anlagewerte	100.000	120.000	80.000	60.000	400.000	70.000	70.000
kalk. Zinsen	Beleg	1.200	1.800	2.000	1.500	3.000	1.000	1.500
sonstige Gmk	Schätzung	10%	0%	15%	25%	20%	15%	15%

Abbildung 14.5: Verteilung der Gemeinkosten auf Hilfs- und Hauptstellen

Jetzt gehen Sie schrittweise vor:

1. **Gehälter, Hilfslöhne und kalkulatorische Zinsen**

   Für diese Gemeinkosten liegen Belege vor. Damit handelt es sich um Kostenstelleneinzelkosten. Übernehmen Sie die Beträge aus Abbildung 14.5 direkt in die Kostenstellen Ihres Betriebsabrechnungsbogens in Abbildung 14.6.

2. **Mietkosten**

   Die Mietkosten aus Abbildung 14.4 in Höhe von 15.000 € werden entsprechend der Angaben in Abbildung 14.5 nach Quadratmetern (qm) im Verhältnis 2:1:2:5:3:1:1 auf die Kostenstellen verteilt. Zunächst berechnen Sie die Mietkosten pro Anteil, indem Sie die Mietkosten durch die Summe der Anteile dividieren:

   $$Mietkosten\ pro\ Anteil = \frac{15.000\,€}{2+1+2+5+3+1+1} = 1.000\,€\ pro\ qm$$

   Verteilen Sie die Mietkosten entsprechend ihrer Anteile auf die Kostenstellen (siehe Tabelle 14.1).

Kostenstelle	Berechnung	Ergebnis (BAB)
Heizung	2 Anteile * 1.000 € pro qm	2.000 €
Strom	1 Anteil * 1.000 € pro qm	1.000 €
Material	2 Anteile * 1.000 € pro qm	2.000 €
Fertigungshilfsstelle	5 Anteile * 1.000 € pro qm	5.000 €
Fertigungshauptstelle	3 Anteile * 1.000 € pro qm	3.000 €
Verwaltung	1 Anteil * 1.000 € pro qm	1.000 €
Vertrieb	1 Anteil * 1.000 € pro qm	1.000 €
Summe		**15.000 €**

Tabelle 14.1: Verteilung der Miete

3. Kalkulatorische Abschreibungen

Die kalkulatorischen Abschreibungen aus Abbildung 14.4 in Höhe von 9.000 € werden laut Abbildung 14.5 in Abhängigkeit von den angegebenen Anlagewerten verteilt. Bilden Sie zunächst die Summe der Anlagewerte, hier angegeben in Tausend Euro (Tsd.):

Summe in Tsd. = 100 € + 120 € + 80 € + 60 € + 400 € + 70 € + 70 € = 900 Tsd. €

Pro Anlagewert ergibt sich:

$$Kalk.Abschreibungen\ pro\ Einheit = \frac{9.000\,€}{900.000\,€} = 0{,}01\,€\ pro\ Einheit$$

Anschließend erfolgt die Zuordnung der anteiligen Kosten auf die Kostenstellen (siehe Tabelle 14.2).

Kostenstelle	Berechnung	Ergebnis (BAB)
Heizung	100.000 € * 0,01 € pro Einheit	1.000 €
Strom	120.000 € * 0,01 € pro Einheit	1.200 €
Material	80.000 € * 0,01 € pro Einheit	800 €
Fertigungshilfsstelle	60.000 € * 0,01 € pro Einheit	600 €
Fertigungshauptstelle	400.000 € * 0,01 € pro Einheit	4.000 €
Verwaltung	70.000 € * 0,01 € pro Einheit	700 €
Vertrieb	70.000 € * 0,01 € pro Einheit	700 €
Summe		**9.000 €**

Tabelle 14.2: Verteilung der kalkulatorischen Abschreibungen

4. Sonstige Gemeinkosten

Die Verteilung der sonstigen Gemeinkosten aus Abbildung 14.4 in Höhe von 10.000 € erfolgt laut Abbildung 14.5 prozentual auf die Kostenstellen (siehe Tabelle 14.3).

Kostenstelle	Berechnung	Ergebnis (BAB)
Heizung	10.000 € * 10 %	1.000 €
Strom	10.000 € * 0 %	0 €
Material	10.000 € * 15 %	1.500 €
Fertigungshilfsstelle	10.000 € * 25 %	2.500 €
Fertigungshauptstelle	10.000 € * 20 %	2.000 €
Verwaltung	10.000 € * 15 %	1.500 €
Vertrieb	10.000 € * 15 %	1.500 €
Summe		**10.000 €**

Tabelle 14.3: Verteilung der sonstigen Gemeinkosten

Übernehmen Sie jetzt Ihre Verteilungen aus den Tabellen 14.1, 14.2 und 14.3 in die entsprechenden Zeilen Ihres Betriebsabrechnungsbogens und summieren Sie die Spalten. Abbildung 14.6 zeigt Ihnen das Ergebnis der Primärverteilung.

Gemeinkosten	Kosten-arten €	Allgemeine Kostenstellen		Hauptstelle Material €	Hilfsstelle Fertigung €	Hauptstelle Fertigung €	Hauptstelle Verwaltung €	Hauptstelle Vertrieb €
		Heizung €	Strom €					
Gehälter	40.000	1.600	1.600	6.400	3.200	12.800	9.600	4.800
Hilfslöhne	14.000	0	0	4.000	6.000	2.000	1.000	1.000
Miete	15.000	2.000	1.000	2.000	5.000	3.000	1.000	1.000
kalk. Abschreibungen	9.000	1.000	1.200	800	600	4.000	700	700
kalk. Zinsen	12.000	1.200	1.800	2.000	1.500	3.000	1.000	1.500
sonstige Gmk	10.000	1.000	0	1.500	2.500	2.000	1.500	1.500
Primärkosten	**100.000**	**6.800**	**5.600**	**16.700**	**18.800**	**26.800**	**14.800**	**10.500**

Abbildung 14.6: Ergebnis der Primärverteilung

Umlegen: Sekundäre Verteilung der Gemeinkosten

Besteht Ihr Betriebsabrechnungsbogen aus Haupt- und Hilfskostenstellen, sind Sie in der Lage, die Gemeinkosten für Ihren Leistungserstellungsprozess von den Gemeinkosten für Ihre Unterstützungsprozesse zu unterscheiden. Jeder Kostenstellenleiter verantwortet seine verursachten Primärkosten.

Jetzt wirds kniffelig. Gemeinkostenzuschlagssätze für die Kostenträgerrechnung werden auf Basis der Summen der Hauptkostenstellen gebildet. Gibt es in Ihrem Betriebsabrechnungsbogen Hilfskostenstellen, müssen Sie diese zunächst über die Hauptkostenstellen auflösen, damit auch die Gemeinkosten der Hilfskostenstellen in die Zuschlagssätze einfließen.

Als *sekundäre Verteilung* wird die innerbetriebliche Leistungsverrechnung der Gemeinkosten von Hilfskostenstellen auf die Hauptkostenstellen bezeichnet.

Für die sekundäre Verteilung stehen Ihnen vier Verfahren zur Verfügung:

- ✔ Anbauverfahren (Blockverfahren)
- ✔ Stufenleiterverfahren (Treppenstufenverfahren)
- ✔ Iterationsverfahren
- ✔ Gleichungsverfahren

Im Block: Anbauverfahren

Das Anbauverfahren oder Blockverfahren ist das einfachste, aber ungenaueste Verfahren.

Es ist gekennzeichnet durch folgende Merkmale:

- ✔ Allgemeine Hilfskostenstellen werden auf alle Hauptkostenstellen aufgelöst.
- ✔ Die Fertigungshilfsstellen werden nur über die Fertigungshauptstellen aufgelöst.
- ✔ Eine gegenseitige Leistungsverrechnung zwischen Hilfskostenstellen findet nicht statt.

Dieses Verfahren sollten Sie nur anwenden, wenn Sie keinen großen Leistungsaustausch zwischen den Hilfskostenstellen haben. Andernfalls gehen Ihnen wichtige Informationen verloren.

BEISPIEL

Sie sind stolz darauf, Ihren ersten Betriebsabrechnungsbogen erstellt zu haben. Die in Abbildung 14.6 dargestellten Primärkosten liegen Ihnen nun vor. Doch wie sich herausstellt, ist Ihr Betriebsabrechnungsbogen noch nicht fertig. Um Zuschlagssätze für die Kalkulation zu bilden, müssen Sie noch alle Hilfsstellen auflösen und den Hauptstellen zuordnen.

Sie entscheiden sich für das Anbauverfahren.

Das Ergebnis Ihrer Primärverteilung aus Abbildung 14.6 wird in Abbildung 14.7 noch einmal in Kurzform als Ausgangspunkt für die Sekundärverteilung dargestellt

	Kostenarten	Allgemeine Kostenstellen		Hauptstelle Material	Hilfsstelle Fertigung	Hauptstelle Fertigung	Hauptstelle Verwaltung	Hauptstelle Vertrieb
Gemeinkosten	€	Heizung €	Strom €	€	€	€	€	€
Primärkosten	**100.000**	**6.800**	**5.600**	**16.700**	**18.800**	**26.800**	**14.800**	**10.500**

Abbildung 14.7: Kurzform als Ausgangspunkt

Ihre Kollegin ist so nett und stellt Ihnen die Verteilungsschlüssel in Abbildung 14.8 zur Verfügung.

		Allgemeine Kostenstellen		Hauptstelle Material	Hilfsstelle Fertigung	Hauptstelle Fertigung	Hauptstelle Verwaltung	Hauptstelle Vertrieb
Gemeinkosten		Heizung	Strom					
Sekundärverteilung	**Verteilungsgrundlage**	**Vorgabe zur Auflösung der Hilfskostenstellen auf die Hauptkostenstellen**						
1. Umlage Heizung	Schlüssel			2		6	1	1
2. Umlage Strom	Schlüssel			1		1	1	1
3. Umlage Fertigungshilfsstelle	Schlüssel					100%		

Abbildung 14.8: Verteilungsschlüssel für die Sekundärverteilung

Die in Abbildung 14.8 angegebenen Zahlen sind die Anteile, die den jeweiligen Hauptkostenstellen zugeordnet werden. Häufig werden die Anteile auch in der folgenden Schreibweise dargestellt:

Für die Umlage Heizung: 2 : 6 : 1 : 1

Die Reihenfolge der Zahlen entspricht der Reihenfolge der Hauptkostenstellen in Ihrem Betriebsabrechnungsbogen.

Sie verteilen die Hilfskostenstellen schrittweise von links nach rechts auf die Hauptkostenstellen:

1. **Umlage Heizung**

   Die Primärkosten in Höhe von 6.800 € der Hilfskostenstelle Heizung (Abbildung 14.7) verteilen Sie nach dem angegebenen Verhältnis 2 : 6 : 1 : 1 (Abbildung 14.8) auf die nachfolgenden Hauptkostenstellen.

   Addieren Sie die Anteile und berechnen anschließend die zu verteilenden Kosten pro Anteil:

$$\textit{Heizungskosten pro Anteil} = \frac{6.800\,€}{2+6+1+1} = 680\,€\ \textit{pro Anteil}$$

   Daraus ergibt sich die in Tabelle 14.4 gezeigte Verteilung.

Hauptkostenstelle	Berechnung	Ergebnis (BAB)
Material	680 € pro Anteil * 2 Anteile	1.360 €
Fertigung	680 € pro Anteil * 6 Anteile	4.080 €
Verwaltung	680 € pro Anteil * 1 Anteil	680 €
Vertrieb	680 € pro Anteil * 1 Anteil	680 €
Summe		**6.800 €**

Tabelle 14.4: Heizkostenumlage

2. **Umlage Strom**

   Die Primärkosten der Hilfskostenstelle Strom in Höhe von 5.600 € (Abbildung 14.7) verteilen Sie im Verhältnis 1 : 1 : 1 : 1 (Abbildung 14.8) auf die nachfolgenden Hauptkostenstellen.

   Addieren Sie die Anteile und berechnen Sie anschließend die zu verteilenden Kosten pro Anteil:

$$\textit{Stromkosten pro Anteil} = \frac{5.600\,€}{1+1+1+1} = 1.400\,€\ \textit{pro Anteil}$$

   Daraus ergibt sich die in Tabelle 14.5 gezeigte Verteilung.

Hauptkostenstelle	Berechnung	Ergebnis (BAB)
Material	1.400 € pro Anteil * 1 Anteil	1.400 €
Fertigung	1.400 € pro Anteil * 1 Anteil	1.400 €
Verwaltung	1.400 € pro Anteil * 1 Anteil	1.400 €
Vertrieb	1.400 € pro Anteil * 1 Anteil	1.400 €
Summe		**5.600 €**

Tabelle 14.5: Verteilung der Stromkosten

3. Umlage Fertigungshilfsstelle

Die Kosten der Fertigungshilfsstelle in Höhe von 18.800 € (Abbildung 14.7) werden zu 100 % (Abbildung 14.8) auf die Fertigungshauptstelle verteilt.

Den fertigen Betriebsabrechnungsbogen zeigt Abbildung 14.9.

Gemeinkosten	Kosten-arten €	Allgemeine Kostenstellen Heizung €	Allgemeine Kostenstellen Strom €	Hauptstelle Material €	Hilfsstelle Fertigung €	Hauptstelle Fertigung €	Hauptstelle Verwaltung €	Hauptstelle Vertrieb €
Primärkosten	**100.000**	**6.800**	**5.600**	**16.700**	**18.800**	**26.800**	**14.800**	**10.500**
Sekundärverteilung								
1. Umlage Heizung				1.360		4.080	680	680
2. Umlage Strom				1.400		1.400	1.400	1.400
3. Umlage Fertigungshilfsstelle						18.800		
Summe				**19.460**		**51.080**	**16.880**	**12.580**

Abbildung 14.9: Fertiger BAB im Anbauverfahren

Abwärts: Stufenleiterverfahren

Das Stufenleiterverfahren ist etwas genauer als das Anbauverfahren. Wurden Hilfskostenstellen beim Anbauverfahren nur über Hauptkostenstellen aufgelöst, werden hier Leistungen von Hilfskostenstellen mit Einschränkungen an andere Hilfskostenstellen abgegeben. Dabei gibt es folgende Besonderheiten:

- ✔ Es findet keine gegenseitige Leistungsverrechnung zwischen den Hilfskostenstellen statt.
- ✔ Die Umlage des allgemeinen Bereichs erfolgt von links nach rechts auf alle Haupt- und Hilfsstellen. Die erste linke Hilfskostenstelle erhält keine Leistungen.
- ✔ Die Umlage der Fertigungshilfsstelle erfolgt ausschließlich auf die Fertigungshauptstelle.

Durch die fehlende gegenseitige Leistungsverrechnung zwischen den Hilfskostenstellen ist das Stufenleiterverfahren ungenau. Ein klein wenig können Sie die Ungenauigkeit ausbügeln, indem Sie die Hilfskostenstellen an den Anfang stellen, die am wenigsten Leistungen empfangen, aber am meisten Leistungen abgeben.

BEISPIEL

Nachdem Sie Ihre Primärkosten ermittelt haben, legen Sie die Gemeinkosten der Hilfskostenstellen schrittweise auf die empfangenden Kostenstellen um. Ausgangspunkt für die Sekundärverteilung ist Abbildung 14.10.

Gemeinkosten	Kosten-arten €	Allgemeine Kostenstellen Heizung €	Allgemeine Kostenstellen Strom €	Hauptstelle Material €	Hilfsstelle Fertigung €	Hauptstelle Fertigung €	Hauptstelle Verwaltung €	Hauptstelle Vertrieb €
Primärkosten	**100.000**	**6.800**	**5.600**	**16.700**	**18.800**	**26.800**	**14.800**	**10.500**

Abbildung 14.10: Ausgangspunkt für die Sekundärverteilung

Für die Auflösung der Hilfskostenstellen liegen Ihnen die in Abbildung 14.11 angegebenen Verteilungsschlüssel vor.

Vorgabe zur Kostenverteilung auf die Haupt- und Hilfskostenstellen								
		Allgemeine Kostenstellen		Hauptstelle	Hilfsstelle	Hauptstelle	Hauptstelle	Hauptstelle
Gemeinkosten	Verteilung	Heizung €	Strom €	Material €	Fertigung €	Fertigung €	Verwaltung €	Vertrieb €
Sekundärverteilung								
Umlage Heizung	Schlüssel		1	1	3	3	1	1
Umlage Strom	Schlüssel	entfällt		1	0,5	0,5	1	1
Umlage Fertigungshilfsstelle	Schlüssel					100%		

Abbildung 14.11: Verteilungsgrundlage des Stufenleiterverfahrens

Die Umlage der Hilfskostenstelle Strom auf die Hilfskostenstelle Heizung entfällt beim Stufenleiterverfahren, da die Verteilung nur nach rechts erfolgt.

1. Umlage der Hilfskostenstelle Heizung

Die Primärkosten der Hilfskostenstelle Heizung in Höhe von 6.800 € (Abbildung 14.10) werden nach rechts auf alle anderen Hilfs- und Hauptkostenstellen im Verhältnis 1:1:3:3:1:1 aufgelöst (Abbildung 14.11).

Berechnen Sie zuerst die Kosten pro Anteil:

$$Heizungskosten\ pro\ Anteil = \frac{6.800\,€}{1+1+3+3+1+1} = 680\,€\ pro\ Anteil$$

Multiplizieren Sie die Heizkosten pro Anteil mit den jeweiligen Anteilen der Kostenstellen. Das Ergebnis zeigt Abbildung 14.12.

	Kosten-arten	Allgemeine Kostenstellen		Hauptstelle	Hilfsstelle	Hauptstelle	Hauptstelle	Hauptstelle
Gemeinkosten	€	Heizung €	Strom €	Material €	Fertigung €	Fertigung €	Verwaltung €	Vertrieb €
Primärkosten	**100.000**	**6.800**	**5.600**	**16.700**	**18.800**	**26.800**	**14.800**	**10.500**
Sekundärverteilung								
1. Umlage Heizung			→ 680	680	2.040	2.040	680	680
Summe			**6.280**	**17.380**	**20.840**	**28.840**	**15.480**	**11.180**

Abbildung 14.12: Ergebnis aus der Umlage der Heizkosten

Achten Sie unbedingt darauf, dass Sie vor der nächsten Umlage die neuen Kostensummen der einzelnen Kostenstellen bilden (Primärkosten + aus Umlage erhaltene Kosten).

2. Umlage der Hilfskostenstelle Strom

Auf der Hilfskostenstelle Strom befinden sich nach Umlage der Heizungskosten 6.280 € (Abbildung 14.12). Die Stromkosten werden vollständig nach rechts auf die Haupt- und Hilfskostenstellen verteilt im Verhältnis 1 : 0,5 : 0,5 : 1 : 1 (Abbildung 14.11). Die Stromkosten pro Anteil betragen:

$$Stromkosten\ pro\ Anteil = \frac{6.280\,€}{1+0{,}5+0{,}5+1+1} = 1.570\,€\ pro\ Anteil$$

Multiplizieren Sie die Stromkosten pro Anteil mit dem entsprechenden Anteil der Kostenstelle und summieren Sie die Werte der Kostenstellen auf, ergibt sich Abbildung 14.13.

Gemeinkosten	Kosten-arten €	Allgemeine Kostenstellen Heizung €	Allgemeine Kostenstellen Strom €	Hauptstelle Material €	Hilfsstelle Fertigung €	Hauptstelle Fertigung €	Hauptstelle Verwaltung €	Hauptstelle Vertrieb €
Primärkosten	**100.000**	**6.800**	**5.600**	**16.700**	**18.800**	**26.800**	**14.800**	**10.500**
Sekundärverteilung								
1. Umlage Heizung			→ 680	680	2.040	2.040	680	680
Summe			**6.280**	**17.380**	**20.840**	**28.840**	**15.480**	**11.180**
2. Umlage Strom				→ 1.570	785	785	1.570	1.570
Summe				**18.950**	**21.625**	**29.625**	**17.050**	**12.750**

Abbildung 14.13: Ergebnis der Umlage der Stromkosten

3. Umlage der Fertigungshilfsstelle

Auf der Hilfskostenstelle Fertigung befinden sich Gemeinkosten in Höhe von 21.625 € (Abbildung 14.13), die zu 100 % auf die Fertigungshauptstelle umgelegt werden (Abbildung 14.11).

Ihr Betriebsabrechnungsbogen besteht nach der letzten Umlage nur noch aus Hauptkostenstellen. Abbildung 14.14 zeigt das Ergebnis.

Gemeinkosten	Kosten-arten €	Allgemeine Kostenstellen Heizung €	Allgemeine Kostenstellen Strom €	Hauptstelle Material €	Hilfsstelle Fertigung €	Hauptstelle Fertigung €	Hauptstelle Verwaltung €	Hauptstelle Vertrieb €
Primärkosten	**100.000**	**6.800**	**5.600**	**16.700**	**18.800**	**26.800**	**14.800**	**10.500**
Sekundärverteilung								
1. Umlage Heizung			→ 680	680	2.040	2.040	680	680
Summe			**6.280**	**17.380**	**20.840**	**28.840**	**15.480**	**11.180**
2. Umlage Strom				→ 1.570	785	785	1.570	1.570
Summe				**18.950**	**21.625**	**29.625**	**17.050**	**12.750**
3. Umlage Hilfsstelle Ferti.						→ 21.625		
Summe				**18.950**		**51.250**	**17.050**	**12.750**

Abbildung 14.14: Ihr Betriebsabrechnungsbogen

Annäherung: Iterationsverfahren

Das Iterationsverfahren berücksichtigt alle gegenseitigen Leistungsbeziehungen zwischen den Hilfskostenstellen und ist damit sehr genau. Die folgenden Merkmale zeichnen das Verfahren aus:

- ✔ Es erfolgt eine gegenseitige Leistungsverrechnung zwischen den Hilfskostenstellen.
- ✔ Die vollständige Auflösung der Hilfskostenstellen auf Hauptkostenstellen erfolgt erst, wenn die Verteilbeträge auf den Hilfskostenstellen sehr klein sind. Die Grenze legen Sie individuell fest.

Das Verfahren erfordert von Ihnen einen großen Rechenaufwand in der Prüfung. In der Praxis haben Sie dafür die entsprechende Software.

Jetzt hat Sie der Ehrgeiz gepackt und Sie wagen sich an die Auflösung der Hilfskostenstellen mithilfe des Iterationsverfahrens. Ausgangspunkt ist die Primärverteilung in Abbildung 14.15.

Gemeinkosten	Kostenarten €	Allgemeine Kostenstellen Heizung €	Allgemeine Kostenstellen Strom €	Hauptstelle Material €	Hilfsstelle Fertigung €	Hauptstelle Fertigung €	Hauptstelle Verwaltung €	Hauptstelle Vertrieb €
Primärkosten	**100.000**	**6.800**	**5.600**	**16.700**	**18.800**	**26.800**	**14.800**	**10.500**

Abbildung 14.15: Ausgangspunkt Iterationsverfahren

Ihre freundliche Kollegin bereitet Ihnen den in Abbildung 14.16 gezeigten Verteilungsschlüssel vor.

Vorgabe zur Kostenverteilung auf die Haupt- und Hilfskostenstellen								
Gemeinkosten	Verteilung	Allgemeine Kostenstellen Heizung €	Allgemeine Kostenstellen Strom €	Hauptstelle Material €	Hilfsstelle Fertigung €	Hauptstelle Fertigung €	Hauptstelle Verwaltung €	Hauptstelle Vertrieb €
Sekundärverteilung								
Umlage Heizung	Schlüssel		1	1	3	3	1	1
Umlage Strom	Schlüssel	1		1	0,5	0,5	1	1
Umlage Fertigungshilfsstelle	Schlüssel					100%		

Abbildung 14.16: Verteilungsschlüssel Iterationsverfahren

Wenn die Verteilbeträge für die Umlage kleiner als 30 € werden, beenden Sie die Iteration und verteilen den Restbetrag auf alle rechts liegenden Kostenstellen.

Wie Sie am Verteilungsschlüssel für die Hilfskostenstellen Heizung und Strom sehen können, findet in diesem Bereich eine gegenseitige Leistungsverrechnung statt.

Gehen Sie schrittweise vor:

1. Umlage Heizung

Für die Bildung der Umlage dividieren Sie die Kosten der Hilfskostenstelle Heizung in Höhe von 6.800 € (Abbildung 14.15) durch die Summe der Anteile (Abbildung 14.16):

$$Heizungskosten\ pro\ Anteil = \frac{6.800\,€}{1+1+3+3+1+1} = 680\,€\ pro\ Anteil$$

Multiplizieren Sie die Heizkosten pro Anteil mit den entsprechenden Anteilen der Kostenstellen und bilden Sie die Summen. Abbildung 14.17 zeigt Ihnen das Ergebnis.

Gemeinkosten	Kostenarten €	Allgemeine Kostenstellen Heizung €	Allgemeine Kostenstellen Strom €	Hauptstelle Material €	Hilfsstelle Fertigung €	Hauptstelle Fertigung €	Hauptstelle Verwaltung €	Hauptstelle Vertrieb €
Primärkosten	**100.000**	**6.800**	**5.600**	**16.700**	**18.800**	**26.800**	**14.800**	**10.500**
Sekundärverteilung								
1. Umlage Heizung			→ 680	680	2.040	2.040	680	680
Summe			**6.280**	**17.380**	**20.840**	**28.840**	**15.480**	**11.180**

Abbildung 14.17: Umlage Heizung Iterationsverfahren

2. Umlage Strom

Auf der allgemeinen Kostenstelle Strom befinden sich Kosten in Höhe von 6.280 € (Abbildung 14.17). Die Stromkosten werden im Verhältnis 1 : 1 : 0,5 : 0,5 : 1 : 1 auf alle anderen Kostenstellen verteilt (Abbildung 14.16). Auch die bereits aufgelöste allgemeine Kostenstelle Heizung erhält Leistungen.

Daraus ergibt sich der folgende Verteilungsschlüssel pro Einheit Strom:

$$Stromkosten\ pro\ Anteil = \frac{6.280\,€}{1+1+0{,}5+0{,}5+1+1} = 1.256\,€\ pro\ Anteil$$

Multiplizieren Sie die Stromkosten pro Anteil mit den entsprechenden Anteilen der Kostenstellen und bilden Sie die Summe. Das Ergebnis zeigt Abbildung 14.18.

Gemeinkosten	Kosten-arten €	Allgemeine Kostenstellen Heizung €	Strom €	Hauptstelle Material €	Hilfsstelle Fertigung €	Hauptstelle Fertigung €	Hauptstelle Verwaltung €	Hauptstelle Vertrieb €
Primärkosten	**100.000,00**	**6.800,00**	**5.600,00**	**16.700,00**	**18.800,00**	**26.800,00**	**14.800,00**	**10.500,00**
Sekundärverteilung								
1. Umlage Heizung		→	680,00	680,00	2.040,00	2.040,00	680,00	680,00
Summe			**6.280,00**	**17.380,00**	**20.840,00**	**28.840,00**	**15.480,00**	**11.180,00**
2. Umlage Strom		1.256,00	←→	1.256,00	628,00	628,00	1.256,00	1.256,00
Summe		**1.256,00**		**18.636,00**	**21.468,00**	**29.468,00**	**16.736,00**	**12.436,00**

Abbildung 14.18: Umlage Strom Iterationsverfahren

3. Umlage Heizung

Auf der allgemeinen Kostenstelle Heizung befinden sich nach der Umlage der Stromkostenstelle 1.256 € (Abbildung 14.18), die wiederum nach dem Verteilungsschlüssel auf alle anderen Kostenstellen umgelegt werden (Abbildung 14.16).

$$Heizungskosten\ pro\ Anteil = \frac{1.256\,€}{1+1+3+3+1+1} = 125{,}60\,€\ pro\ Anteil$$

Multiplizieren Sie die Heizkosten pro Anteil mit den entsprechenden Anteilen für die Kostenstellen und berechnen Sie die Summen der Kostenstellen. Abbildung 14.19 zeigt Ihnen das Ergebnis.

Gemeinkosten	Kosten-arten €	Allgemeine Kostenstellen Heizung €	Strom €	Hauptstelle Material €	Hilfsstelle Fertigung €	Hauptstelle Fertigung €	Hauptstelle Verwaltung €	Hauptstelle Vertrieb €
Primärkosten	**100.000,00**	**6.800,00**	**5.600,00**	**16.700,00**	**18.800,00**	**26.800,00**	**14.800,00**	**10.500,00**
Sekundärverteilung								
1. Umlage Heizung		→	680,00	680,00	2.040,00	2.040,00	680,00	680,00
Summe			**6.280,00**	**17.380,00**	**20.840,00**	**28.840,00**	**15.480,00**	**11.180,00**
2. Umlage Strom		1.256,00	←→	1.256,00	628,00	628,00	1.256,00	1.256,00
Summe		**1.256,00**		**18.636,00**	**21.468,00**	**29.468,00**	**16.736,00**	**12.436,00**
3. Umlage Heizung		→	125,60	125,60	376,80	376,80	125,60	125,60
Summe			**125,60**	**18.761,60**	**21.844,80**	**29.844,80**	**16.861,60**	**12.561,60**

Abbildung 14.19: Zweite Umlage Heizung Iterationsverfahren

4. Umlage Strom

Sie ahnen schon, worauf es hinausläuft. Jetzt sind auf der allgemeinen Kostenstelle Strom wieder 125,60 € (Abbildung 14.19), die nach dem Verteilungsschlüssel für Strom auf alle anderen Kostenstellen verteilt werden (Abbildung 14.16):

$$\textit{Stromkosten pro Anteil} = \frac{125{,}60\,€}{1+1+0{,}5+0{,}5+1+1} = 25{,}12\,€\ \textit{pro Anteil}$$

Multiplizieren Sie die Stromkosten pro Anteil mit den entsprechenden Anteilen der Kostenstellen und bilden Sie die Summe.

Das Ergebnis zeigt Abbildung 14.20.

Gemeinkosten	Kostenarten €	Allgemeine Kostenstellen Heizung €	Strom €	Hauptstelle Material €	Hilfsstelle Fertigung €	Hauptstelle Fertigung €	Hauptstelle Verwaltung €	Hauptstelle Vertrieb €
Primärkosten	**100.000,00**	**6.800,00**	**5.600,00**	**16.700,00**	**18.800,00**	**26.800,00**	**14.800,00**	**10.500,00**
Sekundärverteilung								
1. Umlage Heizung		→	680,00	680,00	2.040,00	2.040,00	680,00	680,00
Summe			**6.280,00**	**17.380,00**	**20.840,00**	**28.840,00**	**15.480,00**	**11.180,00**
2. Umlage Strom		1.256,00	←→	1.256,00	628,00	628,00	1.256,00	1.256,00
Summe		**1.256,00**		**18.636,00**	**21.468,00**	**29.468,00**	**16.736,00**	**12.436,00**
3. Umlage Heizung		→	125,60	125,60	376,80	376,80	125,60	125,60
Summe			**125,60**	**18.761,60**	**21.844,80**	**29.844,80**	**16.861,60**	**12.561,60**
4. Umlage Strom		25,12	←→	25,12	12,56	12,56	25,12	25,12
Summe		**25,12**		**18.786,72**	**21.857,36**	**29.857,36**	**16.886,72**	**12.586,72**

Abbildung 14.20: Zweite Umlage Strom Iterationsverfahren

5. Umlage Heizung

Ihre Kollegin hatte die Grenze der gegenseitigen Leistungsverrechnung zwischen den Kostenstellen Strom und Heizung bei einem Umlagebetrag von 30 € festgelegt. Daher können Sie das Iterationsverfahren jetzt beenden und die Kostenstelle Strom bei der Umlage auslassen. Dadurch verkürzt sich der Nenner um einen Anteil auf neun zu verteilende Anteile.

$$\textit{Heizungskosten pro Anteil} = \frac{25{,}12\,€}{1+3+3+1+1} = 2{,}79\,€\ \textit{pro Anteil}$$

Multiplizieren Sie die Heizkosten pro Anteil mit den entsprechenden Anteilen für die Kostenstellen und berechnen Sie die Summen der Kostenstellen.

Abbildung 14.21 zeigt das Ergebnis.

6. Umlage Hilfskostenstelle Fertigung

Im letzten Schritt lösen Sie die Hilfskostenstelle Fertigung auf. Sie wird vollständig auf die Hauptkostenstelle Fertigung übertragen.

Abbildung 14.22 zeigt Ihnen Ihren fertigen Betriebsabrechnungsbogen.

Gemeinkosten	Kosten-arten €	Allgemeine Kostenstellen Heizung €	Strom €	Hauptstelle Material €	Hilfsstelle Fertigung €	Hauptstelle Fertigung €	Hauptstelle Verwaltung €	Hauptstelle Vertrieb €
Primärkosten	**100.000,00**	**6.800,00**	**5.600,00**	**16.700,00**	**18.800,00**	**26.800,00**	**14.800,00**	**10.500,00**
Sekundärverteilung								
1. Umlage Heizung			680,00	680,00	2.040,00	2.040,00	680,00	680,00
Summe			**6.280,00**	**17.380,00**	**20.840,00**	**28.840,00**	**15.480,00**	**11.180,00**
2. Umlage Strom		1.256,00		1.256,00	628,00	628,00	1.256,00	1.256,00
Summe		**1.256,00**		**18.636,00**	**21.468,00**	**29.468,00**	**16.736,00**	**12.436,00**
3. Umlage Heizung			125,60	125,60	376,80	376,80	125,60	125,60
Summe			**125,60**	**18.761,60**	**21.844,80**	**29.844,80**	**16.861,60**	**12.561,60**
4. Umlage Strom		25,12		25,12	12,56	12,56	25,12	25,12
Summe		**25,12**		**18.786,72**	**21.857,36**	**29.857,36**	**16.886,72**	**12.586,72**
5. Umlage Heizung				2,79	8,37	8,37	2,79	2,79
Summe				**18.789,51**	**21.865,73**	**29.865,73**	**16.889,51**	**12.589,51**

Abbildung 14.21: Dritte Umlage Heizung Iterationsverfahren

Gemeinkosten	Kosten-arten €	Allgemeine Kostenstellen Heizung €	Strom €	Hauptstelle Material €	Hilfsstelle Fertigung €	Hauptstelle Fertigung €	Hauptstelle Verwaltung €	Hauptstelle Vertrieb €
Primärkosten	**100.000,00**	**6.800,00**	**5.600,00**	**16.700,00**	**18.800,00**	**26.800,00**	**14.800,00**	**10.500,00**
Sekundärverteilung								
1. Umlage Heizung			680,00	680,00	2.040,00	2.040,00	680,00	680,00
Summe			**6.280,00**	**17.380,00**	**20.840,00**	**28.840,00**	**15.480,00**	**11.180,00**
2. Umlage Strom		1.256,00		1.256,00	628,00	628,00	1.256,00	1.256,00
Summe		**1.256,00**		**18.636,00**	**21.468,00**	**29.468,00**	**16.736,00**	**12.436,00**
3. Umlage Heizung			125,60	125,60	376,80	376,80	125,60	125,60
Summe			**125,60**	**18.761,60**	**21.844,80**	**29.844,80**	**16.861,60**	**12.561,60**
4. Umlage Strom		25,12		25,12	12,56	12,56	25,12	25,12
Summe		**25,12**		**18.786,72**	**21.857,36**	**29.857,36**	**16.886,72**	**12.586,72**
5. Umlage Heizung				2,79	8,37	8,37	2,79	2,79
Summe				**18.789,51**	**21.865,73**	**29.865,73**	**16.889,51**	**12.589,51**
6. Umlage Fertigungshilfsstelle						21.865,73		
Summe				**18.789,51**		**51.731,46**	**16.889,51**	**12.589,51**

Abbildung 14.22: Fertiger BAB Iterationsverfahren

Ganz genau: Gleichungsverfahren

Das Gleichungsverfahren ermittelt die exakten Verrechnungssätze für die gegenseitige Leistungsverrechnung zwischen den Hilfskostenstellen mithilfe eines linearen Gleichungssystems. Es erfordert schon gute Rechenkünste, um die Gleichungen zu lösen.

BEISPIEL

Sie wagen sich an die exakte Verteilung der Hilfskostenstellen Heizung und Strom. Dafür benötigen Sie das Gleichungsverfahren. Gehen Sie wieder von der Primärverteilung der letzten Beispiele aus. Zur besseren Übersichtlichkeit sind hier alle benötigten Daten noch einmal zusammengefasst (Abbildung 14.23 und Abbildung 14.24).

Gemeinkosten	Kosten-arten €	Allgemeine Kostenstellen Heizung €	Strom €	Hauptstelle Material €	Hilfsstelle Fertigung €	Hauptstelle Fertigung €	Hauptstelle Verwaltung €	Hauptstelle Vertrieb €
Primärkosten	**100.000**	**6.800**	**5.600**	**16.700**	**18.800**	**26.800**	**14.800**	**10.500**

Abbildung 14.23: Ausgangspunkt Gleichungsverfahren

Vorgabe zur Kostenverteilung auf die Haupt- und Hilfskostenstellen								
		Allgemeine Kostenstellen		Hauptstelle	Hilfsstelle	Hauptstelle	Hauptstelle	Hauptstelle
Gemeinkosten	Verteilung	Heizung €	Strom €	Material €	Fertigung €	Fertigung €	Verwaltung €	Vertrieb €
Sekundärverteilung								
Umlage Heizung	Schlüssel		1	1	3	3	1	1
Umlage Strom	Schlüssel	1		1	0,5	0,5	1	1
Umlage Fertigungshilfsstelle	Schlüssel					100%		

Abbildung 14.24: Verteilungsschlüssel Gleichungsverfahren

Zur Berechnung der Umlagen für die allgemeinen Hilfskostenstellen Heizung und Strom ergeben sich folgende Gleichungen:

Für die Hilfskostenstelle Heizung ergibt sich:

$$Gleichung(1):\ 10\,H = 6.800\,€ + 1\,S$$

Die Hilfskostenstelle Heizung (H) gibt zehn Anteile an alle anderen Kostenstellen ab (Abbildung 14.24). Die primären Kosten betragen 6.800 € (Abbildung 14.23) Zusätzlich erhält die Hilfskostenstelle Heizung noch einen Anteil von der Hilfskostenstelle Strom (S) (Abbildung 14.24).

Für die Hilfskostenstelle Strom ergibt sich:

$$Gleichung(2):\ 5\,S = 5.600\,€ + 1\,H$$

Die Hilfskostenstelle Strom (S) gibt insgesamt fünf Anteile an alle anderen Kostenstellen ab (Abbildung 14.24). Die primären Kosten betragen 5.600 € (Abbildung 14.23). Zusätzlich erhält die Hilfskostenstelle Strom noch einen Anteil von der Hilfskostenstelle Heizung (H) (Abbildung 14.24).

Für die Lösung des Gleichungssystems verwenden Sie die Einsetzmethode.

$$Gleichung(1):\ 10\,H = 6.800\,€ + 1\,S$$

$$Gleichung(2):\ 5\,S = 5.600\,€ + 1\,H$$

Sie gehen schrittweise vor:

1. **Sie lösen die Gleichung (1) nach H auf, indem Sie die Gleichung durch 10 Anteile teilen.**

   $$Gleichung(1):\ H = \frac{6.800\,€}{10} + \frac{1}{10}S$$

   Zusammengefasst ergibt sich:

   $$Gleichung(1):\ H = 680\,€ + 0{,}1\,S$$

2. **Jetzt setzen Sie die nach H aufgelöste Gleichung (1) in Gleichung (2) ein.**

   $$Gleichung(2):\ 5\,S = 5.600\,€ + 680\,€ + 0{,}1\,S$$

Fassen Sie die Eurobeträge in der Gleichung zusammen, ergibt sich:

$$Gleichung(2): 5S = 6.280\,€ + 0{,}1\,S$$

Ziehen Sie auf beiden Seiten 0,1 S ab, dann ergibt sich:

$$Gleichung(2): 4{,}9\,S = 6.280\,€$$

Dividieren Sie Gleichung (2) durch 4,9 und erhalten:

$$Gleichung(2): S = 1.282\,€\ (gerundet)$$

Damit haben Sie den Verrechnungssatz für die allgemeine Hilfskostenstelle Strom berechnet.

3. **Sie setzen den Verrechnungssatz für Strom in die Gleichung (1) ein.**

Damit Sie den Verrechnungssatz für die allgemeine Hilfskostenstelle Heizung berechnen können, setzen Sie den aus Gleichung (2) ermittelten Verrechnungssatz für Strom in die Gleichung (1) ein:

$$Gleichung(1): H = 680\,€ + 0{,}1\,S$$

$$Gleichung(1): H = 680\,€ + 0{,}1 * 1.282\,€$$

Fassen Sie die Eurobeträge zusammen und erhalten:

$$Gleichung(1): H = 808\,€ (gerundet)$$

Jetzt kennen Sie auch den Verrechnungssatz für die Hilfskostenstelle Heizung.

4. **Verteilen Sie die Heizkosten auf die Hilfs- und Hauptkostenstellen.**

Verwenden Sie jetzt Ihren Verrechnungssatz für die Hilfskostenstelle Heizung in Höhe von 808 € pro Anteil und gewichten ihn mit den Anteilen der einzelnen Kostenstellen, Tabelle 14.6 zeigt das Ergebnis.

Kostenstelle	Berechnung	Ergebnis
Material	808 € pro Anteil * 1 Anteil	808 €
Fertigungshilfsstelle	808 € pro Anteil * 3 Anteile	2.424 €
Fertigungshauptstelle	808 € pro Anteil * 3 Anteile	2.424 €
Verwaltung	808 € pro Anteil * 1 Anteil	808 €
Vertrieb	808 € pro Anteil * 1 Anteil	808 €

Tabelle 14.6: Umlage der Hilfskostenstelle Heizung

5. **Verteilen Sie die Stromkosten auf die Hilfs- und Hauptkostenstellen.**

Verwenden Sie Ihren Verrechnungssatz von Strom in Höhe von 1.282 € pro Anteil und verteilen Sie die Stromkosten entsprechend der jeweiligen Anteile auf die Kostenstellen (Abbildung 14.24). Tabelle 14.7 zeigt das Ergebnis.

Kostenstelle	Berechnung	Ergebnis
Material	1.282 € pro Anteil * 1 Anteil	1.282 €
Fertigungshilfsstelle	1.282 € pro Anteil * 0,5 Anteile	641 €
Fertigungshauptstelle	1.282 € pro Anteil * 0,5 Anteile	641 €
Verwaltung	1.282 € pro Anteil * 1 Anteil	1.282 €
Vertrieb	1.282 € pro Anteil * 1 Anteil	1.282 €

Tabelle 14.7: Umlage der Hilfskostenstelle Strom

6. **Übertragen Sie die Werte aus Tabelle 14.6 und Tabelle 14.7 in Ihren Betriebsabrechnungsbogen.**

   Abbildung 14.25 zeigt Ihren Betriebsabrechnungsbogen nach der Summenbildung aller Kostenstellen.

	Kosten-arten	Allgemeine Kostenstellen		Hauptstelle Material	Hilfsstelle Fertigung	Hauptstelle Fertigung	Hauptstelle Verwaltung	Hauptstelle Vertrieb
Gemeinkosten	€	Heizung €	Strom €	€	€	€	€	€
Primärkosten	**100.000**	**6.800**	**5.600**	**16.700**	**18.800**	**26.800**	**14.800**	**10.500**
Sekundärverteilung								
1. Umlage Heizung				808	2.424	2.424	808	808
2. Umlage Strom				1.282	641	641	1.282	1.282
Summe				**18.790**	**21.865**	**29.865**	**16.890**	**12.590**

Abbildung 14.25: Umlage Hilfsstellen Strom und Heizung

7. **Legen Sie im letzten Schritt die Fertigungshilfsstelle auf die Fertigungshauptstelle um.**

   Übertragen Sie den vollständigen Betrag in Höhe von 21.865 € auf die Fertigungshauptstelle und bilden Sie die Summe. Abbildung 14.26 zeigt Ihren fertigen Betriebsabrechnungsbogen.

	Kosten-arten	Allgemeine Kostenstellen		Hauptstelle Material	Hilfsstelle Fertigung	Hauptstelle Fertigung	Hauptstelle Verwaltung	Hauptstelle Vertrieb
Gemeinkosten	€	Heizung €	Strom €	€	€	€	€	€
Primärkosten	**100.000,00**	**6.800,00**	**5.600,00**	**16.700,00**	**18.800,00**	**26.800,00**	**14.800,00**	**10.500,00**
Sekundärverteilung								
1. Umlage Heizung				808,16	2.424,48	2.424,48	808,16	808,16
2. Umlage Strom				1.281,63	640,82	640,82	1.281,63	1.281,63
Summe				**18.789,79**	**21.865,30**	**29.865,00**	**16.889,79**	**12.589,79**
3. Umlage Fertigungshilfsstelle						21.865,30		
Summe	**100.000,00**			**18.789,79**		**51.730,00**	**16.889,79**	**12.589,79**

Abbildung 14.26: Fertiger BAB Gleichungsverfahren

Zuschlagen: Berechnung der Gemeinkostenzuschlagssätze

Egal, für welches Verfahren Sie sich bei der Erstellung Ihres Betriebsabrechnungsbogens entscheiden, am Ende kennen Sie die Gemeinkosten Ihrer Hauptkostenstellen. Doch was

Ihnen noch fehlt, ist die Zuordnung der Gemeinkosten auf Ihre Produkte. Dazu verwenden Sie einen genialen Trick, indem Sie Einzelkosten und Gemeinkosten in Verbindung bringen.

Die Kostenstellenrechnung bildet die Datengrundlage für die Verrechnung der Gemeinkosten auf die Produkte. In der Kostenträgerzeitrechnung werden die Einzel- und Gemeinkosten zusammengeführt und die Selbstkosten der Produkte ermittelt.

Bei der Berechnung der Gemeinkostenzuschlagssätze wird unterstellt, dass die Gemeinkosten proportional zur Bezugsbasis anfallen.

- ✔ Bezugsbasis Materialstelle: Fertigungsmaterial
- ✔ Bezugsbasis Fertigungsstelle: Fertigungslöhne
- ✔ Bezugsbasis der Verwaltungs- und Vertriebsstelle: Herstellkosten des Umsatzes

Mithilfe des Kalkulationsschemas der Kostenträgerzeitrechnung in Tabelle 14.8 führen Sie die Einzelkosten, die Bestandsveränderungen aus der Betriebsergebnisrechnung sowie die Gemeinkosten aus den Hauptkostenstellen des Betriebsabrechnungsbogens zusammen.

	%	€	€
Fertigungsmaterial			
+ Materialgemeinkosten (BAB)			
= Materialkosten			
Fertigungslöhne			
+ Fertigungsgemeinkosten (BAB)			
+ Sondereinzelkosten der Fertigung			
= Fertigungskosten			
= Herstellkosten der Erzeugung			
+ Minderbestand			
– Mehrbestand			
– andere aktivierte Eigenleistungen			
= Herstellkosten des Umsatzes			
+ Verwaltungsgemeinkosten			
+ Vertriebsgemeinkosten			
+ Sondereinzelkosten des Vertriebs			
= Selbstkosten des Umsatzes			

Tabelle 14.8: Kalkulationsschema der Kostenträgerzeitrechnung

Jetzt fehlen nur noch die Gemeinkostenzuschlagssätze der einzelnen Bereiche.

Materialbereich

Die Einzelkosten im Materialbereich sind die für die Produktion eingesetzten Rohstoffe. Sie werden üblicherweise als *Fertigungsmaterial* bezeichnet. Aus der Hauptkostenstelle Material entnehmen Sie die Höhe der in der Periode angefallenen Materialgemeinkosten. Setzen Sie beides ins Verhältnis, ergibt sich der Materialgemeinkostenzuschlagssatz:

$$Materialgemeinkostenzuschlagssatz\ in\,\% = \frac{Materialgemeinkosten}{Fertigungsmaterial} * 100$$

Fertigungsbereich

Im Fertigungsbereich treten Einzelkosten in Form von *Fertigungslöhnen* auf, wenn Ihre Mitarbeitenden im Akkord arbeiten und damit pro Stück oder pro Zeiteinheit entlohnt werden. Die Fertigungsgemeinkosten finden Sie als Summe des Fertigungsbereichs im Betriebsabrechnungsbogen. Den Fertigungsgemeinkostenzuschlagssatz berechnen Sie:

$$Fertigungsgemeinkostenzuschlagssatz\ in\,\% = \frac{Fertigungsgemeinkosten}{Fertigungslöhne} * 100$$

Zusätzlich zu den Fertigungslöhnen können *Sondereinzelkosten der Fertigung* auftreten (siehe auch Kapitel 12). Da sie nicht für jeden Auftrag anfallen, gehen sie nicht in die Berechnung des Fertigungszuschlagssatzes ein.

Verwaltungs- und Vertriebsbereich

Bezugsgrundlage für die Berechnung des Verwaltungs- und Vertriebsgemeinkostenzuschlagssatzes sind die *Herstellkosten des Umsatzes*. In der Kalkulation liegen Ihnen nach Summierung des Material- und Fertigungsbereichs zunächst die Herstellkosten der Erzeugung vor. Sobald die hergestellte Menge von der abgesetzten Menge abweicht, müssen Sie noch einige Korrekturen vornehmen, bevor Sie die Zuschlagssätze für diesen Bereich berechnen können:

Herstellkosten der Erzeugung
\+ Minderbestand
– Mehrbestand
– andere aktivierte Eigenleistungen

= Herstellkosten des Umsatzes

Insgesamt sind vier Situationen denkbar:

1. **Keine Bestände: Produktionsmenge = Absatzmenge**

   Stimmen Produktions- und Absatzmenge überein, sind die Herstellkosten der Erzeugung und die Herstellkosten des Umsatzes identisch. Sie müssen also keine Korrekturen vornehmen.

2. **Minderbestände: Produktionsmenge < Absatzmenge**

   Minderbestände treten auf, wenn Sie in einer Periode weniger produzieren, als Sie verkaufen. Die fehlende Menge entnehmen Sie Ihrem Lager. Die dafür in der Vorperiode entstandenen Herstellkosten fügen Sie der Kalkulation hinzu.

   Sie haben einen Auftrag über 100 Schlafsofas vorliegen, die im Juni geliefert werden sollen. Mit Schrecken stellen Sie fest, dass Sie nur 80 Sofas produziert haben. Glücklicherweise befinden sich im Lager aus der Produktion des Vormonats noch 20 Sofas. In Ihrer Kalkulation berücksichtigen Sie zusätzlich die Herstellkosten für diese 20 Sofas.

3. **Mehrbestände: Produktionsmenge > Absatzmenge**

   Mehrbestände entstehen, wenn Sie in einer Periode mehr produzieren, als Sie verkaufen. Da die eingelagerte Menge in der betrachteten Periode nicht verkauft wird, müssen sie von den Herstellkosten der Erzeugung abgezogen werden, um die Herstellkosten des Umsatzes zu ermitteln.

   Sie produzieren im Oktober 200 Schlafsofas, können aber im gleichen Zeitraum nur 150 Sofas verkaufen. Die restlichen 50 Sofas werden zu Herstellkosten eingelagert und sind in den Herstellkosten des Umsatzes nicht mehr enthalten.

   Die Bewertung der Lagerbestände erfolgt zu den in der Kalkulation ermittelten Herstellkosten. Sie stimmen nicht mit den Herstellungskosten aus der Finanzbuchhaltung überein, da die Kostenrechnung nur die im Zusammenhang mit dem Betriebszweck entstehenden Kosten berücksichtigt.

4. **Aktivierte Eigenleistungen**

   Sie entstehen, wenn ein Teil Ihrer hergestellten Produkte nicht für den Verkauf bestimmt ist. Sie werden zu Herstellkosten bewertet und von den Herstellkosten der Erzeugung abgezogen.

   In Ihrem Unternehmen werden Schlafsofas hergestellt. Ihr Chef ist so begeistert von der eingebauten Massagefunktion, dass er sich ein Sofa in sein Büro stellt.

Liegen die Herstellkosten des Umsatzes vor, können Sie die Gemeinkostenzuschlagssätze für die Verwaltungs- und Vertriebsgemeinkosten berechnen:

$$\mathit{Verwaltungsgemeinkostenzuschlagssatz\ in\ \%} = \frac{\mathit{Verwaltungsgemeinkosten}}{\mathit{Herstellkosten\ des\ Umsatzes}} * 100$$

$$\mathit{Vertriebsgemeinkostenzuschlagssatz\ in\ \%} = \frac{\mathit{Vertriebsgemeinkosten}}{\mathit{Herstellkosten\ des\ Umsatzes}} * 100$$

Nachdem Sie voller Stolz Ihren ersten Betriebsabrechnungsbogen erstellt haben, berechnen Sie jetzt die Gemeinkostenzuschlagssätze. Als Ausgangspunkt wählen Sie Ihren nach dem Gleichungsverfahren erstellten Betriebsabrechnungsbogen, der in Abbildung 14.27 noch einmal dargestellt ist.

Gemeinkosten	Kosten-arten €	Allgemeine Kostenstellen Heizung €	Allgemeine Kostenstellen Strom €	Hauptstelle Material €	Hilfsstelle Fertigung €	Hauptstelle Fertigung €	Hauptstelle Verwaltung €	Hauptstelle Vertrieb €
Primärkosten	**100.000**	**6.800**	**5.600**	**16.700**	**18.800**	**26.800**	**14.800**	**10.500**
Sekundärverteilung								
1. Umlage Heizung				808	2.424	2.424	808	808
2. Umlage Strom				1.282	641	641	1.282	1.282
Summe				**18.790**	**21.865**	**29.865**	**16.890**	**12.590**
3. Umlage Fertigungshilfsstelle						21.865		
Summe	**100.000**			**18.790**		**51.730**	**16.890**	**12.590**

Abbildung 14.27: Gemeinkosten aus dem Betriebsabrechnungsbogen

Zusätzlich liegen Ihnen aus der Betriebsbuchhaltung die in Tabelle 14.9 gezeigten Informationen vor.

Fertigungsmaterial	187.900 €
Fertigungslöhne	30.430 €
Sondereinzelkosten der Fertigung	3.000 €
Minderbestände	30.000 €
aktivierte Eigenleistungen	2.000 €

Tabelle 14.9: Zusatzinformationen aus der Betriebsbuchhaltung

Sie tragen alle bekannten Werte in das Kalkulationsschema der Kostenträgerzeitrechnung ein, berechnen die Zuschlagssätze und sehen das Ergebnis in Tabelle 14.10.

Fertigungsmaterial		187.900 €	
+ Materialgemeinkosten (BAB)	10,00 %	18.790 €	
= Materialkosten			**206.690 €**
Fertigungslöhne		30.430 €	
+ Fertigungsgemeinkosten (BAB)	170,00 %	51.730 €	
+ Sondereinzelkosten der Fertigung		3.000 €	
= Fertigungskosten			**85.160 €**
= Herstellkosten der Erzeugung			**291.850 €**
+ Minderbestand			30.000 €
– Mehrbestand			– €
– andere aktivierte Eigenleistungen			2.000 €
= Herstellkosten des Umsatzes			**319.850 €**
+ Verwaltungsgemeinkosten	5,28 %		16.890 €
+ Vertriebsgemeinkosten	3,94 %		12.590 €
= Selbstkosten des Umsatzes			**349.330 €**

Tabelle 14.10: Selbstkostenkalkulation mit Gemeinkostenzuschlagssätzen

Berechnen Sie die Gemeinkostenzuschlagssätze:

$$Materialgemeinkostenzuschlagssatz\ in\ \% = \frac{18.790\,€}{187.900\,€} * 100 = 10\ \%$$

$$Fertigungsgemeinkostenzuschlagssatz\ in\ \% = \frac{51.730\,€}{30.430\,€} * 100 = 170\ \%$$

$$Verwaltungsgemeinkostenzuschlagssatz\ in\ \% = \frac{16.890\,€}{319.850\,€} * 100 = 5{,}28\ \%$$

$$Vertriebsgemeinkostenzuschlagssatz\ in\ \% = \frac{12.590\,€}{319.850\,€} * 100 = 3{,}94\ \%$$

Die Ergebnisse wurden auf zwei Nachkommastellen gerundet.

Erweitern: Maschinenstundensätze im Fertigungsbereich

Wenn Sie den Fertigungsgemeinkostenzuschlagssatz für die Fertigungskostenstelle ermitteln, berechnen Sie den Anteil der Fertigungsgemeinkosten an den Fertigungslöhnen. Wird der Anteil der Fertigungslöhne mit zunehmender Automatisierung immer kleiner, macht der Zuschlagssatz wenig Sinn. Aber Not macht erfinderisch. Wenn der Fertigungsbereich überwiegend aus Maschinen besteht, erhält jede Maschine eine eigene Kostenstelle, auf der die maschinenabhängigen Kosten erfasst werden. Die übrigen Gemeinkosten werden als Restgemeinkosten in einer separaten Kostenstelle gesammelt. Dieser Zusammenhang ist in Abbildung 14.28 dargestellt.

Gemeinkosten	Betriebs-buchhaltung	Material	Fertigung				Verwaltung/ Vertrieb
			Maschine 1	Maschine 2	Rest-gemeinkosten		
Gehälter							
Hilfslöhne							
Miete							
kalk. Abschreibungen							
kalk. Zinsen							
sonstige Gemeinkosten							

Abbildung 14.28: Betriebsabrechnungsbogen mit Maschinenkostenstellen

Bei der Zuordnung der Kosten auf die Fertigungskostenstellen unterscheiden Sie:

- ✔ **Maschinenabhängige Gemeinkosten** wie zum Beispiel
  - kalkulatorische Abschreibungen
  - kalkulatorische Zinsen

- Instandhaltungskosten
- Raumkosten
- Werkzeugkosten
- Vorrichtungskosten

✔ **Restfertigungsgemeinkosten** wie zum Beispiel

- Gehälter
- Sozialabgaben
- Heizungskosten
- Hilfslöhne

Jetzt fehlt Ihnen nur noch die Verbindung zwischen Ihren Gemeinkosten und Ihrer Produktkalkulation. Dafür bilden Sie den

✔ **Maschinenstundensatz** für jede Maschinenkostenstelle

$$Maschinenstundensatz = \frac{Maschinenkosten}{geplante\ Maschinenlaufzeit}$$

✔ **Restfertigungsgemeinkostenzuschlagssatz** für die Kostenstelle der Restgemeinkosten

$$Restfertigungsgemeinkostenzuschlagssatz = \frac{Restfertigungsgemeinkosten}{Fertigungslöhne} * 100$$

BEISPIEL Für September liegen Ihnen die Kostenarten für den Fertigungsbereich vor:

Gemeinkosten	Fertigung		
	Maschine 1	Maschine 2	Restgemeinkosten
kalkulatorische Abscheibungen	3.000 €	4.000 €	
kalkulatorische Zinsen	800 €	340 €	
Instandhaltungskosten	900 €	800 €	
Raumkosten	3.000 €	600 €	
Energie	1.200 €	560 €	
Werkzeugkosten	2.500 €	1.000 €	
Vorrichtungskosten	500 €	1.200 €	
andere maschinenabhängige Kosten	2.100 €	1.000 €	
Gehälter			8.000 €
Sozialabgaben			2.400 €
Summe	**14.000 €**	**9.500 €**	**10.400 €**

Abbildung 14.29: Betriebsabrechnungsbogen im Fertigungsbereich

Zusätzliche Informationen für September:

Laufzeit Maschine 1:	200 Stunden
Laufzeit Maschine 2:	250 Stunden
Fertigungslöhne:	5.000 €

1. Berechnen Sie die Maschinenstundensätze für die Maschinen 1 und 2:

$$Maschinenstundensatz\,1 = \frac{14.000\,€}{200\,Stunden} = 70\,€\;pro\;Stunde$$

$$Maschinenstundensatz\,2 = \frac{9.500\,€}{250\,Stunden} = 38\,€\;pro\;Stunde$$

2. Jetzt berechnen Sie den Restfertigungsgemeinkostenzuschlagssatz:

$$Restfertigungsgemeinkostenzuschlagssatz\;in\,\% = \frac{10.400\,€}{5.000\,€} * 100 = 208\,\%$$

Die Maschinenstundensätze sowie den Restgemeinkostenzuschlagssatz verwenden Sie für Ihre Produktkalkulation in der Kostenträgerstückrechnung (Kapitel 15).

IN DIESEM KAPITEL

Kalkulationsverfahren zur Berechnung der Selbstkosten von Produkten und Waren im Industriebetrieb

Angebotspreiskalkulation in Industrie und Handel

Besonderheiten bei Kalkulationsverfahren in Handelsbetrieben

Kapitel 15
Kostenträgerstückrechnung

In der Kostenträgerstückrechnung ermitteln Sie die Selbstkosten und die Angebotspreise für Ihre Produkte, Waren oder Dienstleistungen. Dabei treffen Sie zunächst eine Entscheidung darüber, mit welchem der im Folgenden beschriebenen Kalkulationsverfahren Sie Ihre Selbstkosten berechnen. Die daran anschließende Angebotspreiskalkulation ist für alle Unternehmen identisch.

Zuschlagskalkulation

Die Selbstkosten in der *Zuschlagskalkulation* ermitteln Sie auf der Basis von Gemeinkostenzuschlagssätzen, die Sie in der Kostenträgerzeitrechnung ermittelt haben (siehe Kapitel 14). In kleinen Unternehmen reicht es aus, für alle Kostenträger den gleichen Zuschlagssatz zu verwenden. Mit zunehmender Unternehmensgröße werden die Zuschläge weiter differenziert bis hin zur Einbeziehung von Maschinenstundensätzen im Fertigungsbereich.

Die Gemeinkostenzuschlagssätze ermitteln Sie auf Basis von Durchschnittsgrößen, um Kostenschwankungen aus der Preiskalkulation herauszuhalten.

Normalgemeinkostenzuschlagssätze sind durchschnittliche Istgemeinkostenzuschlagssätze vergangener Perioden. Sie werden in der Kostenträgerzeitrechnung ermittelt (siehe dazu Kapitel 18).

In Industrieunternehmen spricht man von *Gemeinkosten*, in Handelsunternehmen von *Handlungskosten*.

Aufrechnen: Kumulative Zuschlagskalkulation

Für ein kleines Unternehmen reicht es aus, für alle Produkte einen einheitlichen Normalgemeinkostenzuschlagssatz zu bilden und diesen für die Preiskalkulation zu verwenden.

Besonders geeignet ist die *kumulative Zuschlagskalkulation* für kleine Handels-, Handwerks- und Dienstleistungsunternehmen.

Merkmale der kumulativen Zuschlagskalkulation:

- ✔ Eine Kostenstellenrechnung ist nicht erforderlich.
- ✔ Zwischen Einzelkosten und Gemeinkosten wird ein proportionaler Zusammenhang angenommen.
- ✔ Es gibt nur einen Normalgemeinkostenzuschlagssatz auf Basis der gesamten Einzelkosten.
- ✔ Der Normalgemeinkostenzuschlagssatz wird für die Kalkulation aller Produkte verwendet.

In Handelsunternehmen bestehen die Einzelkosten aus den Bezugspreisen der in der Periode verkauften Produkte und werden auch als *Wareneinsatz* bezeichnet.

BEISPIEL

Sie betreiben ein Kiosk direkt am Rhein. Ihre Kunden freuen sich über Ihre leckeren Currywürste mit Fritten und Ihr umfangreiches Getränkesortiment. In den letzten sechs Monaten betrugen die Bezugspreise für Ihre verkauften Produkte insgesamt 45.000 €. Im gleichen Zeitraum sind Handlungskosten für Miete, Gehälter und sonstige Kosten in Höhe von 13.500 € angefallen.

1. **Berechnen Sie zuerst die Selbstkosten aus der Summe der Einzel- und Gemeinkosten. Tabelle 15.1 zeigt das Ergebnis.**

Kumulative Zuschlagskalkulation	
Bezugspreis (Einzelkosten)	45.000 €
+ Handlungskosten (Gemeinkosten)	13.500 €
= Selbstkosten	**58.500 €**

Tabelle 15.1: Kumulative Zuschlagskalkulation

2. **Berechnen Sie Ihren Normal-Handlungskostenzuschlagssatz:**

$$\text{Normalhandlungskostenzuschlagssatz in \%} = \frac{\text{Normalgemeinkosten}}{\text{Einzelkosten}} * 100$$

$$\text{Normalhandlungskostenzuschlagssatz in \%} = \frac{13.500\,€}{45.000\,€} * 100 = 30\,\%$$

3. **Setzen Sie jetzt Ihren Normalhandlungskostenzuschlagssatz für die Kalkulation der Selbstkosten Ihrer einzelnen Produkte ein.**

   Nehmen Sie an, Sie kaufen Ihre Currywurst zum Bezugspreis von 1 € pro Stück bei Ihrem Großhändler ein. Um Ihre Selbstkosten zu ermitteln, schlagen Sie 30 % Normalhandlungskosten auf Ihre Bezugskosten drauf. Tabelle 15.2 zeigt das Ergebnis.

Kumulierte Selbstkostenkalkulation	
Bezugspreis einer Currywurst	1,00 €
+ Normalhandlungskosten 30 %	0,30 €
= Selbstkosten pro Stück	**1,30 €**

Tabelle 15.2: Kumulierte Selbstkostenkalkulation

Unterscheiden: Differenzierende Zuschlagskalkulation

Die differenzierende Zuschlagskalkulation erfordert eine Kostenstellenrechnung, um die periodenbezogenen Istgemeinkostenzuschlagssätze für die einzelnen Hauptkostenstellen zu bilden (Kapitel 14).

Das differenzierende Kalkulationsverfahren wird überwiegend angewendet, wenn:

- ✔ verschiedene Produktarten in mehrstufigen Fertigungsprozessen hergestellt werden (zum Beispiel bei Serien-, Sorten und Einzelfertigung).
- ✔ die Kostenverursachung der Produkte sich in den einzelnen Kostenstellen unterscheidet.
- ✔ laufende Veränderungen der Lagerbestände an unfertigen und fertigen Erzeugnissen auftreten.

Merkmale der differenzierenden Zuschlagskalkulation:

- ✔ Sie erfordert eine Kostenstellenrechnung.
- ✔ Für die Kalkulation der Selbstkosten werden die Normalgemeinkostenzuschlagssätze der einzelnen Kostenstellen berücksichtigt.

Das Kalkulationsschema zur Berechnung der Selbstkosten Ihrer Produkte zeigt Tabelle 15.3.

Differenzierende Zuschlagskalkulation	Normalgemeinkostenzuschlagssatz in %	Normalkosten in Euro
Fertigungsmaterial		
+ Materialgemeinkosten		
= Materialkosten		
Fertigungslöhne		
+ Fertigungsgemeinkosten		
+ Sondereinzelkosten der Fertigung		
= Fertigungskosten		
= Herstellkosten		
+ Verwaltungsgemeinkosten		
+ Vertriebsgemeinkosten		
+ Sondereinzelkosten des Vertriebs		
= Selbstkosten		

Tabelle 15.3: Kalkulationsschema der differenzierenden Zuschlagskalkulation

BEISPIEL

Sie sind beauftragt, die Selbstkosten für einen Ohrensessel zu kalkulieren. Dafür liegen Ihnen folgende Daten für einen Sessel vor:

- ✔ Fertigungsmaterial: 100 €
- ✔ Fertigungslöhne: 130 €
- ✔ Sondereinzelkosten der Fertigung: 54 €
- ✔ Sondereinzelkosten des Vertriebs: 10 €
- ✔ Normalmaterialgemeinkostenzuschlagssatz: 10 %
- ✔ Normalfertigungsgemeinkostenzuschlagssatz: 120 %
- ✔ Normalverwaltungsgemeinkostenzuschlagssatz: 8 %
- ✔ Normalvertriebsgemeinkostenzuschlagssatz: 5 %

Daraus ergibt sich die Kalkulation in Tabelle 15.4.

Kalkulationsschema	Normalgemeinkostenzuschlagssatz	Normalkosten in €
Fertigungsmaterial (Einzelkosten)		100,00
+ Materialgemeinkosten	10 %	10,00
= Materialkosten		**110,00**
Fertigungslöhne (Einzelkosten)		130,00
+ Fertigungsgemeinkosten	120 %	156,00
+ Sondereinzelkosten der Fertigung		54,00
= Fertigungskosten		**340,00**
= Herstellkosten		**450,00**
+ Verwaltungsgemeinkosten	8 %	36,00
+ Vertriebsgemeinkosten	5 %	22,50
+ Sondereinzelkosten des Vertriebs		10,00
= Selbstkosten		**518,50**

Tabelle 15.4: Kalkulation der Selbstkosten eines Ohrensessels

Stundensätze: Kalkulation mit Maschinenstundensätzen

Ist Ihr Fertigungsbereich hoch automatisiert, begegnen Ihnen neben den aufgereihten Industrierobotern nur wenige Menschen aus Fleisch und Blut, die diese Maschinen überwachen. Arbeitskräfte, die Fertigungslöhne in Form von Akkordlöhnen beziehen, finden Sie nur noch vereinzelt. In diesem Fall greifen Sie auf die in der Kostenträgerzeitrechnung ermittelten Maschinenstundensätze und den Restfertigungsgemeinkostenzuschlagssatz zurück (siehe dazu Kapitel 14).

Das Kalkulationsschema der differenzierenden Zuschlagskalkulation verändert sich ausschließlich im Fertigungsbereich.

Die Fertigungskosten berechnen Sie folgendermaßen:

	Fertigungslöhne
+	Restfertigungsgemeinkosten
+	Maschinenkosten
+	Sondereinzelkosten der Fertigung
=	**Fertigungskosten**

Die Maschinenkosten berechnen Sie aus:

$$\textit{Maschinenkosten} = \textit{Maschinenstundensatz} * \textit{Fertigungsstunden}$$

BEISPIEL

Sie haben einen Kundenauftrag für eine Hollywoodschaukel vorliegen und kalkulieren die Fertigungskosten des Auftrags.

Für die Produktion einer Hollywoodschaukel aus Rattan benötigen Sie zwei Maschinen:

- ✔ Maschine 1 braucht 1 Stunde, um ein Rattangeflecht für die Bank und den Sonnenschutz zu erstellen.
- ✔ Maschine 2 braucht 2 Stunden für die Fertigstellung des Stahlrahmens.

Fertigungslöhne fallen in Höhe von 50 € pro Schaukel an.

Sondereinzelkosten in Höhe von 40 € pro Schaukel entstehen, weil der Kunde seine Schaukel in rot gefärbt haben möchte.

Aus der Kostenträgerzeitrechnung liegen folgende Daten vor:

Maschinenstundensatz Maschine 1: 70 € pro Stunde

Maschinenstundensatz Maschine 2: 38 € pro Stunde

Restfertigungsgemeinkostenzuschlagssatz: 208 %

Ihre Fertigungskosten ermitteln Sie in Tabelle 15.5.

		Berechnung	Ergebnis
	Fertigungslöhne		50,00 €
+	Restfertigungsgemeinkosten	$= \frac{50 €}{100\,\%} * 208\,\%$	104,00 €
+	Maschinenkosten Maschine 1	1 Stunde Laufzeit * 70 € pro Stunde	70,00 €
+	Maschinenkosten Maschine 2	2 Stunden Laufzeit * 38 € pro Stunde	76,00 €
+	Sondereinzelkosten der Fertigung		40,00 €
=	**Fertigungskosten**		**340,00 €**

Tabelle 15.5: Beispiel für die Berechnung der Fertigungskosten

Nur in Einproduktunternehmen: Divisionskalkulation

Produzieren Sie in Ihrem Unternehmen ausschließlich ein Massenprodukt, fallen alle Kosten für dieses Produkt an und Sie sind schnell fertig mit der Kalkulation Ihrer Selbstkosten. Doch es gibt einen Haken: Sobald am Ende der Periode Lagerbestandsveränderungen für unfertige oder fertige Erzeugnisse auftreten, müssen Sie sie zu Herstellkosten bewerten. Also kommen Sie in diesem Fall nicht ohne eine Kalkulation aus.

Die Divisionskalkulation kann nur in Einproduktunternehmen angewendet werden.

Ohne Lager: Einstufige Divisionskalkulation

Die einfachste Form der Divisionskalkulation ist die *einstufige Divisionskalkulation.* Sie wird angewendet

- ✔ in Einproduktunternehmen,
- ✔ wenn Produktions- und Absatzmenge in einer Periode übereinstimmen,
- ✔ wenn keine Lagerbestände vorhanden sind.

Selbstkosten (K) = Einzelkosten + Gemeinkosten

Die Selbstkosten pro Stück (k) ergeben sich, indem Sie die Gesamtkosten (K) durch die Produktionsmenge x_p dividieren:

$$k = \frac{K}{x_p}$$

Ihr Unternehmen hat sich auf die Produktion von roten glasierten Dachziegeln in einheitlichem Format spezialisiert. Insgesamt entstehen im Juni Selbstkosten in Höhe von 80.000 €. Die Produktions- und Absatzmenge beträgt im gleichen Zeitraum 50.000 Stück.

$$Selbstkosten\,pro\,Stück = \frac{80.000\,€}{50.000\,Stück} = 1{,}60\,€\,pro\,Stück$$

Nur Fertiglager: Zweistufige Divisionskalkulation

Die *zweistufige Divisionskalkulation* wird angewendet

- ✔ in Einproduktunternehmen,
- ✔ wenn Produktions- und Absatzmenge voneinander abweichen,
- ✔ wenn die Mehr- oder Minderbestände im Fertiglager auftreten.

Zur Bewertung der Lagerbestände dürfen ausschließlich die Herstellkosten pro Leistungseinheit herangezogen werden. Verwaltungs- und Vertriebskosten fallen nur für die abgesetzte Menge an.

Die Selbstkosten pro Stück (k) berechnen sich aus:

$$k = \frac{Herstellkosten}{x_p} + \frac{K_{Vw} + K_{Vt}}{x_a}$$

Im ersten Term berechnen Sie die Herstellkosten pro produzierter Mengeneinheit x_p. Im zweiten Term berechnen Sie die Summe aus Verwaltungs- und Vertriebskosten K_{Vw} und K_{Vt} pro abgesetzter Mengeneinheit.

Für die Bewertung der Lagerbestandsveränderung verwenden Sie nur die Herstellkosten pro Mengeneinheit.

Im Monat August produzieren Sie 50.000 rote glasierte Dachziegel im einheitlichen Format, können aber nur 40.000 Dachziegel verkaufen. Ihre Herstellkosten betragen 70.000 €, die Verwaltungs- und Vertriebskosten 10.000 €.

Da Sie von den produzierten 50.000 Ziegeln nur 40.000 Ziegel verkauft haben, befinden sich Ende August 10.000 Dachziegel im Fertigteilelager. Da die Bestände zu Herstellkosten bewertet werden, müssen Sie Ihre Selbstkosten in Herstellkosten und Verwaltungs- und Vertriebskosten trennen.

Berechnung der Selbstkosten pro Stück:

$$k = \frac{70.000\,€}{50.000\,Stück} + \frac{10.000\,€}{40.000\,Stück}$$

$$k = 1{,}40\,€\;pro\,Stück + 0{,}25\,€\;pro\,Stück$$

$$k = 1{,}65\,€\;pro\,Stück$$

Für jeden verkauften Dachziegel entstehen Ihnen Selbstkosten in Höhe von 1,65 €.

Zur Bewertung des Lagermehrbestands von 10.000 Ziegeln verwenden Sie ausschließlich die berechneten Herstellkosten pro Stück:

$$Wertansatz\ Lagerbestand = 10.000\,Stück * 1{,}40\,€\;pro\,Stück$$

$$Wertansatz\ Lagerbestand = 14.000\,€$$

Zusammengefasst ergibt sich für August die in Tabelle 15.6 gezeigte Aufteilung der Selbstkosten:

Kalkulation	Berechnung	Ergebnis
Selbstkosten des Umsatzes	40.000 Stück * 1,65 € pro Stück	66.000 €
Lagerbestand (Mehrbestand)	10.000 Stück * 1,40 € pro Stück	14.000 €
Summe Selbstkosten		**80.000 €**

Tabelle 15.6: Selbstkostenberechnung

Auch Zwischenlager: Mehrstufige Divisionskalkulation

Besteht Ihr Produktionsprozess bei der Massenfertigung aus mehreren Produktionsstufen, treten in der Regel auch Zwischenläger auf. Nehmen Sie beispielsweise die Produktion von roten Dachziegeln. Pünktlich zum Feierabend lassen Ihre Mitarbeitenden alles stehen und liegen. Ziegel, die noch nicht gebrannt wurden, warten bis zur nächsten Schicht vor dem Ofen. Einigen Ziegeln fehlt noch die Farbe. Passiert das am Monatsende, müssen Sie die Lagerbestände zwischen jeder Produktionsstufe und im Fertiglager zu den bis dahin angefallenen Herstellkosten bewerten.

Die *mehrstufige Divisionskalkulation* ist gekennzeichnet durch

- ✔ die Herstellung nur eines Massenprodukts,
- ✔ einen mehrstufigen Produktionsprozess,
- ✔ das Auftreten von Lagerbeständen zwischen den Produktionsstufen und im Fertiglager.

Es wird von der Annahme ausgegangen, dass der Materialeinsatz ausschließlich zu Beginn der Produktion auftritt.

Den Produktionsprozess sehen Sie beispielhaft in Abbildung 15.1.

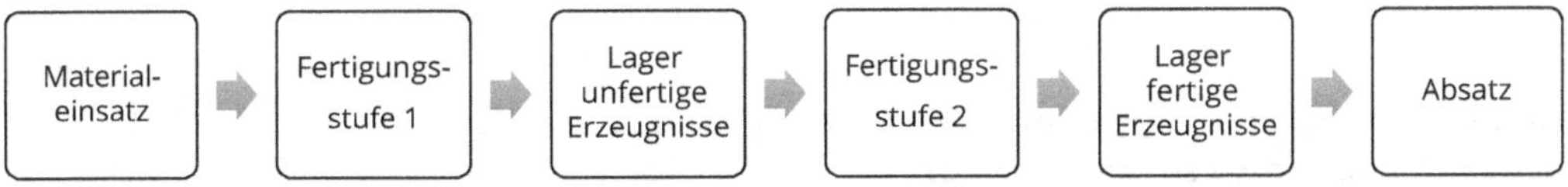

Abbildung 15.1: Mehrstufige Divisionskalkulation

Sie erfassen für Ihr Produkt die Fertigungskosten jeder einzelnen Produktionsstufe, um die Bestände in den Zwischenlägern und im Fertiglager entsprechend ihrer Herstellkosten bewerten zu können.

Die Formel zur Berechnung der Selbstkosten pro Stück lautet:

$$k = Materialkosten\,je\,Einheit + \frac{K_{F1}}{x_{p1}} + \frac{K_{F2}}{x_{p2}} + \cdots + \frac{K_{Fn}}{x_{pn}} + \frac{K_{Vw} + K_{Vt}}{x_a}$$

k = Selbstkosten pro Leistungseinheit
K_{F1} = Fertigungskosten der Fertigungsstufe 1
K_{F2} = Fertigungskosten der Fertigungsstufe 2
K_{Fn} = Fertigungskosten der Fertigungsstufe n
K_{Vw} = Verwaltungskosten
K_{Vt} = Vertriebskosten
x_a = Absatzmenge des Fertigerzeugnisses
x_{p1} = Produktionsmenge in der Fertigungsstufe 1
x_{p2} = Produktionsmenge in der Fertigungsstufe 2
x_{pn} = Produktionsmenge in der Fertigungsstufe n
n = letzte Produktionsstufe (1, 2, ... n)

BEISPIEL

Bei Ihrer Dachziegelproduktion entsteht im September ein Lagerbestand zwischen der ersten und zweiten Produktionsstufe sowie ein Lager nach Fertigstellung. Zur Bewertung der Lagerbestände müssen Sie die Stufenkosten ermitteln. Zu Beginn der Produktion fällt ein Materialeinsatz von 0,40 € pro Dachziegel an. In Tabelle 15.7 sind die Kosten und Mengen der einzelnen Stufen sowie die Absatzmenge mit den entsprechenden Verwaltungs- und Vertriebskosten angegeben.

Stufe	Bearbeitungsschritte	Kosten und Mengen	
1	Färben der Dachziegel und Pressen in Ziegelform	Stufenkosten K_{F1}:	45.000 €
		Produktionsmenge x_1:	50.000 Stück
2	Brennen der Dachziegel	Stufenkosten K_{F2}:	12.000 €
		Produktionsmenge x_2:	30.000 Stück
3	Absatz	Verwaltungs- und Vertriebskosten (K_{Vw}+ K_{Vt})	4.000 €
		Absatzmenge $x_{a:}$	20.000 Stück

Tabelle 15.7: Beispiel mehrstufige Divisionskalkulation

Zur übersichtlichen Berechnung der Selbstkosten pro Stück finden Sie die Formel in Tabelle 15.8 schrittweise untereinander.

Stufe	Formel	Berechnung	Ergebnis Kosten pro Stück
	Materialeinsatz	0,40 € pro Stück	0,40 €
1	$+\frac{K_{F1}}{x_{p1}}$	$\frac{45.000€}{50.000\,Stück}=$	0,90 €
	Zwischenlager = 50.000 Stück – 30.000 Stück = 20.000 Stück		
2	$+\frac{K_{F2}}{x_{p2}}$	$\frac{12.000€}{30.000\,Stück}=$	0,40 €
	Fertiglager = 30.000 Stück – 20.000 Stück = 10.000 Stück		
3	$+\frac{K_{Vw}+K_{Vt}}{x_a}$	$\frac{4.000€}{20.000\,Stück}=$	0,20 €
	= Summe Selbstkosten pro Stück		**1,90 €**

Tabelle 15.8: Beispiel mehrstufige Divisionskalkulation

Die berechneten Selbstkosten pro Stück beziehen sich nur auf die abgesetzte Menge. Die Lagerbestände in Tabelle 15.8 sind dabei nicht berücksichtigt.

1. **Bewertung der Bestände in Zwischenlager 1**

   In Stufe 1 wurden 50.000 Dachziegel verarbeitet, in Stufe 2 gehen aber nur 30.000 Dachziegel zur Weiterverarbeitung ein. Es entsteht ein Mehrbestand in Höhe von 20.000 Dachziegeln.

   Die Bestände im Zwischenlager werden zu den bis zur Einlagerung entstandenen Herstellkosten pro Stück bewertet, also dem Materialeinsatz pro Stück zuzüglich den in Stufe 1 entstandenen Herstellkosten pro Stück:

   $$Bewertung\ des\ Mehrbestands = Herstellkosten\ pro\ Stück * Menge$$

   $$Bewertung\ des\ Mehrbestands = \left(Materialkosten\ je\ Einheit + \frac{K_{F1}}{x_{p1}}\right) * Menge$$

   $$Bewertung\ des\ Mehrbestands = \left(0{,}40\,€ + 0{,}90\,€\right) * 20.000\ Stück$$

   $$Bewertung\ des\ Mehrbestands = 26.000\,€$$

2. **Bewertung des Fertiglagers**

   In Stufe 2 wurden 30.000 Dachziegel gebrannt, verkauft wurden aber nur 20.000 Dachziegel. Es entsteht ein Mehrbestand von 10.000 Dachziegeln.

   Die Bewertung des Mehrbestands erfolgt zu allen bis zur Fertigstellung entstandenen Herstellkosten.

   $$Bewertung\ des\ Mehrbestands = Herstellkosten\ pro\ Stück * Menge$$

   $$Bewertung\ des\ Mehrbestands = \left(Materialkosten\ je\ Einheit + \frac{K_{F1}}{x_{p1}} + \frac{K_{F2}}{x_{p2}}\right) * Menge$$

   $$Bewertung\ des\ Mehrbestands = \left(0{,}40\,€ + 0{,}90\,€ + 0{,}40\,€\right) * 10.000\ Stück$$

   $$Bewertung\ des\ Mehrbestands = 17.000\,€$$

Eine Sonderform der Divisionskalkulation: Äquivalenzziffernkalkulation

Die *Äquivalenzziffernkalkulation* ist eine Sonderform der Divisionskalkulation.

Merkmale der Äquivalenzziffernkalkulation:

- ✔ Sie wird in Mehrproduktunternehmen mit Sortenfertigung angewendet.
- ✔ Es gibt keine Lagerhaltung.

- Äquivalenzziffern drücken das Kostenverhältnis der Produkte untereinander aus.
- Die Äquivalenzziffern können nach der Kostenverursachung oder Kostentragfähigkeit gebildet werden.

BEISPIEL

Beispiele für Sortenfertigung:

- Produktion von Schokolade in den Geschmacksrichtungen Nuss, Vollmilch, Krokant
- Produktion von Flaschen in verschiedenen Größen
- Produktion von Kabeln mit unterschiedlichen Durchmessern

Äquivalenz bedeutet Gleichwertigkeit

Einstufig: Eine Kostenart - eine Kostenrelation

Verteilen Sie die Gesamtkosten auf Ihre einzelnen Produkte, stellen Sie die Kostenrelation der Produkte untereinander durch eine Äquivalenzziffer pro Produkt dar.

Einstufig bedeutet: Eine Kostenart – eine Kostenrelation

BEISPIEL

Sie produzieren drei Sorten 100 g Tafeln Schokolade und möchten Ihre Selbstkosten über die Äquivalenzziffernkalkulation den einzelnen Sorten zuordnen.

Als Ausgangssorte, an der Sie die Kosten der anderen Sorten messen, nehmen Sie beispielsweise die Vollmilchschokolade. Sie erhält die Äquivalenzziffer 1.

- Sorte 1: Vollmilchschokolade, Produktionsmenge x_{p1} = 60.000 Stück
- Sorte 2: Trauben-Nuss-Schokolade erfordert einen zusätzlichen Materialeinsatz und verursacht die dreifachen Kosten im Verhältnis zur Sorte 1, Produktionsmenge x_{p2} = 40.000 Stück
- Sorte 3: Karamellschokolade verursacht die zweifachen Kosten im Verhältnis zu Sorte 1, Produktionsmenge x_{p3} = 50.000 Stück

Insgesamt sind im betrachteten Monat 112.000 € Selbstkosten angefallen.

Die Äquivalenzziffernkalkulation ist in Tabelle 15.9 dargestellt.

Sorte	Äquivalenzziffer	x_p in Stück	Recheneinheit in Stück	Stückkosten pro Sorte in €	Selbstkosten pro Sorte in €
Sorte 1	1	60.000	60.000	0,40	24.000
Sorte 2	3	40.000	120.000	1,20	48.000
Sorte 3	2	50.000	100.000	0,80	40.000
			280.000	**0,40**	**112.000**

Tabelle 15.9: Einfache Äquivalenzziffernkalkulation

Zur Berechnung der einzelnen Spalten in Tabelle 15.9 gehen Sie schrittweise vor.

1. **Ermitteln Sie die Äquivalenzziffern für die einzelnen Sorten.**

$$\text{Äquivalenzziffer} = \frac{\text{Bezugsgröße des jeweiligen Produkts}}{\text{Bezugsgröße des Einheitsprodukts}}$$

Das Einheitsprodukt ist hier die Vollmilchschokolade (Sorte 1) und hat die Äquivalenzziffer 1.

Die Äquivalenzziffern der anderen Sorten berechnen Sie wie folgt:

$$\text{Äquivalenzziffer Sorte2} = \frac{3}{1} = 3$$

$$\text{Äquivalenzziffer Sorte3} = \frac{2}{1} = 2$$

2. **Bilden Sie die Recheneinheiten jeder Sorte, um die Kosten- und Mengenrelation miteinander zu verbinden.**

$$\text{Recheneinheiten} = \text{Produktionsmenge} * \text{Äquivalenzziffer}$$

$$\text{Recheneinheit Sorte1} = 60.000\,\text{Stück} * 1 = 60.000\,\text{Stück}$$

$$\text{Recheneinheit Sorte2} = 40.000\,\text{Stück} * 3 = 120.000\ \text{Stück}$$

$$\text{Recheneinheit Sorte3} = 50.000\,\text{Stück} * 2 = 100.000\,\text{Stück}$$

Insgesamt ergeben sich 280.000 Stück als Recheneinheiten.

3. **Berechnen Sie die Kosten pro Recheneinheit.**

$$\text{Kosten pro Recheneinheit} = \frac{(\text{zu verteilende})\,\text{Kosten}}{\text{Summe der Rechnungseinheiten}}$$

$$\text{Kosten pro Recheneinheit} = \frac{112.000\,€}{280.000\,\text{Stück}} = 0{,}40\,€\ \text{pro Stück}$$

4. **Gewichten Sie die Kosten pro Recheneinheit mit den Äquivalenzziffern, um die Stückkosten pro Sorte zu erhalten.**

$$\textit{Stückkosten pro Sorte} = \textit{Kosten pro Recheneinheit} * \textit{Äquivalenzziffer}$$

$$\text{Stückkosten Sorte1} = 0{,}40\,€\,\text{pro Stück} * 1 = 0{,}40\,€\,\text{pro Stück}$$

$$\text{Stückkosten Sorte2} = 0{,}40\,€\,\text{pro Stück} * 3 = 1{,}20\,€\,\text{pro Stück}$$

$$\text{Stückkosten Sorte1} = 0{,}40\,€\,\text{pro Stück} * 2 = 0{,}80\,€\,\text{pro Stück}$$

5. **Multiplizieren Sie die Stückkosten pro Sorte mit der Produktionsmenge und Sie erhalten die Selbstkosten pro Sorte.**

$$\textit{Gesamtkosten pro Sorte} = \textit{Stückkosten pro Sorte} * \textit{Produktionsmenge pro Sorte}$$

$$\textit{Gesamtkosten Sorte}1 = 0{,}40\,€\,\textit{pro Stück} * 60.000\,\textit{Stück} = 24.000\,€$$

$$\textit{Gesamtkosten Sorte}2 = 1{,}20\,€\,\textit{pro Stück} * 40.000\,\textit{Stück} = 48.000\,€$$

$$\textit{Gesamtkosten Sorte}3 = 0{,}80\,€\,\textit{pro Stück} * 50.000\,\textit{Stück} = 40.000\,€$$

Damit sind die Gesamtkosten in Höhe von 112.000 € auf die einzelnen Sorten verteilt.

Mehrstufig: Anzahl der Kostenarten = Anzahl der Kostenrelationen

Sie haben auch die Möglichkeit, die Kosten beispielsweise in Material- und Fertigungskosten zu unterteilen und für beide Kostenarten eine eigene Äquivalenzziffer zu bilden. Sie hätten dann zwei Kostenrelationen und für jede Kostenrelation eigene Äquivalenzziffern.

Eine Bildung von Äquivalenzziffern für die Verwaltungs- und Vertriebskosten ist unüblich, da sich die anfallenden Kosten in dem Bereich in der Regel nicht produktbezogen aufschlüsseln lassen.

Mehrstufig bedeutet: Anzahl der Kostenarten = Anzahl der Kostenrelationen

BEISPIEL

Sie produzieren 100 g Tafeln Schokolade in den Sorten Vollmilch, Trauben-Nuss und Karamell. Der Materialeinsatz unterscheidet sich bei den einzelnen Sorten. Zusätzlich unterscheidet sich die Fertigungsdauer der einzelnen Sorten voneinander.

Ihnen liegen folgende Gesamtkosten vor:

- ✔ Materialkosten: 28.000 €
- ✔ Fertigungskosten: 60.800 €

Die Äquivalenzziffern für den Materialeinsatz und die Fertigungsdauer sind in Tabelle 15.10 und Tabelle 15.11 angegeben.

Führen Sie nun die Äquivalenzziffernkalkulation getrennt für die Materialkosten und die Fertigungskosten durch. Die Vorgehensweise ist die gleiche wie bei der einfachen Äquivalenzziffernkalkulation und wird hier nicht noch einmal ausführlich beschrieben.

Sorte	Äquivalenzziffer	x_p in Stück	Recheneinheit in Stück	Stückkosten pro Sorte in €	Materialkosten pro Sorte in €
Sorte 1	1	60.000	60.000	0,10	6.000
Sorte 2	3	40.000	120.000	0,30	12.000
Sorte 3	2	50.000	100.000	0,20	10.000
			280.000	**0,10**	**28.000**

Tabelle 15.10: Äquivalenzziffernkalkulation für die Materialkosten

$$Materialkosten\,pro\,Recheneinheit = \frac{28.000\,€}{280.000\,Stück} = 0{,}10\,€\;pro\,Stück$$

Sorte	Äquivalen-ziffer	x_p in Stück	Rechen-einheit in Stück	Stückkosten pro Sorte in €	Fertigungskosten pro Sorte in €
Sorte 1	1	60.000	60.000	0,19	11.400
Sorte 2	4	40.000	160.000	0,76	30.400
Sorte 3	2	50.000	100.000	0,38	19.000
			320.000	**0,19**	**60.800**

Tabelle 15.11: Äquivalenzziffernkalkulation für die Fertigungskosten

$$Fertigungskosten\,pro\,Recheneinheit = \frac{60.800\,€}{320.000\,Stück} = 0{,}19\,€\;pro\,Stück$$

Kombiniert: Mehrere Kostenrelationen für eine Kostenart

Die *kombinierte Äquivalenzziffernkalkulation* verwenden Sie, wenn Sie für eine Kostenart mehrere Kostenrelationen in Form von Äquivalenzziffern vorliegen haben. Sie können beispielsweise die Herstellkosten auf einzelne Sorten verteilen, indem Sie für den Materialeinsatz und die Fertigungsdauer eigene Äquivalenzziffern bilden.

Kombiniert bedeutet, dass für **eine** Kostenart **mehrere** Kostenrelationen auftreten.

Anzahl der Kostenarten ≠ Anzahl der Kostenrelationen

Sie produzieren 100 g Tafeln Schokolade in den Sorten Vollmilch, Trauben-Nuss und Karamell. Der Materialeinsatz sowie die Fertigungsdauer unterscheiden sich bei den einzelnen Sorten und werden jeweils in Form von Äquivalenzziffern (ÄZ) ausgedrückt. Anders als im Beispiel der mehrstufigen Äquivalenzziffernkalkulation liegen Ihnen nur die Herstellkosten in Höhe von 88.800 € vor.

Tabelle 15.12 zeigt Ihnen die Vorgehensweise.

Sorte	ÄZ Material	ÄZ Fertigung	Kombinierte ÄZ	x_p in Stück	Recheneinheit in Stück	Stückkosten pro Sorte in €	Herstellkosten pro Sorte in €
Sorte 1	1	1	1	60.000	60.000	0,12	7.200
Sorte 2	3	4	12	40.000	480.000	1,44	57.600
Sorte 3	2	2	4	50.000	200.000	0,48	24.000
					740.000	**0,12**	**88.800**

Tabelle 15.12: Kombinierte Äquivalenzziffernkalkulation

Da hier nur eine Kostenart vorliegt, aber zwei Kostenrelationen angegeben sind, multiplizieren Sie die einzelnen Äquivalenzziffern in Tabelle 15.12.

$$Kombinierte\,\ddot{A}Z\,Sorte 1 = 1 * 1 = 1$$

$$Kombinierte\,\ddot{A}Z\,Sorte 2 = 3 * 4 = 12$$

$$Kombinierte\,\ddot{A}Z\,Sorte 3 = 2 * 2 = 4$$

Rechnen Sie jetzt mit den kombinierten Äquivalenzziffern weiter und gehen Sie genauso vor wie bei der einstufigen Äquivalenzziffernkalkulation in Tabelle 15.9 beschrieben.

Als Herstellkosten pro Recheneinheit berechnen Sie:

$$Herstellkosten\,pro\,Recheneinheit = \frac{88.800\,€}{740.000\,Stück} = 0{,}12\,€\,pro\,Stück$$

Gewinne machen: Angebotspreiskalkulation

Nachdem Sie die Selbstkosten Ihrer Produkte über ein Kalkulationsverfahren Ihrer Wahl ermittelt haben, schließt sich die Angebotskalkulation an. Ihr Preis soll nicht nur Ihre Kosten decken, sondern Ihnen einen Gewinn bringen. Zusätzlich kalkulieren Sie Skonto und Rabatt ein, um Ihren Kunden einen Kaufanreiz zu bieten. Auch die Provision für den Handelsvertreter soll Ihr Listenverkaufspreis abdecken.

Für die Berechnung Ihres Listenverkaufspreises verwenden Sie das Kalkulationsschema in Tabelle 15.13.

Angebotspreiskalkulation	
	Selbstkosten
+	Gewinn
=	**Barverkaufspreis (BVP)**
+	Skonto
+	Provision
=	**Zielverkaufspreis (ZVP)**
+	Rabatt
=	**Listenverkaufspreis (LVP)**

Tabelle 15.13: Kalkulationsschema Angebotspreiskalkulation

In der Kalkulation finden sich nur Nettowerte. Wird ein Wert inklusive Umsatzsteuer angegeben, müssen Sie die Steuer herausrechnen.

In den verwendeten Formeln zur Berechnung der Zuschlagssätze werden im Folgenden die Prozentzeichen mitgeführt. Auf diese Weise können Sie die Prozenttaste Ihres Taschenrechners verwenden. Sie können die Prozentzeichen aber auch weglassen, also zum Beispiel:

$$Gewinn\ in\ € = \frac{100€}{100\,\%} * 20\% = 20€$$

oder

$$Gewinn\ in\ € = \frac{100€}{100} * 20 = 20€$$

BEISPIEL

In Ihrem Unternehmen produzieren Sie hochwertige Hängematten mit Gestell. Die Selbstkosten betragen 100 € pro Stück. Als Gewinnaufschlag verrechnen Sie 20 %. Sie gewähren den Kunden bei Zahlung innerhalb von 10 Tagen 3 % Skonto und Ihr Vertreter erhält eine Provision in Höhe von 1 % des Zielverkaufspreises. Zusätzlich erhalten Ihre Kunden einen Rabatt in Höhe von 10 %.

In Tabelle 15.14 sehen Sie die vollständige Kalkulation. Die einzelnen Rechenschritte finden sich im Anschluss an die Tabelle.

	Kalkulation	Zuschlagssätze	€	Prozent	Prozent
	Selbstkosten		100,00	100 %	
+	Gewinn	20 %	20,00	+ 20 %	
=	**Barverkaufspreis (BVP)**		**120,00**	= 120 %	96 %
+	Skonto	3 %	3,75		+ 3 %
+	Provision	1 %	1,25		+ 1 %
=	**Zielverkaufspreis (ZVP)**		**125,00**	90 %	= 100 %
+	Rabatt	10 %	13,89	+ 10 %	
=	**Listenverkaufspreis (LVP)**		**138,89**	**= 100 %**	

Tabelle 15.14: Berechnung des Listenverkaufspreises

1. **Berechnen Sie den Gewinnzuschlag in Euro.**

   Die Bezugsbasis sind die Selbstkosten. Ausgedrückt in Prozentzahlen bedeutet das:

Selbstkosten	100 %
+ Gewinn	20 %
= Barverkaufspreis	**120 %**

   $$Gewinn\ in\ € = \frac{Selbstkosten}{100} * Gewinnzuschlag$$

   $$Gewinn\ in\ € = \frac{100€}{100\%} * 20\,\% = 20€$$

   Addieren Sie den Gewinn zu den Selbstkosten, erhalten Sie den Barverkaufspreis in Höhe von 120 €.

2. **Berechnen Sie Skonto und Provision.**

   Hier denken Sie aus der Sicht des Kunden und des Vertreters. Ihr Kunde erhält seine Rechnung und zieht sich vom Zielverkaufspreis 3 % Skonto ab. Der Vertreter nimmt ebenfalls den Zielverkaufspreis als Basis für seine Provisionsberechnung. Beide setzen den Zielverkaufspreis dabei 100 %.

   Bei der Kalkulation von Skonto und Provision gehen Sie daher von einem verminderten Barverkaufspreis aus.

Barverkaufspreis	96 %
+ Skonto	3 %
+ Provision	1 %
= Zielverkaufspreis	**100 %**

$$Skonto\ in\ € = \frac{Barverkaufspreis}{100\,\% - Skonto - Provision} * Skonto$$

$$Skonto\ in\ € = \frac{120\,€}{100\,\% - 3\,\% - 1\,\%} * 3\,\% = 3{,}75\,€$$

$$Provision\ in\ € = \frac{Barverkaufspreis}{100\,\% - Skonto - Provision} * Provision$$

$$Provision\ in\ € = \frac{120\,€}{100\,\% - 3\,\% - 1\,\%} * 1\,\% = 1{,}25\,€$$

Skonto und Provision werden dem Barverkaufspreis hinzugerechnet. Der Zielverkaufspreis beträgt dann 125 €.

Die Prozentsätze von Skonto und Provision werden immer zusammen vom Zielverkaufspreis abgezogen, um auf den verminderten prozentualen Barverkaufspreis zu kommen.

3. **Berechnen Sie den Rabatt.**

Hier gilt die gleiche Denkweise wie bei der Skonto- und Provisionsberechnung. Ihr Kunde zieht sich vom Listenverkaufspreis 10 % Rabatt ab. Um den Rabatt in den Preis einzukalkulieren, rechnen Sie hier mit einem verminderten Zielverkaufspreis:

Zielverkaufspreis	90 %
+ Rabatt	10 %
= Listenverkaufspreis	**100 %**

$$Rabatt\ in\ € = \frac{Zielverkaufspreis}{100\,\% - 10\,\%} * 10\,\%$$

$$Rabatt\ in\ € = \frac{125\,€}{100\,\% - 10\,\%} * 10\,\% = 13{,}89\,€$$

Den Rabatt schlagen Sie auf den Zielverkaufspreis drauf und erhalten den Listenverkaufspreis von 138,89 €.

Einkaufen und teurer verkaufen: Handelskalkulation

In Handelsbetrieben wird Ware eingekauft und unverändert wieder verkauft. Dadurch unterscheidet sich die Handelskalkulation von der eines Industriebetriebes. Die Angebotskalkulation aus Tabelle 15.14 bleibt unverändert, wird hier aber noch einmal aufgegriffen, da für Handelbetriebe einige Besonderheiten zu berücksichtigen sind.

Vorwärts vom Listeneinkaufspreis zum Listenverkaufspreis

Das Kalkulationsschema der Handelskalkulation ist in Tabelle 15.15 dargestellt. Zunächst betrachten Sie die Vorwärtskalkulation vom Listeneinkaufspreis zum Listenverkaufspreis.

	Handelskalkulation
	Listeneinkaufspreis
–	Rabatt
+	Mindermengenzuschlag
=	**Zieleinkaufspreis**
–	Skonto
=	**Bareinkaufspreis**
+	Bezugskosten
=	**Einstands- bzw. Bezugspreis (BP)**
+	Handlungskosten
=	**Selbstkosten**
+	Gewinn
=	**Barverkaufspreis (BVP)**
+	Skonto
+	Provision
=	**Zielverkaufspreis (ZVP)**
+	Rabatt
=	**Listenverkaufspreis (LVP)**

Tabelle 15.15: Grundschema Handelskalkulation

BEISPIEL

Sie sind in einem Gartencenter beschäftigt und sind zuständig für die Kalkulation von Gartenhäusern. Sie beziehen die Häuser von Ihrem Großhändler zum Listeneinkaufspreis von 1.000 € netto pro Haus. Sie erhalten einen Rabatt von 12 %, müssen aber aufgrund der kleinen Abnahmemengen einen Mindermengenzuschlag von 2 % zahlen. Der Großhändler gewährt Ihnen Skonto in Höhe von 3 %, den Sie auch in Anspruch nehmen. Zusätzlich fallen Bezugskosten für den Transport der Häuser in Ihr Gartencenter in Höhe von 150 € pro Haus an.

Ihr Handlungskostenzuschlagssatz (Gemeinkosten) beträgt 20 %. Sie kalkulieren mit einem Gewinnaufschlag von 25 %, gewähren Ihren Kunden Skonto in Höhe von 2 %. Ihr Vertreter erhält eine Provision in Höhe von 4 %. Zusätzlich räumen Sie Ihren Kunden einen Rabatt von 8 % ein.

Tabelle 15.16 zeigt Ihnen, wie Ihre Kalkulation aussieht.

Handelskalkulation		Zuschlag	€	Prozent	Prozent
	Listeneinkaufspreis		1.000,00	100	
–	Rabatt	12 %	120,00	– 12	
+	Mindermengenzuschlag	2 %	20,00	+ 2	
=	**Zieleinkaufspreis**		**900,00**	= 90	100
–	Skonto	3 %	27,00		– 3
=	**Bareinkaufspreis**		**873,00**		= 97
+	Bezugskosten		150,00		
=	**Einstands- bzw. Bezugspreis (BP)**		**1.023,00**	100	
+	Handlungskosten	20 %	204,60	+ 20	
=	**Selbstkosten**		**1.227,60**	= 120	100
+	Gewinn	25 %	306,90		+ 25
=	**Barverkaufspreis (BVP)**		**1.534,50**	**94**	**= 125**
+	Skonto	2 %	32,65	+ 2	
+	Provision	4 %	65,30	+ 4	
=	**Zielverkaufspreis (ZVP)**		**1.632,45**	**= 100**	**92**
+	Rabatt	8 %	141,95	100	+ 8
=	**Listenverkaufspreis (LVP)**		**1.774,40**		**= 100**

Tabelle 15.16: Vorwärtskalkulation

Die in Tabelle 15.16 angegebenen Prozentsätze in den letzten beiden Spalten gelten sowohl für die Vorwärts- als auch für die Rückwärtskalkulation. Sie verändern nur die Blickrichtung.

1. **Berechnen Sie den Rabatt und den Mindermengenzuschlag.**

$$\textit{Rabatt in } € = \frac{1.000\,€}{100\,\%} * 12\,\% = 120\,€$$

$$\textit{Mindermengenzuschlag} = \frac{1.000\,€}{100\%} * 2\% = 20\,€$$

Nach Abzug des Rabatts und Addition des Mindermengenzuschlags vom Listeneinkaufspreis ergibt sich Ihr Zieleinkaufspreis in Höhe von 900 €.

2. **Berechnen Sie den Skontobetrag.**

$$\textit{Skonto in } € = \frac{900\,€}{100\%} * 3\% = 27\,€$$

Ziehen Sie den Skontobetrag von Ihrem Zieleinkaufspreis ab, erhalten Sie Ihren Bareinkaufspreis von 873 €.

3. **Addieren Sie die Bezugskosten.**

   Bezugskosten entstehen beispielsweise für den Transport, eventuell zu zahlende Zollgebühren oder den Abschluss einer zusätzlichen Transportversicherung. In diesem Beispiel zahlen Sie Bezugskosten in Höhe von 150 €. Ihr Einstands- beziehungsweise Bezugspreis beträgt jetzt 1.023 €.

4. **Berücksichtigen Sie den Handlungskostenzuschlagssatz.**

   $$Handlungskosten\ in\ € = \frac{1.023\,€}{100\,\%} * 20\,\% = 204{,}60\,€$$

   Addieren Sie die Handlungskosten zu Ihrem Einstands- beziehungsweise Bezugspreis. Sie erhalten Ihre Selbstkosten in Höhe von 1.227,60 €.

5. **Berechnen Sie als Nächstes Ihren Gewinnzuschlag.**

   $$Gewinnzuschlag\ in\ € = \frac{1.227{,}60\,€}{100\,\%} * 25\,\% = 306{,}90\,€$$

   Addieren Sie den Gewinnzuschlag zu Ihren Selbstkosten. Das Ergebnis ist Ihr Barverkaufspreis von 1.534,50 €.

6. **Berechnen Sie jetzt Skonto und Provision im Hundert.**

   $$Skonto\ in\ € = \frac{1.534{,}50\,€}{100\,\% - 2\,\% - 4\,\%} * 2\,\% = 32{,}65\,€$$

   $$Provision\ in\ € = \frac{1.534{,}50\,€}{100\,\% - 2\,\% - 4\,\%} * 4\,\% = 65{,}30\,€$$

   Addieren Sie Skonto und Provision zu Ihrem Barverkaufspreis, erhalten Sie Ihren Zieleinkaufspreis von 1.632,45 €.

7. **Berechnen Sie den Rabatt** im Hundert.

   $$Rabatt\ in\ € = \frac{1.632{,}45\,€}{100\,\% - 8\,\%} * 8\,\% = 141{,}95\,€$$

   Ihr Listenverkaufspreis für ein Gartenhaus beträgt nun 1.774,40 €.

Kalkulationsvereinfachungen der Vorwärtskalkulation

Der Bezugspreis Ihrer Ware wird durch die Preisgestaltung Ihres Lieferanten bestimmt, auf den Sie nur im Rahmen Ihrer Preisverhandlungen Einfluss haben. Vom Bezugspreis bis zum Listenverkaufspreis legen Sie Ihre eigenen Zuschläge fest. Dabei halten Sie die Zuschläge über einen gewissen Zeitraum konstant, um Preisschwankungen zu vermeiden. Hier bieten sich Kalkulationsvereinfachungen an, um von einem beliebigen Bezugspreis zum Listenverkaufspreis zu gelangen.

Sie können zwei Vereinfachungen berechnen:

- **Kalkulationszuschlagssatz** als prozentualer Zuschlag auf den Bezugspreis

  $$Kalkulationszuschlagssatz = \frac{(Listenverkaufspreis - Bezugspreis)}{Bezugspreis} * 100$$

  Der Listenverkaufspreis berechnet sich dann aus:

  Einstands- bzw. Bezugspreis + Kalkulationszuschlagssatz = Listenverkaufspreis

- **Kalkulationsfaktor** als Aufschlag $Kalkulationsfaktor = \frac{Listenverkaufspreis}{Bezugspreis}$

  Der Listenverkaufspreis berechnet sich dann aus:

  $$Listenverkaufspreis = Bezugspreis * Kalkulationsfaktor$$

Achten Sie unbedingt darauf, dass Ihre Vereinfachung beim Einstands- beziehungsweise Bezugspreis startet und nicht beim Listeneinkaufspreis.

Wenn Ihnen alle internen Zuschlagssätze vorliegen, können Sie den Kalkulationszuschlagssatz und den Kalkulationsfaktor auch für einen fiktiven Bezugspreis von 100 € berechnen.

BEISPIEL

Sie haben die Kalkulation in Tabelle 15.17 vom Einstandspreis zum Listenverkaufspreis mit allen von Ihnen verwendeten Zuschlagssätzen kalkuliert. Um sich in Zukunft die Arbeit zu sparen, ermitteln Sie den Kalkulationszuschlagssatz und den Kalkulationsfaktor.

Kalkulationsschema		Zuschlag	€
=	**Einstands- bzw. Bezugspreis (BP)**		**1.023,00**
+	Handlungskosten	20 %	204,60
=	**Selbstkosten**		**1.227,60**
+	Gewinn	25 %	306,90
=	**Barverkaufspreis (BVP)**		**1.534,50**
+	Skonto	2 %	32,65
+	Provision	4 %	65,30
=	**Zielverkaufspreis (ZVP)**		**1.632,45**
+	Rabatt	8 %	141,95
=	**Listenverkaufspreis (LVP)**		**1.774,40**

Tabelle 15.17: Kalkulationsschema für die Kalkulationsvereinfachung

1. **Berechnen Sie den Kalkulationszuschlagssatz und wenden Sie ihn an.**

   $$Kalkulationszuschlagssatz = \frac{(1.774,40\,€ - 1.023\,€)}{1.023\,€} * 100 = 73,451\,\%$$

   Wenden Sie die Vereinfachung auf das Beispiel in Tabelle 15.17 an, ergibt sich:

Einstands- bzw. Bezugspreis	100,00 %	1.023,00 €
+ Kalkulationszuschlagssatz	73,451 %	751,40 €
= Listenverkaufspreis	**173,45 %**	**1.774,40 €**

Der Kalkulationszuschlagssatz wurde hier auf 3 Nachkommastellen gerundet, um Rundungsdifferenzen beim Listenverkaufspreis zu vermeiden.

2. **Berechnen Sie den Kalkulationsfaktor und wenden Sie ihn an.**

$$Kalkulationsfaktor = \frac{1.774,40\,€}{1.023\ €} = 1,73451$$

Wenden Sie die Vereinfachung auf das Beispiel in Tabelle 15.17 an, ergibt sich:

$$Listenverkaufspreis = 1.023\ € * 1,73451 = 1.774,40\ €$$

Ein paar Definitionen gefällig?

- ✔ **Rabatt:** Ein vom Lieferanten gewährter Preisnachlass beziehungsweise ein Preisnachlass, den Sie Ihren Kunden gewähren.
- ✔ **Mindermengenzuschlag:** Kaufen Sie eine kleine Menge bei Ihrem Lieferanten ein, kann er Ihnen einen Zuschlag berechnen.
- ✔ **Skonto:** Bei Zahlung vor Erreichen des in der Eingangs- oder Ausgangsrechnung vereinbarten Zahlungsziels kann der Zahlungsbetrag um den vereinbarten Skontosatz reduziert werden. In der Kalkulation wird Skonto immer berücksichtig, egal ob Sie oder Ihre Kunden es am Ende in Anspruch nehmen.
- ✔ **Bezugskosten:** Alle Kosten, die im Zusammenhang mit der Lieferung anfallen, wie beispielsweise Transportkosten, Transportversicherung und Zollgebühren
- ✔ **Einstands- beziehungsweise Bezugspreis:** Zu diesem Preis hat Ihr Unternehmen die Ware eingekauft. Bezugspreise sind Einzelkosten und gleichzeitig variable Kosten.
- ✔ **Handlungskosten:** Das sind Ihre Gemeinkosten wie beispielsweise Mieten, Gehälter, Versicherungsgebühren und Energiekosten. Gemeinkosten können variable und fixe Bestandteile enthalten.
- ✔ **Handlungskostenzuschlagssatz:** Häufig werden alle Waren eines Handelsunternehmens mit einem einheitlichen Zuschlagssatz kalkuliert, der in der Kostenträgerzeitrechnung mithilfe der kumulativen Zuschlagskalkulation ermittelt wird.

$$Handlungskostenzuschlagssatz = \frac{Handlungskosten}{Einstands-bzw.Bezugspreis} * 100$$

Rückwärts vom Listenverkaufspreis zum Listeneinkaufspreis

Ihre Kunden akzeptieren nicht jeden Preis, den Sie über Ihre Kalkulation ermitteln. Gibt der Kunde Ihnen einen geringeren Listenverkaufspreis vor, führen Sie eine Rückwärtskalkulation durch und prüfen, zu welchem Listeneinkaufspreis Sie die Ware beziehen müssten, wenn Sie Ihre Zuschläge beibehalten wollen. Anschließend treten Sie mit Ihrem Lieferanten in Verbindung und versuchen, den von Ihnen berechneten Listeneinkaufspreis durchzusetzen. Falls Ihnen das nicht gelingt, können Sie den Auftrag nicht ohne Gewinneinbußen annehmen.

Das Kalkulationsschema der Vorwärts- und der Rückwärtskalkulation stimmen überein. Sie ändern bei der Rückwärtskalkulation nur die Kalkulationsrichtung vom Listenverkaufspreis zum Listeneinkaufspreis.

BEISPIEL

Zum Vergleich zwischen Vorwärts- und Rückwärtskalkulation nehmen Sie sich die Tabelle 15.16 noch einmal vor und vergleichen Sie mit Tabelle 15.18. Wie Sie sehen, stimmen die Zahlen überein. Jetzt beginnen Sie Ihre Kalkulation jedoch beim Listenverkaufspreis. Im Folgenden gehen Sie die einzelnen Rechenschritte noch einmal durch.

Handelskalkulation		Zuschlag	€	Prozent	Prozent
	Listeneinkaufspreis		1.000,00	100	
–	Rabatt	12 %	120,00	– 12	
+	Mindermengenzuschlag	2 %	20,00	+ 2	
=	**Zieleinkaufspreis**		**900,00**	= 90	100
–	Skonto	3 %	27,00		– 3
=	**Bareinkaufspreis**		**873,00**		= 97
+	Bezugskosten		150,00		
=	**Einstands- bzw. Bezugspreis (BP)**		**1.023,00**	100	
+	Handlungskosten	20 %	204,60	+ 20	
=	**Selbstkosten**		**1.227,60**	= 120	100
+	Gewinn	25 %	306,90		+ 25
=	**Barverkaufspreis (BVP)**		**1.534,50**	**94**	**= 125**
+	Skonto	2 %	32,65	+ 2	
+	Provision	4 %	65,30	+ 4	
=	**Zielverkaufspreis (ZVP)**		**1.632,45**	**= 100**	**92**
+	Rabatt	8 %	141,95	100	+ 8
=	**Listenverkaufspreis (LVP)**		**1.774,40**		**= 100**

Tabelle 15.18: Kalkulationsschema der Rückwärtskalkulation

1. **Berechnen Sie – ausgehend vom Listenverkaufspreis – den Rabatt, den Sie Ihren Kunden gewähren**

   $$Rabatt = \frac{1.774,40€}{100\,\%} * 8\,\% = 141,95€$$

   Ziehen Sie den Rabatt vom Listenverkaufspreis ab, erhalten Sie den Zielverkaufspreis in Höhe von 1.632,45 €.

2. **Gehen Sie genauso bei der Berechnung von Provision und Skonto vor.**

   $$Provision = \frac{1.632,45€}{100\,\%} * 4\,\% = 65,30€$$

   $$Skonto = \frac{1.632,45€}{100\,\%} * 2\,\% = 32,65€$$

   Ziehen Sie beide Beträge vom Zielverkaufspreis ab. Sie erhalten den Barverkaufspreis in Höhe von 1.534,50 €.

3. **Berechnen Sie den Gewinn.**

   Achten Sie hier darauf, dass der Barverkaufspreis 125 % beträgt.

   $$Gewinn = \frac{1.534,50€}{125\,\%} * 25\,\% = 306,90€$$

   Ziehen Sie den Gewinn vom Barverkaufspreis ab. Das Ergebnis sind Ihre Selbstkosten in Höhe von 1.227,60 €.

4. **Verfahren Sie in gleicher Weise mit den Handlungskosten.**

   $$Handlungskosten = \frac{1.227,60€}{120\,\%} * 20\,\% = 204,60€$$

   Berechnen Sie die Handlungskosten und ziehen Sie das Ergebnis von den Selbstkosten ab. Sie erhalten den Einstandspreis in Höhe von 1.023 €.

5. **Berücksichtigen Sie jetzt die Bezugskosten.**

   Sie ziehen den Betrag in Höhe von 150 € von Ihrem Einstandspreis ab und erhalten den Bareinkaufspreis von 873 €.

6. **Berechnen Sie den Skontobetrag, den Sie sich von Ihrer Eingangsrechnung abgezogen haben.**

   Da Sie sich Skonto abgezogen haben, beträgt der Bareinkaufspreis bei der Rückwärtskalkulation nur 97 %.

   $$Skonto = \frac{873€}{100\,\% - 3\,\%} * 3\,\% = 27€$$

Wenn Sie Ihren Skontoabzug auf den Bareinkaufspreis draufrechnen, erhalten Sie Ihren Zieleinkaufspreis von 900 €.

7. **Berechnen Sie nun den Mindermengenzuschlag und den Rabatt zusammen.**

   Achtung: Rabatt wurde bei der Vorwärtskalkulation vom Listeneinkaufspreis abgezogen, der Mindermengenzuschlag draufgeschlagen. Jetzt drehen Sie die Rechnung um:

   Zieleinkaufspreis = 100 % – 12 % + 2 % = 90 %

   $$Mindermengezuschlag = \frac{900\,€}{90\,\%} * 2\,\% = 20\,€$$

   $$Rabatt = \frac{900\,€}{90\,\%} * 12\,\% = 120\,€$$

Ziehen Sie den Mindermengenrabatt vom Zieleinkaufspreis ab und rechnen Sie den Rabatt dazu, erhalten Sie den Listeneinkaufspreis von 1.000 €.

Kalkulationsvereinfachung der Rückwärtskalkulation

Für vorgegebene Zuschlagssätze können Sie Ihre Kalkulation zwischen dem Listenverkaufspreis und dem Bezugspreis vereinfachen.

Mithilfe der *Handelsspanne* gelangen Sie in einem Schritt vom Listenverkaufspreis zum Bezugspreis.

Die Handelsspanne berechnen Sie aus:

$$Handelsspanne = \frac{(Listenverkaufspreis - Bezugspreis)}{Listenverkaufspreis} * 100$$

Wenden Sie die Vereinfachung an, ergibt sich:

Listenverkaufspreis
– Handelsspanne
Einstands- bzw. Bezugspreis

Sie können die Handelsspanne auch für einen fiktiven Listenverkaufspreis in Höhe von 100 Euro berechnen.

In Tabelle 15.19 liegt Ihnen die Kalkulation vom Listenverkaufspreis bis zum Einstands- beziehungsweise Bezugspreis vor. Zur Vereinfachung Ihrer Kalkulation berechnen Sie die Handelsspanne und prüfen anschließend Ihr Ergebnis.

	Kalkulationsschema	Zuschlag	€
=	**Einstands- bzw. Bezugspreis (BP)**		**1.023,00**
+	Handlungskosten	20 %	204,60
=	**Selbstkosten**		**1.227,60**
+	Gewinn	25 %	306,90
=	**Barverkaufspreis (BVP)**		**1.534,50**
+	Skonto	2 %	32,65
+	Provision	4 %	65,30
=	**Zielverkaufspreis (ZVP)**		**1.632,45**
+	Rabatt	8 %	141,95
=	**Listenverkaufspreis (LVP)**		**1.774,40**

Tabelle 15.19: Kalkulationsvereinfachung Rückwärtskalkulation

Berechnen Sie die Handelsspanne:

$$Handelsspanne = \frac{(1.774{,}40\,€ - 1.023\,€)}{1.774{,}40\,€} * 100 = 42{,}347\ \%$$

Prüfen Sie, ob Sie zum richtigen Ergebnis kommen, wenn Sie die Handelsspanne anwenden:

Listenverkaufspreis	100 %	1.774,40 €
– Handelsspanne	42,347 %	751,41 €
= Einstands- bzw. Bezugspreis	57,65 %	1.022,99 €

Ein Cent ist durch die Rundung der Handelsspanne verloren gegangen.

IN DIESEM KAPITEL

Vorteile der Teilkostenrechnung gegenüber der Vollkostenrechnung bei der Entscheidungsfindung

Abgrenzung der externen von der internen Erfolgsrechnung

Betriebsergebnisermittlung nach dem Gesamtkostenverfahren und Umsatzkostenverfahren

Artikelerfolgsrechnung nach dem Umsatzkostenverfahren auf Basis von Vollkosten und Teilkosten

Kapitel 16
Kurzfristige Erfolgsrechnung

Die *kurzfristige Erfolgsrechnung* stellt die Kosten und Leistungen einer Periode gegenüber und gibt Ihnen Informationen über den erwirtschafteten Gewinn beziehungsweise Verlust. Damit Sie schnell auf Abweichungen reagieren können, wird die Erfolgsrechnung in der Regel monatlich durchgeführt. Zur Analyse und Steuerung Ihres Unternehmens stehen Ihnen Methoden der Vollkostenrechnung und Teilkostenrechnung zur Verfügung, die in diesem Kapitel näher betrachtet werden.

Gegenüberstellen: Vollkostenrechnung und Teilkostenrechnung

Sie haben in den Kapiteln 13 bis 15 viele Einsatzgebiete der Vollkostenrechnung kennengelernt. Die Erstellung des Betriebsabrechnungsbogens, die Berechnung von Zuschlagssätzen für die Selbstkostenermittlung sowie verschiedene Verfahren der Preiskalkulation leisten Ihnen wichtige Dienste.

Es gibt aber Fragestellungen in Ihrem Unternehmen, bei denen die Vollkostenrechnung durch die Proportionalisierung der Fixkosten in den Gemeinkostenzuschlagssätzen zu falschen Entscheidungen führt. In diesen Fällen setzen Sie die Teilkostenrechnung ein.

BEISPIEL

Ihr Unternehmen produziert Gummibärchen und Lakritzstangen. Sie sind im Controlling beschäftigt und zuständig für die Überwachung der Ergebnisbeiträge Ihrer Produkte. Die Geschäftsleitung möchte von Ihnen eine Entscheidungsvorlage über das Produktionsprogramm mit dem höchsten Betrieb haben.

Für November liegen die in Tabelle 16.1 gezeigten Daten vor.

Produkt	Gummibärchen	Lakritzstangen
Umsatzerlöse	28.000 €	12.000 €
Selbstkosten des Umsatzes	20.000 €	16.000 €

Tabelle 16.1: Ausgangsdaten

Begründen Sie Ihren Entscheidungsvorschlag mithilfe der Vollkostenrechnung und der Teilkostenrechnung.

1. **Entscheidungsvorlage auf der Basis der Vollkostenrechnung**

   Berechnen Sie zunächst aus den Daten der Tabelle 16.1 den Ergebnisbeitrag der Gummibärchen und Lakritzstangen sowie das Betriebsergebnis für November. Tabelle 16.2 zeigt Ihnen das Ergebnis.

Berechnung	Gummibärchen	Lakritzstangen	Summe
Umsatzerlöse	28.000 €	12.000 €	40.000 €
– Selbstkosten des Umsatzes	20.000 €	16.000 €	36.000 €
= **Betriebsergebnis**	**8.000 €**	**– 4.000 €**	**4.000 €**

Tabelle 16.2: Entscheidung mithilfe der Vollkostenrechnung

   Der Ergebnisbeitrag der Lakritzstangen ist negativ. Wenn Sie die Produktion von Lakritzstangen einstellen und nur noch Gummibärchen herstellen, erhöht sich Ihr Betriebsergebnis um 4.000 € auf 8.000 €.

   Entscheidungsvorschlag:

   Einstellung der Produktion der Lakritzstangen.

2. **Entscheidungsvorlage auf Basis der Teilkostenrechnung**

   Die *Teilkostenrechnung* trennt die Kosten in fixe und variable Bestandteile und ordnet nur die entscheidungsrelevanten variablen Kosten den Produkten zu.

   Nehmen Sie an, die Selbstkosten des Umsatzes aus Tabelle 16.2 werden nach fixen und variablen Bestandteilen getrennt. Tabelle 16.3 zeigt die Aufteilung.

Produkt	Gummibärchen	Lakritzstangen
Umsatzerlöse	28.000 €	12.000 €
Selbstkosten des Umsatzes davon:	20.000 €	16.000 €
– variabel	10.000 €	5.000 €
– fix	10.000 €	11.000 €

Tabelle 16.3: Trennung von fixen und variablen Kosten

Gehen Sie davon aus, dass die fixen Selbstkosten des Umsatzes für das gesamte Unternehmen anfallen.

Berechnen Sie das Betriebsergebnis schrittweise, indem Sie die variablen Kosten den Produkten zuordnen und die fixen Kosten produktunabhängig als Summe abziehen. Tabelle 16.4 zeigt Ihnen die Berechnung des Betriebsergebnisses.

Berechnung		Gummibärchen	Lakritzstangen	Summe
	Umsatzerlöse	28.000 €	12.000 €	40.000 €
–	variable Selbstkosten des Umsatzes	10.000 €	5.000 €	15.000 €
=	**Deckungsbeitrag**	**18.000 €**	**7.000 €**	**25.000 €**
–	fixe Selbstkosten des Umsatzes			21.000 €
=	**Betriebsergebnis**			**4.000 €**

Tabelle 16.4: Entscheidung mithilfe der Teilkostenrechnung

Die Lakritzstangen erwirtschaften einen Deckungsbeitrag in Höhe von 7.000 €, der zur Deckung der unternehmensfixen Kosten beiträgt.

3. **Vergleich der Entscheidungsvorlage auf Vollkosten- und Teilkostenbasis**

   Würden Sie der Entscheidung der Vollkostenrechnung folgen und die Lakritzstangen aus dem Produktionsprogramm nehmen, müssten die Gummibärchen die vollen Fixkosten in Höhe von 21.000 € tragen. In Tabelle 16.5 sehen Sie, dass Ihr Unternehmen dann einen Verlust in Höhe von 3.000 € macht.

Berechnung		Gummibärchen
	Umsatzerlöse	28.000 €
–	variable Selbstkosten des Umsatzes	10.000 €
=	**Deckungsbeitrag**	**18.000 €**
–	fixe Selbstkosten des Umsatzes	21.000 €
=	**Betriebsergebnis**	**–3.000 €**

Tabelle 16.5: Betriebsergebnis ohne Lakritzstangen

Entscheidung:

Die Lakritzstangen bleiben im Produktionsprogramm, da Sie mit 7.000 € zur Deckung der Fixkosten beitragen.

Entscheidungsrelevant sind die *Deckungsbeiträge* der einzelnen Produkte, die Sie mithilfe der *Teilkostenrechnung* ermitteln.

Der *Deckungsbeitrag* eines Produktes gibt an, welcher Teil des Umsatzerlöses nach Abzug der variablen Kosten zur Deckung der Fixkosten beiträgt.

Abgrenzen: Kurzfristige Erfolgsrechnung als Kostenträgerzeitrechnung und Gewinn- und Verlustrechnung

Die *kurzfristige Erfolgsrechnung* führen Sie in der Kosten- und Leistungsrechnung monatlich durch. Dabei können Sie das Betriebsergebnis nach dem Gesamtkostenverfahren oder Umsatzkostenverfahren berechnen. Beide Verfahren werden auch für die Gewinn- und Verlustrechnung der Finanzbuchhaltung eingesetzt, um das Unternehmensergebnis zu ermitteln. Da die Kosten- und Leistungsrechnung auf den Betriebserfolg ausgerichtet ist, weicht der Aufbau der Verfahren in der Kosten- und Leistungsrechnung von dem Aufbau in der Finanzbuchhaltung ab.

Datengrundlage für das Gesamtkosten- und Umsatzkostenverfahren ist das Ergebnis der Abgrenzungsrechnung.

Gesamtkostenverfahren

Wenn Sie das *Gesamtkostenverfahren* verwenden, berechnen Sie das Betriebsergebnis durch die Gegenüberstellung von Gesamtleistungen und Gesamtkosten. Die Daten dafür liefert die Abgrenzungsrechnung mit ihrer Ergebnistabelle im Rechnungskreis II (siehe Kapitel 11).

Das Gesamtkostenverfahren stellt Gesamtkosten und Gesamtleistungen einer Periode gegenüber und gliedert die Kosten nach Kostenarten.

Sie können das Gesamtkostenverfahren in Kontenform (Tabelle 16.6) oder in Staffelform (Tabelle 16.7) durchführen.

Bestandsminderungen bewerten Sie zu den Herstellkosten der Periode, in der die Bestände produziert wurden.

Betriebsergebnisrechnung Gesamtkostenverfahren (GKV) – Kontenform	
Gesamtkosten der Periode (nach Kostenarten)	Umsatzerlöse der Periode
Bestandsminderungen	Bestandserhöhungen
	Aktivierte Eigenleistungen
Betriebsgewinn oder	**Betriebsverlust**

Tabelle 16.6: Gesamtkostenverfahren in Kontenform

Betriebsergebnisrechnung Gesamtkostenverfahren (GKV) – Staffelform		
Schema		**Berechnung**
	Umsatzerlöse der Periode	Absatzmenge * Absatzpreis
+	Bestandserhöhungen	Mehrbestand * Herstellkosten pro Stück
–	Bestandsminderungen	Minderbestand * Herstellkosten pro Stück
+	Aktivierte Eigenleistungen	Eigenleistungsmenge * Herstellkosten pro Stück
=	**I Gesamtleistung der Periode**	
–	**II Gesamtkosten der Periode**	Herstellmenge * Selbstkosten pro Stück
=	**Betriebsergebnis (I – II)**	

Tabelle 16.7: Gesamtkostenverfahren in Staffelform

BEISPIEL

In Ihrem Unternehmen werden drei Produkte hergestellt. Ihre Aufgabe besteht darin, die kurzfristige Betriebsergebnisrechnung nach dem Gesamtkostenverfahren durchzuführen. Tabelle 16.8 liefert Ihnen die Daten der Abgrenzungsrechnung für Januar:

Kostenart	Betrag
Personalkosten	60.000 €
Rohstoffkosten	20.000 €
Kalkulatorische Abschreibungen	4.000 €
Kalkulatorische Zinsen	5.000 €
Sonstige Kosten	25.400 €
Gesamtkosten der Periode	**114.400 €**
Leistungsart	**Betrag**
Umsatzerlöse	150.000 €
Minderbestände	1.600 €
Mehrbestände	1.200 €
Andere aktivierte Eigenleistungen	800 €

Tabelle 16.8: Daten aus der Abgrenzungsrechnung

Die Betriebsergebnisrechnung für Januar nach dem Gesamtkostenverfahren in Staffelform sehen Sie in Tabelle 16.9.

	Betriebsergebnisrechnung Gesamtkostenverfahren (GKV) – Staffelform	
	Umsatzerlöse der Periode	150.000 €
+	Bestandserhöhungen (Mehrbestand)	1.200 €
–	Bestandsminderungen (Minderbestand)	1.600 €
+	Aktivierte Eigenleistungen	800 €
=	**I Gesamtleistung der Periode**	**150.400 €**
–	II Gesamtkosten der Periode	114.400 €
=	**Betriebsergebnis (I – II)**	**36.000 €**

Tabelle 16.9: Beispiel: Betriebsergebnisrechnung nach dem Gesamtkostenverfahren

Vorteile des Gesamtkostenverfahrens sind:

- ✔ Die Daten können aus der Abgrenzungsrechnung aus Rechnungskreis II direkt übernommen werden.
- ✔ Der Betriebserfolg lässt sich einfach berechnen.

Nachteile des Gesamtkostenverfahrens sind:

- ✔ Es kann nur der Betriebserfolg, nicht aber der Erfolg der einzelnen Produkte ermittelt werden.
- ✔ Der Informationsgehalt als Grundlage für Entscheidungen ist gering.

Umsatzkostenverfahren

Beim *Umsatzkostenverfahren* ermitteln Sie das Betriebsergebnis ausschließlich auf Basis der in einer Periode abgesetzten Menge.

Betriebsergebnis = Umsatzerlöse – Kosten

Jetzt könnten Sie zu Recht fragen, woher Sie die Kosten der abgesetzten Menge für die einzelnen Produkte erhalten. In der Abgrenzungsrechnung haben Sie nur eine Gliederung der Kosten nach Kostenarten und nicht nach Kostenträgern vorliegen. Damit Sie das Umsatzkostenverfahren anwenden können, brauchen Sie also:

- ✔ eine Kostenstellenrechnung,
- ✔ die Zuschlagssätze für die einzelnen Kostenstellen,
- ✔ das *Kostenträgerblatt* (auch als Betriebsabrechnungsbogen II bezeichnet), mit dem Sie die Kosten auf die einzelnen Produkte verteilen.

Umsatzkostenverfahren auf Vollkostenbasis

Das *Umsatzkostenverfahren auf Vollkostenbasis* kann in Kontenform (Tabelle 16.10) oder in Staffelform (Tabelle 16.11) dargestellt werden.

Betriebsergebnisrechnung Umsatzkostenverfahren (UKV) – Kontenform	
Herstellkosten der abgesetzten Menge Verwaltungskosten der abgesetzten Menge Vertriebskosten der abgesetzten Menge	Umsatzerlöse der Periode
Betriebsgewinn oder	**Betriebsverlust**

Tabelle 16.10: Umsatzkostenverfahren in Kontenform auf Vollkostenbasis

	Betriebsergebnisrechnung Umsatzkostenverfahren (UKV) – Staffelform	
	Umsatzerlöse der Periode	Absatzmenge * Absatzpreis
–	Herstellkosten der abgesetzten Menge	Absatzmenge * Herstellkosten des Umsatzes pro Stück
–	Verwaltungskosten der abgesetzten Menge	Absatzmenge * Verwaltungskosten pro Stück
–	Vertriebskosten der abgesetzten Menge	Absatzmenge * Vertriebskosten pro Stück
=	**Betriebsergebnis**	

Tabelle 16.11: Umsatzkostenverfahren in Staffelform auf Vollkostenbasis

Bei der Darstellung des Umsatzkostenverfahrens in Staffelform in Tabelle 16.11 sind in der rechten Spalte die Formeln zur Berechnung der einzelnen Größen angegeben.

Wenn Sie das Umsatzkostenverfahren in Kontenform in Tabelle 16.10 und das Gesamtkostenverfahren in Kontenform in Tabelle 16.6 miteinander vergleichen, fallen Ihnen folgende Unterschiede auf:

- ✔ Die rechte Seite der Tabelle 16.10 besteht aus den Umsatzerlösen der in der Periode produzierten Produkte inklusive der Umsatzerlöse für die Bestandsminderungen. Die Kosten der Bestandsminderungen sind in den Herstellkosten der abgesetzten Menge auf der rechten Seite der Tabelle enthalten.
- ✔ Die Lagerleistung auf der rechten Seite der Tabelle 16.10 in Form von Mehrbeständen sowie die aktivierten Eigenleistungen der Periode werden nicht einbezogen. Gleichzeitig fallen auf der linken Seite der Tabelle die durch die Mehrbestände und aktivierten Eigenleistungen verursachten Herstellkosten heraus. Beide Seiten des Betriebsergebniskontos werden um den gleichen Betrag verkürzt.

Für die Vollkostenrechnung gilt:

Betriebsergebnis Gesamtkostenverfahren = Betriebsergebnis Umsatzkostenverfahren

Wenn Sie nicht das gleiche Ergebnis herausbekommen, haben Sie sich verrechnet.

Um die Kosten der abgesetzten Menge für die einzelnen Kostenträger ermitteln zu können, benötigen Sie das Kostenträgerblatt der Kostenträgerzeitrechnung (siehe Kapitel 14, Tabelle 14.8).

Nehmen Sie an, Ihnen liegt das in Tabelle 16.12 abgebildete Kostenträgerblatt einer Periode vor. Die Werte sind Ihnen vorgegeben. Sie unterscheiden zwischen den Gesamtkosten (Spalte 4) und den produktbezogenen Kosten (Spalten 5 und 6).

Für die Spalte der Gesamtkosten gilt:

- ✔ Die Einzelkosten haben Sie aus Ihrer Betriebsbuchhaltung jeweils als Gesamtwert übernommen.
- ✔ Die Gemeinkosten der Hauptkostenstellen haben Sie aus dem Betriebsabrechnungsbogen als Summe übernommen.
- ✔ Anschließend haben Sie die Gemeinkostenzuschlagssätze für die einzelnen Kostenstellen berechnet (siehe auch Kapitel 14).

Für die Spalten Produkt A und Produkt B gilt:

- ✔ Die Einzelkosten kennen Sie aus Ihrer Betriebsbuchhaltung und können Sie direkt übernehmen.
- ✔ Sie verwenden die Gemeinkostenzuschlagssätze, die Sie im Rahmen der Kostenstellenrechnung ermittelt haben, und berechnen daraus die Gemeinkosten der einzelnen Bereiche.

	Kalkulationsschema	Prozent	Gesamt	Produkt A	Produkt B
	Fertigungsmaterial		20.000 €	5.000 €	15.000 €
+	Materialgemeinkosten	10	2.000 €	500 €	1.500 €
=	**Materialkosten (I)**		**22.000 €**	**5.500 €**	**16.500 €**
	Fertigungslöhne		30.000 €	10.000 €	20.000 €
+	Fertigungsgemeinkosten	150	45.000 €	15.000 €	30.000 €
+	Sondereinzelkosten der Fertigung		3.000 €	1.000 €	2.000 €
=	**Fertigungskosten (II)**		**78.000 €**	**26.000 €**	**52.000 €**
=	**Herstellkosten der Erzeugung (I + II)**		**100.000 €**	**31.500 €**	**68.500 €**
+	Minderbestand		1.600 €	600 €	1.000 €
–	Mehrbestand		1.200 €	800 €	400 €
–	Aktivierte Eigenleistungen		800 €	0 €	800 €
=	**Herstellkosten des Umsatzes**		**99.600 €**	**31.300 €**	**68.300 €**
+	Verwaltungsgemeinkosten	8	7.968 €	2.504 €	5.464 €
+	Vertriebsgemeinkosten	6	5.976 €	1.878 €	4.098 €
+	Sondereinzelkosten des Vertriebs		456 €	56 €	400 €
=	**Selbstkosten des Umsatzes**		**114.000 €**	**35.738 €**	**78.262 €**

Tabelle 16.12: Kostenträgerblatt (Betriebsabrechnungsbogen II)

Berechnen Sie jetzt das Betriebsergebnis in Tabelle 16.13. Die Umsatzerlöse liegen Ihnen aus der Betriebsbuchhaltung als Gesamtwert und produktbezogen vor. Ziehen Sie die Selbstkosten des Umsatzes aus Tabelle 16.12 von den Umsatzerlösen ab, erhalten Sie das Betriebsergebnis für Ihr Unternehmen. Gleichzeitig haben Sie Informationen über den Erfolg Ihrer einzelnen Produkte gewonnen.

	Berechnung	Gesamt	Produkt A	Produkt B
	Umsatzerlöse	150.000 €	40.000 €	110.000 €
–	Selbstkosten des Umsatzes	114.000 €	35.738 €	78.262 €
=	**Betriebsergebnis**	**36.000 €**	**4.262 €**	**31.738 €**

Tabelle 16.13: Betriebsergebnis der Periode

Die in Tabelle 16.12 und Tabelle 16.13 vorliegenden Informationen übertragen Sie jetzt in das Berechnungsschema für das Umsatzkostenverfahren (Tabelle 16.11). Tabelle 16.14 zeigt Ihnen das Ergebnis.

Betriebsergebnisrechnung Umsatzkostenverfahren (UKV) – Staffelform				
	Berechnung	**Gesamt**	**Produkt A**	**Produkt B**
	Umsatzerlöse der Periode	150.000 €	40.000 €	110.000 €
–	Herstellkosten der abgesetzten Menge (Herstellkosten des Umsatzes)	99.600 €	31.300 €	68.300 €
–	Verwaltungskosten der abgesetzten Menge	7.968 €	2.504 €	5.464 €
–	Vertriebskosten der abgesetzten Menge	5.976 €	1.878 €	4.098 €
		456 €	56 €	400 €
=	**Betriebsergebnis**	**36.000 €**	**4.262 €**	**31.738 €**

Tabelle 16.14: Produktbezogene Betriebsergebnisrechnung in Staffelform

In Prüfungsaufgaben liegt der Schwerpunkt in der Regel auf einem Vergleich von Umsatzkostenverfahren und Gesamtkostenverfahren. Dabei werden die Daten aus dem Kostenträgerblatt häufig vorgegeben, sodass Sie die Gegenüberstellung beider Verfahren in Staffelform durchführen können (siehe Tabelle 16.7 und Tabelle 16.11).

Umsatzkostenverfahren auf Teilkostenbasis

Das *Umsatzkostenverfahren auf Teilkostenbasis* trennt die Kosten in fixe und variable Anteile.

Vorteile des Umsatzkostenverfahrens auf Teilkostenbasis sind:

- ✔ Die Kosten werden in fixe und variable Bestandteile getrennt.
- ✔ Die Deckungsbeiträge der Produkte geben Ihnen Auskunft darüber, welchen Beitrag die einzelnen Produkte zur Deckung der Fixkosten leisten.

✔ Die Deckungsbeiträge eignen sich als Entscheidungsgrundlage.

Das Grundschema zur Berechnung des Betriebsergebnisses in Staffelform aus Tabelle 16.11, angepasst an die Teilkostenrechnung, ist in Tabelle 16.15 dargestellt.

Betriebsergebnisrechnung Umsatzkostenverfahren auf Teilkostenrechnung				
	Berechnung	**Produkt A**	**Produkt B**	**Gesamt**
	Umsatzerlöse			
–	variable Herstellkosten der abgesetzten Produkte			
–	variable Verwaltungs- und Vertriebskosten der abgesetzten Produkte			
=	**Deckungsbeitrag**			
–	fixe Herstellkosten			
–	fixe Verwaltungs- und Vertriebskosten			
=	**Betriebsergebnis**			

Tabelle 16.15: Umsatzkostenverfahren auf Teilkostenbasis in Staffelform

Hier wird davon ausgegangen, dass die Fixkosten für das gesamte Unternehmen anfallen. Fixkosten können auch produktbezogen auftreten. In diesem Fall führen Sie eine *mehrstufige Deckungsbeitragsrechnung* durch (siehe Kapitel 17).

BEISPIEL

Sie werden beauftragt, die Betriebsergebnisrechnung in Ihrem Unternehmen mithilfe des Umsatzkostenverfahrens auf Teilkostenbasis durchzuführen. Für Februar liegen Ihnen die in Tabelle 16.16 gezeigten Zahlen vor.

	Produkt X	**Produkt Y**
Absatzmenge	8.000 Stück	12.000 Stück
Absatzpreis pro Stück	20 €	18 €
variable Herstellkosten der abgesetzten Menge (HK) pro Stück	10 €	12 €
variable Verwaltungs- und Vertriebskosten der abgesetzten Menge	2.000 €	3.000 €

Tabelle 16.16: Ihre Datenbasis

Außerdem wissen Sie:

✔ Fixe Herstellkosten fallen in Höhe von 60.000 € an.

✔ Die fixen Verwaltungs- und Vertriebskosten betragen insgesamt 40.000 €.

Setzen Sie die Daten in Ihr Berechnungsschema (Tabelle 16.15) ein, ergibt sich das in Tabelle 16.17 gezeigte Ergebnis.

	Betriebsergebnisrechnung Umsatzkostenverfahren auf Teilkostenrechnung			
	Berechnung	**Produkt X**	**Produkt Y**	**Gesamt**
	Umsatzerlöse	160.000 €	216.000 €	376.000 €
–	variable Herstellkosten der abgesetzten Produkte	80.000 €	144.000 €	224.000 €
–	variable Verwaltungs- und Vertriebskosten der abgesetzten Produkte	2.000 €	3.000 €	5.000 €
=	**Deckungsbeitrag**	**78.000 €**	**69.000 €**	**147.000 €**
–	fixe Herstellkosten			60.000 €
–	fixe Verwaltungs- und Vertriebskosten			40.000 €
=	**Betriebsergebnis**			**47.000 €**

Tabelle 16.17: Beispiel zur Berechnung des Betriebsergebnisses auf Teilkostenbasis

Kennzahlen

Kennzahlen setzen Sie in der *kurzfristigen Erfolgsrechnung* ein, um Ihre Unternehmenssituation besser einschätzen zu können. Kennzahlen verwenden Sie, um

- ✔ Ihre Ziele messbar zu machen
- ✔ die Entwicklung Ihres Erfolgs insgesamt oder produktbezogen über mehrere Perioden beobachten zu können
- ✔ steuernd eingreifen zu können, wenn Ihre Kennzahlen von den Zielwerten abweichen
- ✔ Ihr Unternehmen mit anderen Unternehmen Ihrer Branche zu vergleichen

Wirtschaftlichkeit

Die *Wirtschaftlichkeit* drückt das Verhältnis zwischen Leistungen und Kosten bewertet in Geldeinheiten aus. Sie können die Kennzahl für das gesamte Unternehmen oder auch für einzelne Produkte berechnen. Der Produktbezug setzt voraus, dass Sie das *Umsatzkostenverfahren* anwenden.

$$Wirtschaftlichkeit = \frac{Leistungen}{Kosten}$$

Dabei können die in Tabelle 16.18 dargestellten Ausprägungen auftreten.

Verhältnis	Wirtschaftlichkeit	Betriebsergebnis
Leistungen = Kosten	= 1	null
Leistungen > Kosten	> 1	Es wird Gewinn erzielt
Leistungen < Kosten	< 1	Es wird Verlust gemacht

Tabelle 16.18: Ausprägungen der Wirtschaftlichkeit

BEISPIEL

In Ihrem Unternehmen werden Gummistiefel und Regenjacken produziert. Ihnen liegen aus der produktbezogenen Betriebsergebnisrechnung die in Tabelle 16.19 angegebenen Daten vor.

Produkt	Leistungen (Umsatzerlöse)	Kosten
Gummistiefel	120.000 €	100.000 €
Regenjacken	150.000 €	200.000 €

Tabelle 16.19: Beispiel Wirtschaftlichkeitsberechnung

Prüfen Sie die Wirtschaftlichkeit der Gummistiefel und der Regenjacken:

$$\textit{Wirtschaftlichkeit Gummistiefel} = \frac{120.000\,€}{100.000\,€} = 1{,}2$$

Ergebnis:

1 € Kosten stehen Leistungen in Höhe von 1,20 € gegenüber. Für jeden eingesetzten Euro erhalten Sie also einen Gewinn in Höhe von 0,20 €.

$$\textit{Wirtschaftlichkeit Regenjacken} = \frac{150.000\,€}{200.000\,€} = 0{,}75$$

Ergebnis:

Wenn Sie 1 € Kosten einsetzten, erhalten Sie nur 0,75 € Leistungen in Form von Umsatzerlösen. Pro eingesetztem Euro machen Sie einen Verlust in Höhe von 0,25 €.

Umsatzrentabilität

Die *Umsatzrentabilität* drückt das prozentuale Verhältnis zwischen Betriebsergebnis und Umsatzerlösen aus. Wenn Sie das Betriebsergebnis nach dem *Umsatzkostenverfahren* berechnen, können Sie die Umsatzrentabilität zusätzlich produktbezogen ermitteln.

$$\textit{Umsatzrentabilität} = \frac{\textit{Betriebsergebnis}}{\textit{Umsatzerlöse}} * 100$$

In der Literatur finden sich verschiedene Begriffe für den gleichen Sachverhalt:

- ✔ Die *Umsatzrentabilität* wird auch als *Umsatzrendite* bezeichnet
- ✔ Das *Betriebsergebnis* wird auch als *Gewinn* bezeichnet. Dabei bezieht sich der Gewinn nur auf den aus dem Betriebszweck erzielten Erfolg. Er stimmt nicht mit dem Gewinn der Finanzbuchhaltung überein.

Ihr Unternehmen produziert Gummistiefel und Regenjacken. Ihnen liegen aus der produktbezogenen Betriebsergebnisrechnung die in Tabelle 16.20 gezeigten Daten vor.

Produkt	Leistungen (Umsatzerlöse)	Kosten	Betriebsergebnis
Gummistiefel	120.000 €	100.000 €	20.000 €
Regenjacken	150.000 €	200.000 €	– 50.000 €

Tabelle 16.20: Ausgangsdaten

Berechnen Sie die Umsatzrentabilität der einzelnen Produkte:

$$Umsatzrentabilität\,Gummistiefel = \frac{20.000\ €}{120.000\ €} * 100 = 16{,}67\%$$

Ergebnis Gummistiefel:

Mit jedem Euro Umsatzerlös erzielen Sie 0,167 € Gewinn.

$$Umsatzrentabilität\ Regenjacken = \frac{-50.000\,€}{150.000\,€} * 100 = -33{,}33\ \%$$

Ergebnis Regenjacken:

Für jeden Euro Umsatzerlös zahlen Sie 0,33 € drauf.

IN DIESEM KAPITEL

Grundlagen der einstufigen und mehrstufigen Deckungsbeitragsrechnung

Einsatz der Deckungsbeitragsrechnung zur Entscheidungsfindung

Entscheidungen unter Berücksichtigung von Kapazitätsengpässen

Kapitel 17
Entscheidungsrechnung

In diesem Kapitel steht die *Teilkostenrechnung* im Mittelpunkt. Zunächst erhalten Sie eine Einführung in den Aufbau der Deckungsbeitragsrechnung. Anschließend werden Ihnen die Instrumente der Deckungsbeitragsrechnung vorgestellt, die Sie zur Entscheidungsfindung und Problemlösung einsetzen können.

Unterscheiden: Einstufige und mehrstufige Deckungsbeitragsrechnung

Wenn Sie die Deckungsbeitragsrechnung einsetzen wollen, müssen Sie Ihr Betriebsergebnis nach dem Umsatzkostenverfahren auf Teilkostenbasis ermitteln. Nur dann stehen Ihnen die benötigten produktbezogenen Informationen zur Verfügung (siehe Kapitel 16).

Einstufige Deckungsbeitragsrechnung

Bei der *einstufigen Deckungsbeitragsrechnung* gehen Sie davon aus, dass die Fixkosten für das gesamte Unternehmen anfallen und keine Zuordnung auf die Produkte erfolgt. Die Berechnung des Betriebsergebnisses erfolgt in zwei Schritten:

- ✔ Sie ziehen die variablen Kosten von den Umsatzerlösen ab und ermitteln die Deckungsbeiträge der einzelnen Produkte.
- ✔ Sie ziehen die unternehmensfixen Kosten von der Summe aller Deckungsbeiträge ab und erhalten das Betriebsergebnis.

Tabelle 17.1 zeigt Ihnen die Berechnung mit den entsprechenden Formelbezeichnungen.

	Berechnung	Formel	Kurzform
	Umsatzerlöse (U)	Absatzpreis * Absatzmenge	$U = p * x$
–	Variable Kosten (K_v)	Variable Stückkosten * Absatzmenge	$K_v = k_v * x$
=	**Deckungsbeitrag (DB)**	**Umsatzerlöse – variable Kosten**	$\mathbf{DB = U - K_v}$
–	Unternehmensfixe Kosten (K_f)		K_f
=	**Betriebsergebnis (BE)**		$\mathbf{DB - K_f}$

Tabelle 17.1: Aufbau der einstufigen Deckungsbeitragsrechnung

In den Formeln werden Großbuchstaben für Gesamtgrößen und Kleinbuchstaben für Stückgrößen verwendet, wie Tabelle 17.2 zeigt.

Symbol	Bedeutung
U	Umsatzerlöse
K_v	Variable Gesamtkosten
K_f	Fixe Gesamtkosten
p	Absatzpreis pro Stück
k_v	Variable Kosten pro Stück
BE	Betriebsergebnis

Tabelle 17.2: Formelschreibweise

Der *Deckungsbeitrag* ist der Teil der Umsatzerlöse, der nach Abzug der variablen Kosten zur Deckung der Fixkosten übrig bleibt.

BEISPIEL

Für Ihr Unternehmen werden Strandliegen und Sonnenschirme produziert und abgesetzt. Für Juli liegen Ihnen die in der Tabelle 17.3 gezeigten Daten vor.

	Strandliegen	Sonnenschirme
Absatzmenge	2.000 Stück	5.000 Stück
Absatzpreis	50 €	25 €
Variable Stückkosten	40 €	12 €
Fixkosten des Unternehmens: 56.000 €		

Tabelle 17.3: Ausgangsdaten

Berechnen Sie das Betriebsergebnis nach dem Schema in Tabelle 17.1. Das Ergebnis sehen Sie in Tabelle 17.4.

Die Deckungsbeiträge der Strandliegen und der Sonnenschirme sind positiv. Beide Produkte tragen zur Deckung der Fixkosten bei. Nach Abzug der Fixkosten bleibt ein Betriebsergebnis in Höhe von 29.000 €.

	Strandliegen	Sonnenschirme	Gesamt
Umsatzerlöse	100.000 €	125.000 €	225.000 €
– variable Kosten	80.000 €	60.000 €	140.000 €
= Deckungsbeitrag	**20.000 €**	**65.000 €**	**85.000 €**
– Fixkosten			56.000 €
= Betriebsergebnis			**29.000 €**

Tabelle 17.4: Ergebnis der Betriebsergebnisrechnung

Wenn Sie die Deckungsbeitragsrechnung einsetzen möchten, um Entscheidungen vorzubereiten, brauchen Sie die Stückdeckungsbeiträge. Tabelle 17.5 zeigt Ihnen das Berechnungsschema.

	Berechnung	Kurzform
	Preis	p
–	Variable Stückkosten	$- k_v$
=	**Stückdeckungsbeitrag**	**= db**

Tabelle 17.5: Berechnung der Stückdeckungsbeiträge

Kennen Sie den Stückdeckungsbeitrag, können Sie die Deckungsbeiträge auch berechnen aus:

$DB = db * x$.

Damit sparen Sie Zeit, da Sie auf die Berechnung der Umsatzerlöse und variablen Kosten verzichten können (außer, sie sind ausdrücklich gefragt).

BEISPIEL

Ihren liegen für Juli die in Tabelle 17.6 gezeigten Zahlen vor.

	Strandliegen	Sonnenschirme
Absatzmenge	2.000 Stück	5.000 Stück
Absatzpreis	50 €	25 €
Variable Stückkosten	40 €	12 €
Fixkosten des Unternehmens: 56.000 €		

Tabelle 17.6: Ausgangsdaten Stückdeckungsbeitragsrechnung

Berechnen Sie die Stückdeckungsbeiträge für Ihre Produkte, ergibt sich das in Tabelle 17.7 gezeigte Ergebnis.

	Berechnung	Strandliegen	Sonnenschirme
	Preis	50 €	25 €
–	variable Stückkosten	40 €	12 €
=	**Stückdeckungsbeitrag**	**10 €**	**13 €**

Tabelle 17.7: Die von Ihnen errechneten Stückdeckungsbeiträge

Der Stückdeckungsbeitrag beider Produkte ist positiv. Die Strandliegen tragen pro Stück mit 10 €, die Sonnenschirme mit 13 € zur Deckung der Fixkosten bei.

Stückdeckungsbeiträge verwenden Sie als Entscheidungsgrundlage für die:

- ✔ Sortimentsauswahl
- ✔ Annahme oder Ablehnung von Aufträgen
- ✔ Ermittlung der kurzfristigen und langfristige Preisuntergrenze
- ✔ Ermittlung des optimalen Produktionsprogramms

Die ausführliche Behandlung dieser Themen finden Sie in diesem Kapitel.

Mehrstufige Deckungsbeitragsrechnung

Bei der *mehrstufigen Deckungsbeitragsrechnung* sehen Sie sich Ihre Fixkosten genauer an. Dabei unterscheiden Sie in:

- ✔ **produktfixe Kosten,** die den einzelnen Produkten unmittelbar zugeordnet werden können

  Beispiel: kalkulatorische Abschreibungen oder kalkulatorische Zinsen für eine Maschine, auf der nur ein Produkt produziert wird

- ✔ **produktgruppenfixe Kosten,** die für einen Teil Ihrer Produkte anfallen

  Beispiel: Leasinggebühren für Tiefkühltruhen, in denen Sie verschiedene Gemüsesorten lagern

- ✔ **bereichsfixe Kosten,** die für einen in sich abgeschlossenen Unternehmensbereich anfallen

  Beispiel: Miete für eine Lagerhalle, in der mehrere Produktgruppen gelagert werden.

- ✔ **unternehmensfixe Kosten,** für die es keine Zuordnungsmöglichkeit gibt

  Beispiel: Gehälter der Geschäftsführer, Miete für die Verwaltung, Versicherungsbeiträge

Wenn Sie die unterschiedlichen Fixkosten in Ihrer Betriebsergebnisrechnung berücksichtigen, ergibt sich das Berechnungsschema in Tabelle 17.8.

	Berechnung
	Umsatzerlöse des Produkts
–	variable Kosten des Produkts
=	**Deckungsbeitrag I des Produkts**
–	produktfixe Kosten
=	**Deckungsbeitrag II des Produkts**
–	Fixkosten der Produktgruppe
=	**Deckungsbeitrag III der Produktgruppe**
–	Fixkosten des Bereichs
=	**Deckungsbeitrag IV des Bereichs**
–	unternehmensfixe Kosten
=	**Betriebsergebnis**

Tabelle 17.8: Schema der mehrstufigen Deckungsbeitragsrechnung

Durch die differenzierte Zuordnung der Fixkosten sehen Sie, welche Fixkosten mittelfristig wegfallen, wenn Sie die Produktion eines Produktes, einer Produktgruppe oder eines Bereichs einstellen.

Die mehrstufige Deckungsbeitragsrechnung wird auch als *Fixkostendeckungsrechnung* bezeichnet.

Mithilfe der mehrstufigen Deckungsbeitragsrechnung entscheiden Sie, welche Produkte Sie in Ihrem Sortiment lassen und welche Produkte Sie herausnehmen.

Sobald ein Deckungsbeitrag negativ ist, prüfen Sie zunächst:

✔ **in welcher Beziehung die Produkte zueinanderstehen**

- Handelt es sich um *komplementäre Produkte*, die voneinander abhängen, können Sie die Produktion eines Produktes nicht ohne Folgen für das andere Produkt einstellen.

  Beispiel: Sie produzieren Drucker mit einem negativen Deckungsbeitrag und Druckerfarbe mit einem positiven Deckungsbeitrag. Stellen Sie die Produktion von Druckern ein, brauchen Sie auch keine Druckerfarbe mehr zu produzieren. Hier müssen Sie die Deckungsbeiträge beider Produkte zusammen betrachten.

- Handelt es sich um *substitutive Produkte*, die nicht voneinander abhängen, können Sie sie durch Produkte mit positivem Deckungsbeitrag ersetzen.

  Beispiel: Produzieren Sie Butter und Margarine, können Sie beispielsweise die Produktion von Butter einstellen, wenn der Deckungsbeitrag negativ ist. Ihre Produktion von Margarine wird dadurch nicht beeinflusst.

✔ **in welcher Phase des Produktlebenszyklus sich das Produkt befindet**

- Für *Produkte am Ende ihres Produktlebenszyklus* liegt die Einstellung der Produktion nahe.

  Beispiel: Die Nachfrage nach Videokassetten ist in den letzten Jahren stark zurückgegangen.

- Für *Produkte zu Beginn des Produktlebenszyklus* können negative Stückdeckungsbeiträge hingenommen werden, um beispielsweise durch eine Niedrigpreisstrategie Kunden zu gewinnen.

✔ **ob die variablen Kosten gesenkt werden können**

Beispiel: Sie könnten mit Ihren Lieferanten über günstigere Einkaufspreise für Materialien verhandeln oder durch den Wechsel des Stromanbieters Ihre variablen Stromkosten in der Produktion senken.

✔ **ob die Absatzpreise ohne Einbußen bei den Absatzmengen erhöht werden können**

Beispiel: Sie starten eine Werbeaktion, in der Sie die Preissteigerung mit der besonderen Qualität Ihres Produktes begründen. Aber Achtung: Die Kosten der Werbeaktion dürfen die zusätzlichen Umsatzerlöse nicht übersteigen.

BEISPIEL

In Ihrem Unternehmen werden fünf verschiedene Produkte A, B, C, D und E produziert. Tabelle 17.9 zeigt Ihnen die vorliegenden Daten für die mehrstufige Deckungsbeitragsrechnung.

	Bereich I				Bereich II
	Produktgruppe		Produktgruppe		
	A	B	C	D	E
Absatzpreis	25 €	12 €	14 €	30 €	20 €
variable Stückkosten	8 €	10 €	15 €	27 €	14 €
Absatzmenge	200 Stück	120 Stück	50 Stück	40 Stück	80 Stück
produktfixe Kosten	10 €	80 €	40 €	60 €	70 €
Fixkosten der Produktgruppe	500 €		200 €		0 €
Fixkosten des Bereichs	200 €				300 €
unternehmensfixe Kosten	150 €				

Tabelle 17.9: Ausgangsdaten mehrstufige Deckungsbeitragsrechnung

Übertragen Sie die Daten aus Tabelle 17.9 in das Berechnungsschema der Tabelle 17.8. Das Ergebnis zeigt Ihnen Tabelle 17.10.

	Berechnung	A	B	C	D	E	Summe
	Umsatzerlöse des Produkts	5.000 €	1.440 €	700 €	1.200 €	1.600 €	9.940 €
–	variable Kosten des Produkts	1.600 €	1.200 €	750 €	1.080 €	1.120 €	5.750 €
=	**Deckungsbeitrag I des Produkts**	**3.400 €**	**240 €**	**– 50 €**	**120 €**	**480 €**	**4.190 €**
–	produktfixe Kosten	10 €	80 €	40 €	60 €	70 €	260 €
=	**Deckungsbeitrag II des Produkts**	**3.390 €**	**160 €**	**– 90 €**	**60 €**	**410 €**	**3.930 €**
–	Fixkosten der Produktgruppe	500 €		200 €		0 €	700 €
=	**Deckungsbeitrag III der Produktgruppe**	**3.050 €**		**– 230 €**		**410 €**	**3.230 €**
–	Fixkosten des Bereichs		200 €			300 €	500 €
=	**Deckungsbeitrag IV des Bereichs**		**2.620 €**			**110 €**	**2.730 €**
–	unternehmensfixe Kosten						150 €
=	**Betriebsergebnis**						**2.580 €**

Tabelle 17.10: Beispiel für die mehrstufige Deckungsbeitragsrechnung

Die Analyse der mehrstufigen Deckungsbeitragsrechnung in Tabelle 17.10 zeigt:

✔ Produkte A, B, E

- Die Deckungsbeiträge I bis IV sind positiv.
- Diese Produkte tragen zur Deckung der Fixkosten bei.

✔ Produkte C, D

- Der Deckungsbeitrag I und Deckungsbeitrag II von Produkt C sind negativ. Gelingt es Ihnen nicht, die variablen Kosten zu senken beziehungsweise den Absatzpreis ohne eine Reduzierung der Absatzmenge zu erhöhen, nehmen Sie das Produkt C aus dem Produktionsprogramm. Da Produkt D zur gleichen Produktgruppe gehört, prüfen Sie vorher noch, ob die Produkte C und D voneinander abhängen.
- Der Deckungsbeitrag III der Produktgruppe C und D ist negativ. Hier stellt sich die Frage, ob die gesamte Produktgruppe abgebaut werden kann. Damit würden Sie Ihr Betriebsergebnis um 230 € erhöhen.

Spitz auf Knopf kalkuliert: Break-even-Analyse

Im Folgenden werden die Instrumente vorgestellt, die Ihnen zur Entscheidungsfindung für verschiedene Problemstellungen zur Verfügung stehen.

In der *Break-even-Analyse* ermitteln Sie die Absatzmenge, bei der Ihre Umsatzerlöse und Kosten gleich hoch sind und Ihr Gewinn gleich null ist.

Die Absatzmenge, bei der gilt:

Umsatzerlöse = Kosten

wird als *Break-even-Point* oder *Gewinnschwellenmenge* bezeichnet.

Mithilfe der Break-even-Analyse können Sie folgende Fragestellungen beantworten:

- ✔ Welche Menge müssen Sie mindestens absetzen, um einen Gewinn zu erzielen?
- ✔ Welchen Einfluss haben Veränderungen Ihrer Preise, variablen Stückkosten oder Fixkosten auf die Gewinnschwellenmenge?
- ✔ Welche Maßnahmen sind erforderlich, um die Gewinnzone zu erreichen?

Einstufige Break-even-Analyse

Produzieren Sie in Ihrem Unternehmen nur ein Produkt, können Sie die fixen und variablen Kosten eindeutig zuordnen. Zusammen mit den Umsatzerlösen lässt sich die Absatzmenge bestimmen, bei der Ihre Gewinnschwelle erreicht wird.

Die einstufige Break-even-Analyse wird in Unternehmen angewendet, die nur ein Produkt produzieren und absetzen.

Ausgangspunkt für die Berechnung der Gewinnschwellenmenge sind die Kostenfunktion K(x) und die Erlösfunktion U(x).

Lineare Kostenfunktion:

$$(1)\ K(x) = K_f + k_v * x$$

Die Kostenfunktion setzt sich zusammen aus den Fixkosten K_f und den variablen Stückkosten k_v multipliziert mit der Menge x.

Lineare Erlösfunktion:

$$(2)\ U(x) = p * x$$

Die Umsatzerlöse errechnen Sie aus dem Preis p multipliziert mit der Menge x.

Wollen Sie den Break-even-Point berechnen, gehen Sie folgendermaßen vor:

1. Setzen Sie die Funktionen (1) und (2) gleich:

   $$(3)\ U(x) = K(x)$$

   daraus ergibt sich:

   $$(4)\ p * x = K_f + k_v * x$$

2. Formen Sie Gleichung (4) so um, dass Ihre Menge x allein auf einer Seite steht. Damit bestimmen Sie die Menge, für die diese Bedingung gilt.

   Dazu ziehen Sie den Term k_v * x auf beiden Seiten der Gleichung ab und erhalten:

   $$(5)\ p * x - k_v * x = K_f$$

3. Klammern Sie auf der linken Seite der Gleichung (5) die Menge x aus:

   $$(6)\ x * (p - k_v) = K_f$$

4. Dividieren Sie jetzt beide Seiten der Gleichung durch die Menge x, erhalten Sie:

   $$(7)\ x_{BEP} = \frac{K_f}{p - k_v}$$

5. Fassen Sie nun den Nenner der Gleichung (7) zusammenfassen, da der Term $(p - k_v)$ den Stückdeckungsbeitrag db angibt:

   $$(8)\ x_{BEP} = \frac{K_f}{db}$$

   x_{BEP} bezeichnet die Gewinnschwellenmenge am Break-even-Punkt.

Die Gewinnschwellenmenge wird immer auf volle Stückzahlen aufgerundet, da Sie keine halben Produkte verkaufen.

Sehen Sie sich die Gleichung (6) noch einmal genauer an, erkennen Sie, dass auf der linken Seite der Deckungsbeitrag steht:

$$(6)\ x * (p - k_v) = K_f$$

Wenn Sie die Klammer in Gleichung (6) auflösen, erhalten Sie:

$$(6)\ \text{p} * x - k_v * \text{x} = K_f$$

$$\text{DB} = K_f$$

Daraus ergeben sich die Regeln:

$DB = K_f$	Der Deckungsbeitrag reicht gerade aus, um die Fixkosten zu decken. Sie befinden sich im Break-even-Punkt.
$DB < K_f$	Der Deckungsbeitrag reicht nicht aus, um die Fixkosten zu decken. Sie befinden sich unterhalb des Break-even-Punktes und machen Verlust.
$DB > K_f$	Der Deckungsbeitrag übersteigt die Fixkosten. Sie befinden sich oberhalb des Break-even-Punktes und erzielen Gewinn.

In der Prüfung wird von Ihnen erwartet, dass Sie die Kosten- und Erlösfunktion mathematisch umformen können. Für beide Funktionen wird ein linearer Verlauf angenommen.

BEISPIEL

In Ihrem Unternehmen werden ausschließlich Vogelhäuser der Marke »Piepmatz« hergestellt und abgesetzt.

Für die Kosten und Erlöse liegen Ihnen für Februar folgende Informationen vor:

- Der Preis p beträgt 45 € pro Stück.
- Die variablen Stückkosten k_v betragen 20 € pro Stück.
- Die fixen Kosten fallen in Höhe von 5.000 € an.

Wenn Sie die Break-even-Menge berechnen wollen, gehen Sie so vor:

1. Stellen Sie zunächst die Erlös- und Kostenfunktion auf, indem Sie alle Ihnen bekannten Werte einsetzen:

   Erlösfunktion: $U(x) = 45 * x$

   Kostenfunktion: $K(x) = 5.000 + 20 * x$

2. Setzen Sie die Kosten- und Erlösfunktion gleich, um die Menge herauszubekommen, bei der Ihr Gewinn gleich null ist.

   $45 * x = 5.000 + 20 * x$

3. Ziehen Sie den Term (20 * x) auf beiden Seiten der Gleichung ab, dann ergibt sich:

   $45 * x - 20 * x = 5.000$

4. Fassen Sie die linke Seite zusammen, indem Sie das x ausklammern:

   $x * (45 - 20) = 5.000$

5. Teilen Sie die Gleichung auf beiden Seiten durch den Term (45 – 20):

   $$x_{BEP} = \frac{5.000}{45 - 20}$$

   Das ist die Break-even-Formel aus der Formelsammlung. Sie erhalten:

   $x_{BEP} = 200 \text{Stück}$

Das Ergebnis sagt Ihnen:

- Sie müssen 200 Vogelhäuser verkaufen, um Ihre Gewinnschwelle zu erreichen.
- Ab einer Absatzmenge von 201 Vogelhäusern erzielen Sie einen Gewinn.
- Verkaufen Sie weniger als 200 Vogelhäuser, machen Sie Verlust.

Die Break-even-Analyse lässt sich auch gut grafisch veranschaulichen. Dafür tragen Sie Ihre Erlös- und Kostenfunktion in ein Koordinatensystem ein. Ihr Break-even-Punkt liegt bei der Menge, an der sich die Kosten- und Erlösfunktion schneiden.

BEISPIEL

In Ihrem Unternehmen produzieren Sie nur Vogelhäuser der Marke »Piepmatz«. Ihnen liegen für Februar folgende Daten vor:

- ✔ Der Preis p beträgt 45 € pro Stück.
- ✔ Die variablen Stückkosten k_v betragen 20 € pro Stück.
- ✔ Die fixen Kosten fallen in Höhe von 5.000 € an.

Daraus ergeben sich:

- ✔ Erlösfunktion: $U(x) = 45 * x$
- ✔ Kostenfunktion: $K(x) = 5.000 + 20 * x$

Um die Kosten- und Erlösfunktion grafisch darzustellen, erstellen Sie eine Wertetabelle. Berechnen Sie die Erlöse und Kosten für verschiedene Mengen, ergeben sich die in Tabelle 17.11 gezeigten Werte.

Menge	Variable Kosten	Fixe Kosten	Gesamtkosten	Erlöse	Betriebsergebnis
x	K_v	K_f	K	U	BE
0 Stück	0 €	5.000 €	5.000 €	0 €	–5.000 €
100 Stück	2.000 €	5.000 €	7.000 €	4.500 €	–2.500 €
200 Stück	4.000 €	5.000 €	9.000 €	9.000 €	0 €
300 Stück	6.000 €	5.000 €	11.000 €	13.500 €	2.500 €
400 Stück	8.000 €	5.000 €	13.000 €	18.000 €	5.000 €
500 Stück	10.000 €	5.000 €	15.000 €	22.500 €	7.500 €

Tabelle 17.11: Wertetabelle für die Erlös- und Kostenfunktion

Stellen Sie die Werte für die Kosten- und Erlösfunktion grafisch dar, ergibt sich das in Abbildung 17.1 gezeigte Bild.

Aus Ihrem Schaubild erhalten Sie folgende Informationen:

- ✔ Bei einer Absatzmenge von 0 Stück erzielen Sie einen Erlös von 0 €, es fallen aber Fixkosten in Höhe von 5.000 € an.
- ✔ Mit jedem Stück, das Sie verkaufen, fallen zusätzlich zu den Fixkosten variable Stückkosten k_v in Höhe von 20 € an.
- ✔ Bei einer Absatzmenge von 200 Stück erreichen Sie Ihren Break-even-Point. Hier sind die Umsatzerlöse und die Kosten gleich hoch:

U(x) = 45 * 200	K(x) = 5.000 + 20 * 200
U(x) = 9.000 €	K(x) = 9.000 €

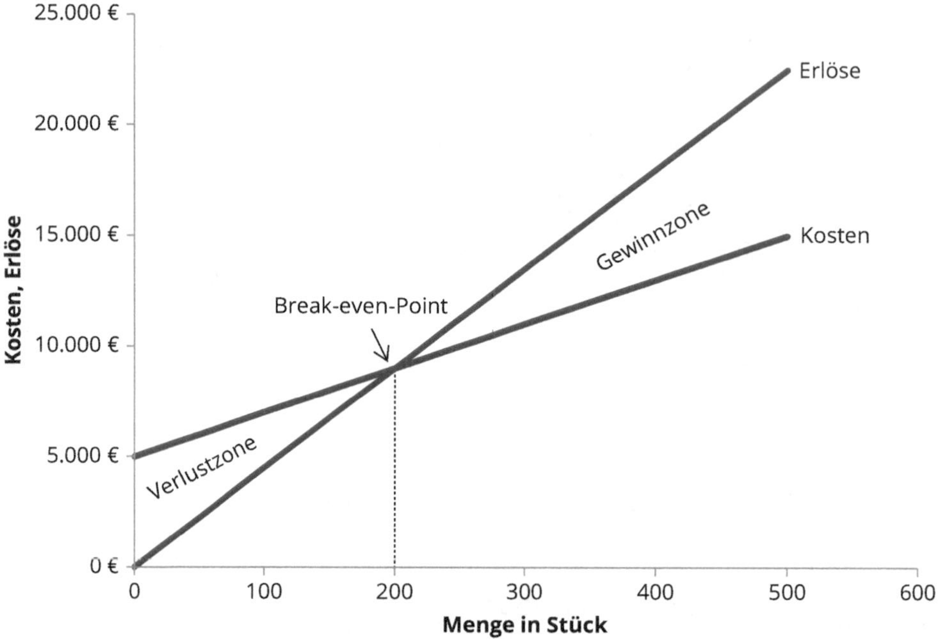

Abbildung 17.1: Der Break-even-Punkt grafisch dargestellt

Rechnerisch können Sie den Break-even-Point auch über die folgende Formel bestimmen:

$$x_{BEP} = \frac{K_f}{p - k_v}$$

$$x_{BEP} = \frac{5.000}{45 - 20} = 200\,Stück$$

Daraus ergibt sich:

- Im Break-even-Point gilt: Deckungsbeitrag = Fixkosten.
- Bei allen Mengen rechts oberhalb vom Break-even-Point erzielen Sie Gewinn:

  Deckungsbeitrag > Fixkosten.
- Bei allen Mengen links unterhalb des Break-even-Points machen Sie Verlust:

  Deckungsbeitrag < Fixkosten

Sobald sich der Preis, die variablen Stückkosten oder die Fixkosten verändern, verschiebt sich auch der Break-even-Point. In Tabelle 17.12 wird der Zusammenhang an einigen Beispielen dargestellt.

Veränderung	Erlösfunktion	Kostenfunktion	Break-even-Menge
Fixkosten steigen	keine Auswirkung	verschiebt sich um die Fixkostenerhöhung parallel zur x-Achse nach oben	steigt
Variable Stückkosten sinken	keine Auswirkung	Steigung der Funktion nimmt ab, der Fixkostenabschnitt bleibt unverändert	sinkt
Absatzpreise steigen	die Erlösfunktion wird steiler	keine Auswirkung	sinkt
Absatzmenge steigt/sinkt	keine Auswirkung	keine Auswirkung	keine Veränderung

Tabelle 17.12: Auswirkungen von Veränderungen einzelner Parameter auf den Break-even-Point

Bei einer linearen Kostenfunktion geben die variablen Stückkosten die Steigung der Funktion an. Sie sind gleichzeitig Ihre Grenzkosten.

Bei einer linearen Erlösfunktion gibt der Preis die Steigung der Funktion an.

Mehrstufige Break-even-Analyse

Die *mehrstufige Break-even-Analyse* setzen Sie immer dann ein, wenn Sie mehr als ein Produkt produzieren und verkaufen. Die Summe Ihrer Deckungsbeiträge kann durch unterschiedliche Kombinationen aus Absatzmengen und Preisen Ihrer einzelnen Produkte entstehen. Daher gibt es keine eindeutige Gewinnschwellenmenge.

Die mehrstufige Break-even-Analyse wird in Unternehmen eingesetzt, die mehr als ein Produkt produzieren und absetzen.

Als Maßstab für den Ergebnisbeitrag wird die Deckungsbeitragsumsatzquote einzelner Produkte herangezogen.

$$Deckungsbeitragsumsatzquote\,(DBU) = \frac{db}{p}\ oder\ \frac{DB}{U}$$

Die Quote ist hier als Faktor definiert, Sie können Sie aber auch in Prozent angeben:

$$Deckungsbeitragsumsatzquote\ in\,\% = \frac{db}{p} * 100\ oder\ \frac{DB}{U} * 100$$

Liegt die Deckungsbeitragsumsatzquote beispielsweise bei 0,50, beträgt der Anteil der Umsatzerlöse am Deckungsbeitrag eines Produktes 50 %.

Wenn Sie den Break-even-Umsatz bestimmen wollen, verwenden Sie die Formel:

$$Break-even-Umsatz\left(U_{BEP}\right)=\frac{DB}{DBU}$$

In Ihrem Unternehmen werden drei Produkte produziert und verkauft. Tabelle 17.13 zeigt Ihnen die Ausgangsdaten für Dezember.

	Produkt 1	Produkt 2	Produkt 3
Absatzmenge	800 Stück	300 Stück	500 Stück
Absatzpreis	100 € pro Stück	50 € pro Stück	120 € pro Stück
variable Stückkosten	75 € pro Stück	30 € pro Stück	60 € pro Stück

Tabelle 17.13: Ausgangsdaten Break-even-Analyse im Mehrproduktunternehmen

Die Fixkosten betragen 52.000 €.

Berechnen Sie zunächst Ihr Betriebsergebnis und die Deckungsbeitragsumsatzquote der einzelnen Produkte für Dezember. Tabelle 17.14 zeigt Ihnen das Ergebnis.

	Produkt 1	Produkt 2	Produkt 3	Summe
Umsatzerlöse	80.000 €	15.000 €	60.000 €	155.000 €
– variable Kosten	60.000 €	9.000 €	30.000 €	99.000 €
= Deckungsbeitrag	**20.000 €**	**6.000 €**	**30.000 €**	**56.000 €**
– Fixkosten				52.000 €
= Betriebsergebnis				**4.000 €**
Deckungsbeitragsumsatzquote	0,25	0,40	0,50	
	(25 %)	(40 %)	(50 %)	

Tabelle 17.14: Betriebsergebnisberechnung

Ihr Deckungsbeitrag in Tabelle 17.14 liegt um 4.000 € über den Fixkosten Ihres Unternehmens. Im Break-even-Punkt ist das Betriebsergebnis gleich null. Sie suchen also nach einer Absatzmengenkombination, bei der Ihr Deckungsbeitrag um 4.000 € kleiner ausfällt. Dazu sehen Sie sich zwei mögliche Kombinationen an:

1. **Anpassung von Produkt 1; Produkt 2 und 3 bleiben unverändert**

   Der Umsatz, um den Sie Produkt 1 reduzieren müssen, ergibt sich aus:

$$Break-even-Umsatz=\frac{4.000€}{0{,}25}=16.000€$$

   Der neue Umsatz beträgt: 80.000 € – 16.000 € = 64.000 €

Die Absatzmenge, um die Sie Produkt 1 reduzieren, berechnen Sie, indem Sie den Break-even-Umsatz durch den Preis dividieren:

$$Absatzmengenreduzierung = \frac{16.000\,€}{100\,€\ pro\,Stück} = 160\,Stück$$

Neue Absatzmenge Produkt 1 = 800 Stück – 160 Stück = 640 Stück

Tabelle 17.15 zeigt die Berechnung des neuen Deckungsbeitrags bei einer Menge von 640 Stück für Produkt 1.

	Produkt 1	Produkt 2	Produkt 3	Summe
Umsatzerlöse	**64.000 €**	15.000 €	60.000 €	139.000 €
– variable Kosten	**48.000 €**	9.000 €	30.000 €	87.000 €
= Deckungsbeitrag	**16.000 €**	6.000 €	30.000 €	52.000 €
– Fixkosten				52.000 €
= Betriebsergebnis				**0 €**
Absatzmenge	**640 Stück**	300 Stück	500 Stück	

Tabelle 17.15: Break-even-Analyse bei Anpassung von Produkt 1

2. **Anpassung von Produkt 2; Produkt 1 und 3 bleiben unverändert**

Führen Sie jetzt die gleiche Rechnung noch einmal für Produkt 2 durch.

$$Break-even-Umsatz = \frac{4.000\,€}{0{,}40} = 10.000\,€$$

Der neue Umsatz beträgt: 15.000 € – 10.000 € = 5.000 €

$$Absatzmengenreduzierung = \frac{10.000\,€}{50\,€\ pro\,Stück} = 200\,Stück$$

Neue Absatzmenge Produkt 2 = 300 Stück – 200 Stück = 100 Stück

Tabelle 17.16 zeigt Ihnen die angepasste Betriebsergebnisrechnung.

	Produkt 1	Produkt 2	Produkt 3	Summe
Umsatzerlöse	80.000 €	**5.000 €**	60.000 €	145.000 €
– variable Kosten	60.000 €	**3.000 €**	30.000 €	93.000 €
= Deckungsbeitrag	20.000 €	**2.000 €**	30.000 €	52.000 €
– Fixkosten				52.000 €
= Betriebsergebnis				**0 €**
Absatzmenge	800 Stück	**100 Stück**	500 Stück	

Tabelle 17.16: Break-even-Analyse bei Anpassung von Produkt 2

Es sind noch viele weitere Kombinationen möglich, probieren Sie es aus.

Holen Sie das Beste heraus: Entscheidungsvorbereitung

Die Deckungsbeitragsrechnung setzen Sie immer dann ein, wenn es um Entscheidungen im Beschaffungs-, Produktions- oder Absatzbereich geht. Im Hinterkopf haben Sie Ihr Ziel der Gewinnmaximierung.

Ausgangspunkt für alle Entscheidungen sind die *Stückdeckungsbeiträge db* Ihrer Produkte.

$db = p - k_v$

db Stückdeckungsbeitrag

p Absatzpreis oder Beschaffungspreis

k_v variable Stückkosten der Eigenfertigung oder des Fremdbezugs

Bei den *Stückdeckungsbeiträgen* unterscheiden Sie zunächst:

- **Der Stückdeckungsbeitrag ist positiv ($db > 0$, $p > k_v$):** Der Preis ist höher als die variablen Stückkosten.
- **Der Stückdeckungsbeitrag ist negativ ($db < 0$, $p < k_v$):** Der Preis ist kleiner als die variablen Stückkosten.

Zusätzlich gibt es zwei Sonderfälle:

- **Kurzfristige Preisuntergrenze ($db = 0$, $p = k_v$):** Preis und variable Stückkosten stimmen überein. Entstehen durch einen Auftrag keine zusätzlichen Fixkosten und haben Sie freie Kapazitäten zur Verfügung, können Sie den Auftrag durchführen.
- **Langfristige Preisuntergrenze ($p = k$):** Sobald Sie produktfixe Kosten vorliegen haben, müssen Sie neben den variablen Stückkosten auch die produktfixen Kosten pro Stück decken. Es gilt also:

  $$U(x) = K(x)$$

  anders ausgedrückt:

  $$p * x = K_f + k_v * x$$

  Auf Stückbasis bedeutet das:

  $$\frac{p * x}{x} = \frac{K_f}{x} + \frac{k_v * x}{x}$$

  gekürzt um x ergibt sich:

  $$p = \frac{K_f}{x} + k_v$$

Wird die letzten Formel in Stückschreibweise dargestellt, ergibt sich:

$$p = k_f + k_v$$

oder zusammengefasst:

$$p = k$$

Wenn produktfixe Kosten vorliegen, gilt die Entscheidung nur für die vorgesehene Menge. Sobald Sie die Menge verändern, verändert sich auch der Anteil der produktfixen Kosten pro Stück (Fixkostendegression).

Annahme oder Ablehnung von Aufträgen ohne Engpass

Kurzfristige Entscheidungen über die Annahme oder Ablehnung von Aufträgen werden auf der Absatzseite getroffen. Die Preisvorstellungen Ihrer Kunden können unter Ihren kalkulierten Preisen liegen. In diesem Fall prüfen Sie, ob Sie ins Geschäft kommen.

Hier geht es nur um *Zusatzaufträge*, bei denen die Preisvorstellungen der Kunden unter Ihren kalkulierten Absatzpreisen liegen.

Alle anderen Aufträge werden zu Ihren kalkulierten Preisen ausgeführt.

Ob Sie einen Auftrag annehmen oder ablehnen, hängt neben den Stückdeckungsbeiträgen auch davon ab, ob produktfixe Kosten anfallen. Dabei unterscheiden Sie:

✔ **Entscheidungsregeln ohne produktfixe Kosten**

Ihre Entscheidung treffen Sie anhand der Stückdeckungsbeiträge Ihrer Produkte. Tabelle 17.17 fasst die Regeln zusammen.

Entscheidung	Entscheidungskriterium	Nebenbedingung
Auftragsannahme	db ≥ 0, also $p \geq k_v$	kein Kapazitätsengpass, keine produktfixen Kosten
Auftragsablehnung	db < 0, also $p < k_v$	keine produktfixen Kosten

Tabelle 17.17: Entscheidungsregeln für die Auftragsannahme oder -ablehnung

Aus Tabelle 17.17 ergibt sich:

- **Auftragsannahme (db > 0, $p > k_v$):** Der Stückdeckungsbeitrag ist positiv und Sie haben noch freie Produktionskapazitäten.
- **Auftragsannahme (db = 0, $p = k_v$):** Der Preis deckt gerade die variablen Stückkosten (kurzfristige Preisuntergrenze). Die Fixkosten Ihres Unternehmens fallen unabhängig von dem Auftrag an. Das geht nur, wenn Sie über freie Produktionskapazitäten verfügen.
- **Auftragsablehnung (db < 0, $p < k_v$):** Der Stückdeckungsbeitrag ist negativ. Der Preis deckt nicht einmal die variablen Stückkosten.

✔ Entscheidungsregeln mit produktfixen Kosten

Sobald für einen Auftrag produktfixe Kosten anfallen, müssen Sie sie in Ihre Berechnung einbeziehen. Tabelle 17.18 zeigt die Regeln.

Entscheidung	Entscheidungskriterium	Nebenbedingung
Auftragsannahme	$p \geq k$	kein Kapazitätsengpass
Auftragsablehnung	$p < k$	

Tabelle 17.18: Entscheidungsregeln bei Vorliegen von produktfixen Kosten

Aus Tabelle 17.18 ergibt sich:

- **Auftragsannahme ($p > k$):** Der Preis ist größer als die Stückkosten. Die Stückkosten beinhalten die produktfixen Stückkosten für die geplante Auftragsmenge.
- **Auftragsannahme ($p = k$):** Preis und Stückkosten sind gleich hoch. Der Preis deckt die Stückkosten für die Auftragsmenge genau ab.
- **Auftragsablehnung ($p < k$):** Der Preis ist kleiner als die Stückkosten. Er reicht nicht aus, um die Stückkosten zu decken.

BEISPIEL

In Ihrem Unternehmen bieten Sie unter anderem Regenschirme der Marke »Tropf« zu einem Preis von 30 € pro Stück an. Die variablen Stückkosten betragen 25 €. Produktfixe Kosten entstehen nicht.

Ihnen liegen die in Tabelle 17.19 dargestellten Kundenanfragen über jeweils 1.000 Regenschirme vor. Ein Kapazitätsengpass liegt nicht vor. Ihre Aufgabe besteht darin, für die drei Kunden eine Entscheidung über die Auftragsannahme oder -ablehnung zu treffen.

Kundenanfrage	Preisvorstellungen
Kunde 1	p = 24 € pro Stück
Kunde 2	p = 25 € pro Stück
Kunde 3	p = 28 € pro Stück Es fallen zusätzliche produktfixe Kosten in Höhe von 500 € an. Der Kunde bestellt 1.000 Regenschirme

Tabelle 17.19: Ausgangsdaten zur Entscheidung über die Auftragsannahme

Entscheidung Kunde 1:

	p	24 €
–	k_v	25 €
=	db	–1 €

Sie lehnen den Auftrag ab, da der Stückdeckungsbeitrag negativ ist. Mit jedem verkauften Stück reduzieren Sie Ihr Betriebsergebnis um 1 €.

Entscheidung Kunde 2:

	p	25 €
–	k_v	25 €
=	db	0 €

Mit diesem Auftrag befinden Sie sich an der *kurzfristigen Preisuntergrenze.* Da Sie genügend Produktionskapazität zur Verfügung haben, nehmen Sie den Auftrag an. So besteht die Chance, dass Sie den Kunden für spätere Aufträge gewinnen.

Entscheidung Kunde 3:

Da bei Kunde 3 zusätzliche produktfixe Kosten entstehen, müssen sie in die Entscheidung einbezogen werden. In diesem Fall vergleichen Sie den Preis mit den Durchschnittskosten.

	p	28,00 €
–	k_v	25,00 €
=	**db I**	**3,00 €**
–	$\frac{K_f}{x} = \frac{500\text{ €}}{1.000\text{ €}}$	0,50 €
=	**db II**	**2,50 €**

Sie nehmen den Auftrag an, da der db II für die Absatzmenge von 1.000 Stück positiv ist.

Eigenfertigung oder Fremdbezug ohne Engpass

Ihre Entscheidung über *Eigenfertigung* oder *Fremdbezug (make or buy)* treffen Sie auf der *Beschaffungsseite.* Ob Sie Ihre Bauteile oder Produkte selbst fertigen oder von einem Lieferanten fremdbeziehen, hängt unter anderem ab von:

- ✔ den Kosten der Eigenfertigung gegenüber dem Fremdbezug
- ✔ der Auslastung Ihrer Produktionskapazitäten
- ✔ den technischen Voraussetzungen in der Produktion
- ✔ der Qualifikation der Mitarbeiter in der Produktion
- ✔ den Qualitätsunterschieden zwischen selbst gefertigten und fremdbezogenen Produkten

Die Entscheidungsregeln in der Deckungsbeitragsrechnung für Eigenfertigung oder Fremdbezug zeigt Ihnen Tabelle 17.20.

Entscheidung	Entscheidungskriterium	Nebenbedingung
Eigenfertigung	db ≥ 0, also $p \geq k_v$	kein Kapazitätsengpass, keine produktfixen Kosten
Fremdbezug	db < 0, also $p < k_v$	

Tabelle 17.20: Entscheidungsregeln für Eigenfertigung oder Fremdbezug

Sie befinden sich hier auf der Beschaffungsseite. Daher gilt:

p Beschaffungspreis bei Fremdbezug

k_v variable Herstellkosten pro Stück bei Eigenfertigung

Sie entscheiden sich nach Tabelle 17.20 für:

- **Eigenfertigung,** wenn der Beschaffungspreis p entweder über den variablen Herstellkosten k_v der Eigenfertigung liegt oder gleich hoch sind.
- **Fremdbezug,** wenn der Beschaffungspreis p unter den variablen Herstellkosten k_v liegt.

Treten bei der Eigenfertigung *produktfixe Kosten* auf, müssen Sie diese in Ihre Berechnung mit einbeziehen. In diesem Fall stellen Sie dem Beschaffungspreis die Herstellkosten pro Stück k gegenüber. Tabelle 17.21 zeigt Ihnen die veränderten Entscheidungsregeln.

Entscheidung	Entscheidungskriterium	Nebenbedingung
Eigenfertigung	$p \geq k$	kein Kapazitätsengpass
Fremdbezug	$p < k$	

Tabelle 17.21: Entscheidung bei Vorliegen von produktfixen Kosten

p Beschaffungspreis

k Herstellkosten pro Stück (mit fixem und variablem Anteil)

Ihr Unternehmen verfügt über freie Kapazitäten im Fertigungsbereich. Für die Produktion von Sonnenschirmen wird darüber nachgedacht, den Schirmständer in Zukunft selbst zu fertigen. Bisher wird er zu einem Preis von 20 € fremdbezogen.

Prüfen Sie zwei Situationen:

1. Es treten keine produktfixen Kosten auf.
2. Nehmen Sie an, für die Produktion der Schirmständer benötigen Sie noch eine Gussform. Dafür treten produktfixe Kosten in der Fertigung in Höhe von insgesamt 2.500 € auf. Sie planen mit einer Produktionsmenge von 1.000 Schirmständern.

Für die Eigenfertigung liegen Ihnen die in Tabelle 17.22 gezeigten Daten vor:

variables Fertigungsmaterial	10 € pro Stück
variable Materialgemeinkosten	10 %
variable Fertigungslöhne	18 € pro Stunde
Fertigungszeit	10 Minuten pro Stück
variable Fertigungsgemeinkosten	150 %

Tabelle 17.22: Ausgangsdaten Entscheidung Eigenfertigung oder Fremdbezug

Entscheidung für Situation 1: ohne produktfixe Kosten

Sie kalkulieren die variablen Herstellkosten pro Stück in Tabelle 17.23.

	Variable Materialkosten		10,00 €
+	Variable Materialgemeinkosten	10 %	1,00 €
=	**variable Materialkosten (I)**		**11,00 €**
	variable Fertigungslöhne $= \frac{18\,€\ \mathit{pro\ Stunde}}{60\ \mathit{Minuten}} * 10\ \mathit{Minuten}$		3,00 €
+	variable Fertigungsgemeinkosten	150 %	4,50 €
=	**variable Fertigungskosten (II)**		**7,50 €**
=	**variable Herstellkosten k_v (I + II)**		**18,50 €**

Tabelle 17.23: Kalkulation der variablen Herstellkosten pro Stück

Vergleichen Sie den Fremdbezugspreis p mit den variablen Herstellkosten k_v, ergibt sich:

$p > k_v$

$20€ > 18{,}50€$

Der Fremdbezugspreis pro Stück beträgt 20 €, die eigene Herstellung kostet aber nur 18,50 €.

Entscheidung: Eigenfertigung

Entscheidung für Situation 2: mit produktfixen Kosten

In Ihrer Kalkulation berücksichtigen Sie die produktfixen Kosten und kommen zu dem Ergebnis in Tabelle 17.24.

	Variable Materialkosten		10,00 €
+	Variable Materialgemeinkosten	10 %	1,00 €
=	**Variable Materialkosten (I)**		**11,00 €**
	Variable Fertigungslöhne		3,00 €
	$= \frac{18 \text{ €}\ \textit{pro Stunde}}{60\ \textit{Minuten}} * 10\ \textit{Minuten}$		
+	Variable Fertigungsgemeinkosten	150 %	4,50 €
+	Produktfixe Kosten Fertigung		2,50 €
	$= \frac{2.500 \text{ €}}{1.000\ \textit{Stück}}$		
=	**Fertigungskosten (II)**		**10,00 €**
=	**Herstellkosten k (I + II)**		**21,00 €**

Tabelle 17.24: Berücksichtigung von produktfixen Kosten

Entscheidungsbasis ist jetzt der Vergleich zwischen dem Fremdbezugspreis p und den Herstellkosten pro Stück k. Dabei ergibt sich für das Beispiel in Tabelle 17.24.

$$p < k$$

$$20 \text{ €} < 21 \text{ €}$$

Der Fremdbezugspreis p beträgt 20 € und liegt unter den Herstellkosten pro Stück.

Entscheidung: Fremdbezug

Optimales Produktionsprogramm

Das *optimale Produktionsprogramm* ermitteln Sie immer dann, wenn Ihre Fertigungskapazität nicht ausreicht, um das von Ihnen geplante Absatzprogramm zu produzieren. Mithilfe der *relativen Deckungsbeitragsrechnung* gelingt es Ihnen, die Absatzmengenkombination zu finden, die Ihr Betriebsergebnis für die vorhandene Fertigungskapazität maximiert.

$$\textit{relativer Deckungsbeitrag} = \frac{db}{\textit{Engpasseinheit}}$$

db Stückdeckungsbeitrag

Die Engpasseinheit kann beispielsweise die Fertigungszeit oder in Handelsunternehmen die Stellfläche sein.

Ist Ihre Fertigungszeit begrenzt, erzielen Sie das höchste Betriebsergebnis, wenn Sie die Produkte nach der Höhe ihrer relativen Stückdeckungsbeiträge sortieren. Sie beginnen mit der Produktion des Produkts, dass Ihnen den höchsten Stückdeckungsbeitrag pro Engpasseinheit liefert.

BEISPIEL

In Ihrem Unternehmen werden die Tischleuchten »Solar«, »Kosmos« und »Schein« gefertigt. Ihnen liegen die in Tabelle 17.25 gezeigten Daten für September vor.

Tischleuchte	Fertigungszeit	Absatzmenge	Absatzpreis	Variable Stückkosten
Solar	10 min/Stück	4.000 Stück	40 €	30 €
Kosmos	20 min/Stück	5.000 Stück	50 €	45 €
Schein	15 min/Stück	2.000 Stück	60 €	54 €

Tabelle 17.25: Ausgangsdaten für die relative Deckungsbeitragsrechnung

Zusätzlich kennen Sie für September:

- ✔ die Fertigungskapazität x_{max}: 160.000 Minuten (min)
- ✔ die Fixkosten K_f: 40.000 €.

Ihre Aufgabe besteht darin, das optimale Produktionsprogramm zu ermitteln. Dabei gehen Sie in drei Schritten vor:

1. Sie prüfen, ob die Kapazität für das Absatzprogramm ausreicht.
2. Sie ermitteln das optimale Produktionsprogramm.
3. Sie berechnen das Betriebsergebnis für das optimale Produktionsprogramm.

Los geht's!

1. **Prüfen Sie, ob die Kapazität für das Absatzprogramm ausreicht.**

   Berechnen Sie die benötigte Kapazität der einzelnen Leuchten, indem Sie die Fertigungszeit mit der Absatzmenge der jeweiligen Leuchte multiplizieren. Tabelle 17.26 zeigt das Ergebnis.

Tischleuchte	Fertigungszeit	Absatzmenge	Kapazität
Solar	10 min/Stück	4.000 Stück	40.000 min
Kosmos	20 min/Stück	5.000 Stück	100.000 min
Schein	15 min/Stück	2.000 Stück	30.000 min
			170.000 min

Tabelle 17.26: Berechnung der Kapazität für das Absatzprogramm

Für Ihr Absatzprogramm brauchen Sie 170.000 Minuten. Da Ihre maximale Kapazität nur 160.000 Minuten beträgt, können Sie nicht alle Leuchten vollständig produzieren.

2. Ermitteln Sie das optimale Produktionsprogramm

Berechnen Sie zunächst die relativen Stückdeckungsbeiträge für die Tischleuchten und bilden anschließend eine Rangfolge der Leuchten vom höchsten zum niedrigsten relativen Stückdeckungsbeitrag. Tabelle 17.27 zeigt das Ergebnis.

Tischleuchte	Fertigungszeit	p	k_v	db	Relativer db	Rang
Solar	10 min/Stück	40 €	30 €	10 €	1,00 €/min	1
Kosmos	20 min/Stück	50 €	45 €	5 €	0,25 €/min	3
Schein	15 min/Stück	60 €	54 €	6 €	0,40 €/min	2

Tabelle 17.27: Berechnung der relativen Stückdeckungsbeiträge und Rangbildung

Am Beispiel für Solar ergibt sich

$$db = p - k_v$$

$$db = 40€ - 30€ = 10€$$

$$relativer\,Stückdeckungsbeitrag = \frac{db}{Fertigungszeit\ in\ Minuten}$$

$$relativer\,Stückdeckungsbeitrag = \frac{10€\,pro\,Stück}{10\,Minuten\,pro\,Stück} = 1€\,pro\,Minute$$

Die Tischleute Solar hat den höchsten relativen Stückdeckungsbeitrag, erhält den Rang 1 und wird zuerst produziert. Anschließend folgt die Produktion von Schein auf Rang 2 und zuletzt von Kosmos auf Rang 3.

Jetzt können Sie das optimale Produktionsprogramm aufstellen. Tabelle 17.28 zeigt die Vorgehensweise.

Tischleuchte	Fertigungszeit	Absatzmenge	Kapazität	Restkapazität
				160.000 min
Solar	10 min/Stück	4.000 Stück	40.000 min	120.000 min
Schein	15 min/Stück	2.000 Stück	30.000 min	90.000 min
Kosmos	20 min/Stück	4.500 Stück	90.000 min	0

Tabelle 17.28: Optimales Produktionsprogramm

In der letzten Spalte der Tabelle 17.28 ist jeweils angegeben, wie viel Restkapazität Ihnen für die Produktion Ihrer Produkte zur Verfügung steht.

Die Tischleuchte »Solar« wird zuerst gefertigt, da sie den höchsten relativen Stückdeckungsbeitrag hat. Die Auftragsmenge von 4.000 Stück kann vollständig produziert werden und benötigt eine Kapazität von 40.000 Minuten.

Es bleiben noch 120.000 Minuten übrig.

Tischleuchte »Schein« auf Rang 2 benötigt für die geplante Absatzmenge von 2.000 Stück eine Kapazität von 30.000 Minuten. Auch diese Leuchte kann vollständig produziert werden.

Es bleibt eine Restkapazität von 90.000 Minuten für die Produktion der Tischleuchte »Kosmos«. Jetzt berechnen Sie die Menge, die für diese Leuchte noch produziert werden kann:

$$Restmenge = \frac{Restkapazität}{Fertigungszeit\ in\ Minuten\ pro\ Stück}$$

$$Restmenge = \frac{90.000\ Minuten}{20\ Minuten\ pro\ Stück} = 4.500\ Stück$$

500 Stück der geplanten Absatzmenge können Sie nicht mehr produzieren.

3. **Berechnen Sie das Betriebsergebnis für das optimale Produktionsprogramm**

Entnehmen Sie Ihre Stückdeckungsbeiträge aus Tabelle 17.27, die Absatzmengen des optimalen Produktionsprogramms aus Tabelle 17.28 und berechnen Sie das Betriebsergebnis. Tabelle 17.29 zeigt Ihnen das Ergebnis.

Tischleuchte	db	Absatzmenge	DB
Solar	10 € pro Stück	4.000 Stück	40.000 €
Schein	6 € pro Stück	2.000 Stück	12.000 €
Kosmos	5 € pro Stück	4.500 Stück	22.500 €
Summe DB			**74.500 €**
– Fixkosten			40.000 €
Betriebsergebnis			**34.500 €**

Tabelle 17.29: Betriebsergebnis für das optimale Produktionsprogramm

IN DIESEM KAPITEL

Aufdecken von Kostenabweichungen mithilfe der Normalkostenrechnung

Analyse von Kostenabweichungen mithilfe der starren und flexiblen Plankostenrechnung

Berechnung von Zielkosten auf der Basis von Kundenanforderungen

Einsatz der Prozesskostenrechnung zur Verrechnung von Gemeinkosten

Kapitel 18
Kostencontrolling und Kostenmanagement

Kostencontrolling führen Sie durch, um den wirtschaftlichen Einsatz Ihrer Produktionsfaktoren zu überwachen und bei Abweichungen Handlungsempfehlungen zu geben, um Ihre Wettbewerbsfähigkeit aufrechtzuerhalten. Abbildung 18.1 fasst die Aufgaben des Kostencontrollings zusammen.

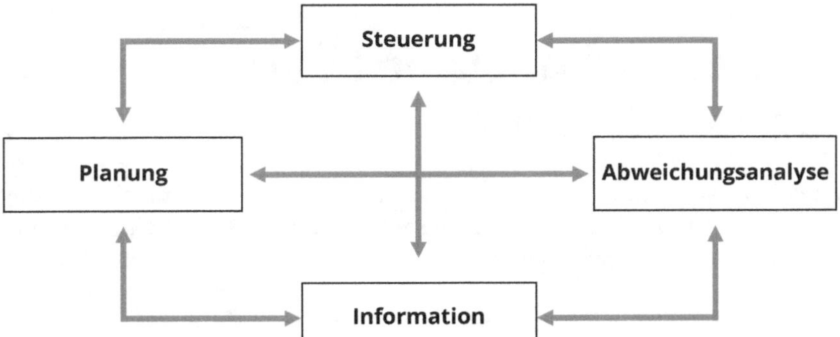

Abbildung 18.1: Regelkreis Kostencontrolling

- **Planung:** Hier legen Sie Ihre Kostenziele für zukünftige Perioden fest. Sie dienen als Vergleichsmaßstab für die Kontrolle Ihrer Istkosten. Als Vergleichsmaßstab können Sie heranziehen:
  - *Normalkosten,* die Sie aus der durchschnittlichen Kostenentwicklung der Vergangenheit ermittelt haben.
  - *Plankosten,* die Sie für die betrachtete Periode auf der Basis von zukünftigen Mengen- und Preisentwicklungen festgelegt haben.
- **Information:** Um eine Kostenkontrolle durchführen zu können, brauchen Sie ein Berichtswesen, das Ihnen die monatlichen Kosten in strukturierter Form liefert. Der Betriebsabrechnungsbogen mit der Aufteilung der Gemeinkosten nach Kostenstellen ist dafür besonders gut geeignet.
- **Abweichungsanalyse:** Anhand der Zielvorgaben und der vorliegenden Istzahlen führen Sie eine Abweichungsanalyse durch. Die Sollzahlen können entweder aus Planwerten oder durchschnittlichen Normalwerten bestehen.
- **Steuerung:** In dieser Phase arbeiten Sie Handlungsempfehlungen aus, die je nach Abweichung unterschiedlich ausfallen können.

Kostenmanagement bezeichnet alle Maßnahmen, die Sie einsetzen, um Ihre Kosten am Wirtschaftlichkeitsprinzip auszurichten:

- **Minimalprinzip:** Ein festgelegtes Ziel mit minimalen Kosten erreichen
- **Maximalprinzip:** Mit einem festen Kostenbudget das maximale Ergebnis erzielen

Für ein erfolgreiches Kostencontrolling und Kostenmanagement benötigen Sie Mitarbeiter, die die Verantwortung dafür übernehmen. In der Regel ist das Ihr Kostenstellenleiter.

Aufspüren: Kostenkontrolle in der Normalkostenrechnung

Die *Normalkostenrechnung* verwenden Sie zur Überwachung der Wirtschaftlichkeit in der Kostenstellen- und Kostenträgerzeitrechnung. Dabei stellen Sie die Istkosten einer Periode den Normalkosten gegenüber. Sie unterscheiden in:

- **Istkosten,** die in einer Periode tatsächlich angefallen sind. Sie setzen sich zusammen aus Isteinzelkosten und Istgemeinkosten:
  - Einzelkosten ordnen Sie dem Kostenträger direkt zu. In Industriebetrieben bestehen die Einzelkosten aus Fertigungsmaterial, Fertigungslöhnen, Sondereinzelkosten der Fertigung und des Vertriebs, Mehr- und Minderbeständen sowie aktivierten Eigenleistungen.

- Gemeinkosten sind Kosten, die Sie nicht direkt dem Kostenträger zuordnen können. Dazu gehören beispielsweise Gehälter, Miete und kalkulatorische Abschreibungen. Sie werden über den Betriebsabrechnungsbogen auf die Kostenstellen verteilt (siehe Kapitel 14).

✔ **Istgemeinkostenzuschlagssätze,** die Sie für die Hauptkostenstellen Ihres Unternehmens bilden. Bezugsbasis für die Berechnung sind die Isteinzelkosten beziehungsweise die Istherstellkosten des Umsatzes (siehe Kapitel 14).

✔ **Normalgemeinkostenzuschlagssätze,** die Sie aus dem Durchschnitt vergangener Istgemeinkostenzuschlagssätze berechnen.

Liegen Ihnen die Istzahlen einer Abrechnungsperiode vor, kalkulieren Sie auf der Basis Ihrer Isteinzelkosten die Selbstkosten des Umsatzes neu. Dabei verwenden Sie jetzt aber die Normalgemeinkostenzuschlagssätze. Die Abweichungen zwischen den Normalgemeinkosten und den Istgemeinkosten zeigen Ihnen, ob Ihre Istgemeinkosten in der Abrechnungsperiode über oder unter den durchschnittlichen Gemeinkosten liegen.

Beziehen Sie Ihre Umsatzerlöse in Ihre Berechnung ein, können Sie Ihren Erfolg berechnen. Dabei unterscheiden Sie:

✔ das *Betriebsergebnis,* das Ihnen Ihren realisierten Periodenerfolg zeigt,

✔ das *Umsatzergebnis,* das Ihnen den kalkulierten Erfolg angibt. In der Preiskalkulation wird mit Normalgemeinkostenzuschlagssätzen kalkuliert (siehe Kapitel 15). Sobald die Normalgemeinkosten von den Istgemeinkosten abweichen, entsteht eine Über- oder Unterdeckung.

Tabelle 18.1 zeigt den Zusammenhang.

Bei Istkosten	Bei Normalkosten
Umsatzerlöse (Ist)	Umsatzerlöse (Ist)
– Selbstkosten des Umsatzes	– Selbstkosten des Umsatzes
= Betriebsergebnis	**= Umsatzergebnis**
	± Kostenüber- bzw. -unterdeckung
	= Betriebsergebnis

Tabelle 18.1: Umsatzergebnis und Betriebsergebnis

Es können folgende Abweichungen entstehen:

✔ **Überdeckung:** Normalkosten > Istkosten

Es wurden höhere Kosten in den Preis einkalkuliert als tatsächlich angefallen sind. Daher fällt das Betriebsergebnis um den Differenzbetrag höher aus als das Umsatzergebnis.

✔ **Unterdeckung:** Normalkosten < Istkosten

Es wurden geringere Kosten in den Preis einkalkuliert als tatsächlich angefallen sind. Daher fällt das Betriebsergebnis um den Differenzbetrag kleiner aus als das Umsatzergebnis.

Verwenden Sie für die Berechnung der Abweichung die Formel:

Abweichung = Normalkosten – Istkosten

Das Vorzeichen zeigt Ihnen dann, ob es sich um eine Überdeckung (+) oder Unterdeckung (–) handelt.

BEISPIEL

Als Controller haben Sie die Aufgabe, für den Monat Juli eine Abweichungsanalyse der Gemeinkosten durchzuführen.

Tabelle 18.2 zeigt Ihnen die im Juli angefallenen Einzelkosten:

Einzelkosten	€
Fertigungsmaterial	3.500
Fertigungslöhne	2.000
SEK der Fertigung	400
SEK des Vertriebs	50
Minderbestand	200
Mehrbestand	500

Tabelle 18.2: Einzelkosten für Juli

Tabelle 18.3 zeigt Ihnen die Istgemeinkostenzuschlagssätze für Juli sowie die Normalgemeinkostenzuschlagssätze:

Kostenstelle	Istgemeinkostenzuschlagssatz	Normalgemeinkostenzuschlagssatz
Material	10 %	12 %
Fertigung	110 %	107 %
Verwaltung	7 %	6 %
Vertrieb	5 %	4,5 %

Tabelle 18.3: Gemeinkostenzuschlagssätze

Die Umsatzerlöse für Juli betragen 12.000 €.

Tabelle 18.4 zeigt Ihnen, wie Sie Ihre Kostenkontrolle durchführen:

- ✔ In den Spalten 2 und 3 berechnen Sie Ihre Selbstkosten des Umsatzes auf der Basis Ihrer in den Tabellen 18.2 und 18.3 vorgegebenen Isteinzelkosten und der Istgemeinkostenzuschlagssätze.
- ✔ In den Spalten 4 und 5 kalkulieren Sie die Selbstkosten des Umsatzes auf der Basis der vorliegenden Einzelkosten, verwenden aber für die Berechnung der Gemeinkosten die Normalgemeinkostenzuschlagssätze aus Tabelle 18.3.
- ✔ In Spalte 6 berechnen Sie für jede Gemeinkostenart die jeweilige Über- oder Unterdeckung, indem Sie die Normalgemeinkosten von den Istgemeinkosten abziehen. Insgesamt ergibt sich eine Kostenunterdeckung in Höhe von –111,20 €.

Kalkulation Juli	Istzuschlag %	Istkosten €	Normalzuschlag %	Normalkosten €	Über-/ Unterdeckung €
Fertigungsmaterial		3.500,00		3.500,00	
+ Materialgemeinkosten	10	350,00	12	420,00	+ 70
= Materialkosten (I)		**3.850,00**		**3.920,00**	
Fertigungslöhne		2.000,00		2.000,00	
+ Fertigungsgemeinkosten	110	2.200,00	107	2.140,00	– 60
+ SEK der Fertigung		400,00		400,00	
= Fertigungskosten (II)		**4.600,00**		**4.540,00**	
= Herstellkosten der Erzeugung (I + II)		**8.450,00**		**8.460,00**	
– Mehrbestand		500,00		500,00	
+ Minderbestand		200,00		200,00	
= Herstellkosten des Umsatzes		**8.150,00**		**8.160,00**	
+ Verwaltungsgemeinkosten	7	570,50	6	489,60	– 80,90
+ Vertriebsgemeinkosten	5	407,50	4,5	367,20	– 40,30
+ SEK des Vertriebs		50,00		50,00	
= Selbstkosten des Umsatzes		**9.178,00**		**9.066,80**	**– 111,20**

Tabelle 18.4: Normalkostenrechnung in der Kostenträgerzeitrechnung

Stellen Sie jetzt das Betriebsergebnis und das Umsatzergebnis gegenüber. Tabelle 18.5 zeigt die Berechnung.

Bei Normalkosten	Berechnung
Umsatzerlöse	12.000,00 €
– Normalselbstkosten des Umsatzes	9.066,80 €
= Umsatzergebnis	**2.933,20 €**
± Kostenüber- bzw. -unterdeckung	– 111,20 €
= Betriebsergebnis	**2.822,00 €**

Tabelle 18.5: Umsatzergebnis und Betriebsergebnis

Ihre Kostenkontrolle in Tabelle 18.5 ergibt:

Sie haben 12.000 € Umsatzerlös erzielt. Da der Preis für Ihre Produkte auf der Basis von Normalkosten kalkuliert wurde, sind in den Umsatzerlösen Normalkosten in Höhe von 9.066,80 € einkalkuliert. Das Umsatzergebnis beträgt 2.933,20 €. Im Juli sind aber Kosten in Höhe von 9.178 € angefallen (Tabelle 18.4). Damit fällt Ihr Betriebsergebnis um 111,20 € kleiner aus als erwartet.

Die Kostenkontrolle in der Normalkostenrechnung können Sie auch produktbezogen durchführen. Da Ihnen die Einzelkosten der Produkte bekannt sind und für alle Produkte die gleichen Ist- und Normalgemeinkostenzuschlagssätze verwendet werden, können Sie die Kalkulation in Tabelle 18.4 und 18.5 auch produktbezogen durchführen.

Für die Prüfung sollten Sie auch die Vor- und Nachteile der Normalkostenrechnung kennen:

- **Vorteil der Normalkostenrechnung**

  Sie können die Abweichungsanalyse ohne großen Aufwand erstellen. Die Normalgemeinkostenzuschlagssätze ermitteln Sie aus durchschnittlichen Istgemeinkostenzuschlagssätzen der Vergangenheit.

- **Nachteil der Normalkostenrechnung**

  Wenn Sie mit Normalgemeinkostenzuschlagssätzen arbeiten, verwenden Sie Daten aus der Vergangenheit. Zukünftige Entwicklungen beispielsweise von Beschaffungspreisen, Lohnkosten und Mieten werden in Ihrer Preiskalkulation nicht berücksichtigt. Damit können Sie ordentlich auf die Nase fallen.

Ermitteln: Kostenkontrolle in der Plankostenrechnung

Mithilfe der *Plankostenrechnung* kalkulieren Sie Ihre Kosten auf der Basis von erwarteten zukünftigen Kostenentwicklungen. Damit sind Sie schon bei der Angebotspreiskalkulation auf Veränderungen in der Zukunft vorbereitet. Die Kostenkontrolle zeigt Ihnen anschließend, ob Sie mit Ihrer Planung richtiggelegen haben.

Im Mittelpunkt der Kostenkontrolle steht die Fertigungskostenstelle. Hier treten sowohl beschäftigungsabhängige Kosten (variable Kosten) als auch beschäftigungsunabhängige Kosten (fixe Kosten) auf.

Die *Plankostenrechnung* lässt sich in zwei Teilbereiche gliedern:

- **Starre Plankostenrechnung:** Sie nehmen keine Trennung zwischen fixen und variablen Kosten vor, sondern betrachten nur die Gesamtkosten.
- **Flexible Plankostenrechnung:** Sie trennen die Kosten in variable und fixe Bestandteile. Je nachdem, welche Kosten Sie in die Abweichungsanalyse einbeziehen, unterscheiden Sie in:
  - *Abweichungsanalyse auf Vollkostenbasis,* also Berücksichtigung der variablen und fixen Kosten
  - *Abweichungsanalyse auf Teilkostenbasis,* die nur die variablen Kosten betrachtet

Als Ausgangspunkt für Ihre Kostenplanung legen Sie für jede Planperiode eine Planbeschäftigung und den Planbeschäftigungsgrad fest. Eine Planperiode ist in der Kostenrechnung in der Regel ein Monat.

Planbeschäftigung ist die für eine Periode geplante Absatzmenge beziehungsweise die geplante Kapazität. Dabei stehen Absatzmenge und Kapazitätsnutzung in einem proportionalen Verhältnis.

Planbeschäftigungsgrad ist der prozentuale Anteil der Planbeschäftigung x_{Plan} an der maximal vorhandenen Kapazität x_{max}:

$$Planbeschäftigungsgrad = \frac{x_{Plan}}{x_{max}} * 100$$

Anschließend ermitteln Sie für jede Kostenart die Plankosten, die bei der von Ihnen festgelegten Planbeschäftigung anfallen.

Als *Plankosten* werden die Einzel- und Gemeinkosten bezeichnet, die auf Basis Ihrer Planbeschäftigung unter wirtschaftlichem Einsatz Ihrer Produktionsfaktoren ermittelt werden. Dabei gilt:

$$\text{Plankosten} = \text{Planmenge} * \text{Planpreis}$$

In der Plankostenrechnung werden die Fertigungslöhne zusammen mit den Fertigungsgemeinkosten über die Kostenstelle Fertigung geführt.

BEISPIEL

Sie produzieren in Ihrem Unternehmen Fahrräder. Die Planung Ihrer variablen und fixen Kosten erfolgt unter dem Gesichtspunkt der Wirtschaftlichkeit auf der Basis Ihrer Planbeschäftigung.

Planung Ihrer variablen Kosten, zum Beispiel:

- ✔ Nach der Stückliste für ein Fahrrad werden je ein Rahmen, zwei Räder, ein Lenker, ein Sattel, zwei Pedale, eine Gangschaltung und ein Satz technische Ausstattung benötigt.
- ✔ Über die Zeiterfassung legen Sie den Akkordlohn pro produziertem Fahrrad fest.
- ✔ Für Ihre Rohstoffe wählen Sie die Lieferanten aus, die Ihnen die geforderte Qualität zum günstigsten Preis anbieten.

Planung Ihrer Fixkosten, zum Beispiel:

- ✔ Gehälter unter Berücksichtigung von erwarteten Tarifabschlüssen
- ✔ Miete unter Berücksichtigung der Mietentwicklung

Starre Plankostenrechnung

Bei der *starren Plankostenrechnung* betrachten Sie nur die Gesamtkosten. Eine Trennung in fixe und variable Bestandteile findet nicht statt.

Verrechnungsgrößen der starren Plankostenrechnung sind:

- **Plankostenverrechnungssatz (PKVS)**

  Er gibt an, wie viele Kosten Sie im Fertigungsbereich pro Beschäftigungseinheit verrechnen.

  $$Plankostenverrechnungssatz\left(PKVS\right) = \frac{Plankosten}{Planbeschäftigung}$$

- **Verrechnete Plankosten bei Istbeschäftigung:** Sie geben an, welche Fertigungskosten Sie bei der Istbeschäftigung im Preis berücksichtigt haben:

  $$Verrechnete\ Plankosten = PKVS * Istbeschäftigung$$

  Da die Kostenstelle Fertigung in der Plankostenrechnung sowohl die Fertigungslöhne als auch die Fertigungsgemeinkosten enthält, verkürzt sich das Kalkulationsschema in diesem Bereich. Tabelle 18.6 zeigt den Aufbau.

Fertigungsbereich	Berechnung
Fertigungskosten	Plankostenverrechnungssatz * Istbeschäftigung

  Tabelle 18.6: Kalkulationsschema im Fertigungsbereich

- **Plangemeinkostenzuschlagssätze:** Für den Materialbereich, Verwaltungs- und Vertriebsbereich verwenden Sie die Gemeinkostenzuschlagssätze der Vollkostenrechnung (siehe Kapitel 14).

BEISPIEL

Sie sind verantwortlich für die Kostenplanung Ihrer Fertigungskostenstelle. Die geplante Absatzmenge erfordert eine Planbeschäftigung von 2.000 Stunden. Auf der Grundlage Ihrer Planbeschäftigung planen Sie Ihre einzelnen Kostenarten. Tabelle 18.7 zeigt Ihre Plandaten.

Kostenart	Kostenstelle Fertigung in €
Fertigungslöhne	40.000
Gehälter	20.000
Energie	25.000
sonstige Kosten	55.000
Summe	**140.000**

Tabelle 18.7: Plandaten der Fertigungskostenstelle

Jetzt brauchen Sie noch eine Kalkulationsgrundlage für die Verrechnung der Fertigungskosten auf die Kostenträger. Dazu dient der Plankostenverrechnungssatz (PKVS):

$$Plankostenverrechnungssatz\,(PKVS) = \frac{140.000\,€}{2.000\,Stunden}$$

$$Plankostenverrechnungssatz\,(PKVS) = 70\,€\,\text{pro}\,\text{Stunde}$$

In Ihrer Produktkalkulation berücksichtigen Sie Fertigungskosten in Höhe von 70 € pro Stunde.

Abweichungsanalyse für die Fertigungskostenstelle

Aufgrund der fehlenden Trennung der Plankosten in variable und fixe Bestandteile, können Sie für die Fertigungskostenstelle nur eine *Gesamtabweichung* der verrechneten Plankosten von den Istkosten berechnen.

Gesamtabweichung = Verrechnete Plankosten – Istkosten

BEISPIEL

Die zusammengefassten Daten aus dem letzten Beispiel sind:

Planbeschäftigung	2.000 Stunden
Plankosten der Kostenstelle Fertigung	140.000 €
Plankostenverrechnungssatz (PKVS)	70 € pro Stunde

Tabelle 18.8: Plandaten für März

Anders als geplant wurde die Planbeschäftigung im März durch einen Maschinenausfall nicht erreicht. Tabelle 18.9 zeigt die realisierten Istdaten lauten:

Istbeschäftigung (IB)	1.000 Stunden
Istkosten der Kostenstelle Fertigung (IK)	120.000 €

Tabelle 18.9: Istdaten für den Monat März

Für Ihre Abweichungsanalyse vergleichen Sie die in der Kalkulation verrechneten Plankosten bei Istbeschäftigung mit den Istkosten (IK) und erhalten die Gesamtabweichung. Tabelle 18.10 zeigt das Ergebnis.

Verrechnete Plankosten bei Istbeschäftigung	70 € pro Stunde * 1.000 Stunden =	70.000 €
– Istkosten (IK)		120.000 €
= Gesamtabweichung (GA)		**– 50.000 €**

Tabelle 18.10: Gesamtabweichung für März

Bei einer Istbeschäftigung von 1.000 Stunden haben Sie Fertigungskosten in Höhe von 70.000 € in Ihrer Preiskalkulation berücksichtigt. Tatsächlich sind aber Istkosten (IK) in Höhe von 120.000 € angefallen. Damit tritt eine Kostenunterdeckung von 50.000 € auf.

Abbildung 18.2 zeigt die grafische Darstellung des Ergebnisses.

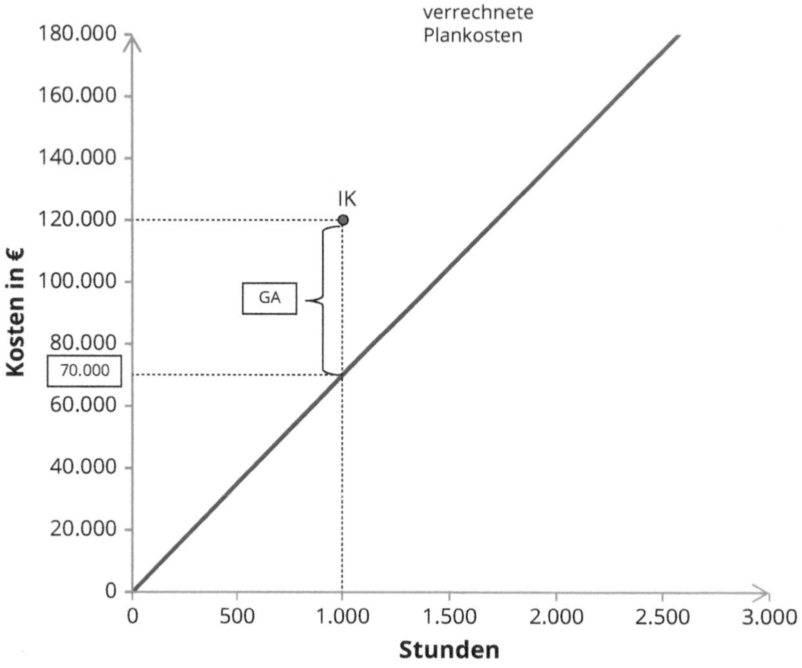

Abbildung 18.2: Abweichungsanalyse der starren Plankostenrechnung

Abbildung 18.2 bildet die Funktion der verrechneten Plankosten ab. Sie lautet:

Verrechnete Plankosten = 70 € *pro Stunde* * *Istbeschäftigung*

Da die Fixkosten proportionalisiert werden, verrechnen Sie bei einer Istbeschäftigung von null Stunden keine Kosten. Für jede zusätzliche Stunde berücksichtigen Sie 70 € in der Kalkulation. Für die Istbeschäftigung von 1.000 Stunden tragen Sie die Istkosten (IK) in Höhe von 120.000 € als Punkt in das Diagramm ein. Die Differenz zwischen den Istkosten und den verrechneten Plankosten wird durch die geschwungene Klammer gekennzeichnet und stellt die Gesamtabweichung (GA) dar.

Nachteile der starren Plankostenrechnung

Die starre Plankostenrechnung hat eine Reihe von Nachteilen:

- ✔ Durch die fehlende Kostentrennung in fixe und variable Bestandteile können Sie keine Ursachenanalyse der Abweichungen durchführen.
- ✔ Durch die Proportionalisierung der Fixkosten im Plankostenverrechnungssatz führen Beschäftigungsänderungen automatisch zu einer falschen Verrechnung Ihrer Plankosten.

- Sie eignet sich nicht als Entscheidungsgrundlage, da die entscheidungsrelevanten variablen Kosten nicht vorliegen.

Flexible Plankostenrechnung auf Vollkostenbasis

Die *flexible Plankostenrechnung* zeichnet sich aus durch

- die Erfassung der Fertigungslöhne über die Kostenstelle Fertigung.
- die Trennung der Plankostenarten in fixe und variable Bestandteile. Dadurch ist eine umfangreiche Abweichungsanalyse möglich.
- die Anpassung der variablen Plankosten an Beschäftigungsänderungen.
- die Verrechnung der Plankosten des Fertigungsbereichs mithilfe des Plankostenverrechnungssatzes auf die Kostenträger. Wie in der starren Plankostenrechnung werden Ihre Fixkosten in der Kalkulation proportionalisiert.

Für die *Kostentrennung* stehen Ihnen zwei Verfahren zur Verfügung:

- **Differenzen-Quotienten-Verfahren**

  Dieses Verfahren setzen Sie ein, wenn Ihnen für zwei Perioden jeweils die Gesamtplankosten und die dazugehörigen Planbeschäftigungen vorliegen (siehe Kap. 12).

- **Variator**

  Er gibt Ihnen den Anteil der variablen Plankosten an den gesamten Plankosten an.

  $$Variator(V) = \frac{variable\ Plankosten}{gesamte\ Plankosten}$$

  Bei einem Variator = 1 bestehen die Plankosten ausschließlich aus variablen Kosten. Ist der Variator = 0 liegen ausschließlich Fixkosten vor.

Begriffsdefinitionen

Bevor Sie mit der *Abweichungsanalyse* beginnen, benötigen Sie folgende Größen:

- **Planbeschäftigung:** Für eine Planungsperiode festgelegte Kapazitätsnutzung
- **Plankosten:** Für die Planungsperiode errechnete Kosten getrennt in variable und fixe Bestandteile

  $$Plankosten = Planmenge * Planpreis$$

- **Istbeschäftigung:** Tatsächliche genutzte Kapazität in einer Periode
- **Beschäftigungsgrad:** Er gibt den prozentualen Anteil der eingesetzten Kapazität zur vorhandenen Kapazität an:

  $$Beschäftigungsgrad\ in\ \% = \frac{eingesetzte\ Kapazität}{vorhandene\ Kapazität} * 100$$

- **Plankostenverrechnungssatz:** Er gibt an, welche Kosten Sie in der Kalkulation pro Planbeschäftigungseinheit verrechnen:

  $$Plankostenverrechnungssatz\,(PKVS) = \frac{Plankosten}{Planbeschäftigung}$$

  oder getrennt nach fixen und variablen Anteilen:

  $$variabler\ Plankostenverrechnungssatz\,(PKVS_v) = \frac{variable\ Plankosten}{Planbeschäftigung}$$

  $$fixer\ Plankostenverrechnungssatz\,(PKVS_f) = \frac{fixe\ Plankosten}{Planbeschäftigung}$$

- **Verrechnete Plankosten:** Anhand der verrechneten Plankosten sehen Sie, welche Plankosten Sie bei Ihrer Istbeschäftigung in der Preiskalkulation berücksichtigt haben:

  $$Verrechnete\ Plankosten = PKVS * Istbeschäftigung$$

  Sollkosten: Für Ihre Planbeschäftigung planen Sie Ihre fixen und variablen Kosten unter Berücksichtigung des wirtschaftlichen Einsatzes Ihrer Produktionsfaktoren. Mithilfe der Sollkostenfunktion passen Sie Ihre Plangrößen an die vorliegende Istbeschäftigung (IB) an.

  $$Sollkosten\ bei\ IB = fixe\ Plankosten + \frac{variable\ Plankosten}{Planbeschäftigung} * IB$$

  oder

  $$Sollkosten\ bei\ IB = fixe\ Plankosten + PKVS_v * Istbeschäftigung$$

Abweichungsanalyse

Was nützt es Ihnen, wenn Sie Abweichungen zwischen geplanten Kosten und tatsächlichen Kosten feststellen, aber nicht wissen, wodurch die Abweichungen entstanden sind. Nur eine genaue Ursachenanalyse ermöglicht es Ihnen, steuernd einzugreifen.

Die Abweichungsanalyse können Sie durchführen:

- bezogen auf die Kostenstelle
- bezogen auf die einzelnen Kostenarten der Kostenstelle

Egal, ob Sie die Abweichungsanalyse für die gesamte Kostenstelle oder für einzelne Kostenarten der Kostenstelle durchführen, die Vorgehensweise ist die gleiche.

Sie können folgende Abweichungen berechnen:

- **Beschäftigungsabweichung:** Sie entsteht zwangsläufig, sobald Ihre Planbeschäftigung von Ihrer Istbeschäftigung abweicht. Der für die Kalkulation verwendete Plankostenverrechnungssatz proportionalisiert Ihre Fixkosten. Daher stimmen die verrechneten Plankosten und die Sollkosten nur für Ihre Planbeschäftigung überein. Die Beschäftigungsabweichung berechnen Sie aus:

Verrechnete Plankosten
– Sollkosten
= **Beschäftigungsabweichung**

Ist die Abweichung positiv, enthält Ihr Preis höhere Fixkosten, als tatsächlich angefallen sind. Bei einer negativen Abweichung deckt Ihr Preis die Fixkosten nicht ab.

✔ **Verbrauchsabweichung:** Sie entsteht, wenn Ihre Istkosten von Ihren Sollkosten abweichen:

Sollkosten bei Istbeschäftigung
– Istkosten
= **Verbrauchsabweichung**

Die Sollkosten geben Ihnen den wirtschaftlichen Verbrauch der Produktionsfaktoren bei der Istbeschäftigung an. Ergibt sich eine Differenz zwischen Ihren Sollkosten und Istkosten, untersuchen Sie die einzelnen Kostenarten der Fertigungskostenstelle. Dabei unterscheiden Sie zwischen:

- **Mengenabweichung:** Sie bewerten sowohl die Planmenge als auch die Istmenge zum Planpreis und erhalten die mengenmäßige Abweichung:

  Planmenge bei Istbeschäftigung * Planpreis
  – Istmenge bei Istbeschäftigung * Planpreis
  = **Mengenabweichung**

  Der Term »Planmenge bei Istbeschäftigung * Planpreis« entspricht den Sollkosten.

  Ist Ihre Abweichung positiv, haben Sie mengenmäßig weniger Produktionsfaktoren verbraucht als eingeplant. Das kann beispielsweise auftreten, wenn Sie durch eine verbesserte Maschineneinstellung weniger Energie verbraucht haben als geplant.

  Ist die Abweichung negativ, haben Sie mengenmäßig mehr Produktionsfaktoren verbraucht als eingeplant. So können beispielsweise die Fertigungslöhne höher ausgefallen sein, da Produkte aufgrund von Qualitätsmängeln nachgearbeitet werden mussten.

  Die Verantwortung für die Mengenabweichungen tragen die Kostenstellenleiter.

- **Preisabweichung**

  Bewerten Sie die Istmenge bei Istbeschäftigung jeweils zum Planpreis und zum Istpreis, erhalten Sie die Preisabweichung:

  Istmenge bei Istbeschäftigung * Planpreis
  – Istmenge bei Istbeschäftigung * Istpreis
  = **Preisabweichung**

Ist die Preisabweichung positiv, liegt der Planpreis über Ihrem Istpreis. Da der Planpreis in Ihre Kalkulation eingegangen ist, haben Sie ein gutes Geschäft gemacht.

Ist die Preisabweichung negativ, ist der Planpreis geringer als Ihr Istpreis. In diesem Fall haben Sie in Ihrer Kalkulation zu wenig Kosten berücksichtigt.

Preisabweichungen ergeben sich in der Beziehung zwischen Ihrem Unternehmen und Ihren Lieferanten. Hier ist Ihr Einkauf gefragt. Durch eine ständige Beobachtung des Beschaffungsmarktes und geschickte Verhandlungen mit den Lieferanten können Sie viel herausholen.

✔ **Gesamtabweichung**

Wenn Sie die Verbrauchsabweichung und die Beschäftigungsabweichung zusammenfassen, erhalten Sie die Gesamtabweichung:

verrechnete Plankosten		Beschäftigungsabweichung
– Istkosten	oder	+ Verbrauchsabweichung
= Gesamtabweichung		**= Gesamtabweichung**

BEISPIEL

Sie haben die Aufgabe, eine Abweichungsanalyse für die *Kostenstelle* durchzuführen. Dazu trennen Sie Ihre Kosten in variable und fixe Bestandteile. Sehen Sie sich zunächst nur die Summen der Kostenstelle an und vernachlässigen Sie die einzelnen Kostenarten. Tabelle 18.11 zeigt Ihre Plandaten.

Plandaten der Fertigungskostenstelle: März Planbeschäftigung: 2.000 Stunden			
Kostenarten	**variabel in €**	**fix in €**	**Gesamt in €**
Fertigungslöhne	40.000	0	40.000
Gehälter	0	20.000	20.000
Energie	20.000	5.000	25.000
sonstige Kosten	0	55.000	55.000
Gesamt	**60.000**	**80.000**	**140.000**

Tabelle 18.11: Plandaten der Fertigungskostenstelle

Auf der Grundlage Ihrer Plandaten berechnen Sie den Plankostenverrechnungssatz für die Kostenstelle, den Sie für Ihre Kalkulation verwenden:

$$Plankostenverrechnungssatz = \frac{Plankosten}{Planbeschäftigung}$$

$$Plankostenverrechnungssatz = \frac{140.000\,€}{2.000\,Stunden} = 70\,€\ pro\,Stunde$$

Ende März liegen Ihnen die Istzahlen für die Fertigungskostenstelle vor. Tabelle 18.12 zeigt die Daten.

Istdaten der Fertigungskostenstelle: März	
Istbeschäftigung (IB): 1.000 Stunden	
Kostenarten	**Istkosten**
Fertigungslöhne	27.000 €
Gehälter	20.000 €
Energie	18.000 €
sonstige Kosten	55.000 €
Gesamt	**120.000 €**

Tabelle 18.12: Istdaten der Fertigungskostenstelle

Berechnen Sie Ihren Istbeschäftigungsgrad:

$$Istbeschäftigungsgrad\ in\,\% = \frac{1.000\,Stunden}{2.000\,Stunden} * 100$$

$$Istbeschäftigungsgrad = 50\,\%$$

Jetzt führen Sie Ihre Abweichungsanalyse für die *Kostenstelle* durch. Dafür benötigen Sie nur die *Gesamtkosten.*

Jetzt gehen Sie schrittweise vor:

1. **Berechnen Sie die Beschäftigungsabweichung für die Kostenstelle:**

Verrechnete Plankosten bei Istbeschäftigung (IB)	70.000 €
– Sollkosten bei Istbeschäftigung (IB)	110.000 €
= Beschäftigungsabweichung	**– 40.000 €**

Die Werte ergeben sich aus:

$$Verrechnete\ Plankosten\,bei\ IB = 70\,€\ pro\,Stunden * 1.000\,Stunden$$

$$Verrechnete\ Plankosten\,bei\ IB = 70.000\,€$$

$$Sollkosten\,bei\ IB = 80.000\,€ + \frac{60.000\,€}{2.000\,Stunden} * 1.000\,Stunden$$

$$Sollkosten\,bei\ IB = 110.000\,€$$

In Ihrer Preiskalkulation haben Sie bei einer Istbeschäftigung von 1.000 Stunden 70.000 € Fertigungskosten berücksichtigt. Wenn Sie die Kosten in fixe und variable Anteile trennen, ergeben sich bei der Istbeschäftigung von 1.000 Stunden Sollkosten in Höhe von 110.000 €. Die Beschäftigungsabweichung zeigt Ihnen, dass Sie in Ihrer Preiskalkulation 40.000 € zu wenig Fixkosten verrechnet haben.

Sie können die Beschäftigungsabweichung auch über die Leerkosten berechnen:

Beschäftigungsabweichung = Leerkosten

Ihr Istbeschäftigungsgrad beträgt 50 %. Damit entfallen 50 % der Fixkosten auf Ihre ungenutzte Kapazität:

Leerkosten = 50 % * 80.000 €

Leerkosten = 40.000 €

2. **Berechnen Sie die Verbrauchsabweichung für die Kostenstelle:**

Sollkosten bei Istbeschäftigung	110.000 €
– Istkosten	120.000 €
= Verbrauchsabweichung	**– 10.000 €**

Die Sollkosten haben Sie bereits für die Beschäftigungsabweichung ermittelt und können sie übernehmen. Die Istkosten liegen Ihnen für die Kostenstelle vor (Tabelle 18.12).

Die Sollkosten in Höhe von 110.000 € geben Ihnen die Kosten für den wirtschaftlichen Verbrauch bei der Istbeschäftigung von 1.000 Stunden an. Tatsächlich sind aber Kosten in Höhe von 120.000 € entstanden. Die Unterdeckung in Höhe von 10.000 € weist auf einen mengenmäßigen Mehrverbrauch von Produktionsfaktoren und/oder auf Preiserhöhungen hin.

3. **Berechnen Sie nun die Gesamtabweichung der Kostenstelle**

Sie haben zwei Möglichkeiten, die Gesamtabweichung zu berechnen:

verrechnete Plankosten	70.000 €
– Istkosten	120.000 €
= Gesamtabweichung	**– 50.000 €**
oder	
Beschäftigungsabweichung	– 40.000 €
+ Verbrauchsabweichung	– 10.000 €
= Gesamtabweichung	**– 50.000 €**

4. **Stellen Sie nun Ihre Ergebnisse grafisch dar.**

Die grafische Darstellung ermöglicht Ihnen, die Abweichungsanalyse für die Kostenstelle auf einen Blick zu erfassen. Abbildung 18.3 zeigt Ihre Ergebnisse.

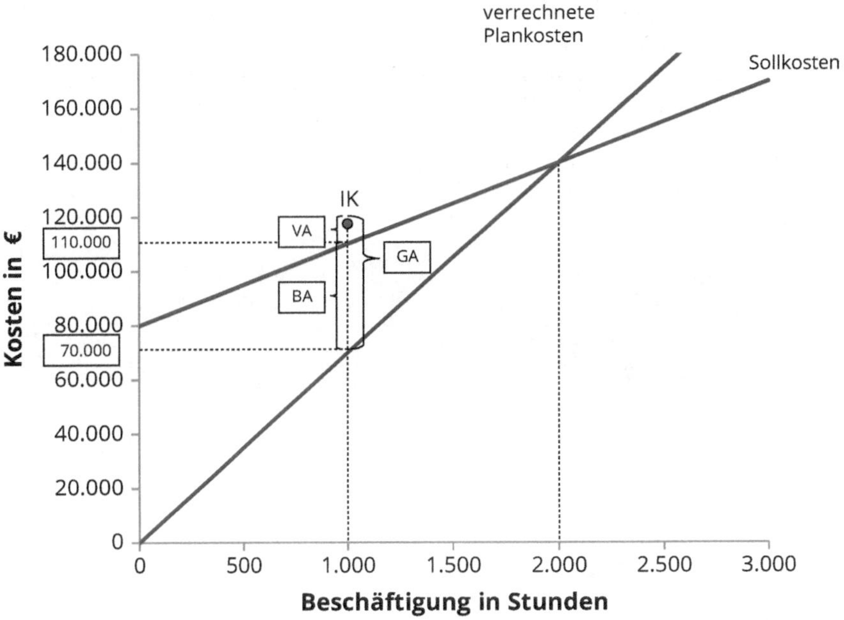

Abbildung 18.3: Abweichungsanalyse der flexiblen Plankostenrechnung

In Abbildung 18.3 sehen Sie:

- ✔ **Funktion der verrechneten Plankosten:** Sie zeigt Ihnen, wie viele Kosten Sie in Abhängigkeit von der Beschäftigung in der Kalkulation berücksichtigen.
- ✔ **Funktion der Sollkosten:** Hier sehen Sie, welche Kosten bei den jeweiligen möglichen Istbeschäftigungen auf der Grundlage Ihrer Plandaten wirtschaftlich sind. Die Fixkosten sind konstant und die variablen Kosten werden an die jeweilige Istbeschäftigung angepasst.
- ✔ **Schnittpunkt der Funktionen:** Bei Ihrer Planbeschäftigung von 2.000 Stunden stimmen Ihre Sollkosten mit Ihren verrechneten Plankosten überein. Es ist der einzige Punkt, in dem Ihre Fixkosten in geplanter Höhe in die Kalkulation eingehen. In jedem Punkt links vom Schnittpunkt sind Ihre Fixkosten nicht gedeckt. Rechts vom Schnittpunkt verrechnen Sie mehr Fixkosten als tatsächlich anfallen.
- ✔ **Abweichungsanalyse:** Tragen Sie zusätzlich die Istkosten (IK) in Höhe von 120.000 € bei einer Istbeschäftigung von 1.000 Stunden als Datenpunkt in Ihr Diagramm ein, können Sie alle Abweichungen grafisch veranschaulichen.
  - Die Verbrauchsabweichung (VA) erkennen Sie an der Differenz zwischen den Sollkosten bei Istbeschäftigung und den Istkosten.
  - Die Beschäftigungsabweichung (BA) ist die Differenz zwischen der Funktion der verrechneten Plankosten und den Sollkosten.
  - Die Gesamtabweichung (GA) fasst die Verbrauchs- und Beschäftigungsabweichung zusammen und ist in der Grafik als Differenz zwischen den verrechneten Plankosten und den Istkosten dargestellt.

BEISPIEL

Im letzten Beispiel haben Sie die Beschäftigungs-, Verbrauchs- und Gesamtabweichung bezogen auf Ihre *Kostenstelle* berechnet. Gehen Sie jetzt einen Schritt weiter und ermitteln die Abweichungen bezogen auf die einzelnen *Kostenarten.* Die Istbeschäftigung beträgt 1.000 Stunden.

Dazu sehen Sie in Tabelle 18.13 und Tabelle 18.14 die Ausgangsdaten für die Abweichungsanalyse der Fertigungskostenstelle.

Plandaten der Fertigungskostenstelle: März Planbeschäftigung: 2.000 Stunden			
Kostenarten	**variabel in €**	**fix in €**	**Gesamt in €**
Fertigungslöhne	40.000	0	40.000
Gehälter	0	20.000	20.000
Energie	20.000	5.000	25.000
sonstige Kosten	0	55.000	55.000
Gesamt	**60.000**	**80.000**	**140.000**

Tabelle 18.13: Plandaten der Kostenarten

Istdaten der Fertigungskostenstelle: März Istbeschäftigung (IB): 1.000 Stunden	
Kostenarten	**Istkosten**
Fertigungslöhne	27.000 €
Gehälter	20.000 €
Energie	18.000 €
sonstige Kosten	55.000 €
Gesamt	**120.000 €**

Tabelle 18.14: Istdaten der Kostenarten

Für die Berechnung der Abweichungen gehen Sie schrittweise vor:

1. **Berechnen Sie die Beschäftigungsabweichungen der einzelnen Kostenarten.**

   Sie benötigen:

   - den Plankostenverrechnungssatz der Kostenart
   - die verrechneten Plankosten bei Istbeschäftigung der Kostenart
   - die Sollkosten bei Istbeschäftigung der Kostenart
   - die Formel für die Beschäftigungsabweichung

   Tabelle 18.15 zeigt das Ergebnis.

Kostenstelle Fertigung			
Kostenarten	Verrechnete Plankosten bei Istbeschäftigung: 1.000 Stunden in €	Sollkosten bei Istbeschäftigung: 1.000 Stunden in €	Beschäftigungs-abweichung in €
Fertigungslöhne	20.000	20.000	0
Gehälter	10.000	20.000	– 10.000
Energie	12.500	15.000	– 2.500
sonstige Kosten	27.500	55.000	– 27.500
Gesamt	**70.000**	**110.000**	**– 40.000**

Tabelle 18.15: Beschäftigungsabweichung der Kostenarten

Beispiel Fertigungslöhne:

$$Plankostenverrechnungssatz = \frac{40.000\,€}{2.000\,Stunden} = 20\,€\;pro\,Stunde$$

$$Verrechnete\;Plankosten\,bei\,IB = 20\,€\;pro\,Stunden * 1.000\,Stunden$$

$$Verrechnete\;Plankosten\,bei\,IB = 20.000\,€$$

$$Sollkosten\,bei\,IB = 0\,€ + \frac{40.000\,€}{2.000\,Stunden} * 1.000\,Stunden$$

$$Sollkosten\,bei\,IB = 20.000\,€$$

$$Beschäftigungsabweichung = 20.000\,€ - 20.000\,€$$

$$Beschäftigungsabweichung = 0\,€$$

Bei den Fertigungslöhnen tritt keine Beschäftigungsabweichung auf, da sie keine Fixkosten enthalten.

Beispiel Gehälter:

$$Plankostenverrechnungssatz = \frac{20.000\,€}{2.000\,Stunden} = 10\,€\;pro\,Stunde$$

$$Verrechnete\;Plankosten\,bei\,IB = 10\,€\;pro\,Stunden * 1.000\,Stunden$$

$$Verrechnete\;Plankosten\,bei\,IB = 10.000\,€$$

$$Sollkosten\,bei\,IB = 20.000\,€ + 0\,€$$

$$Sollkosten\,bei\,IB = 20.000\,€$$

$$Beschäftigungsabweichung = 10.000\,€ - 20.000\,€$$

$$Beschäftigungsabweichung = -10.000\,€$$

Im März wurden 10.000 € zu wenig Fixkosten für Gehälter in der Kalkulation berücksichtigt.

Beispiel Energie:

$$Plankostenverrechnungssatz = \frac{25.000\,€}{2.000\,Stunden} = 12{,}50\,€\ pro\,Stunde$$

$$Verrechnete\ Plankosten\,bei\,IB = 12{,}50\,€\ pro\,Stunden * 1.000\,Stunden$$

$$Verrechnete\ Plankosten\,bei\,IB = 12.500\,€$$

$$Sollkosten\,bei\,IB = 5.000\,€ + \frac{20.000\,€}{2.000\,Stunden} * 1.000\,Stunden$$

$$Sollkosten\,bei\,IB = 15.000\,€$$

$$Beschäftigungsabweichung = 12.500\,€ - 15.000\,€$$

$$Beschäftigungsabweichung = -2.500\,€$$

Die Beschäftigungsabweichung der Kostenart Energie ist negativ. In der Kalkulation wurden 2.500 € zu wenig Fixkosten berücksichtigt.

2. **Berechnen Sie jetzt die Verbrauchsabweichungen (VA) der einzelnen Kostenarten.**

Sie benötigen:

- die Sollkosten bei Istbeschäftigung der Kostenart
- die Istkosten der Kostenart

Tabelle 18.16 zeigt das Ergebnis.

Kostenstelle Fertigung						
	Plankosten bei Planbeschäftigung: 2.000 Stunden			Sollkosten bei Istbeschäftigung: 1.000 Stunden	Istkosten	Verbrauchs abweichung
Kostenarten	variabel in €	fix in €	Gesamt in €	Gesamt in €	in €	in €
Fertigungslöhne	40.000	0	40.000	20.000	27.000	–7.000
Gehälter	0	20.000	20.000	20.000	20.000	0
Energie	20.000	5.000	25.000	15.000	18.000	–3.000
sonstige Kosten	0	55.000	55.000	55.000	55.000	0
Gesamt	**60.000**	**80.000**	**140.000**	**110.000**	**120.000**	**–10.000**

Tabelle 18.16: Verbrauchsabweichungen der Kostenarten

Die Sollkosten können Sie aus Tabelle 18.15 übernehmen. Die Istkosten liegen Ihnen aus der Aufgabenstellung vor.

Beispiel Fertigungslöhne

Die Sollkosten bei Istbeschäftigung betragen 20.000 €. Tatsächlich sind Istkosten in Höhe von 27.000 € angefallen. Die Verbrauchsabweichung in Höhe von –7.000 € kann sowohl auf einen Mehrverbrauch und/oder auf eine Lohnerhöhung zurückgeführt werden.

Beispiel Gehälter

Hier tritt keine Abweichung auf, da es sich ausschließlich um Fixkosten handelt und sich diese nicht verändert haben.

Beispiel Energie

Die Sollkosten bei Istbeschäftigung betragen 15.000 €. Bei Istkosten von 18.000 € liegt eine Kostenunterdeckung in Höhe von –3.000 € vor. Sie kann auf einen Mehrverbrauch und/oder eine Preiserhöhung zurückgeführt werden.

BEISPIEL

Im letzten Beispiel haben Sie Ihre Abweichungsanalyse bezogen auf die Kostenarten durchgeführt. Dabei ist Ihnen aufgefallen, dass Sie bei der Verbrauchsabweichung noch keine ausreichende Information darüber haben, ob es sich um eine Mengen- oder Preisabweichung handelt. Um auch diese letzte Frage zu beantworten, ermitteln Sie am Beispiel der Kostenart Energie die einzelnen Abweichungen.

Tabelle 18.17 zeigt Ihnen die Ausgangsdaten für März.

Planbeschäftigung	2.000 Stunden
variable Planmenge bei Planbeschäftigung	100.000 Kilowattstunden (kWh)
Planpreis	0,20 € pro Kilowattstunde
Fixe Plankosten	5.000 €
Istbeschäftigung (IB)	1.000 Stunden
Istmenge bei Istbeschäftigung	60.000 Kilowattstunden (kWh)
Istpreis	0,30 € pro Kilowattstunde

Tabelle 18.17: Beispiel Mengen- und Preisabweichung Energie

Berechnen Sie aus den Angaben die Preisabweichung. Tabelle 18.18 zeigt das Ergebnis.

Istmenge bei IB * Planpreis	60.000 kWh * 0,20 € pro kWh	12.000 €
Istmenge bei IB * Istpreis	60.000 kWh * 0,30 € pro kWh	18.000 €
Preisabweichung		**– 6.000 €**

Tabelle 18.18: Beispiel Preisabweichung Energie

Zum Planungszeitpunkt haben Sie Ihre variablen Energiekosten zu einem Planpreis von 0,20 € pro Kilowattstunde angesetzt. Tatsächlich sind im März aber 0,30 € pro Kilowattstunde angefallen. Dadurch ergibt sich eine Preisabweichung von – 6.000 €.

Maßnahmen des Einkaufs zur Reduzierung der Energiepreise:

- Angebotsvergleich zwischen Energieanbietern
- Preisverhandlungen mit bestehendem Lieferanten
- Wechsel des Energieanbieters

Berechnen Sie jetzt die Mengenabweichung. Tabelle 18.19 zeigt das Ergebnis.

Planmenge bei IB * Planpreis	entspricht den Sollkosten	15.000 €
Istmenge bei IB * Planpreis	60.000 kWh * 0,20 € pro kWh	12.000 €
Mengenabweichung		**3.000 €**

Tabelle 18.19: Beispiel Mengenabweichung Energie

Der Term (Planmenge bei Istbeschäftigung * Planpreis) entspricht Ihren Sollkosten:

$$Sollkosten\,bei\,IB = 5.000 + \frac{100.000\,kWh * 0{,}20\,€\ pro\,kWh}{2.000\,Stunden} * 1.000\,Stunden$$

$$Sollkosten\,bei\,IB = 15.000\,€$$

Die Mengenabweichung ist positiv. Es liegt eine Kostenüberdeckung in Höhe von 3.000 € vor. Die Sollkosten zeigen Ihnen, welcher Energieverbrauch auf der Basis Ihrer Plandaten bei der Istbeschäftigung von 1.000 Stunden wirtschaftlich ist. Tatsächlich haben Sie sich im März noch übertroffen und beispielsweise durch eine weitere Optimierung der Maschineneinstellungen Energie gespart.

Flexible Plankostenrechnung auf Teilkostenbasis

Die flexible Plankostenrechnung auf Teilkostenbasis wird auch als *Grenzplankostenrechnung* bezeichnet. Wie bei der flexiblen Plankostenrechnung auf Vollkostenbasis trennen Sie auch hier die Kosten in fixe und variable Bestandteile. Die Abweichungsanalyse führen Sie aber nur für die variablen Kosten durch.

Da nur die variablen Kosten in die Abweichungsanalyse eingehen, ermitteln Sie ausschließlich die Verbrauchsabweichung.

Für die Berechnung der Verbrauchsabweichung benötigen Sie:

- die variablen Sollkosten bei Istbeschäftigung

$$variable\ Sollkosten\,bei\,Istbeschäftigung = \frac{variable\ Plankosten}{Planbeschäftigung} * Istbeschäftigung$$

✔ die variablen Istkosten bei Istbeschäftigung

Die Verbrauchsabweichung berechnen Sie wie folgt:

variable Sollkosten bei Istbeschäftigung
– variable Istkosten
= Verbrauchsabweichung der Grenzplankostenrechnung

BEISPIEL

Sie haben die Aufgabe, die Verbrauchsabweichung mithilfe der Grenzplankostenrechnung durchzuführen. Für die Kostenart Energie liegen Ihnen die Daten in Tabelle 18.20 vor.

Kostenart: Energie			
Planbeschäftigung März: 2.000 Stunden			
Kostenarten	**variabel in €**	**fix in €**	**Gesamt in €**
Energie	20.000	5.000	25.000

Tabelle 18.20: Daten für die Kostenart Energie

Die Istbeschäftigung beträgt 1.000 Stunden bei variablen Istkosten von 12.000 €.

Die fixen Kosten werden in den Berechnungen nicht berücksichtigt.

Berechnen Sie die Verbrauchsabweichung, ergibt sich:

variable Sollkosten bei Istbeschäftigung	10.000 €
– variable Istkosten	12.000 €
= Verbrauchsabweichung der Grenzplankostenrechnung	**– 2.000 €**

Die variablen Sollkosten bei Istbeschäftigung berechnen Sie aus:

$$variable\ Sollkosten\, bei\, Istbeschäftigung = \frac{variable\ Plankosten}{Planbeschäftigung} * Istbeschäftigung$$

$$variable\ Sollkosten\, bei\, Istbeschäftigung = \frac{20.000\,€}{2.000\, Stunden} * 1.000\, Stunden$$

$$variable\ Sollkosten\, bei\, Istbeschäftigung = 10.000\,€$$

Hier tritt ein Mehrverbrauch der variablen Energiekosten in Höhe von 2.000 € auf.

Auf Kante kalkuliert: Zielkostenrechnung

Durch die Globalisierung der Märkte sind Sie als Unternehmer einem hohen Kostendruck ausgesetzt. Sie müssen Methoden finden, die Kosten Ihrer Produkte so weit zu reduzieren, dass Sie mit Ihren Preisen am Mark bestehen können. Hier setzt die Zielkostenrechnung an.

Die Zielkostenrechnung wird auch als *Target Costing* bezeichnet.

Stellen Sie sich vor, Sie wollen sich ein neues Auto kaufen. Dabei überlegen Sie sich zunächst, welche Leistungs- oder Ausstattungsmerkmale Ihnen wichtig sind. Das kann beispielsweise die Größe des Motors, die Farbe, die vorhandene Klimaanlage, die Sitzheizung oder der Antrieb sein. In der Regel interessiert es Sie nicht, aus welchem Material die Karosserie, der Motor oder der Innenaufbau Ihres Sitzes bestehen. Genau an dieser Stelle setzt die Zielkostenrechnung an. Als Unternehmen können Sie dort Kosten sparen, wo es dem Kunden nicht auffällt.

Grundidee der Zielkostenrechnung

Die *Zielkostenrechnung* setzt beim *Kundennutzen* an. Bevor Sie ein neues Produkt entwickeln, fragen Sie Ihre Kunden, welche Eigenschaften das Produkt haben sollte und welchen Preis sie bereit wären zu zahlen. Daraus bilden Sie Ihre Zielkosten. Anschließend vergleichen Sie Ihre Zielkosten mit den über die Vollkostenrechnung ermittelten Standardkosten für die einzelnen Produktkomponenten. Für alle Bestandteile Ihres Produktes, die den Kunden keinen Nutzen stiften, reduzieren Sie Ihre Kosten.

Zielkosten (*Target Costs*) sind die maximalen Kosten, die ein Produkt unter Berücksichtigung des Kundennutzens und eines angemessenen Gewinns verursachen darf.

Kundennutzen bezeichnet den Grad, mit dem die einzelnen Produktkomponenten zur Bedürfnisbefriedigung beitragen. Der Kundennutzen wird in der Zielkostenrechnung als Bedeutungsgrad bezeichnet.

Standardkosten sind die über die Vollkostenrechnung ermittelten Selbstkosten.

Merkmale der Zielkostenrechnung sind:

- Das Kostenmanagement begleitet den gesamten Produktlebenszyklus eines Produktes und beginnt bereits in der Produktentwicklungsphase.
- Im Vordergrund stehen die Anforderungen der Kunden an das Produkt.
- Der Markt bestimmt den Angebotspreis.
- Abweichungen zwischen den über die Vollkostenrechnung ermittelten Selbstkosten und den Zielkosten bieten Potenzial für Kostenreduzierungen oder Qualitätsverbesserungen.

Aufbau der Zielkostenrechnung

Am Anfang der Zielkostenrechnung steht die Produktidee. Hier beziehen Sie Ihre Kunden bereits durch eine Befragung mit ein.

Sie wollen sich Ihren Traum von einem eigenen Bistro erfüllen und vegetarische Burger anbieten. Bevor Sie starten, verteilen Sie in Ihrem Stadtteil einen Fragebogen und ermitteln damit die Wünsche der Kunden.

Das Ergebnis der Umfrage

Nach zwei Monaten liegen Ihnen die Kundenbewertungen vor. Tabelle 18.21 zeigt das zusammengefasste Ergebnis der Umfrage.

Funktionen	Geschmack	Auslaufschutz	Design	Sättigung	
Funktionsgewicht	45 %	20 %	5 %	30 %	**100 %**
		Komponenten in %			
Brötchen	15	25	90	50	
Tofu	60	40	0	40	
Salat	10	5	10	0	
Mayonnaise	15	30	0	10	
Summe	**100**	**100**	**100**	**100**	

Tabelle 18.21: Kundenbefragung

In Tabelle 18.21 haben die Kunden zwei Bewertungen vorgenommen:

1. **Funktion:** Sie haben eingeschätzt, wie sie die einzelnen Funktionen des Burgers bewerten. Dabei haben sie den Geschmack mit 45 % am höchsten bewertet, gefolgt von der Sättigung mit 30 %, dem Auslaufschutz mit 20 % und dem Design mit 5 %.
2. **Komponenten:** Sie haben angegeben, wie wichtig ihnen die einzelnen Komponenten des Burgers sind. Beispielsweise meinen die Kunden, bezogen auf den Geschmack, dass 15 % des Geschmacks vom Brötchen ausgehen, 60 % vom Tofu, 10 % vom Salat und 15 % von der Mayonnaise.

Auswertung der Umfrage: Den Bedeutungsgrad berechnen

Nachdem Sie die Umfragedaten der Kunden erhalten haben, berechnen Sie den Bedeutungsgrad der einzelnen Komponenten aus Kundensicht.

$$Bedeutungsgrad\ in\ \% = (Funktionsgewicht\ der\ Komponenten\ in\ \% \\ * Beitrag\ zur\ Funktionserfüllung\ in\ \%) * 100$$

Tabelle 18.22 zeigt Ihr Ergebnis.

	Geschmack	Auslaufschutz	Design	Sättigung	Summe
Bedeutungsgrad in %					
Brötchen	6,75	5,00	4,50	15,00	31,25
Tofu	27,00	8,00	0,00	12,00	47,00
Salat	4,50	1,00	0,50	0,00	6,00
Mayonnaise	6,75	6,00	0,00	3,00	15,75

Tabelle 18.22: Bedeutungsgrad der Komponenten

Zielabsatzmenge, Zielpreis und Zielgewinn festlegen

Im nächsten Schritt legen Sie Ihre Zielabsatzmenge, den Zielpreis und Ihren Zielgewinn fest und ermitteln sowohl die Standardkosten aus der Vollkostenrechnung als auch Ihre Zielkosten.

✔ **Zielabsatzmenge:** Als Zielabsatzmenge planen Sie 100.000 Burger im ersten Jahr. Aus Ihrer Kostenrechnung erhalten Sie die kalkulierten Standardkosten der einzelnen Komponenten sowie die Standardkostenanteile der Komponenten an den Gesamtkosten. Tabelle 18.23 zeigt Ihnen die Daten.

Komponenten	Standardkosten in €	Standartkostenanteile in %
Brötchen	50.000 €	23,26
Tofu	140.000 €	65,12
Salat	10.000 €	4,65
Mayonnaise	15.000 €	6,98
Gesamt	**215.000 €**	**100,00**

Tabelle 18.23: Standardkosten der Vollkostenrechnung

✔ **Zielkosten:** Berechnen Sie nun die Zielkosten für die Absatzmenge von 100.000 Stück. Die Kundenbefragung hat ergeben, dass ein Zielpreis von 2 € pro Burger akzeptiert wird.

✔ **Zielgewinn:** Ihren Zielgewinn legen Sie auf 20 % des Umsatzes fest.

Tabelle 18.24 zeigt die Berechnung der Zielkosten.

Formel	Berechnung	Ergebnis
Zielumsatz	100.000 Burger * 2 € pro Burger	200.000 €
– Zielgewinn	20 % * 200.000 €	40.000 €
= Zielkosten		**160.000 €**

Tabelle 18.24: Zielkostenberechnung

Jetzt verteilen Sie die Zielkosten auf die einzelnen Komponenten. Dabei gewichten Sie die Zielkosten nach dem jeweiligen Bedeutungsgrad der Komponenten. Anschließend führen Sie alle Daten in einer Tabelle zusammen und ermitteln den Zielkostenindex.

$$Zielkostenindex = \frac{Bedeutungsgrad\ in\,\%}{Standardkostenanteil\ in\,\%}$$

Der *Zielkostenindex* gibt das Verhältnis zwischen dem prozentualen Bedeutungsgrad (Kundennutzen) und dem prozentualen Standardkostenanteil an.

Dabei gilt:

Zielkostenindex = 1: Kundennutzen und Standardkosten stimmen überein.

Zielkostenindex > 1: Kundennutzen ist größer als der Standardkostenanteil.

Zielkostenindex < 1: Kundennutzen ist kleiner als der Standardkostenanteil.

Verteilen Sie Ihre Zielkosten in Höhe von 160.000 € nach Ihrem Bedeutungsgrad auf die einzelnen Produktkomponenten. Den Bedeutungsgrad haben Sie in Tabelle 18.22 berechnet. Tabelle 18.25 zeigt das Ergebnis.

	Bedeutungsgrad in %	Zielkosten nach Bedeutungsgrad in €
Brötchen	31,25	50.000
Tofu	47,00	75.200
Salat	6,00	9.600
Mayonnaise	15,75	25.200
Summe		**160.000**

Tabelle 18.25: Verteilung der Zielkosten auf die Komponenten

Beispiel Brötchen:

$Zielkosten\,Brötchen = 31{,}25\,\% * 160.000\,€$

$Zielkosten\,Brötchen = 50.000\,€$

Jetzt haben Sie alle Daten zusammen, um den Zielkostenindex zu berechnen. Den Bedeutungsgrad können Sie aus Tabelle 18.25 und den Standardkostenanteil aus Tabelle 18.23 übernehmen. Tabelle 18.26 zeigt das Ergebnis.

Komponenten	Bedeutungsgrad in %	Standardkostenanteil in %	Zielkostenindex
Brötchen	31,25	23,26	1,34
Tofu	47,00	65,12	0,72
Salat	6,00	4,65	1,29
Mayonnaise	15,75	6,98	2,26

Tabelle 18.26: Berechnung des Zielkostenindexes

Beispiel Brötchen:

$$Zielkostenindex = \frac{Bedeutungsgrad\ in\,\%}{Standardkostenanteil\ in\,\%}$$

$$Zielkostenindex = \frac{31{,}25\,\%}{23{,}26\,\%} = 1{,}34$$

Der Zusammenhang zwischen Bedeutungsgrad in % und Standartkostenanteil kann auch grafisch dargestellt werden. Abbildung 18.4 zeigt den Zusammenhang.

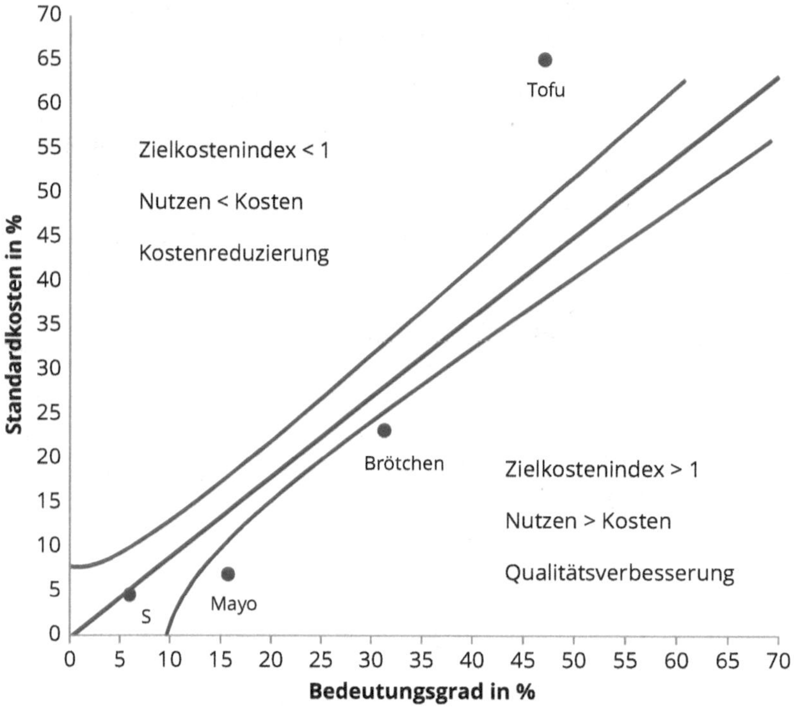

Abbildung 18.4: Auswertung der Zielkostenrechnung

In Abbildung 18.4 sehen Sie:

- ✔ Die Gerade gibt Ihnen alle Punkte an, an denen der Standardkostenanteil und der Bedeutungsgrad gleich hoch sind. Hier gilt: Zielkostenindex = 1.

  In diesem Fall besteht kein Handlungsbedarf.

- ✔ Die zwei Funktionen links und rechts von der Geraden geben Ihnen den Toleranzbereich an, den Sie selbst wählen können. Für die Komponenten des Produktes, die in diesem Bereich liegen, nehmen Sie keine Veränderungen vor.

  Beispiel: Der Zielkostenindex für Salat liegt bei 1,29 und damit innerhalb des Toleranzbereichs.

✔ Liegt der Zielkostenindex links vom oberen Toleranzbereich, gilt:

Zielkostenindex < 1

Der Bedeutungsgrad der Komponenten ist geringer als der Standardkostenanteil. Hier können Sie Kosten einsparen.

Beispiel: Der Bedeutungsgrad von Tofu liegt bei 47 %, während der Standardkostenanteil 65,12 % beträgt.

Mögliche Maßnahmen zur Kostenreduzierung:

- Sie verhandeln mit Ihrem Lieferanten, um den Einkaufspreis zu reduzieren.
- Sie suchen nach einem neuen Lieferanten, der Ihnen den Tofu zu einem geringeren Preis anbietet.
- Sie verringern die verwendete Tofumenge pro Burger.

✔ Liegt der Zielkostenindex rechts vom unteren Toleranzbereich, gilt:

Zielkostenindex > 1

Der Bedeutungsgrad der Produktkomponente liegt über dem Standardkostenanteil. Da diese Komponenten für den Kunden besonders wichtig sind, sollten Sie Qualitätsverbesserungsmaßnahmen durchführen. Dafür nehmen Sie auch Kostensteigerungen in Kauf.

Beispiel: Der Bedeutungsgrad des Brötchens liegt bei 31,25 % bei einem Standardkostenanteil von 23,26 % (Zielkostenindex = 1,34).

Für die Mayonnaise liegt der Nutzen des Kunden mit 15,75 % ebenfalls über dem Standardkostenanteil mit 6,98 % (Zielkostenindex = 2,26).

Mögliche Maßnahmen:

- Einkauf von qualitativ höherwertigen Brötchen
- Einkauf von Mayonnaise aus Bioeiern

Vorteile der Zielkostenrechnung sind:

✔ Sie berücksichtigen den Nutzen der Kunden während des gesamten Lebenszyklus des Produkts.

✔ Ihr Produkt wird bereits in der Entstehungsphase optimal an den Kundennutzen angepasst. Dadurch werden Kosten für alle Komponenten vermieden, die den Kunden keinen Nutzen stiften. Bei Komponenten mit hohem Nutzen wird besonders auf die Qualität geachtet.

✔ Durch Ihr konsequentes Kostenmanagement sinken Ihre Durchschnittskosten.

Im Rahmenplan ist die Taxonomie der Zielkostenrechnung mit »ableiten« angegeben. Sie brauchen in der Prüfung keine Berechnungen vorzunehmen. Das in diesem Kapitel dargestellte Beispiel soll Ihnen das Grundverständnis der Zielkostenrechnung vereinfachen.

Gar nicht gemein: Prozessbezogene Gemeinkosten

Stellen Sie sich vor, Sie kalkulieren Ihre Selbstkosten über die Vollkostenrechnung. Die Einzelkosten können Sie unmittelbar Ihren Produkten zuordnen. Die Gemeinkosten verrechnen Sie über Gemeinkostenzuschlagssätze proportional zu den Einzelkosten auf Ihre Produkte. Doch wer sagt Ihnen, dass Gemeinkosten tatsächlich proportional zu Ihren Einzelkosten anfallen?

BEISPIEL

In Ihrem Unternehmen werden zwei Produkte hergestellt. Betrachten Sie die Gemeinkostenverrechnung im Material- und Fertigungsbereich:

Materialbereich:

Für Produkt 1 und Produkt 2 gilt:

- Fertigungsmaterial = 10.000 €
- Gemeinkostenzuschlagssatz = 10 %
- Materialgemeinkosten = 1.000 €

Zusätzlich haben Sie Informationen über die Anzahl der Lieferungen Ihrer Materialien:

- Produkt 1: Anzahl der Lieferungen: 1
- Produkt 2: Anzahl der Lieferungen: 10

Sie können sich denken, dass der Zeitaufwand für die Bestellung, Eingangskontrolle und die Einlagerung von Produkt 2 höher ist, da die Materialien von 10 verschiedenen Lieferanten bezogen werden. Produkt 2 müsste also mehr Gemeinkosten tragen.

Fertigungsbereich:

Produkt 1

- Montage durch Mitarbeiter
- Fertigungslöhne: 5.000 €

Produkt 2

- Montage durch Industrieroboter
- Fertigungslöhne: 0 €

Hier haben Sie ein Problem. Dem Produkt 2 werden über die Vollkostenrechnung keine Restgemeinkosten zugeordnet, da Ihre Zuschlagsbasis entfällt.

Ziele der Prozesskostenrechnung ist die verursachungsgerechte Verteilung der Gemeinkosten auf die Produkte.

Identifizieren von Prozessen

Bevor Sie mit der Prozesskostenrechnung beginnen können, müssen Sie die Prozesse in Ihrem Unternehmen kennen. Dazu nehmen Sie sich Ihr Organigramm und die dazugehörigen Stellenbeschreibungen vor. Für jeden Arbeitsplatz erfassen Sie die Tätigkeiten und die Zeiten, die Ihre Mitarbeiter für die einzelnen Tätigkeiten benötigen.

Über die erfassten Zeiten für einzelne Prozesse können Sie die Gemeinkosten zuordnen.

BEISPIEL

Die Tätigkeiten im Einkauf bestehen aus der Lieferantenauswahl, der Durchführung von Bestellungen und dem Vergleich der Lieferscheine mit den Bestellungen beim Wareneingang. Für jede dieser Tätigkeiten wird die benötigte Zeit ermittelt. So können Sie beispielsweise die monatlichen Gemeinkosten wie Gehalt, Miete und kalkulatorische Abschreibungen in Abhängigkeit von den Zeiten auf die Prozesse verteilen.

Sie unterscheiden zwischen

- ✔ Teilprozessen der Kostenstellen und
- ✔ kostenstellenübergreifenden Hauptprozessen.

Teilprozesse sind einzelne Tätigkeiten, die Sie im Zusammenhang mit der Leistungserstellung ausführen. Dabei werden die Teilprozesse zunächst für jede Kostenstelle getrennt erfasst.

Hauptprozesse setzen sich aus kostenstellenübergreifenden Teilprozessen zusammen.

BEISPIEL

Sie haben für die Kostenstellen Einkauf, Lager und Rechnungswesen Ihre Teilprozesse identifiziert. Das Ergebnis liegt Ihnen in Tabelle 18.27 vor.

Teilprozesse der Kostenstellen		
Einkauf	**Lager**	**Rechnungswesen**
✔ Lieferantenauswahl	✔ Warenannahme	✔ Buchung der Eingangsrechnungen
✔ Durchführung einer Bestellung	✔ Prüfung des Wareneingangs	✔ Buchung der Lieferantenreklamationen
✔ Bearbeitung von Lieferantenreklamationen	✔ Einlagerung der Ware	✔ Buchung der Ausgangsrechnungen
		✔ Buchung der Kundenreklamationen

Tabelle 18.27: Beispiel Teilprozesse

Fassen Sie jetzt die Teilprozesse zu übergeordneten Hauptprozessen zusammen. Nehmen Sie zum Beispiel den Hauptprozess »Bestellungen durchführen« in Tabelle 18.28.

Teilprozesse	Kostenstelle
Lieferantenauswahl	Einkauf
Durchführung einer Bestellung	Einkauf
Warenannahme Prüfung des Wareneingangs Einlagerung der Ware	Lager
Buchung der Eingangsrechnung	Rechnungswesen

Tabelle 18.28: Hauptprozess Bestellungen

Verrechnung der Prozesskosten

Abbildung 18.5 zeigt Ihnen, wie Sie die Einzel- und Gemeinkosten auf die Kostenträger verrechnen.

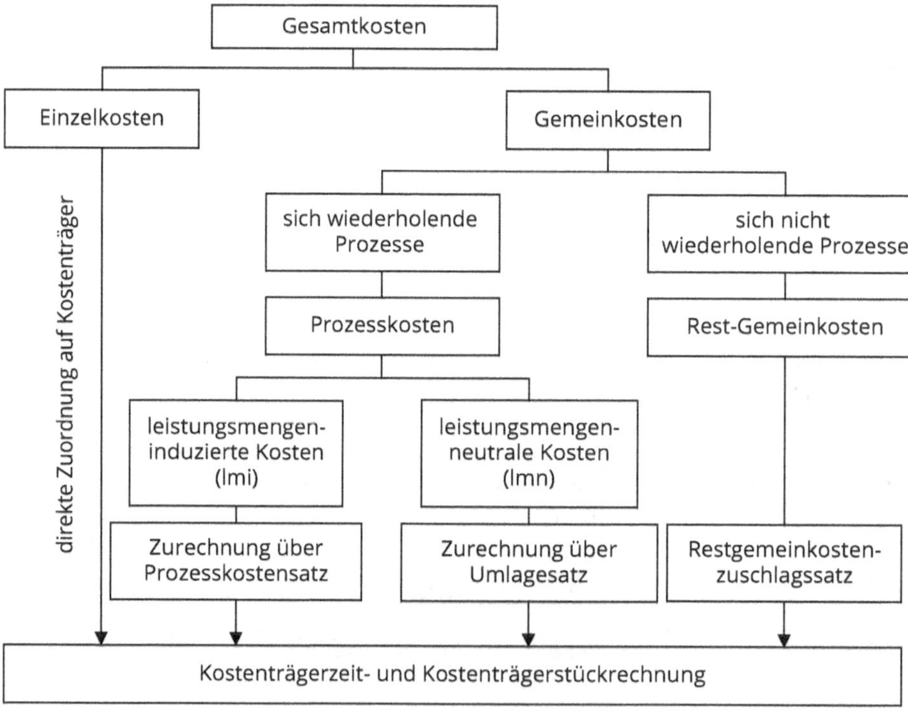

Abbildung 18.5: Aufbau der Prozesskostenrechnung

Die Einzelkosten werden wie in der Vollkostenrechnung direkt dem Kostenträger zugeordnet und hier nicht weiter betrachtet.

Bei der Verrechnung der Gemeinkosten unterscheiden Sie:

- **Prozesskosten bei sich wiederholenden Prozessen**

  - *leistungsmengeninduzierte Kosten (lmi)* fallen an, wenn ein Prozess im Zusammenhang mit der Leistungserstellung steht und es für ihn einen *Kostentreiber* gibt. Hier handelt es sich in der Regel um Hauptprozesse, die immer wieder in gleicher Form ablaufen und immer die gleichen Prozesskosten verursachen.

    Beispiel: Für eine Materialbestellung lösen Sie den Hauptprozess »Bestellung durchführen« aus, der sich aus den Teilprozessen in Tabelle 18.28 zusammensetzt.

    Diese Prozesskosten werden über einen Prozesskostensatz auf die Kostenträger verrechnet:

    $$Prozesskostensatz = \frac{Prozesskosten\,(lmi)}{Prozessmenge}$$

  - *leistungsmengenneutrale Kosten (lmn)* treten für Tätigkeiten auf, die sich zwar wiederholen, für die es aber keinen Kostentreiber gibt.

    Beispiel: Als Abteilungsleiter führen Sie regelmäßige Meetings zu unterschiedlichen Themen durch. Daher können Sie keinen festen Prozesskostensatz ermitteln.

    Diese Kosten werden über einen Umlagesatz auf die lmi-Prozesse verrechnet:

    $$Umlagesatz = \frac{Summe\,der\,lmn\text{-}Prozesskosten}{Summe\,der\,lmi\text{-}Prozesskosten} * Prozesskostensatz$$

- **Prozesskosten bei sich nicht wiederholenden Prozessen**

  Hier handelt es sich um kreative Tätigkeiten wie beispielsweise in der Produktentwicklung oder im Marketing. Sie werden, wie in der Vollkostenrechnung, über einen Gemeinkostenzuschlagssatz auf den Kostenträger verrechnet.

BEISPIEL

Für Februar liegen die Daten der Prozesskostenrechnung vor. Ihre Aufgabe be -steht darin, die Berechnungen in Tabelle 18.29 zu prüfen.

Tabelle 18.29 zeigt Ihnen:

- **Spalte 1:** alle im Februar durchgeführten Hauptprozesse
- **Spalte 2:** die Kostentreiber, die den jeweiligen Hauptprozess anstoßen
- **Spalte 3:** die Prozessmenge, die angibt, wie häufig der Hauptprozess durchgeführt wurde
- **Spalte 4:** die für den jeweiligen Hauptprozess entstandenen Prozesskosten
- **Spalte 5:** die Berechnung des Prozesskostensatzes lmi. Er gibt an, wie viel Prozesskosten Sie pro durchgeführtem Hauptprozess auf den Kostenträger verrechnen.

Hauptprozess	Kostentreiber	Prozessmenge	Prozesskosten lmi	Prozesskostensatz lmi	Umlagesatz	Gesamt-Prozesskostensatz
		in ME	in €	in €	in €	in €
Bestellungen	Anzahl Bestellungen	100	10.000	100	8	108
Auftragsbearbeitung	Anzahl Aufträge	120	18.000	150	12	162
Fertigung	Anzahl Fertigungsprozesse	80	72.000	900	72	972
Summe Prozesskosten (lmi)			**100.000**			
Abteilung leiten (lmn)					**8.000**	

Tabelle 18.29: Beispiel Prozesskostenrechnung

$$Prozesskostensatz = \frac{Prozesskosten(lmi)}{Prozessmenge}$$

$$Prozesskostensatz\ Bestellungen = \frac{10.000\,€}{100\,Prozesse} = 100\ €\ \text{pro Prozess}$$

$$Prozesskostensatz\ Auftragsbearbeitung = \frac{18.000\ €}{120\,Prozesse} = 150\ €\ \text{pro Prozess}$$

$$Prozesskostensatz\ Fertigung = \frac{72.000\ €}{80\,Prozesse} = 900\ €\ \text{pro Prozess}$$

- **Spalte 6:** Jetzt berechnen Sie die Prozesskosten der Abteilungsleitung. Dafür bilden Sie einen Umsatzsatz, der dem Hauptprozess zugeschlagen wird.

$$Umlagesatz = \frac{Summe\,der\,lmnProzesskosten}{Summe\,der\,lmiProzesskosten} * Prozesskostensatz$$

$$Umlagesatz\ für\ Bestellungen = \frac{8.000\,€}{100.000\,€} * 100 = 8\,€$$

$$Umlagesatz\ für\ Auftragsbearbeitung = \frac{8.000\,€}{100.000\,€} * 150 = 12\,€$$

$$Umlagesatz\ für\ Fertigung = \frac{8.000\,€}{100.000\,€} * 900 = 72\,€$$

- **Spalte 7:** der Gesamtprozesskostensatz, der sich aus der Addition des Prozesskostensatzes in Spalte 5 und des Umlagesatzes in Spalte 6 ergibt

Vorteile der Prozesskostenrechnung sind:

- Da Sie für die Tätigkeitsanalyse alle Prozesse im Unternehmen erfassen, können Sie in einem Zug Prozessverbesserungen durchführen.
- Durch Prozessverbesserungen ergeben sich Kosteneinsparungsmöglichkeiten.
- Die verursachungsgerechte Verteilung der Gemeinkosten auf Ihre Produkte erhöht Ihre Kostentransparenz.

Nachteile der Prozesskostenrechnung sind:

- Die Tätigkeitsanalyse ist sehr zeitaufwendig.
- Wenn Sie die Zeiten erfassen wollen, die Mitarbeiter für die einzelnen Tätigkeiten benötigen, stoßen Sie auf Widerstände. Wer lässt sich schon gern kontrollieren.

  Sie brauchen für die Erfassung der Prozesse geschulte Mitarbeiter und müssen Ihre Kostenrechnung komplett neu ausrichten. Das wird Sie viel Geld kosten.

IN DIESEM KAPITEL

Typische Aufgabenstellungen

Lösungswege

Kapitel 19
Prüfungsvorbereitung

In diesem Kapitel finden Sie typische Aufgaben, wie Sie Ihnen auch in Ihrer Prüfung begegnen könnten. Und im Anschluss daran exemplarische Lösungen zur Selbstkontrolle.

Aufgabenteil

Aufgabe 1

Sie sind bei der Möbel AG in der Kosten- und Leistungsrechnung beschäftigt. Für eine neu angeschaffte Maschine liegen Ihnen folgende Daten vor:

Anschaffungskosten	200.000 € netto
Geschätzte Wiederbeschaffungskosten	220.000 € netto
Geplante Maschinenlaufzeit	2.500 Stunden im Jahr
Kalkulatorische Nutzungsdauer	10 Jahre
Kalkulatorische Zinsen	4 % p.a. von den durchschnittlichen Anschaffungskosten
Werkzeugkosten	1.000 € im Monat
Instandhaltungskosten	14.000 € im Jahr (der Variator beträgt 0,2)
Platzbedarf der Maschine	40 Quadratmeter
Kalkulatorische Raumkosten	50 € pro Quadratmeter im Monat
Stromverbrauch	150 Kilowatt pro Stunde
Strompreis	0,25 € pro Kilowattstunde
Vorrichtungskosten	6.000 € im Jahr

a) Ermitteln Sie den fixen, den variablen und den gesamten Maschinenstundensatz.

b) Für einen Auftrag liegen Ihnen folgende Daten vor:

Fertigungslöhne	4.000 €
Restgemeinkostenzuschlagssatz	80 %
Laufzeit der Maschine	6 Stunden
Maschinenstundensatz	aus a)

Berechnen Sie die Fertigungskosten für diesen Auftrag. Verwenden Sie dabei den gesamten Maschinenstundensatz aus der Teilaufgabe a).

c) Bei der Kostenkontrolle am Ende des Jahres stellt sich heraus, dass die Maschinenlaufzeit nur 2.200 Stunden beträgt. Berechnen Sie die Leerkosten, die sich bei dieser Laufzeit ergeben.

Aufgabe 2

Die Möbel AG bezieht von einem Lieferanten monatlich 200 Nachttischleuchten. Ihnen liegen die folgenden Zahlen vor:

Bestellmenge	200 Leuchten
Listeneinkaufspreis pro Leuchte, brutto	47,60 €
Lieferantenkonto	2 %
Lieferantenrabatt	10 %
Bezugskosten für den Gesamtauftrag, brutto	23,80 €
Handlungskostenzuschlagssatz	25 %
Gewinnzuschlagssatz	15 %
Kundenrabatt	10 %
Kundenskonto	2 %
Kundenprovision	4 %

a) Berechnen Sie rechnerisch nachvollziehbar den Listenverkaufspreis netto für den Gesamtauftrag und anschließend pro Nachttischleuchte. Der Umsatzsteuersatz beträgt 19 %.

b) Berechnen Sie rechnerisch nachvollziehbar den Kalkulationszuschlagssatz für die Nachttischleuchten.

c) Im Folgemonat steigt Ihr Listeneinkaufspreis für Nachttischleuchten um 10 % an. Die sonstigen Konditionen verändern sich nicht. Berechnen Sie Ihren neuen Listenverkaufspreis für den Gesamtauftrag über 200 Leuchten, wenn Sie die Preiserhöhung vollständig an Ihren Kunden weitergeben. Verwenden Sie dafür die Rechenvereinfachung aus Teilaufgabe b.

Aufgabe 3

In der Limo GmbH produzieren Sie im März drei Limonaden in unterschiedlichen Geschmacksrichtungen. Für einen intensiven Geschmack der Limonade benötigen Sie für eine

Flasche Orangenlimonade 20 g Fruchtmasse. Für die Himbeerlimonade 40 g und für die Johannisbeerlimonade 60 g Fruchtmasse. Insgesamt fallen Materialkosten in Höhe von 8.960 € an. Die Produktions- und Absatzmengen für März betragen:

Limonadensorten	Produktions- und Absatzmenge
Himbeerlimonade	10.000 Flaschen
Orangenlimonade	8.000 Flaschen
Johannisbeerlimonade	12.000 Flaschen

a) Berechnen Sie rechnerisch nachvollziehbar die Materialkosten der Limonadensorten insgesamt und pro Stück.

b) Ihnen liegt ein Kundenauftrag über 50 Kisten Johannisbeerlimonade à 12 Flaschen vor. Sie verkaufen die Johannisbeerlimonade zu einem Listenverkaufspreis von 1,40 € netto pro Flasche. Ihr Kunde erhält 10 % Rabatt und 2 % Skonto. Die Materialkosten pro Stück entnehmen Sie aus Teilaufgabe a). Die Fertigungskosten pro Stück kalkulieren Sie mit 0,50 € pro Flasche. Die Verwaltungs- und Vertriebskosten betragen 10 %.

Berechnen Sie für diesen Kundenauftrag den Gewinn in Euro und Prozent.

Aufgabe 4

In Ihrem Unternehmen wird nur ein Produkt in Masse hergestellt und abgesetzt. Die Fertigung Ihres Produkts erfolgt in zwei Stufen. Die Materialkosten fallen vor Produktionsbeginn an und betragen 10 € pro Stück. Insgesamt verkaufen Sie im April 1.700 Stück Ihres Produkts. Die Verwaltungs- und Vertriebskosten betragen 6.460 €.

Zusätzlich liegen Ihnen folgende Daten für April vor:

Produktionsstufe	Produktionsmenge	Stufenkosten
Stufe 1	2.000 Stück	30.000 €
Stufe 2	1.800 Stück	39.600 €

a) Berechnen Sie für April rechnerisch nachvollziehbar die Selbstkosten pro Stück.

b) Ermitteln Sie die mengen- und wertmäßigen Lagerbestände im April.

Aufgabe 5

In der Zweigstelle Ihres Unternehmens produzieren Sie ausschließlich Elektrotretroller der Marke »Jump«. Der Absatzpreis beträgt 400 € pro Roller. Zusätzlich stehen Ihnen für Mai folgende Informationen zur Verfügung:

Fertigungsmaterial	200 € pro Stück	
Fertigungslöhne	60 € pro Stück	
Gemeinkosten gesamt	800.000 €	davon sind 40 % variabel
Absatzmenge	8.000 Stück	100 % Kapazitätsauslastung

a) Berechnen Sie rechnerisch nachvollziehbar das Betriebsergebnis für Mai.

b) Ermitteln Sie den Break-even-Punkt und den Break-even-Umsatzerlös.

c) Im Juni ist Ihre Kapazität aufgrund eines Maschinenschadens nur zu 75 % ausgelastet. Berechnen Sie, welchen Einfluss der geringere Beschäftigungsgrad auf Ihr Betriebsergebnis hat.

d) Als Monatsziel wird im August eine Umsatzrentabilität von 10 % angestrebt. Ermitteln Sie die Absatzmenge die erforderlich ist, um die geforderte Umsatzrentabilität zu erreichen.

Aufgabe 6

Sie produzieren in Ihrem Unternehmen drei verschiedene Drucker. Ihnen liegen dazu folgende Daten für Juli vor:

	Tintenstrahldrucker		Laserdrucker
	Drucker Pix 1	Drucker Pix 2	Drucker L50
Absatzmenge	3.000 Stück	5.000 Stück	2.000 Stück
Preis	80 € pro Stück	140 € pro Stück	200 € pro Stück
Variable Stückkosten	60 € pro Stück	100 € pro Stück	180 € pro Stück
Produktfixkosten	18.000 €	14.000 €	60.000 €

Die Drucker Pix 1 und Pix 2 gehören der Produktgruppe »Tintenstrahldrucker« an und verursachen produktgruppenfixe Kosten in Höhe von 14.000 €.

Die unternehmensfixen Kosten betragen 50.000 €

a) Berechnen Sie rechnerisch nachvollziehbar das Betriebsergebnis für Juli. Berücksichtigen Sie dabei eine nachvollziehbar differenzierte Fixkostenbetrachtung.

b) Werten Sie Ihr Ergebnis aus und geben Sie zwei Maßnahmen an, wie Sie Ihr Ergebnis verbessern können.

Aufgabe 7

Sie sind bei der Perplex AG angestellt. Ihr Unternehmen benötigt für die Produktion von Solarspeichern fünf verschiedene Kunststoffgehäuse G1 bis G5. Bisher beziehen Sie die Gehäuse vollständig fremd. Auf der Suche nach Kosteneinsparungspotenzialen werden Sie damit beauftragt zu prüfen, ob Sie durch eine Kombination aus Eigenfertigung und Fremdbezug der Gehäuse Kosten sparen können.

Die für die Eigenfertigung benötigten Maschinen sind vorhanden und verursachen keine zusätzlichen Fixkosten.

Alle Gehäuse können sowohl selbst gefertigt als auch fremdbezogen werden, wobei auch eine Kombination aus Eigenfertigung und Fremdbezug möglich ist.

Aus der Kostenrechnung für Juli liegen Ihnen folgende Daten vor:

Gehäuse	Preis Fremdbezug in € pro Stück	Variable Kosten Eigenfertigung in € pro Stück	Fertigungszeit in min pro Stück	Auftragsmenge in Stück
G1	90	75	20	3.100
G2	100	120	30	1.000
G3	50	40	10	600
G4	80	84	12	300
G5	85	78	6	800

a) Berechnen Sie rechnerisch nachvollziehbar die variablen Kosten für Juli, wenn alle Gehäuse wie bisher fremdbezogen werden.

b) Ermitteln Sie das optimale Produktionsprogramm unter Berücksichtigung der im Juli vorhandenen Kapazität von 1.200 Stunden.

c) Berechnen Sie die Kosteneinsparungen, die sich für die variablen Kosten aus der Optimierung von Eigenfertigung und Fremdbezug ergeben.

Aufgabe 8

Als Controller sind Sie in Ihrem Unternehmen zuständig für die Kostenüberwachung Ihrer Fertigungskostenstelle. Für den Monat August liegen Ihnen folgende Plandaten vor:

Planbeschäftigung: 4.000 Stunden		
Kostenart	**Gesamtkosten**	**Variator**
Fertigungslöhne	40.000 €	1
Gehälter	45.000 €	0
Energie	18.000 €	0,7
Sonstige Kosten	200.000 €	0,1
Summe	**303.000 €**	

Die Istbeschäftigung beträgt im August 3.500 Stunden.

a) Berechnen Sie den Istbeschäftigungsgrad für August.

b) Ermitteln Sie die variablen Kosten, fixen Kosten und Gesamtkosten der einzelnen Kostenarten sowie für die Kostenstelle.

c) Im August sind für die Fertigungskostenstelle Istkosten in Höhe 287.000 € angefallen. Berechnen Sie die Verbrauchs-, Beschäftigungs- und Gesamtabweichung der Kostenstelle.

d) Die Geschäftsleitung interessiert sich besonders für die Abweichungen bei der Kostenart Energie. Im August sind tatsächliche Energiekosten in Höhe von 16.000 € angefallen.

Berechnen Sie die Verbrauchs-, Beschäftigungs- und Gesamtabweichung für die Kostenart Energie und geben Sie zwei mögliche Ursachen für die Abweichungen an.

Lösungsteil

Lösung 1

a)

In der Aufgabenstellung sind die Daten für verschiedene Zeiten angegeben (pro Monat, pro Jahr, pro Stunde). Achten Sie bei der Lösung darauf, alle Daten für den gleichen Zeitraum zu berechnen.

Kostenart	Berechnung	Fixe Kosten pro Jahr	Variable Kosten pro Jahr
Kalk. Abschreibungen	$\frac{220.000\,€}{10\,Jahre}$	22.000 €	
+ Kalk. Zinsen	$\frac{200.000\,€}{2} * 4\,\%$	4.000 €	
+ Werkzeugkosten	1.000 € * 12 Monate	12.000 €	
+ Instandhaltungskosten	variabler Anteil: 0,2 * 14.000 € fixer Anteil: 0,8 * 14.000 €	11.200 €	2.800 €
+ Raumkosten	40 qm * 50 € pro qm * 12 Monate	24.000 €	
+ Stromkosten	150 Kilowatt pro Stunde * 2.500 Stunden * 0,25 € pro Stunde		93.750 €
+ Vorrichtungskosten		6.000 €	
Summe		**79.200 €**	**96.550 €**

Fixer Maschinenstundensatz:

$$Maschinenstundensatz\ fix = \frac{79.200\,€\ im\ Jahr}{2.500\ Stunden\ in\ Jahr} = 31,68\,€\ pro\ Stunde$$

Variabler Maschinenstundensatz:

$$Maschinenstundensatz\ variabel = \frac{96.550\,€\ im\ Jahr}{2.500\ Stunden\ in\ Jahr} = 38,62\,€\ pro\ Stunde$$

Maschinenstundensatz gesamt:

$$Maschinenstundensatz\ gesamt = \frac{79.200\,€ + 96.550\,€}{2.500\ Stunden} = 70,30\,€\ pro\ Stunde$$

Sie hätten die fixen und variablen Kosten auch direkt pro Stunde berechnen können. Das Ergebnis ist genauer, wenn Sie erst mit Gesamtgrößen rechnen und anschließend durch die Stundenzahl teilen.

b)

Hier wenden Sie das Kalkulationsschema der Kostenträgerstückrechnung für den Fertigungsbereich an. Die Restgemeinkosten werden auf der Grundlage der Fertigungslöhne berechnet.

In der Kalkulation wird der gesamte Maschinenstundensatz verwendet.

Fertigungslöhne		4.000,00 €
+ Restgemeinkostenzuschlagssatz	4.000 € * 80 %	3.200,00 €
+ Maschinenkosten	6 Stunden * 70,30 € pro Stunde	421,80 €
Fertigungskosten		**7.621,80 €**

c)

Leerkosten sind die Fixkosten, die auf die ungenutzte Kapazität entfallen. In der Plankostenrechnung werden Sie auch als Beschäftigungsabweichung bezeichnet.

$$Leerkosten = \frac{Maximalmenge - Istmenge}{Maximalmenge} * gesamte\ Fixkosten$$

$$Leerkosten = \frac{2.500\ Stunden - 2.200\ Stunden}{2.500\ Stunden} * 79.200\ €$$

$$Leerkosten = 9.504\ €$$

Bei einer Istbeschäftigung von 2.200 Stunden haben Sie in der Kalkulation 9.504 € zu wenig Fixkosten verrechnet. Die Leerkosten sind die Fixkosten der ungenutzten Kapazität.

Lösung 2

Hier verwenden Sie das Kalkulationsschema der Handelskalkulation. Kalkuliert wird immer mit Nettowerten. Aus eventuell angegebenen Bruttowerten müssen Sie die Umsatzsteuer herausrechnen.

a)

Die Aufgabenstellung ist so formuliert, dass Sie zunächst den Gesamtauftrag kalkulieren und anschließend den Listenverkaufspreis pro Stück berechnen. Das Ergebnis wird genauer.

	%	€	%	%
Listeneinkaufspreis netto		8.000,00	100	
– Rabatt	10	800,00	– 10	
= Zieleinkaufspreis		**7.200,00**	**= 90**	100
– Skonto	2	144,00		– 2
= Bareinkaufspreis		**7.056,00**		**= 98**
+ Bezugskosten netto		20,00		
= Bezugspreis		**7.076,00**	**100**	
+ Handlungskosten	25	1.769,00	+ 25	
= Selbstkosten		**8.845,00**	**125**	**100**
+ Gewinn	15	1.326,75		+ 15
= Barverkaufspreis		**10.171,75**	**94**	**= 115**
+ Skonto	2	216,42	+ 2	
+ Provision	4	432,84	+4	
= Zielverkaufspreis		**10.821,01**	= 100	**90**
+ Rabatt	10	1.202,33		+ 10
= Listenverkaufspreis		**12.023,34**		**= 100**
Listenverkaufspreis pro Stück		**60,12 €**		

Bei der Angebotskalkulation wird vom Barverkaufspreis bis zum Listenverkaufspreis aus der Sicht des Kunden beziehungsweise Vertreters mit vermindertem Prozentsatz kalkuliert.

Skonto und Provision werden dabei immer zusammengefasst.

Besonderheiten vom Barverkaufspreis zum Zielverkaufspreis:

$$Skonto = \frac{10.171{,}75\,€}{100\,\% - \left(2\,\% + 4\,\%\right)} * 2\,\% = 216{,}42\,€$$

$$Provision = \frac{10.171{,}75\,€}{100\,\% - \left(2\,\% + 4\,\%\right)} * 4\,\% = 432{,}84\,€$$

Besonderheiten vom Zielverkaufspreis zum Listenverkaufspreis:

$$Rabatt = \frac{10.821{,}01\,€}{\left(100\,\% - 10\,\%\right)} * 10\,\% = 1.202{,}33\,€$$

b)

Die Rechenvereinfachung bezieht sich auf den Bereich zwischen Bezugspreis und Listenverkaufspreis.

$$Kalkulationszuschlagssatz\ in\ \% = \frac{Listenverkaufspreis - Bezugspreis}{Bezugspreis} * 100$$

$$Kalkulationszuschlagssatz\ in\ \% = \frac{12.023{,}34\,€ - 7.076{,}00\,€}{7.076{,}00\,€} * 100$$

$$Kalkulationszuschlagssatz\ in\ \% = 69{,}92\ \%$$

c)

Hier berechnen Sie zunächst den neuen Bezugspreis. Anschließend verwenden Sie den Kalkulationszuschlagssatz, um direkt vom Bezugspreis zum Listenverkaufspreis zu gelangen.

$$Listeneinkaufspreis\ neu = 8.000\,€ + 8.000\,€ * 10\ \%$$

	%	€	%	%
Listeneinkaufspreis		8.800,00	100	
– Rabatt	10	880,00	– 10	
= Zieleinkaufspreis		**7.920,00**	**= 90**	100
– Skonto	2	158,40		– 2
= Bareinkaufspreis		**7.761,60**		**= 98**
+ Bezugskosten		20,00		
= Bezugspreis		**7.781,60**	**100**	
+ Kalkulationszuschlag	69,92	5.440,89		
= Listenverkaufspreis		**13.222,49**		

Lösung 3

Der Hinweis auf die Sortenfertigung sowie die Angabe der Materialkosten in einem festen Verhältnis weist auf die Äquivalenzziffernkalkulation hin.

a)

Sorte	Produktions- und Absatzmenge in Flaschen	Äquivalenzziffer (ÄZ)	Recheneinheit (RE)	Stückkosten pro Sorte in €/Flasche	Materialkosten pro Sorte in €
Himbeerlimo	10.000	2	20.000	0,28	2.800
Orangenlimo	8.000	1	8.000	0,14	1.120
Johannisbeerlimo	12.000	3	36.000	0,42	5.040
Summe			**64.000**		**8.960**

Sie gehen schrittweise vor:

1. Berechnen Sie die Äquivalenzziffern (Spalte 2)

$$\textit{Äquivalenzziffer (ÄZ)} = \frac{\textit{Bezugsgröße des jeweiligen Produkts}}{\textit{Bezugsgröße des Einheitsprodukts}}$$

Wählen Sie die Orangenlimonade als Einheitsprodukt ergibt sich:

$$\textit{ÄZ Orangenlimonade} = \frac{20\,g}{20\,g} = 1$$

$$\textit{ÄZ Himbeerlimonade} = \frac{40\,g}{20\,g} = 2$$

$$\textit{ÄZ Johannisbeerlimonade} = \frac{60\,g}{20\,g} = 3$$

Sie können auch jede andere Limonade als Einheitsprodukt wählen.

2. Berechnen Sie die Recheneinheiten (Spalte 4).

$$\textit{Recheneinheiten} = \textit{Produktionsmenge} * \textit{Äquivalenzziffer}$$

$$\textit{Recheneinheit Himbeerlimo} = 10.000\ \textit{Flaschen} * 2 = 20.000$$

$$\textit{Recheneinheit Orangenlimo} = 8.000\ \textit{Flaschen} * 1 = 8.000$$

$$\textit{Recheneinheit}\ \text{Johannisbeerlimo} = 12.000\ \textit{Flaschen} * 3 = 36.000$$

3. Nun summieren Sie die Recheneinheiten (Spalte 4).

$$\textit{Summe der Recheneinheiten} = 20.000 + 8.000 + 36.000$$

$$\textit{Summe der Recheneinheiten} = 64.000\ \textit{Einheiten}$$

4. Bilden Sie die Kosten pro Recheneinheit.

$$\textit{Kosten pro Rechneneinheit} = \frac{(\textit{zu verteilende})\,\textit{Kosten}}{\textit{Summe der Recheneinheiten}}$$

$$\textit{Kosten pro Rechneneinheit} = \frac{8.960\,€}{64.000\ \textit{Recheneinheiten}} = 0{,}14\,€\ \textit{pro RE}$$

5. Ermitteln Sie nun die Stückkosten pro Sorte (Spalte 5).

$$\textit{Stückkosten pro Sorte} = \textit{Kosten pro Recheneinheit} * \textit{Äquivalenzziffer}$$

$$\textit{Stückkosten Himbeerlimo} = 0{,}14 * 2 = 0{,}28\,€\ \text{pro Flasche}$$

$$\textit{Stückkosten Orangenlimo} = 0{,}14 * 1 = 0{,}14\,€\ \text{pro Flasche}$$

Stückkosten Johannisbeerlimo = 0,14 * 3 = 0,42 € pro Flasche

6. Ermitteln Sie die Materialkosten pro Sorte (Spalte 6).

   *Materialkosten pro Sorte = Stückkosten pro Sorte * Produktionsmenge pro Sorte*

   Materialkosten Himbeerlimo = 0,28 € *pro Flasche* * 10.000 *Flaschen* = 2.800 €

   Materialkosten Organgenlimo = 0,14 € *pro Flasche* * 8.000 *Flaschen* = 1.120 €

   Materialkosten Johannisbeerlimo = 0,42 € *pro Flasche* * 12.000 *Flaschen* = 5.040 €

b)

Sie kalkulieren hier einen Kundenauftrag. Dazu verbinden Sie die Selbstkostenkalkulation mit der Angebotskalkulation. Der Gewinn ergibt sich als Differenz zwischen Barverkaufspreis und Selbstkosten. Es bietet sich an, die Berechnung übersichtlich in einem Kalkulationsschema durchzuführen. Die Materialstückkosten haben Sie in a) über die Äquivalenzziffernkalkulation ermittelt.

Sie gehen schrittweise vor:

1. Sie berechnen die Auftragsmenge.

   Auftragsmenge = 50 Kisten * 12 Flaschen pro Kiste = 600 Flaschen

2. Jetzt berechnen Sie die Selbstkosten des gesamten Auftrags in einer Vorwärtskalkulation.
3. Sie kalkulieren rückwärts vom Listenverkaufspreis zum Barverkaufspreis.
4. Sie berechnen den Gewinn als Differenz zwischen Barverkaufspreis und Selbstkosten sowie in Prozent.

Als Ergebnis erhalten Sie:

Kalkulation	Berechnung	Ergebnis in €	
Materialkosten	0,42 € *pro Flasche* * 600 *Flaschen*	252,00	vorwärts
+ Fertigungskosten	0,50 € *pro Flasche* * 600 *Flaschen*	300,00	
= Herstellkosten		**552,00**	
+ Verwaltungs-/ Vertriebsgemeinkosten	10 % * 552 €	55,20	
= Selbstkosten		**607,20**	
+ Gewinn	$\frac{133{,}68\ €}{607{,}20\ €} * 100 = 22{,}02\ \%$	133,68	Differenz
Barverkaufspreis		**740,88**	
+ Skonto	2 % * 756 €	15,12	rückwärts
= Zielverkaufspreis		**756,00**	
+ Rabatt	10 % * 840 €	84,00	
= Listenverkaufspreis	**1,40 € pro Flasche * 600 Flaschen**	**840,00**	

Lösung 4

Die Hinweise in der Aufgabenstellung »1 Produkt«, »Massenfertigung« und »Stufenkosten« weisen auf die Divisionskalkulation hin. Da die Produktionsmengen der Fertigungsstufen unterschiedlich sind, treten Lagerbestände auf. Daher verwenden Sie die mehrstufige Divisionskalkulation.

a)

Sie können die Selbstkosten pro Stück mithilfe einer Tabelle oder in Formelschreibweise lösen. Hier sind beide Varianten angegeben.

Sie stellen den Prozess vom Materialeinsatz bis zum Absatz Ihrer Produkte dar, ordnen die Menge und die Kosten den einzelnen Stufen zu und berechnen die Selbstkosten pro Stück:

Prozess	Kosten	Menge	Stückkosten
Materialeinsatz			10,00 € pro Stück
Stufe 1	K_{F1} = 30.000 €	x_{p1} = 2.000 Stück	15,00 € pro Stück
Lager 1			
Stufe 2	K_{F2} = 39.600 €	x_{p2} = 1.800 Stück	22,00 € pro Stück
Lager 2			
Absatz	$K_{Vw} + K_{Vt}$ = 6.460 €	x_a = 1.700 Stück	3,80 € pro Stück
Selbstkosten			**50,80 € pro Stück**

Wenn Sie die Aufgaben mithilfe der Formel lösen, ergibt sich:

$$k = Materialkosten\ pro\ Stück + \frac{K_{F1}}{x_{p1}} + \frac{K_{F2}}{x_{p2}} + \frac{K_{Vw} + K_{Vt}}{x_a}$$

$$k = 10\,€ + \frac{30.000\,€}{2.000\ Stück} + \frac{39.600\,€}{1.800\ Stück} + \frac{6.460\,€}{1.700\ Stück}$$

$$k = 10\,€\ pro\ Stück + 15\,€\ pro\ Stück + 22\,€\ pro\ Stück + 3{,}80\,€\ pro\ Stück$$

$$k = 50{,}80\,€\ pro\ Stück$$

b)

Unterscheiden sich die Mengen zwischen den einzelnen Stufen, liegen Lagerbestände vor. Die Bestände dürfen Sie nur zu den Herstellkosten bewerten, die bis zum Auftreten der Bestände angefallen sind.

Prozess	Menge	Stückkosten
Materialeinsatz		10 € pro Stück
Stufe 1	x_{p1} = 2.000 Stück	15 € pro Stück
Lager 1	$x_{p1} - x_{p2}$ 2.000 – 1.800 = 200 Stück	Wert Lagerbestand: 200 * (10 € + 15 €) = 5.000 €
Stufe 2	x_{p2} = 1.800 Stück	22 € pro Stück
Lager 2	$x_{p2} - x_a$ 1.800 – 1.700 = 100 Stück	Wert Lagerbestand: 100 * (10 € + 15 € + 22 €) = 4.700 €
Absatz	x_a = 1.700 Stück	

Lösung 5

Die Kosten sind in variable und fixe Bestandteile aufgespalten. Das weist auf die Deckungsbeitragsrechnung hin.

a)

Die Gemeinkosten enthalten variable und fixe Anteile, die Sie zunächst trennen müssen.

Sie gehen schrittweise vor:

1. Sie berechnen die variablen Stückkosten und die Fixkosten.

Kosten	Variable Stückkosten (k_v)	Fixkosten (K_f)
Fertigungsmaterial	200,00 €	
Fertigungslohn	60,00 €	
Variable Gemeinkosten pro Stück	40,00 €	480.000 €
Summe	**300,00 €**	**480.000 €**

Die angegebenen variablen Gemeinkosten berechnen Sie:

$$Variable\ Gemeinkosten = 40\ \% * 800.000\ €$$

$$Variable\ Gemeinkosten = 320.000\ €$$

$$variable\ Gemeinkosten\ pro\ Stück = \frac{320.000\ €}{8.000\ Stück}$$

$$variable\ Gemeinkosten = 40\ €\ pro\ Stück$$

Berechnen Sie die fixen Gemeinkosten:

$$Fixe\ Gemeinkosten = Gemeinkosten\ gesamt - variable\ Gemeinkosten$$

$$Fixe\ Gemeinkosten = 800.000\,€ - 320.000\,€$$

$$Fixe\ Gemeinkosten = 480.000\,€$$

2. Berechnen Sie jetzt das Betriebsergebnis für Mai.

	Berechnung	Ergebnis
Umsatzerlöse	400 € pro Stück * 8.000 Stück	3.200.000 €
– Variable Kosten	300 € pro Stück * 8.000 Stück	2.400.000 €
= Deckungsbeitrag		**800.000 €**
– Fixkosten		480.000 €
= Betriebsergebnis		**320.000 €**

b)

Der Break-even-Punkt gibt die Menge an, bei der die Umsatzerlöse und die Kosten übereinstimmen (Gewinnschwellenmenge).

Die Gewinnschwellenmenge wird immer auf volle Stückzahlen aufgerundet.

Der Break-even-Umsatzerlös ist der Umsatzerlös für die Gewinnschwellenmenge.

Berechnen Sie den Break-even-Punkt:

$$Break-even-Menge = \frac{Fixkosten}{(Preis - variable\ Stückkosten)}$$

$$Break-even-Menge = \frac{480.000\,€}{(400\,€\ pro\ Stück - 300\,€\ pro\ Stück)}$$

$$Break-even-Menge = 4.800\ Stück$$

Ermitteln Sie jetzt den Break-even-Umsatzerlös:

$$U_{BEP} = p * x_{BEP}$$

$$U_{BEP} = 400\,€\ pro\ Stück * 4.800\ Stück$$

$$U_{BEP} = 1.920.000\,€$$

c)

Bei Kapazitätsänderungen passen Sie Ihre variablen Kosten an die neue Absatzmenge an. Ihre Fixkosten bleiben konstant.

Da sich der Preis und die variablen Stückkosten gegenüber der Ausgangssituation nicht verändert haben, können Sie den Stückdeckungsbeitrag in Höhe von 100 € aus a) übernehmen.

Berechnen Sie zuerst die Mengenänderung:

$$Beschäftigung = 8.000\,Stück * 75\% = 6.000\,Stück$$

Deckungsbeitrag bei 75 %	DB = db * x	600.000 €
	100 pro Stück * 6.000 Stück	
– Fixkosten		480.000 €
= Betriebsergebnis		**120.000 €**

Jetzt berechnen Sie die Veränderung des Betriebsergebnisses:

Betriebsergebnis alt	320.000 €
– Betriebsergebnis neu	120.000 €
= Differenz	**200.000 €**

Das Betriebsergebnis verringert sich um 200.000 €.

d)

Hier brauchen Sie die Formel der Umsatzrentabilität und müssen sie nach der Menge auflösen (Lösungsweg 1). Das erfordert eine gewisse Sicherheit beim Umformen von Gleichungen. Es gibt aber auch eine einfachere Lösung (Lösungsweg 2).

1. Lösungsweg: Sie lösen die Gleichung der Umsatzrentabilität nach der Menge auf.

$$Umsatzrentabilität = \frac{Gewinn}{Umsatzerlös} * 100$$

Da sich der Gewinn aus den Umsatzerlösen abzüglich der Kosten zusammensetzt, schreiben Sie die Gleichung noch einmal ausführlich auf.

$$Umsatzrentabilität = \frac{p * x - k_v * x - K_f}{p * x} * 100$$

Jetzt setzen Sie alle bekannten Größen ein und teilen beide Seiten der Gleichung durch 100:

$$0{,}10 = \frac{400 * x - 300 * x - 480.000}{400 * x}$$

Multiplizieren Sie jetzt beide Seiten der Gleichung mit (400 * x), um den Nenner aufzulösen:

$$0{,}10 * 400 * x = 400 * x - 300 * x - 480.000$$

Fassen Sie jetzt alle Terme auf der rechten Seite zusammen, die ein x enthalten:

$$40 * x = 100\,x - 480.000$$

Jetzt ziehen Sie auf beiden Seiten der Gleichung 100 x ab, um das x auf eine Seite zu bekommen:

$$-60 * x = -480.000$$

Teilen Sie jetzt die Gleichung durch (– 60). Sie bekommen die Menge heraus, die für eine Umsatzrentabilität von 10 % erreicht werden muss:

$$x = 8.000\,Stück$$

Ab einer Menge von 8.000 Stück haben Sie Ihr Rentabilitätsziel erreicht.

2. Lösungsweg: Sie verwenden das folgende Schema:

Preis	400 €
– Umsatzrentabilität 10 %	40 €
= Stückkosten	**360 €**
– variable Stückkosten	300 €
= erlaubte stückfixe Kosten	**60 €**

Berechnen Sie jetzt die Menge, die bei stückfixen Kosten von 60 € erreicht wird. Setzen Sie alle Ihnen bekannten Werte ein, erhalten Sie:

$$Stückfixe\ Kosten = \frac{Fixkosten}{x}$$

$$60\,€\ pro\ Stück = \frac{480.000\,€}{x}$$

Sie multiplizieren die Gleichung auf beiden Seiten mit x und erhalten:

$$60\,€\ pro\ Stück * x = 480.000\,€$$

Teilen Sie jetzt beide Seiten durch 60 € pro Stück. Sie erhalten:

$$x = 8.000\,Stück$$

Dieser Weg ist relativ einfach. Die Formel finden Sie aber nicht in der Formelsammlung.

Lösung 6

Werden die Fixkosten differenziert nach produktfixen, produktgruppenfixen und unternehmensfixen Kosten, führen Sie eine mehrstufige Deckungsbeitragsrechnung durch.

a)

Sie berechnen das Betriebsergebnis, indem Sie für jede Fixkostenart einen eigenen Deckungsbeitrag ermitteln.

	Drucker Pix 1	Drucker Pix 2	Drucker L50	Summe
Umsatzerlöse	240.000 €	700.000 €	400.000 €	1.340.000 €
– variable Kosten	180.000 €	500.000 €	360.000 €	1.040.000 €
= Deckungsbeitrag I	**60.000 €**	**200.000 €**	**40.000 €**	**300.000 €**
– produktfixe Kosten	18.000 €	14.000 €	60.000 €	92.000 €
= Deckungsbeitrag II	**42.000 €**	**186.000 €**	**– 20.000 €**	**208.000 €**
– Produktgruppenfixe Kosten	14.000 €		0	14.000 €
= Deckungsbeitrag III	**214.000 €**		**– 20.000 €**	**194.000 €**
– Unternehmensfixe Kosten				50.000 €
= Betriebsergebnis				**144.000 €**

Um Rechenzeit zu sparen, können Sie auch zuerst die Stückdeckungsbeiträge der Drucker berechnen und mit der jeweiligen Menge multiplizieren. Damit gelangen Sie direkt zum Deckungsbeitrag I.

b)

Auswerten bedeutet, dass Sie die einzelnen Deckungsbeiträge sowie das Ergebnis beschreiben und beurteilen.

Maßnahmen sind Aktivitäten, die Sie ausführen, um ein Ergebnis zu verändern.

Ihre Auswertung könnte so aussehen:

Der Deckungsbeitrag I ist bei allen Druckern positiv.

Werden die produktfixen Kosten berücksichtigt, zeigt sich, dass der Deckungsbeitrag II von Drucker L50 negativ ist.

Der Deckungsbeitrag II und III für die Produktgruppe der Tintenstrahldrucker ist positiv.

Insgesamt ist das Betriebsergebnis positiv.

Maßnahmen für Drucker L50 zur Verbesserung des Betriebsergebnisses:

- ✔ Sie nehmen den Drucker L50 aus dem Sortiment. Dadurch entfallen mittelfristig die produktfixen Kosten wie beispielsweise die Miete für die Lagerfläche. Ihr Betriebsergebnis würde sich um 20.000 € erhöhen.
- ✔ Sie produzieren den Drucker L50 weiter und prüfen, ob Sie die produktfixen Kosten senken können. Wenn es sich bei den produktfixen Kosten beispielsweise um die Miete für eine Lagerfläche handelt, könnten Sie die Produktion zeitlich auf den Absatz abstimmen, sodass die Drucker direkt in den Versand gehen und keine Lagerfläche benötigen.

✔ Sie könnten auch den Deckungsbeitrag I für Drucker L50 erhöhen, um die produktfixen Kosten zu decken. Als Maßnahmen zur Senkung der variablen Stückkosten wären denkbar:

- Preisverhandlungen mit Ihren Lieferanten
- Angebotseinholung bei neuen Lieferanten
- Bessere Einstellung der Maschinen, um den Energieverbrauch zu senken

Wenn Sie Preiserhöhungen als Maßnahme angeben, bedenken Sie, dass dadurch Ihre Absatzmenge sinken kann.

Auch Werbemaßnahmen zur Erhöhung der Absatzmenge bedürfen der näheren Erklärung. Jede Werbemaßnahme verursacht Kosten, die Sie durch Umsatzsteigerungen erst einmal decken müssen.

Lösung 7

Sobald in der Deckungsbeitragsrechnung Fertigungszeiten angegeben sind, rechnen Sie mit relativen Deckungsbeiträgen, um Ihr Produktionsprogramm zu optimieren.

a)

Berechnen Sie die variablen Kosten, die im Juni bei vollständigem Fremdbezug entstehen:

Gehäuse	Preis Fremdbezug in € pro Stück	Auftragsmenge in Stück	Variable Kosten in €
G1	90	3.100	279.000
G2	100	1.000	100.000
G3	50	600	30.000
G4	80	300	24.000
G5	85	800	68.000
		Summe:	**501.000**

b)

In der Aufgabe sind sowohl der Fremdbezugspreis pro Stück als auch die variablen Stückkosten angegeben. Der Stückdeckungsbeitrag (db) gibt Ihnen hier den relativen Kostenvorteil der Eigenfertigung gegenüber dem Fremdbezug an.

Ermitteln Sie das optimale Produktionsprogramm schrittweise.

1. Berechnen Sie die Stückdeckungsbeiträge (Tabelle 19.1).

   Bei *negativen Stückdeckungsbeiträgen* werden die Gehäuse fremdbezogen.

Hier: Gehäuse 2 und Gehäuse 4.

Bei *positiven Stückdeckungsbeiträgen* ermitteln Sie das optimale Produktionsprogramm:

Hier: Gehäuse 1, Gehäuse 3 und Gehäuse 5

2. Berechnen Sie die relativen Stückdeckungsbeiträge und bilden Sie eine Rangfolge vom höchsten zum niedrigsten relativen Stückdeckungsbeitrag (Tabelle 19.1).

Beispiel: G1

Stückdeckungsbeitrag = Fremdbezugspreis – variable Stückkosten

Stückdeckungsbeitrag (Kostenvorteil) = 90 € – 75 € = 15 €

$$relativer\ Stückdeckungsbeitrag = \frac{Stückdeckungsbeitrag\ in\ €}{Fertigungszeit\ in\ Min\ pro\ Stück}$$

$$relativer\ Stückdeckungsbeitrag = \frac{15\ €\ pro\ Stück}{20\ Min\ pro\ Stück} = 0{,}75\ €$$

Gehäuse	Preis Fremdbezug in € pro Stück	Variable Kosten Eigenfertigung in € pro Stück	Stückdeckungsbeitrag (db) in € pro Stück	Fertigungszeit in min pro Stück	Relativer Stückdeckungsbeitrag in € pro Stück	Rangfolge
G1	90	75	15	20	0,75	3
G2	100	120	– 20		Fremdbezug	
G3	50	40	10	10	1,00	2
G4	80	84	– 4		Fremdbezug	
G5	85	78	7	6	1,17	1

Tabelle 19.1: Absolute und relative Stückdeckungsbeiträge, Rangfolgebildung

3. Stellen Sie jetzt das optimale Produktionsprogramm in der Rangfolge der relativen Stückdeckungsbeiträge auf.

Achten Sie darauf, dass die Kapazität in Stunden angegeben ist, die Fertigungszeiten jedoch in Minuten.

Berechnen Sie die verfügbare Kapazität:

Verfügbare Kapazität = 1.200 Stunden * 60 Minuten pro Stunde = 72.000 Minuten

Tabelle 19.2 zeigt die Vorgehensweise:

Gehäuse	Auftragsmenge in Stück	Produktionsmenge in Stück	Fertigungszeit in min pro Stück	Kapazität genutzt in min	Restkapazität in min
					72.000
G5	800	800	6	4.800	67.200
G3	600	600	10	6.000	61.200
G1	3.100	3.060	20	61.200	0

Tabelle 19.2: Optimales Produktionsprogramm

Gehäuse 5:

G5 hat den höchsten relativen Stückdeckungsbeitrag (1,17 € pro Stück) und steht auf Rang 1.

Die Auftragsmenge von 800 Stück benötigt bei einer Fertigungszeit von 6 Minuten pro Stück insgesamt eine Kapazität von 4.800 Stunden. Damit stehen für die übrigen Aufträge noch 67.200 Minuten zur Verfügung.

Gehäuse 3:

G3 steht auf Rang 2. Die Auftragsmenge von 600 Stück benötigt bei einer Fertigungszeit von 10 Minuten pro Stück eine Kapazität von 6.000 Minuten. Es kann vollständig produziert werden, da genug Kapazität zur Verfügung steht.

Gehäuse 1:

Für G1 auf Rang 3 verbleibt eine Restkapazität von 61.200 Minuten. Sie berechnen die Restmenge, die Sie noch produzieren können:

$$Restmenge = \frac{Restkapazität\ in\ Minuten}{Fertigungszeit\ in\ Minuten}$$

$$Restmenge = \frac{61.200\ Minuten}{20\ Minuten\ pro\ Stück} = 3.060\ Stück$$

Da Ihre Auftragsmenge 3.100 Stück beträgt, beziehen Sie 40 Stück fremd.

c)

Um die Kosten des optimalen Produktionsprogramms zu berechnen, bewerten Sie die Auftragsmenge der Eigenfertigung mit den variablen Stückkosten. Die fremdbezogene Auftragsmenge bewerten Sie zum Fremdbezugspreis. Anschließend bilden Sie die Differenz zwischen den variablen Kosten vor und nach der Optimierung.

Berechnen Sie jetzt die variablen Kosten der einzelnen Gehäuse. Tabelle 19.3 zeigt das Ergebnis:

Gehäuse	Fremdbezug in Stück	Preis Fremdbezug in € pro Stück	Eigenfertigung in Stück	Variable Stückkosten in € pro Stück	Variable Gesamtkosten in €
G5			800	78	62.400
G3			600	40	24.000
G1			3.060	75	229.500
G1	40	90			3.600
G4	300	80			24.000
G2	1.000	100			100.000
Summe					**443.500**

Tabelle 19.3: Variable Gesamtkosten nach der Optimierung

Bilden Sie jetzt die Differenz zwischen den variablen Kosten vor und nach der Optimierung:

Variable Kosten vor der Optimierung (Ergebnis aus a))	501.000 €
Variable Kosten nach Optimierung	443.500 €
Kosteneinsparung	**57.500 €**

Lösung 8

Die Abweichungsanalyse führen Sie für die Kostenstelle oder für einzelne Kostenarten durch. Die Vorgehensweise ist identisch.

a)

$$Beschäftigungsgrad = \frac{eingesetzte\ Kapazität}{vorhandene\ Kapazität} * 100$$

$$Beschäftigungsgrad = \frac{3.500\ Stunden}{4.000\ Stunden} * 100 = 87{,}50\ \%$$

b)

Der Variator gibt den Anteil der variablen Kosten an den Gesamtkosten als Faktor zwischen 0 und 1 an.

Berechnen Sie die variablen Kostenanteile an den Gesamtkosten mithilfe des Variators:

$$Variator = \frac{variable\ Plankosten}{gesamte\ Plankosten}$$

Formen Sie die Gleichung um und erhalten:

$$Variable\ Kosten = Variator * gesamte\ Plankosten$$

Ihre Ergebnisse tragen Sie in die Tabelle ein:

Kostenart	Gesamtkosten	Variator	Variable Kosten	Fixe Kosten
Fertigungslöhne	40.000 €	1	40.000 €	0 €
Gehälter	45.000 €	0	0 €	45.000 €
Energie	18.000 €	0,7	12.600 €	5.400 €
Sonstige Kosten	200.000 €	0,1	20.000 €	180.000 €
Summe Kostenstelle	**303.000 €**		**72.600 €**	**230.400 €**

c)

Für die Berechnung der Abweichungen bezogen auf die Kostenstelle benötigen Sie als Ausgangsdaten die Summenzeile der Kostenstelle aus a) sowie die Istkosten und die Istbeschäftigung der Kostenstelle.

Für die Ermittlung der Verbrauchs- und Beschäftigungsabweichung benötigen Sie immer:

- ✔ die Sollkosten bei Istbeschäftigung
- ✔ den Plankostenverrechnungssatz
- ✔ die verrechneten Plankosten bei Istbeschäftigung

Es empfiehlt sich, diese Größen zunächst zu berechnen.

In Teilaufgabe a) haben Sie die Plankosten der Kostenstelle bei einer Planbeschäftigung von 4.000 Stunden bereits berechnet. Das Ergebnis ist in der folgenden Tabelle noch einmal dargestellt.

Kostenart	Gesamtkosten	Variable Plankosten	Fixe Plankosten
Summe Kostenstelle	**303.000 €**	**72.600 €**	**230.400 €**

Zusätzlich kennen Sie die Istkosten in Höhe von 287.000 € bei einer Istbeschäftigung von 3.500 Stunden.

Berechnen Sie schrittweise alle für die Abweichungsanalyse benötigten Größen:

1. Berechnen Sie den Plankostenverrechnungssatz

Der Plankostenverrechnungssatz ist ein Vollkostensatz und gibt an, mit welchem Stundensatz Sie die Fertigungskosten in der Kalkulation berücksichtigen.

$$Plankostenverrechnungssatz\,(PKVS) = \frac{Plankosten}{Planbeschäftigung}$$

$$Plankostenverrechnungssatz\,(PKVS) = \frac{303.000\,€}{4.000\,Stunden}$$

$$Plankostenverrechnungssatz\,(PKVS) = 75{,}75\,€\ pro\ Stunden$$

2. Berechnen Sie die verrechneten Plankosten bei Istbeschäftigung (IB).

Die verrechneten Plankosten geben an, welche Fertigungskosten Sie bei der Istbeschäftigung in der Kalkulation berücksichtigt haben.

$$Verrechnete\ Plankosten\ bei\ IB = PKVS * IB$$

$$Verrechnete\ Plankosten\ bei\ IB = 75{,}75\,€\ pro\ Stunde * 3.500\ Stunden$$

$$Verrechnete\ Plankosten\ bei\ IB = 265.125\,€$$

3. Ermitteln Sie jetzt die Sollkosten bei Istbeschäftigung (IB)

Die Sollkosten geben an, welche Kosten unter dem wirtschaftlichen Einsatz Ihrer Produktionsfaktoren bei der realisierten Istbeschäftigung anfallen dürfen. Dabei passen Sie die variablen Kosten an die Istbeschäftigung an, die fixen Kosten bleiben konstant.

$$Sollkosten\ bei\ IB = fixe\ Plankosten + \frac{variable\ Plankosten}{Planbeschäftigung} * IB$$

$$Sollkosten\ bei\ IB = 230.400\,€ + \frac{72.600\,€}{4.000\ Stunden} * 3.500\ Stunden$$

$$Sollkosten\ bei\ IB = 293.925\,€$$

4. Berechnen Sie jetzt die Verbrauchsabweichung der Kostenstelle.

Sollkosten bei Istbeschäftigung	293.925 €
– Istkosten	287.000 €
= **Verbrauchsabweichung**	**6.925 €**

Die Verbrauchsabweichung ist positiv. Unter wirtschaftlichen Bedingungen betragen Ihre Kosten bei der Istbeschäftigung von 3.500 Stunden 293.925 €. Sie haben aber nur Kosten in Höhe von 287.000 € verursacht. Damit haben Sie mengenmäßig weniger verbraucht als geplant und/oder Ihre Preise für einzelne Kostenarten sind gesunken. Für eine genaue Ursachenanalyse müssen Sie die Abweichungsanalyse für die einzelnen Kostenarten durchführen.

5. Berechnen Sie nun die Beschäftigungsabweichung.

Verrechnete Plankosten bei Istbeschäftigung	265.125 €
– Sollkosten bei Istbeschäftigung	293.925 €
= Beschäftigungsabweichung	**– 28.800 €**

Sobald Ihre Istbeschäftigung von Ihrer Planbeschäftigung abweicht, haben Sie eine Beschäftigungsabweichung.

Sie kalkulieren immer mit dem Vollkostensatz in Höhe von 75,75 € pro Stunde. Bei der Istbeschäftigung von 3.500 Stunden sind also 265.125 € in Ihrer Preiskalkulation berücksichtigt. Tatsächlich hätten Sie aber 293.925 € berücksichtigen müssen. Sie haben also 28.800 € zu wenig Fixkosten verrechnet.

6. Jetzt fassen Sie die Verbrauchs- und Beschäftigungsabweichung zusammen und erhalten die Gesamtabweichung.

Verbrauchsabweichung	6.925 €
+ Beschäftigungsabweichung	– 28.800 €
= Gesamtabweichung	**– 21.875 €**

d)

Berechnen Sie für die Kostenart Energie zunächst die benötigten Größen und orientieren Sie sich dabei an dem Lösungsweg von Teilaufgabe a)

$$Plankostenverrechnungssatz\left(PKVS\right) = \frac{18.000\,€}{4.000\,Stunden}$$

$$Plankostenverrechnungssatz\left(PKVS\right) = 4{,}50\,€\;pro\;Stunde$$

$$Verrechnete\;Plankosten\;bei\;IB = 4{,}50\,€\;pro\;Stunde * 3.500\;Stunden$$

$$Verrechnete\;Plankosten\;bei\;IB = 15.750\,€$$

$$Sollkosten\;bei\;IB = 5.400\,€ + \frac{12.600\,€}{4.000\,Stunden} * 3.500\;Stunden$$

$$Sollkosten\;bei\;IB = 16.425\,€$$

Berechnen Sie jetzt die Verbrauchsabweichung der Kostenart Energie.

Sollkosten bei Istbeschäftigung	16.425 €
– Istkosten	16.000 €
= Verbrauchsabweichung	**425 €**

Die Verbrauchsabweichung ist positiv. Unter wirtschaftlichen Bedingungen betragen Ihre Sollkosten bei der Istbeschäftigung von 3.500 Stunden 16.425 €. Tatsächlich sind aber nur 16.000 € Istkosten angefallen. Die Ursache für die positive Verbrauchsabweichung könnte sein:

- ✔ eine verbesserte Maschineneinstellung
- ✔ Ihre Mitarbeiter haben erfolgreich an einem Energiesparwettbewerb teilgenommen
- ✔ eine Senkung des verbrauchsabhängigen Energiepreises
- ✔ eine Kombination aus Mengen- und Preiseffekt

Berechnen Sie nun die Beschäftigungsabweichung.

Verrechnete Plankosten bei Istbeschäftigung	15.750 €
– Sollkosten bei Istbeschäftigung	16.425 €
= Beschäftigungsabweichung	**– 675 €**

Die Beschäftigungsabweichung ist negativ. In der Kalkulation wurden 675 € zu wenig fixe Energiekosten verrechnet. Die Ursache für die Abweichung liegt darin, dass in der Kalkulation mit einem Vollkostensatz kalkuliert wird und die Fixkosten damit proportionalisiert werden.

Teil III
Der Top-Ten-Teil

Der Top-Ten-Teil

web Extras

Besuchen Sie uns doch einmal auf `http://www.facebook.de/fuerdummies`!

IN DIESEM TEIL ...

Den Top-Ten-Teil haben wir knapp gehalten, das Buch ist eh schon umfangreich genug. Hier erhalten Sie Tipps und Tricks zur Prüfungsvorbereitung.

Kapitel 20

Zehn Tipps zur Prüfungsvorbereitung

Nur mit Lernen für die Prüfung ist es nicht getan. Auch das »Drumherum« sollte stimmen. Was zu einer guten Prüfungsvorbereitung beziehungsweise Prüfung gehört, erfahren Sie hier.

Lernen Sie, wenn möglich, immer am selben Ort

Richten Sie sich einen Platz zum Lernen ein, an dem Sie sich wohlfühlen, ungestört lernen können und die Unterlagen für das nächste Mal auch mal liegen lassen können.

Ordnung auf dem Schreibtisch, Ordnung im Kopf

Achten Sie darauf, dass Sie immer nur die Unterlagen und Gesetzestexte auf Ihrem Schreibtisch liegen haben, mit denen Sie sich zur Zeit beschäftigen.

Lassen Sie sich nicht ablenken

Zerstreutheit ist kontraproduktiv und stressfördernd. Die Lernzeit sollten Sie ausschließlich zum Lernen nutzen; deshalb: Handy aus und Tür zu.

Belohnungen zwischendurch steigern die Motivation

Wenn Sie etwas besonders gut gemeistert haben, loben Sie sich ruhig auch einmal selbst. Dadurch halten Sie Ihre eigene Motivation aufrecht und lernen leichter.

Planen Sie Pausen ein

Geistige Arbeit kann genauso anstrengend sein wie körperliche. Machen Sie zwischendurch immer mal wieder kleinere Pausen.

Wiederholen, wiederholen und wiederholen

Vermeiden Sie die sogenannte »trügerische Sicherheit«. Mit »einmal durchlesen« ist es häufig nicht getan.

Stellen Sie einen Zeitplan auf

Planen Sie Ihre Lernzeit so, dass Sie sich »Teilziele« setzen: Bis zum Tage X möchte ich das Thema Y durchgearbeitet haben.

Versuchen Sie, das »Dahinterstehende« zu verstehen, statt auswendig zu lernen

In jedem Sachverhalt »versteckt« sich eine Struktur, die Sie von Anfang an herausarbeiten sollten.

Lesen Sie die Prüfungsaufgaben genau

Ihnen nutzt die beste Vorbereitung nichts, wenn Sie den Sachverhalt nicht vollständig erfassen und möglicherweise auf etwas antworten, was nicht gefragt war.

Geben Sie jeden Tag Ihr Bestes

Sie können nicht alle Prüfungen zu 100 % bestehen, aber Sie können sich selbst beweisen, dass Sie scheinbar »Unüberwindbares« schaffen können.

Abbildungsverzeichnis

Stichwortverzeichnis

Symbole

A

B

D

W

Z

Diese Bücher könnten Sie auch interessieren

M. Griga und R. Krauleidis

Bilanzen erstellen und lesen für Dummies

5. Auflage 2022 **ISBN:** 978-3-527-71886-3
382 Seiten

Format: 176 mm x 240 mm

Ladenpreis: 25,- €*

Die Autoren zeigen, wie Sie einen Jahresabschluss erstellen und wie Sie eine Bilanz deuten. Anhand vieler Beispiele und Übungen analysieren sie Bilanzen und stellen Break-Even-Analysen, Investitions- und Finanzierungsanalysen sowie Basel III vor.

M. Griga

Übungsbuch Bilanzen erstellen und lesen für Dummies

1. Auflage 2013 **ISBN:** 978-3-527-70907-6
366 Seiten

Format: 176 mm x 240 mm

Ladenpreis: 19,95 €*

Hier finden Sie das Handwerkszeug, um Bilanzen zu erstellen und richtig lesen zu können. Jedes Kapitel ist prall gespickt mit Übungen, die sich direkt auf den Kapitelinhalt beziehen. So können Sie Ihr Verständnis leicht prüfen und eventuelle Lücken schnell schließen.

T. Amely und C. Immenkötter

Investition und Finanzierung für Dummies

2. Auflage 2023 **ISBN:** 978-3-527-72042-2
464 Seiten

Format: 176 mm x 240 mm

Ladenpreis: 25,- €*

Dieses Buch gibt Ihnen einen prägnanten und kompetenten Überblick über die Investition und Finanzierung und behandelt alle für Praxis und Studium relevanten Bereiche des Finanzmanagements von Unternehmen.

*Der €-Preis gilt nur für Deutschland. Preisänderungen und Irrtümer vorbehalten.

Diese Bücher könnten Sie auch interessieren

M. Griga und R. Krauleidis

Rechnungswesen für Dummies

3. Auflage 2024 **ISBN:** 978-3-527-72198-6

584 Seiten

Format: 176 mm x 240 mm

Ladenpreis: 30,- €*

Die Autoren führen Sie von der Pike auf in das interne und externe Rechnungswesen ein. Sie erläutern die Aufgaben und Spielregeln der Buchführung und Bilanzierung sowie der Kosten- und Leistungsrechnung.

M. Griga

Übungsbuch Rechnungswesen für Dummies

1. Auflage 2021 **ISBN:** 978-3-527-71691-3

448 Seiten

Format: 176 mm x 240 mm

Ladenpreis: 24,- €*

Das Übungsbuch Rechnungswesen für Dummies führt Sie von der Pike auf in das interne und externe Rechnungswesen ein. Anhand der Übungen samt Lösungen können Sie Ihr Wissen dann prüfen und festigen.

T. Amely

BWL-Formeln für Dummies

3. Auflage 2024 **ISBN:** 978-3-527-72199-3

250 Seiten

Format: 140 mm x 216 mm

Ladenpreis: 15,- €*

Wie errechnete man noch gleich den Break-Even Point? Oder den internen Zinsfuß? In diesem handlichen Nachschlagewerk finden Sie die gesuchte Formel und zugleich ein anschauliches Anwendungsbeispiel und eine Erklärung, wie und wofür sie eingesetzt wird.

*Der €-Preis gilt nur für Deutschland. Preisänderungen und Irrtümer vorbehalten.